Ausbildung 4.0

Stefan F. Dietl / Marcus Hennecke (Hrsg.)

Ausbildung 4.0

Digitale Transformation in der Berufsausbildung
gestalten und nutzen

1. Auflage

Haufe Group
Freiburg · München · Stuttgart

Bibliografische Information der Deutschen Nationalbibliothek

Die Deutsche Nationalbibliothek verzeichnet diese Publikation in der Deutschen Nationalbibliografie; detaillierte bibliografische Daten sind im Internet über http://dnb.dnb.de abrufbar.

Print:	ISBN 978-3-648-13298-2	Bestell-Nr. 14095-0001
ePub:	ISBN 978-3-648-13299-9	Bestell-Nr. 14095-0100
ePDF:	ISBN 978-3-648-13300-2	Bestell-Nr. 14095-0150

Stefan F. Dietl / Marcus Hennecke (Hrsg.)
Ausbildung 4.0
1. Auflage, August 2019

© 2019 Haufe-Lexware GmbH & Co. KG, Freiburg
www.haufe.de
info@haufe.de

Bildnachweis (Cover): @ Strawberry Blossom, Adobe Stock

Produktmanagement: Bernhard Landkammer
Lektorat: Ursula Thum, Text+Design Jutta Cram, Augsburg

Dieses Werk einschließlich aller seiner Teile ist urheberrechtlich geschützt. Alle Rechte, insbesondere die der Vervielfältigung, des auszugsweisen Nachdrucks, der Übersetzung und der Einspeicherung und Verarbeitung in elektronischen Systemen, vorbehalten. Alle Angaben/ Daten nach bestem Wissen, jedoch ohne Gewähr für Vollständigkeit und Richtigkeit.

Inhaltsverzeichnis

Vorwort 15

Ausbildung 4.0 – wie sich die Digitalisierung auf die berufliche Bildung auswirken kann und welche Ansätze es gibt 17

1 Digitale Transformation in der beruflichen Bildung – Versuch eines Ansatzes für den Ausbildungsalltag 19
1.1 Ein paar Gedanken vorab 19
1.2 Welche Bereiche von der digitalen Transformation betroffen sein könnten .. 22
    1.2.1 Veränderte Prozesse und Prozesslandschaften 22
    1.2.2 Veränderte und neue Hardware und andere Didaktisierung 23
    1.2.3 Veränderte Qualifikationsanforderungen 24
    1.2.4 Veränderte Kommunikation und veränderte Führung 28
1.3 Der horizontale Prozess: digitale Transformation innerhalb der Ausbildung .. 30
    1.3.1 Digitale Transformation im Kontext der Bedarfsplanung 30
    1.3.2 Digitale Transformation im Kontext des Ausbildungsmarketings 32
    1.3.3 Digitale Transformation im Kontext des Auswahlverfahrens 33
    1.3.4 Digitale Transformation im Kontext des operativen Ausbildungsprozesses/der Förderung der Auszubildenden 35
    1.3.5 Digitale Transformation im Kontext der Beurteilung und bei der Übernahme von Auszubildenden 38
    1.3.6 Digitale Transformation im Kontext der Bindung von Absolventen ... 39
    1.3.7 Digitale Transformation im Kontext der Ausbildergewinnung und -qualifizierung 39
    1.3.8 Digitale Transformation im Kontext mit den Ausbildungsbeauftragten 40
    1.3.9 Digitale Transformation im Kontext der Finanz- und Budgetplanung 40
    1.3.10 Digitale Transformation im Kontext audit-relevanter Prozesse 41
    1.3.11 Digitale Transformation im Kontext der Flächen(bedarfs)planung ... 41
1.4 Der vertikale Prozess: digitale Transformation entlang der Biografie der Auszubildenden 41
1.5 Mögliche Handlungsfelder für Ausbilder 43
1.6 Fazit 45

2 Gehirn 1.0 vs. Welt 4.0: Müssen wir Ausbildung neu (er-)finden? 47
2.1 Es könnte auch anders sein: unsere große Chance als Ausbilder 47
2.2 A bisserl was geht immer: Die Haltung macht den Unterschied 48

Inhaltsverzeichnis

	2.2.1	Unser Mindset als zentraler Faktor wirtschaftlichen Erfolgs	48
	2.2.2	Fünf zentrale Glaubenssätze	49
	2.2.3	Zwischenfazit	50
2.3		Dame und Schach: komplizierte und komplexe »Spielregeln«	50
	2.3.1	Komplizierte Systeme	51
	2.3.2	Komplexe Systeme	52
	2.3.3	Zwischenfazit	53
2.4		Dumm und dümmer: Denkfallen im Umgang mit Komplexität	54
	2.4.1	Groupthink	54
	2.4.2	Mustererkennung	56
	2.4.3	Mentale Agenten	57
	2.4.4	Zwischenfazit	58
2.5		Gescheiter scheitern: ein »neues« Mindset für eine Welt 4.0	59
	2.5.1	Eigenschaften zur Bewältigung polylogischer Systeme	59
	2.5.2	Eigenschaften zur Bewältigung nicht linearer Systeme	60
	2.5.3	Eigenschaften zur Bewältigung eigendynamisch-rekursiver Systeme	60
	2.5.4	Eigenschaften zur Bewältigung paradoxer Systeme	61
	2.5.5	Eigenschaften zur Bewältigung unplanbarer, nicht analysierbarer Systeme	61
	2.5.6	Zwischenfazit	63
2.6		Alles bleibt beim Alten – und wird dennoch anders	64
3		**Die Zielgruppe zu Wort kommen lassen – das Projekt »Digital Youngsters«**	69
3.1		Die Welt im stetigen Wandel	69
3.2		Digital Youngsters – digitale Welten neu denken	69
3.3		Die ausführende Organisation: WorldSkills Germany	70
3.4		Aufgaben und Ergebnisse	71
3.5		Die Visionen der sieben Finalisten	71
3.6		Schule und Prüfungswesen auf dem Prüfstand	75
3.7		Wirkung und Bewertung	76

Vor Ausbildungsbeginn 77

4		**Ansprache von Auszubildenden durch Social Media**	79
4.1		Was macht die Faszination von Social Media aus? Vom Hype zur Marketingdisziplin	79
4.2		Aufbau einer Social-Media-Strategie	81
4.3		Die wichtigsten Online-Netzwerke im Überblick	87
4.4		Alles wird digital: Bewerbung per Video oder Facebook	94

5		Azubi-Recruiting der Zukunft – in welche Richtung entwickeln sich Recruitingprozesse und Online-Assessments durch den Einfluss der Digitalisierung?	99
5.1		Künstliche Intelligenz – Recruitingprozesse der Zukunft?	99
5.2		Bewerbungen im Jahr 2027 – die Geschichte von Lukas und Mia	101
	5.2.1	Das voll digitalisierte Bewerbungsverfahren am Beispiel Lukas	101
	5.2.2	Der menschenbezogene Bewerbungsprozess am Beispiel Mia	104
5.3		Einfluss von Unternehmensleitgedanken und Konsumverhalten auf den Bewerbungsprozess der Zukunft	104
	5.3.1	Von der aktiven Suche zum Berufsvorschlag	105
	5.3.2	Einfluss der Digitalisierung auf die Anforderungsprofile	106
	5.3.3	Big Data – Qualität und Quantität der Daten bestimmen die Validität von Prozessen	107
	5.3.4	Generation Alpha – Einfluss von Eltern und Technik auf das Entscheidungsverhalten	108
	5.3.5	Umdenken durch den demografischen Wandel	109
	5.3.6	Gamification als Motivator	111
5.4		KI – zur Unterstützung ja, aber nicht zu Analyse von Emotionen	112
6		**Der Einsatz von Social-Media-Kanälen in der Ausbildung bei OTTO**	115
6.1		Vor welchen Herausforderungen stehen wir?	115
6.2		Unser strategisches Azubi-Marketing	116
	6.2.1	Wie setzen wir die Social-Media-Kanäle in der Candidate Journey ein?	119
	6.2.2	Welche Social-Media-Kanäle setzen wir im Azubi-Marketing wie ein?	119
6.3		Unsere konkrete Nutzung und Einschätzung der einzelnen Kanäle	120
	6.3.1	Facebook	120
	6.3.2	Instagram	122
	6.3.3	Twitter	123
	6.3.4	Snapchat	124
	6.3.5	YouTube	124
	6.3.6	Kununu	125
	6.3.7	Der Azubi-Blog	126
	6.3.8	Xing und LinkedIn	127
	6.3.9	Wie setzen wir die Kanäle im Rahmen der Ausbildung/Bindung ein?	128
6.4		Ein Ausblick: Wie werden wir uns in den nächsten Jahren in den digitalen Medien weiterentwickeln?	130

7	**Digitale Kompetenz – ein neuer Aspekt in der Berufseignungsdiagnostik?**	131
7.1	Messung digitaler Kompetenzen	132
7.2	Digital Competence Framework als Grundlage zur Messung digitaler Kompetenzen	134
7.3	Digitale Kompetenz als Eignungskriterium	135
7.4	Validierung	137
7.5	Kompetenzstufen	139
7.6	Bewerberauswahl	140
7.7	Dimensionalität der digitalen Kompetenz	141
7.8	Fazit	142

Während der Ausbildung 145

8	**Auszubildende im Zeitalter digitaler Transformation führen, fordern und fördern – Impulse für eine Ausbildung 4.0**	147
8.1	Ausbildung 4.0 verstehen und gestalten	148
	8.1.1 Einflussfaktoren auf die Ausbildung 4.0	148
	8.1.2 Ausbildung in der digitalen Transformation der VUCA-Welt	150
	8.1.3 Die Auszubildenden in der digitalen Transformation	153
8.2	Wie ticken Auszubildende heute?	155
	8.2.1 Die Säulen der Ausbildung 4.0	160
	8.2.2 Der Spaßfaktor	164
	8.2.3 Sicherheit und Struktur	166
	8.2.4 Stolz und Status	168
	8.2.5 Selbstständigkeit	169
	8.2.6 Stärkenorientierung	170
	8.2.7 Selbstverwirklichung und Selbstwirksamkeit	172
	8.2.8 Sinnhaftigkeit	174
	8.2.9 Social Media und Smartphone	176
8.3	Impulse aus der modernen Führungslehre für die Ausbildung	178
	8.3.1 Die Entwicklung der Auszubildenden entlang des Flow-Modells	179
	8.3.2 Wertschätzung als wichtiges Führungselement	180
	8.3.3 Faktoren der Leistungsmotivation und des Leistungsverhaltens	181
	8.3.4 Aspekte der transaktionalen und transformationalen Führung	183
8.4	Konsequenzen für das Selbstverständnis und die Rolle der Ausbilder	186
8.5	Zusammenfassung und Fazit	192

9	**Digitale Transformation – Implementierung und Einbindung einer Online-Lernplattform**	199
9.1	Rahmenbedingungen der Ausbildung	199
9.2	Neuerungen in der Ausbildung	200

9.3	Vorgehensweise bei der Einführung einer Lernplattform für die kaufmännische Ausbildung	202
	9.3.1 Beschreibung der ausgewählten Lernplattform	202
	9.3.2 Umsetzung und Ausgestaltung einer Betriebsvereinbarung	203
9.4	Evaluation und Ausblick	206
9.5	Anlage: Betriebsvereinbarung zur Einführung einer Lernplattform	207
10	»db next gen« – eine Online-Lern-, Informations- und Kommunikationsumgebung in einem modernen, technologiegeprägten Arbeitsumfeld	211
10.1	Daten und Fakten zum Campus-Learning-Managementsystem der Frankfurt School	212
	10.1.1 Intuitives und mobiles Lernen	212
	10.1.2 Modul »Bildungsmanagement«	212
	10.1.3 Modul »Reportverwaltung«	212
	10.1.4 Modul »Rechnungswesen«	213
	10.1.5 Modul »Online-Prüfungen«	213
	10.1.6 Modul »Raumverwaltung«	213
	10.1.7 Modul »Trainer-/Dozentenmanagement«	213
10.2	Daten und Fakten zur Deutschen Bank	213
10.3	Die Online-Lernumgebung »db next gen« in der Ausbildung der Deutschen Bank	215
10.4	Rückblick – die Entwicklung von »db next gen«	217
10.5	»db next gen«: Zahlen – Daten – Fakten	225
	10.5.1 Rückmeldungen der Beteiligten zu »db next gen«	225
10.6	Zusammenfassung	226
11	Das digitale Zeitalter hat für Auszubildende bei Volkswagen schon längst begonnen – der VWN Campus Digitalisierung	227
11.1	Ausgangslage und Zielsetzung	227
11.2	Zielgruppe und Teilnehmerzahl	230
11.3	Didaktisches Konzept	231
11.4	Messbare Erfolgskriterien und qualitativer Nutzen	235
11.5	Das Werkmodell	236
11.6	Fazit und Ausblick	238
12	Förderung des selbstgesteuerten Lernens durch den Einsatz von Lernvideos am Beispiel des dualen Studiums	239
12.1	Nutzung von Lernvideos im Rahmen des »Flipped Classroom«-Konzepts für das Grundlagenmodul »Vernetzte IT-Systeme«	242
12.2	Verknüpfung mit der Präsenzveranstaltung	247
12.3	Fazit und Ausblick	248

13	**VIA4all – inklusive berufliche Bildung 4.0 unter Nutzung digitaler Lernmedien**	**251**
13.1	Verortung	251
13.2	Ausgangslage	252
13.3	Projektbeschreibung	252
13.4	Aufbau VIA4all	253
	13.4.1 Barrierefreiheit	253
	13.4.2 Lernvideo	254
	13.4.3 Das VIA	254
	13.4.4 Struktur der Lernszenarien	256
13.5	Einsatz in der Praxis	258
	13.5.1 Implementierung	258
	13.5.2 Erprobungen	258
	13.5.3 Praktikabilität – Einsatzmöglichkeiten im Arbeitsalltag	259
13.6	Auszeichnungen	262
13.7	Danksagung	262
14	**Auszubildende digital für das Thema Gesundheit begeistern**	**263**
14.1	Betriebliches Gesundheitsmanagement	263
	14.1.1 Gesundheitsbildung	264
	14.1.2 VUCA-Welt	264
	14.1.3 FOMO und Gesundheitstrojaner	265
14.2	Arbeitgeberattraktivität	268
	14.2.1 Wertekonstrukt	268
	14.2.2 Umweltfaktoren	269
	14.2.3 Sinnhaftigkeit	270
14.3	Modell aus der Praxis	271
14.4	Fazit und Diskussion	274
15	**Das individuelle Lehr- und Lernerlebnis**	**277**
15.1	Beherrsche den zunehmenden technologischen Wandel	277
15.2	Nutze kompetenzorientierte adaptive Lernpfade	278
15.3	Adaptiere die Lernpfade und erreiche Differenzierung	281
15.4	Verwalte, gestalte und nutze deine Lernpfade	282
15.5	Verwerte deine Lernnuggets in der Zukunft	288
16	**Microlearning: Wissen effektiv verinnerlichen, Mitarbeiter motivieren und dabei Kosten sparen**	**291**
16.1	Das Ziel: Wissen nachhaltig vermitteln	291
16.2	Microlearning in der Praxis	292
16.3	Cases: Hier tragen Microlearning-Produkte bereits Früchte	293

	16.3.1	Deutschkurs Medizin mit der Karteikarten-App beim Springer Verlag	293
	16.3.2	Spielerisch lernen dank Quiz in der GenoAkademie	293
	16.3.3	Lernmotivation unter Studierenden erhöhen – per App	294
16.4	Auf einen Blick: Vorteile von Microlearning		295
16.5	Technische Fragen und Voraussetzungen für Microlearning		296
16.6	Wie viel kostet eine Lern- oder Quiz-App?		297
16.7	Fazit: Microlearning – Kleines, das Großes bewirken kann		297

17 Die JFK – eine kaufmännische Schule auf dem Weg zur digitalisierten Schule 299

17.1	Lernen an einer kaufmännischen Schule im digitalen Kontext		301
	17.1.1	Basiswissen: Umgang mit digitalen Werkzeugen und Datenschutz	302
	17.1.2	Voraussetzungen für die Umsetzung von Schritt 1	305
17.2	Aufbau kollektiven Wissens (Wissensmanagement) und Veränderung von Lehr-/Lernprozessen (Big Data)		306
	17.2.1	Kollektive Lernprozesse	307
	17.2.2	Individuelle Lernprozesse	308
	17.2.3	Voraussetzungen für die Umsetzung von Schritt 2	309
17.3	Kaufmännische Abbildung der Wertschöpfungskette: Virtual Learning		309
	17.3.1	Kaufmännische Abbildung von Produktionsprozessen	309
	17.3.2	Simulation eines Online-Shops	310
	17.3.3	Voraussetzungen für die Umsetzung von Schritt 3	311
17.4	Stärkung von Kreativität, Empathie und sozial-intelligentem Handeln		312
	17.4.1	Gründerschule	312
	17.4.2	Interkulturelle Kompetenz	313
	17.4.3	Voraussetzungen für die Umsetzung von Schritt 4	314
17.5	Das digitale Büro – ein Versuch zur kaufmännischen Schule der Zukunft		314
	17.5.1	Wie sollte ein digitales Büro räumlich gestaltet sein?	314
	17.5.2	Wie wird ein digitales Büro an einer Schule mit 1.800 Schülerinnen und Schülern genutzt?	316
	17.5.3	Wie geht es im Arbeitskreis Digitalisierung weiter und was sind die nächsten Schritte an der JFK-Schule?	319
17.6	Fazit		321

18 Der Einsatz von Podcasts in der Ausbildung am Beispiel von Fachinformatikern bei der ALTE OLDENBURGER Krankenversicherung AG .. 323

18.1	Was ist ein Podcast?		323
18.2	Was habe ich davon?		324
	18.2.1	Vorteile von Podcasts für Ausbilder und Azubis	324
	18.2.2	Vergleich mit Videos	327
	18.2.3	Technologie ersetzt nicht den persönlichen Kontakt	327

18.3	Welche Ausbildungsinhalte eignen sich für Podcasts?	328
18.4	Keine Angst vor der Technik!	329
18.5	Muss mein Podcast ins Internet?	330
18.6	Erfahrungen aus der Ausbildung bei der AO	330
18.7	Fazit	332

Zum Ausbildungsende hin ... 335

19	Selbstverantwortung und Selbstmarketing in der Übernahmephase – das Beratungs- und Begleitprogramm im Deutsche Bank Konzern	337
19.1	Das Employability-Programm für Mitarbeiter: selbstbewusst und selbstbestimmt in die Zukunft	337
19.2	Beratungs- und Begleitprogramm für Berufseinsteiger: Ankommen – Positionieren – Durchstarten	338
19.3	Die Bausteine im Detail	340
19.3.1	Standortbestimmung I – Wer bin ich?	340
19.3.2	Überfachliche Kompetenzen machen den Unterschied	340
19.3.3	Die zwölf Schlüsselkompetenzen – konkret und erlebbar	342
19.3.4	Standortbestimmung II – was kann ich?	344
19.3.5	Zieldefinition – Was will ich?	345
19.3.6	Positionierung – wie überzeuge ich?	347
19.4	Schlussbetrachtung	348

Digitalisierung und Qualifizierungsangebote für Ausbilder, Ausbildungsbeauftragte und Auszubildende ... 349

20	Prüfungs.TV	351
20.1	Lernen auf frei zugänglichen Plattformen	351
20.2	Wichtige Aspekte für die Akzeptanz von digitalen Lernangeboten	353
20.2.1	Fachliche Kompetenz	353
20.2.2	Struktur und roter Faden	353
20.2.3	Lernfunktionen	354
20.2.4	Uneingeschränkte Verfügbarkeit	357
20.3	Integration in die Ausbildung	357
20.4	Aus der Praxis für die Praxis	359
21	Digitale Qualifizierung von Ausbildungsbeauftragten	361
21.1	Die Auswirkungen der Digitalisierung	361
21.1.1	Veränderungen in der Arbeitswelt durch die digitale Transformation	361
21.1.2	Digitalisierung von Lernformaten und Lernprozesssteuerung	361

21.2	Ausbildung der Ausbilderinnen und Ausbilder im digitalen Konzept am Beispiel von AdA-Online	362
	21.2.1 Anforderungen an Ausbilder (nach AEVO)	362
	21.2.2 Nutzung der Vorteile des Formats »E-Learning«	363
	21.2.3 Nutzung der Vorteile des Formats »Präsenzveranstaltung«	366
	21.2.4 Lernprozessbegleitung im Blended-Learning-Konzept	366
21.3	Reflexion des Blended-Learning-Konzepts in der Qualifizierung von Ausbildern	368
22	**AEVO Digital GmbH**	371
22.1	Vorteile des digitalen Lernens	371
22.2	Methodik und didaktisches Konzept	372
22.3	Unterstützung von Ausbildungsbeauftragten/Ausbildern vor Ort	376

Die Autorinnen und Autoren 380
Stichwortverzeichnis 391

Vorwort

»Digitalisierung«, »digitale Transformation«, »Industrie 4.0« bzw. »Arbeit 4.0« etc. sind in aller Munde. Die Arbeitswelt vernetzt sich immer mehr und die zunehmende Intelligenz der Digitalisierung erleichtert die Direktkommunikation zwischen technischen Systemen – »cyberphysische Systeme« finden sich immer häufiger in der Produktion in und zwischen Unternehmen. Was in der Vergangenheit ein mehrstufiger Prozess in einem Unternehmen war – von der Bedarfsmeldung bis zur Belieferung –, könnten künftig sich selbst steuernde cyberphysische Systeme übernehmen.

Damit wird deutlich: Die vierte industrielle Revolutison wird nicht nur die technische Entwicklung beeinflussen. Sie wirkt sich auf alle Arbeitsabläufe aus – und auch auf die Qualifikationslevels bis hin zu verändertem Lehren und Lernen bei der Qualifizierung der Mitarbeiterinnen und Mitarbeiter. Das alles spiegelt sich auch im Begriff »Arbeitswelt 4.0« mit all ihren modernen bzw. digitalen Arbeitsbedingungen wider.

Für die Aus- und Weiterbildung führen diese Aspekte zu tief greifenden Veränderungen. Im Bereich Weiterbildung agieren Unternehmen oftmals kurzfristig. Während in vielen Unternehmen noch die Einsicht herrscht, dass – zumeist aus Kostengründen – nur bei Bedarf qualifiziert wird, funktioniert dies für die moderne Ausbildung nicht mehr. Die Berufsausbildung in einem Unternehmen muss mit einer längerfristigen Perspektive betrachtet und angegangen werden.

Die Auszubildenden, die im aktuellen Jahr eingestellt und im kommenden Jahr die Ausbildung beginnen werden, werden dann drei bis vier weitere Jahre später ihren Abschluss in der Tasche haben. Das Jahr 2020 ist das Jahr, auf das die EU den Zielhorizont definiert hat. Dies bedeutet: Der Ausbildungsjahrgang 2019/2020 ist der Jahrgang, der in diesen Zielkorridor fällt und in der »Arbeitswelt 4.0« angekommen ist.

Somit wird klar, dass in einem modernen Ausbildungskonzept sich schon heute Elemente aus »Industrie 4.0« und »Arbeitswelt 4.0« finden müssen und eine »Ausbildung 4.0« initiiert werden sollte – auch wenn zum gegenwärtigen Zeitpunkt noch gar nicht ganz klar ist, was »Industrie 4.0« konkret bedeutet, denn es gibt noch keinen Konsens über die Definition.

Wie so oft bedeutet ein Blick in die Zukunft »Besser Glück mit Unsicherheit als mit Sicherheit Unglück«. Egal ob Absatz-, Produktions- oder Personalplanung: Es gilt nicht, die Zukunft vorhersehbar zu machen, sondern, sich auf unterschiedliche Entwicklungen vorzubereiten, um dann bei Eintreten der Veränderung schnell agieren zu können.

Vorwort

Im vorliegenden Buch wird zu Beginn aufgezeigt, was Industrie 4.0 und Arbeitswelt 4.0 für die Ausbildung bedeuten können und wie sich beides auf unterschiedlichste Abläufe auswirken kann. Aus diesen veränderten Abläufen resultieren unterschiedliche Qualifikationsanforderungen für die Mitarbeiterinnen und Mitarbeiter – und daraus lassen sich auch veränderte Ausbildungsinhalte, -abläufe und -prozesse ableiten.

Schon vor der Ausbildung zeigen sich die Vorboten der digitalen Transformation – das belegen die Berichte im zweiten Teil. Im dritten Teil sind Beiträge zur digitalen Transformation während der Ausbildung versammelt. Im vierten Teil werden Aspekte der digitalen Transformation gegen Ausbildungsende hin aufgezeigt. Und im fünften Teil geht es um die Ausbilderinnen und Ausbilder.

Doch so ganzheitlich man das Thema der digitalen Transformation auch betrachten möchte – es ist schier unmöglich, alle Facetten zu erfassen, geschweige denn in einem Buch abschließend darzustellen. Daher werden im vorliegenden Buch so viele Facetten wie möglich beleuchtet – und die Praxisbeispiele zeigen, welche Aktivitäten bereits jetzt in den Unternehmen zu sehen und welche Ideen für die kommenden Jahre denkbar sind. Bei der Konzeption des Bandes wurde auf eine Balance zwischen »heute bereits umsetzbar« und »künftig machbar und relevant« Wert gelegt.

Lassen Sie sich inspirieren und reflektieren Sie die Gegebenheiten in Ihrem Unternehmen – und entwickeln Sie weitere Ideen. Wer weiß, wenn es zu einer zweiten Auflage dieses Buches kommt, vielleicht ist dann ja auch ein Artikel von Ihnen zu lesen?

Viel Freude beim Lesen wünschen Ihnen die Herausgeber

Stefan Dietl und Marcus Hennecke

Ausbildung 4.0 –
wie sich die Digitalisierung
auf die berufliche Bildung auswirken
kann und welche Ansätze es gibt

1 Digitale Transformation in der beruflichen Bildung – Versuch eines Ansatzes für den Ausbildungsalltag

Stefan F. Dietl

> *»Die Geschwindigkeit wird nie mehr so langsam sein wie heute.«*

1.1 Ein paar Gedanken vorab

Es ist der 24. Juni 2029. Ariane hat gerade ihre Ausbildung zur AR-Prozessgestalterin (früher: Fachinformatiker) beendet und beschreibt ihren Lebens- und Arbeitsalltag:

»Der Tag muss gut beginnen. Mir ist wichtig, dass ich nicht in einer Tiefschlafphase geweckt werde, da sonst der Tag schon ungünstig anfängt. Daher weckt mich mein Smartphone mit einer entsprechenden App, die meinen Schlaf analysiert. Daten kommen von meinem Schlafanzug, in dem unterschiedliche Sensoren enthalten sind. Nach einem biometrischen Gesichtscheck schlägt mir mein Smartphone ein passendes Frühstück für heute vor, das natürlich meine heutigen Aufgaben – nach einem Abgleich mit meinem online geführten Kalender – berücksichtigt. Ich arbeite zur Hälfte für meinen Hauptarbeitgeber, daneben jeweils noch ein paar Stunden für einen anderen Arbeitgeber und für meine Selbstständigkeit im sozialen Bereich. Mehrere Teilzeitjobs machen das Leben einfach spannender, als einen einzigen Job zu haben und fünf Tage die Woche bis zu acht Stunden nur an einem Thema zu arbeiten – womöglich noch ohne zeitliche und örtliche Flexibilität.

Wenn ich an meine Ausbildung zurückdenke, dann habe ich vieles positiv in Erinnerung: angefangen mit einer virtuellen Betriebserkundung, die uns schon in der siebten Klasse angeboten wurde. Das Auswahlverfahren war eine gute Mischung zwischen online und face-to-face. An den ersten Ausbildungstagen haben wir unsere Chefs kennengelernt – teilweise über Videos, die wir über Airdrop erhalten haben, oder auch über Skype-Konferenzen, wenn sie z.B. gerade im Ausland unterwegs waren.

Besonders mein Ausbilder hat sich enorm für uns eingesetzt. Er hat mit uns persönlich, aber auch virtuell kommuniziert, weswegen wir nach einem Berufsschultag nicht mehr ins Büro gingen, sondern jeder wählen konnte, von wo aus er an der virtuellen Konferenz teilnehmen wollte oder wann er mit dem Ausbilder das nächste Gespräch führen wollte.

Mir fielen in der Berufsschule und in der praktischen Ausbildung einige Themen schwer. Da fand ich es gut, dass wir ein Konzept hatten, das auf jeden Auszubildenden selbst einging, und wir kein Kollektivunterricht bekamen. Damals nannte man die in der Ausbildung verwendete Software ›Lernmanagementsystem‹ – heute würde ich das eher als ›individualisiertes Lernerlebnis‹ bezeichnen. In der Ausbildung haben wir viele, damals neue Medien eingesetzt. AR und VR und natürlich die neuesten Notebooks mit biometrischer Entschlüsselung und Zugriff auf alle Laufwerke im Unternehmen. Die ausbildungseigene Cloud hat es uns auch leicht gemacht, mal am Wochenende oder abends Zusatzinformationen für eine Klassenarbeit zu bekommen.

Unsere KI-Software hat uns während der Ausbildung ganz gut kennengelernt und uns nach der Ausbildung bei der Übernahme ins Unternehmen geholfen. Denn sie wusste, was wir gerne machen und was nicht. Die Ergebnisse wurde auch in den Abteilungen genutzt, in denen es offene Stellen gab – und dann hat uns das KI-System sehr gute Empfehlungen geben können. Natürlich haben wir dann noch ein Gespräch geführt, denn einen Algorithmus für ›Sympathie‹ gab es damals in der KI noch nicht. Ich würde die Ausbildung jederzeit wieder in diesem Unternehmen machen – daher stehe ich auch bei den regelmäßigen Chat-Konferenzen über Apps als Referenzgeberin zur Verfügung.«

So weit der Bericht von Ariane.

Als Ausbilder ist man es schon längst gewohnt, dass sich viele Themen durch unterschiedliche Einflüsse im Laufe der Zeit vielschichtig ändern. Mal wurden Prüfungen angepasst, Ausbildungsinhalte entwickeln sich weiter, auch die Jugendlichen ändern sich oder es gibt wieder einmal eine neue Version im Großrechnersystem.

Doch seit der Computerisierung und der Mobiltelefonie nimmt die Komplexität noch schneller zu. Mitte der 1990er-Jahre gab es die ersten Mobiltelefone – damals noch mit Tasten – und 2007 war das erste Smartphone auf dem Markt. Die Besonderheit waren ein tastaturloser Bildschirm und die Hardware wurde über die Software upgedatet.

Und was hat das nun mit der Ausbildung zu tun? Die klassische Zielgruppe der Ausbildung – überwiegend Schulabsolventen – nutzen die neu verfügbaren Medien und Smart Devices und erleben die Digitalisierung als einen Teil ihres Lebens.

Die Zielgruppe der Schulabsolventen bleibt dabei relativ gleich alt: Ein Absolvent mit zwölf Schuljahren der mit sechs eingeschult wird, wird auch in einigen Jahren bei Ausbildungsbeginn noch immer 18 Jahre alt sein. Aber die Ausbilderinnen und Ausbilder entfernen sich während ihrer Karriere mit zunehmendem Alter doch immer weiter von den Auszubildenden.

Grund genug, um zu reflektieren, wie zur sinnhaften Integration der Digitalisierung nicht nur zur Zielgruppe der Digital Natives aufgeschlossen werden kann, sondern auch wie man dem Fortschritt einen kleinen Schritt voraus sein und die digitale Transformation sinnhaft auf den Ausbildungsalltag übertragen kann.

Digitale Transformation ist mehr als die Nutzung von Instant-Messengern. Die digitale Transformation kann sich auf alle Prozesse in der Ausbildung ausweiten – und sogar darüber hinaus. Damit ist gemeint, dass sie sich schon vor der Ausbildung und auch nach der Ausbildung auswirken wird – und sich dadurch unter systematischer (also struktureller) und systemischer (also abgestimmt auf das eigene Unternehmen) Betrachtung viel ändern kann. Genauer betrachtet wird deutlich, dass sich enorm viele Chancen ergeben können.

Digitalisierung ermöglicht neue mathematische Auswertungen oder genauer: Wenn Algorithmen durch IT-Systeme analysiert werden und »Richtiges« von »Falschem« unterschieden werden kann, dann wird deutlich, dass auch die künstliche Intelligenz (KI) nicht nur in Geschäftsprozesse Einzug hält, sondern auch mehr und mehr in Bildungsthemen zu finden ist: Technische Beratung, ob verbal oder schriftlich, sowie Prüfungsgesprächssimulationen könnten künftig bereits zwischen Prüfling und dem Computer online erfolgen. Durch KI ist zu erwarten, dass die Software künftig auch die Semantik von Sätzen erkennt – also Inhalte und nicht nur die einzelnen Wörter sequenziell zusammensetzt.

Grundsätzlich ist aber festzuhalten, dass nicht alles technisch Machbare immer sinnvoll ist – und vielleicht auch das eine oder andere Mal den finanziellen Rahmen sprengt. Man denke nur an einen papierlosen Bewerbungsprozess: vom »gamifizierten Akquirieren« bis hin zu Bewerbervideos – und das alles über das Smartphone. Allein ein sinnvolles und attraktives Spiel mit entsprechendem Bezug zum eigenen Unternehmen verlangt einen hohen fünfstelligen Betrag. Damit wird klar: Nicht alle können sich das leisten – und sind dennoch von denselben Einflussfaktoren betroffen. Daher lautet die Devise: Machen, was geht und sinnvoll und vertretbar ist.

Wie kann die digitale Transformation nun systematisch und systemisch sowie prozessual in der Berufsausbildung abgebildet werden?

Hierzu lohnt ein Blick auf das, was derzeit mehr und mehr Unternehmen tun: Sie schauen nach der »Digital Customer's Journey« – also danach, wie sich der Kunde in Richtung digitale Transformation entwickelt und wie er sich verhält. Dann wird versucht, die eigenen Geschäftsprozesse über die Geschäftsprozesse des Kunden »zu legen«, um nicht nur über einen Vertriebsmitarbeiter mit diesem Kunden vernetzt zu sein, sondern in vielen Bereichen und mit mehreren Tools. Hier wird schon eine erste Implikation deutlich, die künftig verstärkt in die Ausbildung einfließen sollte: Vertrauen und Überzeugungskraft wie auch die Sensibilität für die Gesprächspartner, aber auch Datensicherheit. Es hat den Anschein, dass die junge Generation hier um einiges toleranter (um nicht zu sagen: nachlässiger) ist. Ein Beispiel ist der Umgang mit dem Smartphone in Bus und Bahn: Nicht selten können mehrere danebenstehende Personen uneingeschränkt die Konversation über einen Messenger mitverfolgen und sogar Sprachnotizen über Lautsprecher mithören.

1.2 Welche Bereiche von der digitalen Transformation betroffen sein könnten

Es zeichnet sich bereits ab, dass die digitale Transformation auf drei Hauptthemen fokussiert: Zum einen werden sich die Abläufe und Prozesse ändern. Hierzu gehört beispielsweise der Auswahlprozess.

Darüber hinaus können Smart Devices und Wearables immer vielseitiger eingesetzt werden. Andere Hardware, die immer softwarelastiger wird wie beispielsweise Smartwatches, aber auch immer intelligenter werdende Maschinen, sei es in der Industrie oder auch im Büro (Smart-Schreibtische oder ergonomisch vorteilhaftes Mobiliar, in das immer mehr »Elektronik und Intelligenz« eingebaut werden könnte), können von der digitalen Transformation betroffen sein.

Als Drittes werden sich die Anforderungen an die Mitarbeiterinnen und Mitarbeiter ändern. Zwar ist heute noch nicht bis ins kleinste Detail erkennbar, wie konkret die Anforderung aussehen wird, aber eines ist schon absehbar: Prozessverständnis hilft, in einer immer intransparenter werdenden Welt zurechtzukommen.

1.2.1 Veränderte Prozesse und Prozesslandschaften

Früher haben sich Bewerber mit einer Papierbewerbung beworben, wurden dann zu einem schriftlichen Papiertest und dann zu einem Gespräch eingeladen. Künftig könnte vieles online laufen: Vom Bewerbervideo bis zum Online-Test zu Hause mit einem Präsenz-Re-Test und sogar Vorstellungsgespräche könnten künftig, zumindest teilweise, online ablaufen.

Ausbildungsmanagementsysteme gibt es schon seit vielen Jahren als EDV-Version. Neu hinzu kommt der veränderte Zugriff: Auszubildende werden nicht darauf angewiesen sein, sich über ein Notebook von zu Hause über einen VPN-Zugang auf dem Unternehmensnetzwerk einzuloggen und hier auch außerhalb der Arbeitszeit Kurse zu machen, sondern es zeichnet sich ab, dass der Zugriff über das eigene Smartphone auf die Unternehmenscloud möglich sein wird. Das Smartphone und Wearables sind dann auch verstärkt Lernbegleiter.

Es wird deutlich, dass es eine horizontale und vertikale Prozesslandschaft gibt, auf die sich die digitale Transformation auswirken wird. Zum einen sind dies Prozesse innerhalb der Ausbildung. Zum Zweiten kann sich aber auch der Prozess aus Sicht der »Digital Applicant's Journey« verändern.

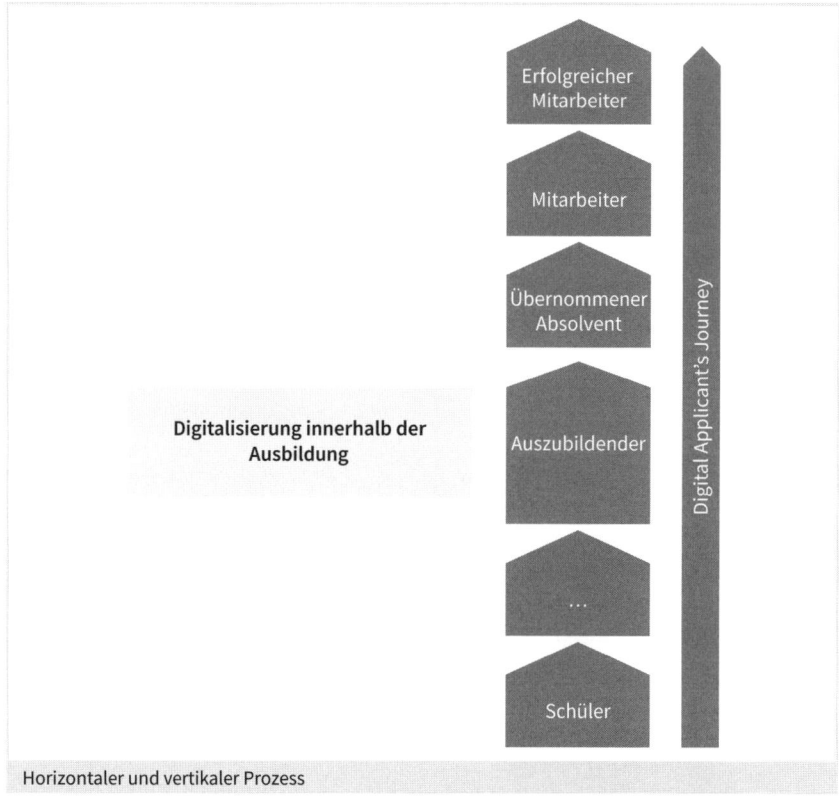

Horizontaler und vertikaler Prozess

Auf diese zwei Ebenen wird gleich noch näher eingegangen.

1.2.2 Veränderte und neue Hardware und andere Didaktisierung

Wer kennt noch den guten alten PC mit der 5 ¼-Disk mit gerade mal ein paar kB Speichervolumen? Und welche Speicherkapazität haben Smart Devices heute? Wie klein und vielseitig sind die Smartphones von heute?

Dies macht deutlich, dass es eine rasante Veränderung auch bei der Hardware gibt. Während das erste iPhone 2007 gerade mal 4 GB Speicher hatte, hat das aktuelle bereits 512 GB. Doch nicht nur die Kapazität, sondern auch die Geräte an sich, mit all ihren Kombinationen, werden immer vielschichtiger.

Das bedeutet für die Ausbildung, dass hier laufend (re-)investiert werden muss, um up to date zu sein. Wer heute in der Ausbildung einen PC mit einer Floppy-Disk einsetzt …?

Smart Devices sind auf dem Vormarsch: Tablets, Smartphones, aber auch technisches Equipment wie 3-D-Drucker und auch 3-D-Scanner oder neue Messmittel, die nicht nur digital messen, sondern auch direkt mit der Software verbunden sind.

Durch stabilere Internetverbindungen – per Kabel oder auch über das G-/LTE-Netz – sind Videokonferenzen heute problemlos mit dem Smartphone machbar. Alternativ können Videokonferenzen auch mit einer bestimmten Software über Notebooks, in die heute meist ohnehin eine Kamera integriert ist, abgehalten werden.

Ausbildungsbücher werden künftig von softwarebasierten Lernerlebnissen ersetzt werden – individualisiert zusammengestellt für jeden einzelnen Auszubildenden.

In diesem Buch sind einige Beispiele enthalten, die sehr detailliert aufzeigen, welche Hard- und Software wofür schon heute, aber auch künftig eingesetzt werden kann.

Wenn sich das Equipment ändert, wird sich auch die Finanz- bzw. Kostenstruktur der Ausbildung ändern. Was früher Investitionen waren, die »Barmittel« benötigten und Abschreibungen zur Folge hatten (und damit Fixkosten) sind heute schon viele Geräte ein geringwertiges Wirtschaftsgut und werden in einem Jahr abgeschrieben (hier jeweils die offizielle GWG-Grenze beachten).

1.2.3 Veränderte Qualifikationsanforderungen

Welche Auswirkungen die digitale Transformation auf die Mitarbeiterinnen und Mitarbeiter hat, ist wohl die wichtigste Frage. Gilt es doch, die Auszubildenden von heute zu wertvollen Mitarbeitern von morgen zu qualifizieren. Eine Beschreibung der Auswirkungen in einem Satz ist kaum möglich, wenn man mehr als »es werden künftig weitere, erweiterte und zusätzliche Qualifikationsanforderungen von den Mitarbeitern zu erfüllen sein« sagen will.

Sicherlich wird es eine gewisse Verschiebung geben. Durch die Schnelllebigkeit und laufende Veränderung von Fachwissen wird das prozedurale Wissen bzw. die Methodenkompetenz im Sinne von Umsetzungs- und Transferkompetenz an Bedeutung gewinnen. Fachwissen wird immer schneller veralten. Die Kompetenz zu kombinieren, zu transformieren und zu transferieren wird wichtiger denn je.

Bei genauer Betrachtung kann es eine evolutionäre und eine revolutionäre Entwicklung geben. Evolutionär ist alles Bisherige, das sich entsprechend weiterentwickelt. Dazu gehören sicherlich Themen wie die zunehmende Globalisierung und internationale Verflechtung oder die demografische Entwicklung. Neuer dagegen und revolutionär – die Weiterentwicklung erreicht eine immer höhere Geschwindigkeit – sind die zunehmende Komplexität von Abläufen und die Integration von Wearables, Smart Devices, Tablets und Co.

Aus diesen beiden Sichtweisen lassen sich immer konkretere Eigenschaften ableiten, die künftige Mitarbeiterinnen und Mitarbeiter haben müssen – und die schon heute in ein zukunftsgerichtetes Ausbildungskonzept einfließen sollten.

Ja – Teamfähigkeit, Zielorientierung, Zuverlässigkeit etc. werden auch künftig benötigt. Aber vielleicht werden in der Zukunft auch Themen wie Prozesskompetenz, Pionierfähigkeit, Mut zur Entscheidung, abnehmender Anspruch auf Überqualität etc. relevant. Damit wird klar: Die Anforderungen von heute sind für die Zukunft höchstens die halbe Wahrheit.

Eine weitere Eigenschaft könnte als »digitale Disziplin« bezeichnet werden. Das könnte z. B. ein sensibler Umgang mit Daten sein, die systematische Abwägung von online verfügbaren Informationen (wie z. B. Wikipedia), aber auch die Disziplin, sich online Themen (z. B. über E-Learning) zu widmen, statt die Beschäftigung damit vor sich her zu schieben, weil der Alltag von einem ja schon genug fordert.

Die zunehmende Komplexität fordert sicherlich auch nonlineares Denken: Nicht alles kann immer ganz eindeutig erklärt und geklärt werden. Diese Fähigkeit kann auch als »Ambiguitätstoleranz« bezeichnet werden.

Und was wird aus der demografischen Entwicklung? Mit Digitalisierung hat dies vordergründig nicht viel zu tun. Aber es ist ein Einfluss, dem Unternehmen unterliegen. Eine Antwort auf die Herausforderungen der demografischen Entwicklung, den zunehmenden Fachkräftemangel und die stärkere Arbeitnehmerposition könnte sein, den Fokus mehr auf Loyalität und Konstanz zu legen, damit Ausbildungsabsolventen nicht wegen ein paar Euro zum anderen Arbeitgeber wechseln, sondern im Unternehmen bleiben, weil sie sich mit ihn verbunden fühlen.

Darüber hinaus muss der Auszubildende auch künftig anleitungsbereit sein: Sein Ausbilder oder seine Ausbilderin hat ihm tendenziell mehr zu sagen als andersherum. Aber auch Reverse Mentoring hat bereits in die Unternehmen Einzug gehalten. Das bedeutet, dass erfahrene Mitarbeiter und Mitarbeiterinnen auch von Auszubildenden unterwiesen werden können.

Hinzu kommt, dass durch die künstliche Intelligenz von Maschinen und Systemen das Fachwissen mehr und mehr ersetzt werden kann. Was aber derzeit noch nicht funktioniert, ist, Emotionen zu ersetzen. Empathie, Liebe und andere Gefühle gibt es im Appstore eben nicht – das sagte Ariane ja bereits. Insofern rät Jack Ma bei einem Vortrag auf dem World-Economic-Forum in Davos, den Kindern Dinge wie Musik und Kunst beizubringen. Dies sind Voraussetzungen für weitere neue Entwicklungen, die durch künstliche Intelligenz erst einmal nicht ersetzt werden können.

Fakt ist aber, dass mehr und mehr im Unsichtbaren geschieht: Eine vollautomatisierte und sich selbst steuernde und sich selbst rüstende Maschine ist wie eine große Blackbox und der Mitarbeiter ist weniger damit beschäftigt, die Maschine z. B direkt mit (Roh-)Material zu bestücken, sondern mehr in deren Umfeld mit Überwachung und Steuerung.

Bei abnehmender Transparenz sollten Lernende verstärkt den Sinn einer Aufgabe oder Handlung kennen. In der Vergangenheit wurden Methoden eingesetzt, mit denen den Lernenden gezeigt wurde, wie genau sie vorzugehen haben. Schritt für Schritt. Doch bei zunehmender Dynamik hilft so etwas für die Zukunft nicht mehr. Wichtiger ist die Antwort auf die Frage »Was soll erreicht werden?«. Damit ist das Ergebnis bzw. das Ziel gemeint. Noch besser ist es, wenn Sinn vermittelt wird. Wenn also die Frage beantwortet wird, »Wozu ist diese Tätigkeit, diese Aufgabe, dieses Wissen gut?«.

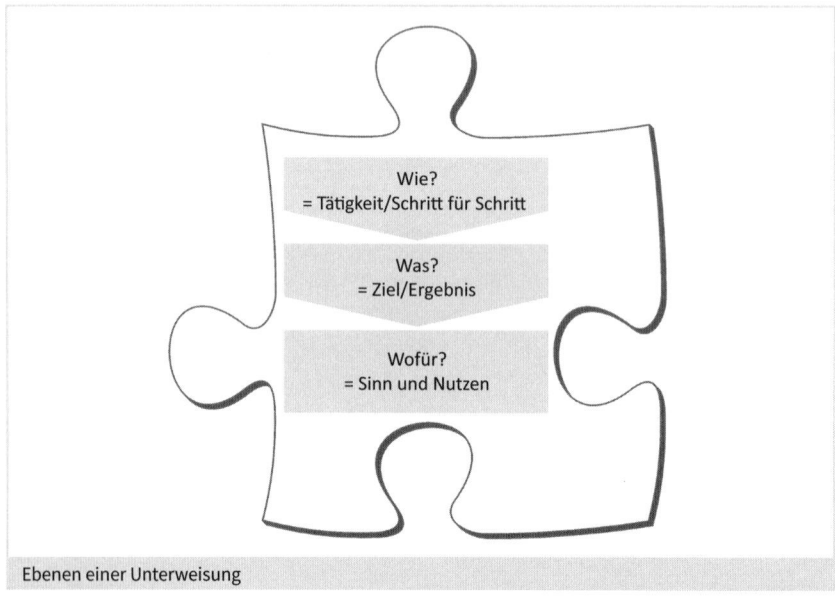

Ebenen einer Unterweisung

Insofern kann – je nach Reifegrad des Auszubildenden – auf der »Wozu-Ebene« begonnen werden, indem der Auszubildende nach dem vermuteten Sinn der Aufgabe oder der Handlung gefragt wird. Dann kann auf das Ziel eingegangen werden und letztlich auf den Weg zum Ziel – das Wie. Ist das Thema sehr komplex, kann auch auf der »Wie-Ebene« begonnen werden und im Gespräch das Ziel und der Sinn vermittelt werden.

Auch das prozedurale Wissen unterliegt einem Wandel: Früher war noch klar nachvollziehbar, was z. B. in einer Produktionslinie geschieht: Links war das Rohmaterial, das dann bearbeitet und rechts montiert wurde – und man hatte ein fertiges Produkt. Heute geschieht in einer geschlossenen Anlage sehr viel: Die Bearbeitung, die Montage, die Qualitätssicherung, sogar die Umrüstung auf weitere Produkte kann die Anlage schon von allein – und sogar ohne menschlichen Impuls. Die Software sagt ihr, wann sie welches Produkt zu fertigen und wann sie sich quasi auf ein anderes Produkt einzustellen hat. Dies alles bleibt für den Mitarbeiter intransparent.

Das Vermitteln und Entwickeln von Prozessverständnis erfordert eine bestimmte Art der Unterweisung. Es gilt, die Aufgabe oder die Handlung in ihrem Kontext zu vermitteln. Also: Woher kommt die Aufgabe und wohin führt die Aufgabe?

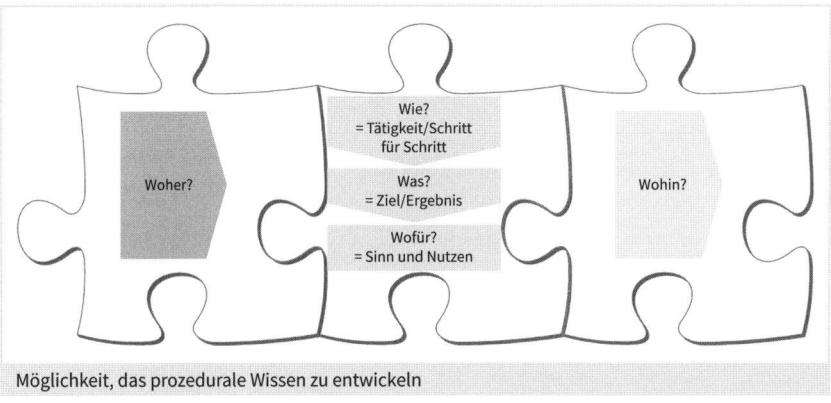

Möglichkeit, das prozedurale Wissen zu entwickeln

Durch die digitale Transformation kommen viele Änderungen auf die Arbeitswelt zu. Fragen Sie sich einmal selbst, welche Attribute Sie damit verbinden, und wägen Sie dann ab, ob Sie diese als eher positiv oder als eher negativ empfinden.

Ziel sollte sein, die eigene Offenheit zu bewahren und Neugierde bei den Auszubildenden zu schaffen. Denn eines ist gewiss: Die Veränderung wird nie mehr so langsam sein wie heute.

Jede Änderung kostet Kraft und erfordert gewisse Anpassungen, aber es hat den Anschein, dass Änderungen zu oft abgeblockt werden – wobei natürlich auch Traditionen und Beständigkeit ein wichtiger Wert bei der rasanten Dynamik sind.

Damit kommt eine weitere Eigenschaft von Ausbildern (und Auszubildenden) zum Tragen: Entscheidungsfähigkeit. Abwägen zu können, welche Änderungen nicht aufgehalten werden können – und wo Konstanz hilfreich sein kann. Beides muss balanciert sein.

Was sehr hilfreich ist, ist eine hohe Affinität zu IT-Themen. Spannend wird sein, was künftig relevanter wird: Werden künftig nur noch Informatiker benötigt, die eine unglaubliche Tiefe an Wissen besitzen, oder sind die relevanten IT-Kenntnisse eher eine Querschnittsfunktion zu bisherigen Qualifikationsprofilen?

Für Ausbilderinnen und Ausbilder stellt sich die Frage: Werden künftig nur noch Fachinformatiker benötigt und ausgebildet, die dann für jegliche Kundengespräche eine virtuelle Bankberaterin, einen virtuellen Einzelhandelskaufmann, einen Steinmetz-Bot oder einen Gas-Wasser-Installateursandroiden programmieren?

In der Praxis hat es den Anschein, dass die Berufsbilder immer noch ihren fachlichen Fokus haben, aber immer mehr mit IT-Themen angereichert werden. So auch bei den Metall- und Elektroberufen, als Themen wie Datensicherheit, Speichersysteme etc. bei der letzten Novellierung in den Ausbildungsrahmenplan aufgenommen wurden.

Einer Studie zufolge fühlen sich 16 Millionen Deutsche von der Digitalisierung überfordert (wirtschaft + weiterbildung, 2018). Überforderung und daraus entstehende Angst sind keine guten Ratgeber, daher gilt es generell, alle beteiligten Personen zu involvieren und ihnen die Angst zu nehmen. Dazu gehört auch, den Auszubildenden zu zeigen, was sie heute schon tun können und sollten, wenn sie künftig und langfristig beschäftigungsfähig bleiben möchten. Allerdings ist es auch Aufgabe eines Ausbilders, seine eigene Angst vor der Veränderung auf den Prüfstand zu stellen.

Das lässt sich einfach schreiben. In der Praxis ist dies ein sehr zeitaufwendiger Prozess, der Vertrauen zwischen Ausbilder und Auszubildenden verlangt, denn sobald Änderungen einen selbst betreffen, ist die Bewertung der Änderung eine andere, als wenn es um Veränderungen bei anderen geht.

Schon Augustinus Aurelius, Philosoph und Kirchenlehrer, wusste es: »Du kannst in anderen nur das Feuer entfachen, das in dir selber brennt.« Erkennen Sie den Funken in sich und können Sie damit einen Funken oder sogar ein Feuer zum Thema digitale Transformation bei anderen entfachen?

1.2.4 Veränderte Kommunikation und veränderte Führung

Ariane hat es ja beschrieben, wie sie von ihrem Ausbilder geführt wurde und welche Arbeitsformen in ihrer Ausbildung eingesetzt wurden.

1.2 Welche Bereiche von der digitalen Transformation betroffen sein könnten

Gerade im Umgang miteinander und in der Kommunikation ändert sich durch die Smart Devices enorm viel. Die Generation, die ab 2007 geboren wurde, ist quasi mit dem Smartphone aufgewachsen. Diese Generation kommt ab ca. 2023 in die Ausbildung. Schon heute zeigt es sich, dass teilweise mehr online als face to face kommuniziert wird. Dennoch gibt es Themen, die man lieber persönlich mit dem Ausbilder bespricht – aber vielleicht eben auch außerhalb des »klassischen Zeitfensters« von 7.30 Uhr bis 16.30 Uhr.

Die neue Technik macht es möglich, dass zumindest in einigen Bereichen immer mehr ortsunabhängig gearbeitet werden kann. Zum Beispiel können schon kleinere Operationen von Ärzten ausgeführt werden, die selbst gar nicht im OP-Saal anwesend sind. So können heute schon mit wenig Zusatzaufwand Konferenzen über das Smart Device abgehalten werden. Während die einen auf BYOD setzen und ihren Auszubildenden z. B über Global-WIFI-Geräte einen Online-Zugang ermöglichen, bekommen andere Auszubildende von Unternehmen schon Smart Devices mit einer E-SIM, um überall online gehen zu können. Dies kann der Schreibtisch zu Hause sein – aber auch eine Parkbank oder die Umkleide im Fitnessstudio oder der Tisch in einer Bibliothek.

Dies bedeutet, dass Ausbilder und Ausbilderinnen von heute sich auf die veränderte Führung der Auszubildenden vorbereiten sollte. Nicht nur, dass die Auszubildenden immer mehr Selbstbewusstsein haben und gefühlt eine geringere Frustrationstoleranz und daher schneller etwas »hinschmeißen«, es ist auch die demografische Entwicklung, die es für Unternehmen immer schwerer macht, gute und loyale Mitarbeiterinnen und Mitarbeiter zu finden. Umso wichtiger ist es daher, sich auf die neuen Anforderungen einzustellen.

Sich auf die Zielgruppe einlassen bedeutet, auch darauf zu schauen, wie das Leben der Zielgruppe aussieht. So bieten Unternehmen schon heute Fitnessstudios an. Dies bedeutet, dass es künftig – und auch schon heute – eine Verschmelzung von Privatem und Beruflichem gibt. Die Aussagen zu einer möglichen Verschmelzung gehen allerdings durchaus auseinander: In der einschlägigen Literatur wird genau diese Entwicklung prognostiziert – weil man ja auch die eine oder andere private Nachricht während der Arbeitszeit schreiben möchte und im Gegenzug auch etwas Geschäftliches in der Freizeit macht (Scholz, 2014). Andere hingegen sprechen von einer »Work-Life-Separation« und beziehen sich hierbei auf die Autonomie der Auszubildenden, die selbst entscheiden, wie weit sie sich in ihrem Privatleben beeinträchtigen lassen möchten.

Was in jedem Fall schon jetzt angestoßen werden kann: Neue Arbeitszeitmodelle für die Auszubildenden mit ihnen und dem Betriebsrat entwickeln. Ariane hat das Beispiel der Online-Konferenz nach einem Berufsschultag bzw. des Gesprächs mit ihrem Ausbilder angeführt …

Online-Coaching in der Ausbildung könnte ebenso an Bedeutung gewinnen wie Online-Diagnostik im medizinischen Bereich, was derzeit ja auch diskutiert wird.

Dazu kommen andere Arbeitsformen und -zeitmodelle. Der Arbeitsort wird flexibler und ist in vielen Berufen nicht nur auf einen einzigen Arbeitsplatz begrenzt. Neue Arbeitszeitmodelle werden mehr Flexibilität bieten und lassen eine noch bessere Vereinbarkeit von beruflichen und privaten Anforderungen zu.

1.3 Der horizontale Prozess: digitale Transformation innerhalb der Ausbildung

Die digitale Transformation wird sich innerhalb der Ausbildung abspielen. Wertschöpfung wird dabei in »direkte« und »indirekte« unterteilt. Direkte Prozesse sind die Prozesse, in denen der Auszubildende unmittelbar tangiert ist. Indirekte Prozesse könnten auch als »unterstützende Prozesse« bezeichnet werden. Damit sind alle Prozesse gemeint, die vom ersten bis zum letzten Ausbildungstag in jeglicher Hinsicht durchlebt werden und die direkt mit den Auszubildenden zu tun haben.

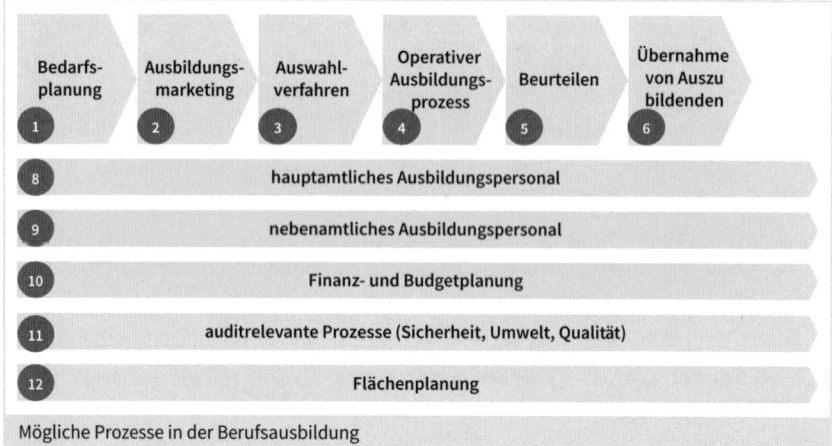

Mögliche Prozesse in der Berufsausbildung

1.3.1 Digitale Transformation im Kontext der Bedarfsplanung

Die Personalbedarfsplanung ist kein klassisches Element der Digitalisierung. Es gibt sie schon seit vielen Jahren. Allerdings ändert sich die Verfügbarkeit von Daten. Ob über ein Großrechner-IT-System oder ob diese Daten aus den elektronischen Personalakten gezogen werden – es besteht in jedem Fall die Chance auf mehr Transparenz und auf einen besseren Zugriff auf Daten.

Für die Ausbildungsbedarfsplanung als Teil der Personalbedarfsplanung helfen drei Zahlen:
1. Was ist der fluktuationsbedingte Ausbildungsbedarf?
2. Was ist der altersbedingte Ersatzbedarf?
3. Was ist der Bedarf durch potenzielles Wachstum?

Zum fluktuationsbedingten Ausbildungsbedarf
Viele Unternehmen haben eine Mitarbeiterfluktuation, die im Prozentsatz variiert. Hilfreich ist zu eruieren, auf welchem Qualifikationslevel sich die Fluktuation bewegt. Verlassen mehr Angelernte das Unternehmen? Oder mehr Facharbeiter? Oder höher qualifizierte Fachkräfte (z. B. Meister, Techniker, Fachwirte etc.)? Dies ist ein wichtiger Indikator für den Ausbildungsbedarf.

Zum altersbedingten Ersatzbedarf
In vielen Unternehmen steigt das Durchschnittsalter mit der Konsequenz, dass immer mehr Arbeitnehmerinnen und Arbeitnehmer in Rente gehen, die ersetzt werden müssen. Frühzeitig initiiert, können Auszubildende direkt oder über ein Nachrückverfahren übernommen werden. Daher sollten die altersbedingten Abgänge für die nächsten fünf Jahre fokussiert werden, denn es ist eigentlich keine Überraschung, wenn ein Mitarbeiter in Ruhestand geht.

Was sich derzeit ändert, ist der Übergang vom Erwerbsleben in den Ruhestand durch vielfältige Altersteilzeitmodelle mit mehr oder weniger Präsenz im Unternehmen. Teilweise wechseln Mitarbeiter und Führungskräfte auch schon mit Anfang oder Mitte 50 in ein Teilzeitarbeitsverhältnis, was dann durchaus Lücken verursacht.

Daher ist es hilfreich, künftig mehr in »FTE« (Full-Time Equivalent) zu rechnen, also zu fragen, wie viele Vollzeitkapazitäten dem Unternehmen zur Verfügung stehen, statt auf die Anzahl der Mitarbeiterinnen und Mitarbeiter (Headcount) zu achten.

Zum potenziellen Wachstumsbedarf
Nicht jedes Unternehmen wächst – dennoch werden in vielen Unternehmen weitere Mitarbeiter benötigt. Manche Unternehmen investieren frühzeitig in neue Gebäude – und hier lässt sich dann zumindest grob ableiten, welche Pläne im Hinblick auf das Personal vorgesehen sind. Bei genauerer Betrachtung lässt sich hieraus auch der Bedarf berechnen, der künftig durch ausgebildete Facharbeiter gedeckt werden muss.

Künftig ist durchaus denkbar, dass durch Big Data – also die Vielzahl vorhandener und gespeicherter Daten – und durch den Einsatz von Mathematik wie Regression, Korrelation etc. immer genauere Zahlen verfügbar sind.

> **Beispiel**
>
> Es soll ein weiteres Gebäude für einen neu aufzubauenden Unternehmensbereich gebaut werden. Für diese Planung ist hilfreich zu wissen, was der aktuelle und reale Flächenbedarf eines Mitarbeiters in einem vergleichbaren Bereich ist – und hier helfen dann Analysen und Korrelationen bei der Ermittlung der benötigten Fläche oder der einzuplanenden Mitarbeiter.

Möglicherweise können auch Ausbildungspläne mit Stichwörtern getaggt werden. Die Inhalte werden daraufhin über EDV-Systeme mit bisherigen Jobprofilen von Mitarbeiterinnen und Mitarbeitern in Verbindung gebracht. Das IT-System schlägt dann eine Auszubildende aus einem vielleicht sogar nicht einschlägigen Berufsbild vor, die während ihrer Ausbildung in unterschiedlichen Abteilungen eingesetzt war und dort Themen kennengelernt hat, die jetzt bei der freien Stelle relevant sind.

Insgesamt ist es durchaus ratsam, dass Ausbilderinnen und Ausbilder sich einige Kennziffern bereitlegen, die jenseits der Aussage »wir bilden kostengünstig aus, weil unsere Azubis auch produktive Aufträge erledigen« wirkt. Solche Kennziffern könnten die Verbleibensquote der Azubis oder ein Zufriedenheitsindex (im Vergleich zu den anderen Mitarbeiterinnen und Mitarbeitern) sein.

1.3.2 Digitale Transformation im Kontext des Ausbildungsmarketings

Schon heute setzen Unternehmen virtuelle Rundgänge in Gebäuden oder Ausbildungswerkstätten ein, die sie im Internetauftritt anbieten oder auch z. B. über Airdrop auf Schul- und Berufsmessen verteilt werden können – ohne den Messebesuchern viel Material an die Hand geben zu müssen.

Neuere Kommunikationsnetzwerke, die als App auf dem Smartphone vieler Jugendlicher zu finden sind, sind aus deren Alltag nicht mehr wegzudenken. Allerdings zeigt sich auch hier eine Dynamik: Vor einigen Jahren war noch Facebook führend, zwischenzeitlich sind Instagram und Snapchat relevant und wer weiß, was sich darüber hinaus noch alles entwickeln wird und welche Netzwerke dann auch wieder an Bedeutung verlieren.

Im vorliegenden Buch finden sich einige Praxisbeiträge, die tiefer auf Social Media im Kontext des Ausbildungsmarketings eingehen: »Der Einsatz von Social-Media-Kanälen in der Ausbildung bei OTTO« von Nicole Heinrich und »Ansprache von Auszubildenden durch Social Media« von Melanie Marquardt.

Neben den Social Media können gerade auch bei Berufsmessen »4.0-relevante« Exponate eingesetzt werden, um den Interessenten die Innovationskraft und die Attraktivität sowie Modernität von Ausbildungsbetrieben zu zeigen. Bionics4education ist ein

Beispiel dafür, wie z. B. auf einem Messestand Technologie spielerisch und attraktiv mithilfe einer innovativen Anwendung vermittelt werden kann: Über das Smartphone können die Interessenten ein bionisches Exponat steuern (siehe z. B. unter www.bionics4education.com).

1.3.3 Digitale Transformation im Kontext des Auswahlverfahrens

Seit vielen Jahren werden Online-Bewerbermanagementsysteme eingesetzt. Seit einigen Jahren werden auch mehr und mehr Online-Tests eingesetzt, die von zu Hause gemacht werden können. Hier stellt sich sicher die Frage, wie »Schummeln« vermieden wird: Indem die Bewerber darüber informiert werden, dass sie bei einem nachfolgenden Gespräch einen Re-Test machen müssen – und dann zeigt sich eine gewisse Korrelation oder auch nicht.

Künftig ist aber auch denkbar, dass Situationen beschrieben werden, die ein Auszubildender überstehen muss, wenn er erfolgreich sein will. Daraus lassen sich Eigenschaften ableiten, die künftig vielleicht sogar semantisch durch den Einsatz von künstlicher Intelligenz diagnostiziert werden können. Damit wird Täuschung durch den Bewerber noch schwerer – und der Online-Test wird interaktiver und sprachbasierter.

Auch die IT-Systeme könnten mehr zur Transparenz im Bewerbungsprozess beitragen, indem der Bewerber jederzeit nachvollziehen kann, wo und in welchem Status sich seine Bewerbung gerade befindet.

Bereits heute – aber im Hinblick auf Datenschutz auch kritisch gesehen – werden Videobewerbungen eingesetzt, die eine schriftliche Bewerbung quasi fast überflüssig machen, siehe zum Beispiel »Azubi-Recruiting der Zukunft – in welche Richtung entwickeln sich Recruitingprozesse und Online-Assessments durch den Einfluss der Digitalisierung?« von Felicia Ullrich.

Was jedoch auch immer im Auswahlverfahren angepasst werden soll: Hier ist der Betriebsrat einzubinden, der hier bei vielen Themen unterschiedliche Mitbestimmungsvarianten hat: vom Informationsrecht bis hin zu zustimmungspflichten Auswahlkriterien (siehe § 95 BetrVG).

Das Auswahlverfahren sollte abgestimmt sein auf die erforderlichen Eigenschaften, die ein künftiger Mitarbeiter mitbringen sollte. Diese Eigenschaften hängen von den Herausforderungen und Schwierigkeiten ab, denen sich dieser Mitarbeiter in seinem Arbeitsalltag erfolgreich stellen muss. Die dafür geeignete Methode ist die »Critical Incident Technique« zur Konzeption von Anforderungsprofilen.

Doch was bedeuten nun die bereits genannten Eigenschaften wie Pionierfähigkeit, Mut und Anleitungsbereitschaft? Diese Schlagworte sollen in den folgenden Tabellen etwas konkretisiert werden:

Pionierfähigkeit	
Der Bewerber/Auszubildende …	
Positive Ausprägung	Negative Ausprägung
… kann sich auf unbekannte Situationen schnell einstellen und trägt zu einer positiven Grundstimmung bei. … kann in ungewohnten Situationen strukturieren. etc.	… nimmt sich bei unbekannten Situationen zurück. … verliert sich in neuen Situationen.

Anleitungsbereitschaft	
Der Bewerber/Auszubildende …	
Positive Ausprägung	Negative Ausprägung
… kann Tipps nennen, die er/sie in letzter Zeit von anderen angenommen und umgesetzt hat. … sieht in erfahreneren Personen Vorteile (für sich). etc.	… lehnt Tipps von anderen ab. … probiert eher selbst aus, als von anderen zu lernen.

Nonlineares Denken	
Der Bewerber/Auszubildende …	
Positive Ausprägung	Negative Ausprägung
… kann Zusammenhänge zwischen Themen herstellen. … versteht komplexe Zusammenhänge, findet eine Lösung, z. B. wenn ein Indikator schiefläuft. etc.	… findet immer nur einen Grund für ein Problem. …

So wie in den Tabellen oben sollten insgesamt zwischen fünf und acht Eigenschaften beobachtbar bzw. operationalisiert werden.

Basierend auf diesem Anforderungsprofil empfiehlt es sich, entsprechende Fragen zu stellen, über die zu den gewünschten Eigenschaften vom Bewerber etwas erfahren werden kann.

Pionierfähigkeit
Was geht in Ihnen vor, wenn Sie neue Themen angehen? Was motiviert Sie? Wie spornen Sie sich zu Höchstleistungen an, um das Beste in der neuen Situation zu erreichen?
Was halten Sie von der Aussage »Die Digitalisierung bringt in Zukunft viel Neues« – wie stehen Sie zu dieser Aussage? Welches Beispiel aus Ihrem privaten Bereich können Sie uns nennen?

Anleitungsbereitschaft
Welche Tipps haben Sie in letzter Zeit umgesetzt, die andere Personen Ihnen gegeben haben? Was ging in Ihnen vor? Weswegen haben Sie diese Tipps angenommen?
Worin sehen Sie den Vorteil für sich, wenn Sie Tipps anderer annehmen?

Nonlineares Denken
Wie reagieren Sie auf komplexe Situationen? Was motiviert Sie, solche Herausforderungen zu meistern?
Wie stellen Sie sicher, dass Sie in einer schwierigen Situation möglichst alle denkbaren Lösungen einbeziehen, bevor Sie entscheiden?

1.3.4 Digitale Transformation im Kontext des operativen Ausbildungsprozesses/der Förderung der Auszubildenden

Eine massive Auswirkung der digitalen Transformation ist im operativen Ausbildungsprozess zu erwarten. Zum einen ändern sich die Themen in Richtung Virtual Reality, Augmented Reality, RFID, Robotik, kollaboratives Lernen, Datensicherheit und -verschlüsselung, Datenspeichersysteme, CAD-CAM-Systeme etc. – das sind nur ein paar Beispiele.

Darüber hinaus wird sich auch die Art, wie Wissen vermittelt wird, verändern. Die klassische Vier-Stufen-Methode wird es sicherlich auch noch geben, aber es kommen Themen wie virtuelle Lernkarten, Lernapps, Online-Quiz, spielerisches Erlernen von Themen dazu. Hier ist der Ausbilder insgesamt ein maßgeblicher Treiber dieses komplexen Themas Digitalisierung. Oder auch ein Bremser.

1 Digitale Transformation in der beruflichen Bildung

Auszubildende wollen künftig mehr denn je »modern« ausgebildet werden. Zu einer modernen Lernumgebung gehören die genannten Methoden in der Ausbildung, aber auch entsprechende Räumlichkeiten (Kreativräume). Schon jetzt gibt es z. B. Bestrebungen, das Berichtsheft künftig über Spracherkennung zu diktieren bzw. dann online transkribieren zu lassen.

Doch bevor seitens der Unternehmen überlegt wird, was den Auszubildenden geboten werden soll, lohnt es sich, die Zielgruppe selbst zu befragen. In einem Workshop könnte erst einmal erarbeitet werden, welches Verständnis die Auszubildenden von Lernen haben.

- Ist es formalisiert?
- Ist es intendiert?
- Ist Lernen ein sozialer Prozess, der einen Lehrenden verlangt?

Interessant wird dabei dann die Beobachtung sein, inwieweit z. B. das Schauen von YouTube-Videos als Lernen gesehen wird. Wird das Verfolgen von Influencern oder die Recherche nach einer Abkürzung in Mario Kart oder eine Erklärung für League of Legend etc. auch als Lernen gesehen? Vielleicht fällt hier der Begriff »Lernen« nicht unbedingt – aber möglicherweise der Begriff »Aufschlauen«. Vielleicht wird sich zeigen, dass Auszubildende solche Wege nur eher selten als Lernen bezeichnen – obwohl dieses informelle Lernen letztlich einen Kompetenzzuwachs zum Ziel hat.

Fragen Sie Ihre Auszubildenden doch einmal, wie sie sich z. B. einen idealen »Aufschlau-Tag« zu einem bestimmen Thema vorstellen. Mit welchen Medien, welchen Apps, mit welchen Personen zu welcher Uhrzeit etc.? Auch hier werden sicherlich viele Ideen kommen, die letztlich wieder Impulse für die Ausbildungsgestaltung sein können.

Damit wird deutlich: Lernen ist mehr als das, was in einem Stundenplan in der Schule vorgeschrieben ist. Lernen ist auch mehr als ein Schulbuch. Lernen findet dann statt, wenn sich der Lernende für ein Thema interessiert, wenn er an eine Handlungshürde kommt, »wenn er beim Thema X nicht mehr weiterkommt« – dann findet er auch Informationen und Medien, die ihm weiterhelfen können.

Bezogen auf Ausbilder und Ausbilderinnen bedeutet dies, dass sich die Didaktisierung und die Mediatisierung ändern werden. Wenn vor ein paar Jahren noch ein Computer-based Training und ein Arbeitsblatt eingesetzt wurden, ist es jetzt vielleicht eine App oder ein per Drag-and-drop zu auszufüllendes Online-Arbeitsblatt, integriert in ein individualisiertes Lehr-/Lernkonzept.

Durch die Medienvielfalt und die Kombination von Online-Arbeitsblättern wird immer mehr möglich: Die Integration von kurzen Videos, Liveschaltungen zu einem Online-

Tutor oder eine virtuelle Lerngruppe kann über einen Button auf dem Smartphone initiiert werden und es können Inhalte gamifiziert werden – und der Auszubildende lernt über ein Spiel.

Gamification
All dies kann natürlich selbst über eine entsprechende Software (die es auch kostenlos im Internet gibt) erstellt werden, oder man kann recherchieren, was über MOOCs bereits (auch kostenfrei) im Internet erhältlich ist. »MOOC« steht für Massive Open Online Courses – also frei verfügbare Online-Kurse. Diese finden sich beispielsweise in der Khan-Academy, von der es auch einen deutschen Ableger in YouTube gibt und wo viele Lehrfilme bereits auf Deutsch hinterlegt sind.

Eine relativ junge, aber sehr attraktive Methode ist das Online-Quizzen: Auf dem Smart Device findet sich eine App, über die man mit anderen Auszubildenden und Ausbildern quizzen kann. Ja – ein spielerisches Element ist zwar »funny«, aber bei dieser Art bleibt auch vieles nachhaltig hängen. Siehe »Microlearning: Wissen effektiv verinnerlichen, Mitarbeiter motivieren und dabei Kosten sparen« von Norma Demuro.

Auch für »administrative« und organisatorische Aufgaben finden sich im Internet praktische Anwendungen: Vom Urlaubsplaner bis hin zu einem professionellen Ausbildungsmanagementsystem auf Webbasis etc. ist bereits vieles verfügbar. Insgesamt lohnt es sich, die verfügbaren Apps regelmäßig zu screenen, um auf dem Laufenden zu sein und zu reflektieren, welcher Vorteil durch die jeweilige App erzielt werden kann.

Eines zeichnet sich auch ab: Die Profile bzw. die Themen, die die Auszubildenden zu lernen haben, werden mehr und mehr individualisiert. Es wird immer einfacher, über »drag and drop« Lernpfade für den Auszubildenden anstatt für einen ganzen Jahrgang zusammenzustellen. Dabei können unterschiedliche Formate in einen Lernpfad integriert werden: Von einem Suchbild, kurzen Videosequenzen, die erst ein paar Sekunden vorher selbst erstellt wurden, bis hin zu Checklisten, Lernaufgaben etc., siehe »Das individuelle Lehr- und Lernerlebnis« von Dirk Pensky.

Während der Ausbildung gilt es auch, die Digitalisierung z. B. für die Kommunikation zu nutzen. Damit ist mehr als »sich Mails schreiben« gemeint. Ein entsprechendes internes Netzwerk, teilweise für Smart Devices verfügbar, macht die Kommunikation untereinander leichter. Hier gibt es Plattformen, die den Verlauf nach jeder Session löschen, und welche, bei denen der Verlauf quasi archiviert wird und damit immer wieder nachzulesen ist. Alternativ können auch Chatprotokolle aufgehoben und beispielsweise an FAQs angebunden werden.

Bei aller innovativer Mediatisierung bleibt die Frage, was das Gehirn eigentlich noch aufnehmen kann. Das Gehirn der heutigen Menschheit hat sich in Jahrhunderten zu dem entwickelt, was es heute ist. Dagegen ist das Phänomen der Digitalisierung erst seit vielleicht 15 Jahren aktuell. Das zeigt: Die Technik entwickelt sich rasant, aber der Aufbau des Gehirns hinkt hinterher, siehe »Gehirn 1.0 vs. Welt 4.0: Müssen wir Ausbildung neu (er-)finden?« von Gregor Kern.

Um aber zunächst einmal zu erfahren, wie sich die Auszubildenden ein zukunftsorientiertes Ausbildungskonzept vorstellen, bzw. zu erfahren, wo die Auszubildenden (räumlich) künftig lernen wollen, lohnt sich ein Workshop mit den Auszubildenden. Erfahrungsgemäß werden dann nämlich mehr Orte als nur der Schreibtisch im Büro oder die Berufsschule genannt: Gelernt werden kann nämlich an vielen Orten und warum sollte alles nur in der regulären Arbeitszeit und am bekannten Arbeitsort ablaufen? Hat ein Marketingleiter seine besten Ideen zwangsläufig von Montag bis Freitag zwischen 8 Uhr und 17 Uhr? Vielleicht sollte der Begriff »Homeoffice« dann eher zu »Home-Learning« werden, damit deutlich wird, dass Auszubildende zu Hause – oder zumindest nicht am originären Arbeitsplatz – nicht nur arbeiten, sondern lernen.

Lernmotivation und Kreativität können durch weitere angebotene Lernorte gesteigert werden.

1.3.5 Digitale Transformation im Kontext der Beurteilung und bei der Übernahme von Auszubildenden

Hat der Auszubildende die angebotenen unterschiedlichen Medien genutzt und erfolgreich gelernt, geht es darum, die erbrachten Ausbildungsleistungen zu reflektieren. Dass künftig andere Anforderungen relevant sind als heute, wurde ja bereits geschrieben. Diese sollten sich auch im Feedbacksystem wiederfinden.

Generell ist bei der Beurteilung von Auszubildenden wichtig, dass alle beteiligten Personen ausreichend geschult werden und das eingesetzte Verfahren richtig und möglichst einheitlich einsetzen. Hierbei können Online-Schulungen und »Online-Books« eingesetzt werden.

Künftig kann vielleicht auch durch eine gut entwickelte künstliche Intelligenz herausgefunden werden, in welchem Umfeld sich der Auszubildende wohlfühlt: Das Bewertungsergebnis würde dann mit dem sozialen Umfeld (z. B. Anzahl der Mitarbeiter und Mitarbeiterinnen in dieser Abteilung, Betriebszugehörigkeit, Geschlechterstruktur, Durchschnittsalter etc.) in Beziehung gesetzt, um dann Empfehlungen geben zu können, in welchen Bereich der Auszubildende möglicherweise übernommen werden kann.

1.3.6 Digitale Transformation im Kontext der Bindung von Absolventen

Wer ist glaubwürdiger als Ausbildungsabsolventen, wenn es um Referenzen für Bewerber geht? Die hohe Glaubwürdigkeit kann genutzt werden, um beispielsweise über Chats oder auch kurze Vlogs, die den Bewerbern zum Download angeboten werden oder auch über einen Instant Messenger übermittelt werden können. Damit kann den Bewerbern wahrhaftig und glaubwürdig gezeigt werden, was nach einer Ausbildung im Unternehmen möglich ist.

Die Referenzgeber können auch über Live Sessions dazugeschaltet werden und beispielsweise ihren Arbeitsplatz zeigen – und somit weitere Interessenten zu einer Bewerbung bewegen.

1.3.7 Digitale Transformation im Kontext der Ausbildergewinnung und -qualifizierung

Hauptakteure bei der digitalen Transformation und quasi Brückenbauer zwischen Technik und Mensch sind die Ausbilder und Ausbilderinnen. Daher gilt es auch zu überlegen, was der gegenwärtige Wandel für den Einzelnen bedeutet.

Klar scheint, dass die Ausbilder Initiatoren für viele Neuerungen und Innovationen sind. Dies setzt allerdings voraus, dass sie dem Thema gewachsen sind und auch an sich arbeiten und sich weiterentwickeln, damit sie Schritt halten können.

Was sind nun mögliche Qualifizierungsmodule für Ausbilderinnen und Ausbilder?

Folgende Themen und Inhalte könnten als Anhaltspunkt dienen:

Thema	Bereiche
Smart Devices und Medienkompetenz	• AR-/VR-Brillen • Lernplattformen • Einsatzmöglichkeiten unterschiedlichster Hardware
Leadership and Communication	• virtuelles Kommunizieren und Nachrichten-Posten • Führungssituationen im virtuellen Raum • Moderieren von Online-Besprechungen
Online-Didaktik	• Individualisierung von Online-Kursen für Auszubildende • geeignete Didaktisierung kürzerer Lernsequenzen
… alles, was »Recht« ist	• Copyright • Zustimmungspflicht bei Bildern mit Personen • legale und illegale Themen • Datenschutz und Datensicherheit /Verschlüsselung von Daten

Thema	Bereiche
Big Data	• Datenspeicherung und -aufbereitung • Korrelationen von Daten berechnen • Datensicherheit
Neue Lehrformen	• Online-Apps • Quiz-Apps • kollaboratives Lernen • cloudbasiertes Lehren
Digitales Mindset fördern und entwickeln	• positive Einstellung gegenüber digitalen Themen entwickeln • Chancen statt Probleme sehen

1.3.8 Digitale Transformation im Kontext mit den Ausbildungsbeauftragten

Was für hauptamtliche Ausbilderinnen und Ausbilder gilt, kann in Auszügen auch für die Ausbildungsbeauftragten nicht schaden. Insofern lohnt es sich, darüber nachzudenken, welche Themen der hauptamtlichen Ausbilder auch den Ausbildungsbeauftragten angeboten werden können.

In jedem Fall ist es wichtig, die Ausbildungsbeauftragten darüber zu informieren, welche Auswirkungen die digitale Transformation auf die Ausbildung hat und haben wird. Es ist schade, wenn die Ausbildungsbeauftragten nicht wissen, was geplant ist – und welchen Beitrag sie möglicherweise leisten können.

Auch die Ausbildungsbeauftragten können in ein ganzheitliches Digitalisierungskonzept einbezogen werden. Letztlich sind sie es, die den Transfer z. B. von bereitgestellter Hardware (wie Tablets etc.) für die Auszubildenden unterstützen sollen. So wurde in manchen Unternehmen bereits ein »Digitalrat« für die Ausbildung eingeführt, in dem auch Ausbildungsbeauftragte ihre Ideen einbringen können.

1.3.9 Digitale Transformation im Kontext der Finanz- und Budgetplanung

Vielleicht können künftig gesprochene Sätze über eine Software ausgewertet werden und fließen dann in die Bedarfsplanung ein. Zum Beispiel: »Alexa. Bitte berechne die erforderlichen Personalkostenbudgets bei folgender Konstellation: Wir haben fünf Auszubildende im dritten Ausbildungsjahr, die im Juli ihre Abschlussprüfung ablegen. Wir haben sechs Auszubildende, die im zweiten Ausbildungsjahr sind, und wir haben sieben Auszubildende im ersten Ausbildungsjahr ab nächstem September.« So könnten Spracherkennung und künstliche Intelligenz helfen, die Finanz- und Budgetplanung in der Ausbildung zu vereinfachen, indem per Sprache die Rahmendaten wie Ausbildungsvergütung, Ausbildungsdauer etc. eingegeben und verarbeitet werden.

1.3.10 Digitale Transformation im Kontext audit-relevanter Prozesse

Zertifizierungen finden mit dem Fokus auf Qualität, Arbeitssicherheit und Umwelt statt. Teilweise gibt es Begehungen, teilweise interne Audits und teilweise auch die »realen« Audits durch externe Auditoren z. B. für eine ISO 9001-Zertifizierung o. Ä. Möglicherweise gibt es dann eine »List of Findings«, also eine Liste mit Punkten, die angegangen werden sollten oder könnten. Wer kennt es nicht, dass man sich erinnert, dass einer dieser Punkte noch offen war, aber nur welcher?

Durch intelligente IT-Systeme kann auch dieser Prozess unterstützt und verstärkt automatisiert werden. Auch hier könnte künftig Spracherkennung zum Einsatz kommen, indem man das Suchwort eingibt und dann alle relevanten sowie die damit zusammenhängenden Themen ausgewiesen werden.

1.3.11 Digitale Transformation im Kontext der Flächen(bedarfs)planung

Wer träumt nicht von einem hochmodernen Ausbildungszentrum, das man schon vor Ausbildungsbeginn bzw. vor Fertigstellung virtuell begehen und worüber man sie freuen kann? Entsprechende AR- und VR-Apps gibt es bereits und erlauben eine »virtuelle Architektur« und somit auch einen virtuellen Rundgang – ergänzt durch entsprechende Kamerabilder (z. B. 360-Grad-Kamera oder 360-Grad-Bilder-Apps).

Entsprechende Raumscanner erlauben auch ein Verschieben von Maschinen und Räumen und eignen sich damit sehr gut, um künftige Lernräume schon früh emotional erleben zu können.

1.4 Der vertikale Prozess: digitale Transformation entlang der Biografie der Auszubildenden

Was für ein Unternehmen die »Digital Customer's Journey« ist, ist für den Ausbilder die Biografie der Menschen vom ersten »Hören von der Ausbildung« bis hin zum erfolgreichen Mitarbeiter nach der Ausbildung.

Dabei durchläuft ein (künftiger) Auszubildender unterschiedliche Evolutionsstadien.

Vom ... zum ...	Mögliches Interesse	Mögliche Ansatzpunkte durch die Digitalisierung
Vom Schüler zum Interessenten	Interesse an den angebotenen Berufsbildern und am Unternehmen selbst wecken	digitale Vernetzung und Chatbots
Vom Interessenten zum Praktikanten	Praktikumsvarianten und Zeiträume kommunizieren Berufserkundung »Welcher Beruf passt zu mir und welche Anforderungen muss ich erfüllen?«	Erkundungspraktika »fünf Berufe an fünf Tagen« und Berufserkundung »ein Beruf in einer Woche« anbieten und online Termine bereitstellen, die die Praktikanten buchen können
Vom Praktikanten zum Bewerber	Vorteil für Praktikanten ausweisen und diese als Bewerber bevorzugt im Auswahlverfahren berücksichtigen.	Praktikanten bekommen eine Greencard – und haben terminlichen Vorrang im Auswahlverfahren
Vom Bewerber zum Auszubildenden	Gründe für beiderseitige »Nummer 1« herausstellen: Weswegen ist der Bewerber Nummer 1 im Unternehmen und weswegen fühlt sich das Unternehmen auch beim Bewerber als Nummer 1?	dem künftigen Auszubildenden eine Zusammenfassung der Einstellungsentscheidung zukommen lassen
Vom Auszubildenden zum übernommenen Mitarbeiter	Wie läuft der Prozess und was geht in den künftigen Mitarbeitern emotional vor?	Ablauf des Übernahmeprozesses kommunizieren, Stärken für Nachwuchsproramme nutzen und Junior-Talent-Programm initiieren
Vom übernommenen Mitarbeiter zum erfolgreichen Mitarbeiter	Welchen Beitrag hat die Berufsausbildung zur jeweiligen Karriere geleistet?	Karrierepfade aufzeigen – ggf. über KI prüfen, was ein Mitarbeiter wirklich machen möchte, und spielerisch etwas über dessen Neigungen erfahren
Vom erfolgreichen Mitarbeiter zum Referenzgeber	Was sollte intern unternommen werden, damit Ausbildungsabsolventen, die bereits einige Karriereschritte durchlaufen haben, zu Referenzgebern werden?	Vernetzung mit »Online-Alumni« – Führungskräfte als Referenzgeber und Botschafter der Ausbildung

Digitale Transformation im Netzwerk der dualen Partner
Digitalisierung »nur« im betrieblichen Umfeld ohne den dualen Partner ist nur bedingt sinnvoll. Deswegen lohnt sich ein Schulterschluss mit den Berufsschulen. So könnten eigene Auszubildende, die intern als »Digital Youngsters« aktiv sind, ihre Erfahrungen

auch in der Schule einbringen und sie könnten damit auch einen »Digitalrat« in der Schule unterstützen.

In Schulen und Berufsschulen werden ebenfalls innovative und spannende Themen umgesetzt. »Wissen auf Vorrat« scheint dabei etwas in den Hintergrund zu geraten. Durch technische Möglichkeiten könnte über einen »Learning-Button« – ähnlich wie bei einem Dash-Button z. B. von Amazon – kurzfristig ein Netzwerk aktiviert werden – zum Beispiel wenn ein Auszubildender, der gerade bei einem Problem in seiner Abteilung nicht weiterkommt, mit einem solchen Button ein Online-Treffen mit einem Ausbilder oder einer Ausbilderin, einem Berufsschullehrer oder auch mit ein bis zwei ausgewählten Mit-Auszubildenden initiieren kann. Damit so etwas für den Berufsschullehrer möglich ist, könnte er auch in definierten Zeiträumen am Tag zur Verfügung stehen. Technisch stellt dies keine große Herausforderung dar, da es genügend Anwendungen gibt, um online zu telefonieren oder den Bildschirm zu teilen etc.

Wenn sich (Berufsschul-)Lehrer in das Unternehmen einbringen, dann kann das Unternehmen den Lehrern im Gegenzug eine Art Fortbildung anbieten, indem (Berufsschul-)Lehrer ins Unternehmen eingeladen und dabei informiert werden, was im Hinblick auf Digitalisierung in Unternehmen bereits läuft.

Vielleicht wird sogar ein Informationsaustausch oder das Teilen von Lerneinheiten über eine Cloud möglich, auf die alle Beteiligten Zugriff haben. So könnten auch Inhalte gemeinsam zwischen Schule und Betrieb erarbeitet werden und einen hohen Praxisbezug ermöglichen. Wenn es eine Cloud gibt, dann könnten sogar Inhalte für eine Online-Plattform ausgetauscht und der Schule wie auch dem Betrieb zugänglich gemacht werden, siehe »Die JFK – eine kaufmännische Schule auf dem Weg zur digitalisierten Schule« von Katharina Melke-Lingnau.

1.5 Mögliche Handlungsfelder für Ausbilder

Die digitale Transformation eröffnet Ausbildern und Ausbilderinnen enorm viele Gestaltungsmöglichkeiten. Vielleicht können sie auch die Verantwortung übernehmen, dieses Thema im Unternehmen in die Ausbildung zu implementieren. Abwarten und hoffen, dass sich dieses Thema von selbst erledigt, ist keine Option.

Für Ausbilderinnen und Ausbilder wird sich durchaus auch die Rolle verändern. Während ein Ausbilder in der Vergangenheit meist alles gewusst hat und alle Fragen der Auszubildenden beantworten konnte, ist er künftig durch die rasante Entwicklung technologischer Themen enorm gefordert. Auch wenn man versucht, mit hoher Motivation Schritt zu halten, kann es vorkommen, dass die Auszubildenden dem Ausbilder in manchen Themen voraus sind. Ein Beispiel: Wie viele Ausbilder haben einen 3-D-Drucker zu Hause – und wie viele Auszubildende? Meiner Schätzung zufolge haben heute etwa 20 Prozent der Azubis im Gewerbebereich einen 3-D-Drucker – in fünf Jahren werden das mit Sicherheit deutlich mehr sein.

Die Rolle der Ausbilderinnen und Ausbilder besteht auch darin, die Entwicklung zwar kritisch zu sehen, aber dennoch positiv zu begleiten. Sie ist schlichtweg nicht aufzuhalten. Es ist besser, die Entwicklung proaktiv in das eigene Handeln zu integrieren als zu versuchen, sich dagegen aufzubäumen. Das mag einfach klingen – wenn man allerdings in vielen Bereichen davon betroffen ist oder gar ein destruktives Umfeld hat, wird es sicherlich schwieriger sein. Dennoch: Auch durch ungünstige Rahmenbedingungen wird die Entwicklung nicht aufgehalten.

Vielleicht hilft das Konzept des »Sekundärgewinns«: Alles, was nichts bringt, ist erst einmal eine Belastung. Aber viel davon hat auch eine gute Seite – und das ist der sog. Sekundärgewinn. Hier ein Beispiel: Es wird kein Geld für eine Weiterbildung »Auf dem Weg zur Ausbildung 4.0« genehmigt – der Sekundärgewinn könnte darin bestehen, dass man mit den Auszubildenden einen eigenen Weg erarbeitet. Vielleicht erhält man so ein umso passgenaueres Modell als auf einem Seminar, in dem ein Berater darüber berichtet, was man dann alles noch zusätzlich braucht.

Wichtig – auch in der neuen Rolle – ist auch, das altbewährte »lebenslange Lernen« weiterhin zu praktizieren, dadurch am Ball zu bleiben und damit den Auszubildenden ein Vorbild zu sein. Falls Weiterbildungen besucht werden können, dann sind Themen wie Datensicherheit, Schnittstellen, Umgang mit großen Datenvolumina, Speichersysteme, aber auch die Auswertung vorhandener Daten sowie die Interpretation z. B. von Korrelationen etc. hilfreich. Auch das Archivieren von Daten für andere Auszubildende – z. B. als Angebot für ehemalige Auszubildende, die ihr Wissen so immer wieder updaten können – ist ein hilfreiches Thema.

Zur Weiterbildung gehört auch eine veränderte Didaktisierung von Inhalten – die Aufbereitung von Themen ändert sich und wie diese den Auszubildenden vermittelt werden. Neue Methoden entstehen z. B. durch den Einsatz von Apps und digitalen Lehrbüchern, in die dann die unterschiedlichsten Formate integriert werden können: Bilder, Filme, gesprochene Texte, Lückentexte etc.

Es geht nicht mehr um das klassische Verhältnis »oben« und »unten«, sondern vielmehr darum, ebenbürtig mit den Auszubildenden viel Neues zu probieren und gemeinsam zu lernen. Es ist wirklich lohnenswert, sich dem Thema »digitale Transformation« gemeinsam mit den Auszubildenden zu widmen. Spitzen Sie die Ohren bei Fragen wie: Welche sozialen Medien sind gerade aktuell? Welche Ideen gibt es zur Weiterentwicklung der Ausbildungszeitmodelle? Das Miteinander hilft, am Puls der

Zeit zu bleiben und zu erfahren, was die Auszubildende erwarten und über diese Themen denken.

Neben den Auszubildenden spielt auch der Betriebsrat eine wichtige Rolle. Dieser kann ebenfalls in erste Überlegungen einbezogen werden oder frühzeitig über Ideen informiert werden. Möglich ist auch, halbjährlich eine Informationsveranstaltung für Betriebsräte anzubieten, damit sie sich frühzeitig über aufkommende Themen Gedanken machen können, wie beispielsweise über die Auswahlkriterien bei einer Videobewerbung oder über die Gestaltungsmöglichkeiten eines Online-Managementsystems.

Aus dieser Weiterentwicklung der Rolle eines Ausbilders lässt sich auch ein verändertes Qualifikationsprofil ableiten. Zunächst spielen Offenheit und eine positive Sichtweise der Digitalisierung eine wichtige Rolle. Wie bereits erwähnt: Sich gegen die Entwicklung der digitalen Transformation zu wehren ist nicht sinnvoll – kritisch zu reflektieren dagegen schon.

Durch die rasante Entwicklung der digitalen Transformation sind Lösungen nicht immer klar prognostizierbar und vor allem nicht langlebig. Dies bedeutet, dass man zulassen und lernen sollte, auch zu scheitern, und vielleicht manchmal auch die gewünschte (Über-)Qualität zugunsten pragmatischer und situativer Lösungen herunterfahren sollte. Es gilt, Dinge einfach auszuprobieren, wobei das sicherlich auch seine Grenzen hat. An neuen Maschine kann man nicht einfach mal etwas ausprobieren oder die Auszubildenden ausprobieren lassen. Bei vielen anderen Themen geht dies jedoch.

In Zukunft wird die Digitalkompetenz beim Ausbilder eine zunehmende Rolle spielen: Er sollte sich mit neuen Medien und Smart Devices, aber auch mit Schnittstellen der einzelnen Geräte beschäftigen. Dass viele Wörter dabei englisch sind oder manchmal nur englische Anleitungen beiliegen, kann durchaus die Freude nehmen und zeigt, dass vielleicht ein »Digitalisierungsglossar«, das gemeinsam mit den Auszubildenden entwickelt wird, eine gute Chance sein kann, dass sich alle miteinander die neuen Themen erarbeiten.

1.6 Fazit

Wie wichtig die Ausbilderinnen und Ausbilder bei der Entwicklung hin zur digitalen Transformation sind, zeigt eine Untersuchung vom Institut für Führungskultur im digitalen Zeitalter: Auf die Frage, was auf dem Weg zur Digitalisierung stört, wurde am häufigsten genannt »Veraltete Denk- und Verhaltensgewohnheiten bei etablierten Führungskräften (›Lähmschicht‹)«. An zweiter Stelle wurde genannt »Führungskräfte benötigen neue Fähigkeiten/Eigenschaften« und an dritter Stelle »Fehlende Einschätzung, welche Eigenschaften die ›Digital Leader‹ tatsächlich benötigen« (siehe u. a. »wirtschaft + weiterbildung«, 2019, S. 22).

Zurück zu Ariane. Erinnern Sie sich an ihre Aussagen und welche Hinweise sie als Ausbildungsabsolventin gegeben hat? Einen Satz gab sie uns auch noch mit: »Ich hoffe ja echt, dass die neue Technik mir endlich auch einmal etwas Arbeit abnimmt. Über Spracherkennung sollte mein Haushaltsrobi verstehen, womit er mir helfen kann. Und warum muss man eigentlich noch immer Socken selbst sortieren und zusammenlegen? Ich hoffe, es gibt bald einen Roboter, der das übernimmt: vom Kamerascan, welcher Socken zu welchem gehört, bis hin zum standardisierten Zusammenlegen. Oder dass ich mein Smartphone nur an die Autoreifen halten muss und automatisch erkannt wird, ob die Reifen noch gut sind – bis hin zur automatischen Terminierung des Reifenwechsels durch Abgleich der Kalender.« Durchaus denkbar, dass Ariane in nächster Zeit einen solchen Assistenten bekommt – und sich ihr Arbeitsumfeld mehr und mehr entkoppelt von einer fixen Arbeitszeit und einem fixen Arbeitsort.

Auch wenn nicht alle Vorstellungen von Ariane realisiert werden oder die Digitalisierung künftig weitere Aspekte ermöglicht – es lohnt sich auf jeden Fall, den spannenden Weg zu gehen.

Literatur

o. A. (2018): D21-Digital-Index 2017/2018. 16 Millionen Deutsche fühlen sich von Digitalisierung überfordert. wirtschaft + weiterbildung, 3/2018.

Scholz, Ch. (2014): Christian Scholz: Generation Z. Wie sie tickt, was sie verändert und warum sie uns alle ansteckt. Weinheim.

2 Gehirn 1.0 vs. Welt 4.0: Müssen wir Ausbildung neu (er-)finden?

Gregor Kern

2.1 Es könnte auch anders sein: unsere große Chance als Ausbilder

Vor einigen Jahren las ich Robert Musils »Mann ohne Eigenschaften«. Hier stolperte ich über folgenden Gedanken: »Wenn es aber Wirklichkeitssinn gibt, und niemand wird bezweifeln, dass er seine Daseinsberechtigung hat, dann muss es auch etwas geben, das man Möglichkeitssinn nennen kann. Wer ihn besitzt, sagt beispielsweise nicht: Hier ist dies oder das geschehen, wird geschehen, muss geschehen; sondern er erfindet. Hier könnte, sollte oder müsste geschehen; und wenn man ihm von irgendetwas erklärt, dass es so sei, wie es sei, dann denkt er: Nun, es könnte wahrscheinlich auch anders sein. So ließe sich der Möglichkeitssinn geradezu als die Fähigkeit definieren, alles, was ebenso gut sein könnte, zu denken. Und das, was ist, nicht wichtiger zu nehmen als das, was nicht ist« (Musil, 2014). Seit ich mich intensiv mit Komplexitätsmanagement bzw. mit den Auswirkungen einer »4.0-Welt« auf individuelle Denkgewohnheiten und zwischenmenschliche Interaktionen auseinandersetze, geht mir Musils Gedanke nicht mehr aus dem Kopf.

Der Grund hierfür ist einfach: Auch wenn die vor allem technologisch diskutierte »4.0-Thematik« und der sich darum ausweitende Hype durchaus infrage zu stellen sind, lässt sich mit großer Nüchternheit eine zentrale Entwicklung feststellen: Alle Bereiche des menschlichen Miteinanders, sei es im Privaten, Schulischen, Unternehmerischen oder Gesellschaftlichen, erfahren eine massive Komplexitätssteigerung. Die damit in ihrer Totalität nie da gewesene weltumspannende und zugleich individuelle Unplanbarkeit, Unsicherheit, Widersprüchlichkeit und nicht zuletzt Fragilität allen Tuns führt mich zu der Frage, ob es langsam an der Zeit ist, unserem »Gehirn 1.0«, das seit ca. 200.000 Jahren mit der Entstehung des »frühen *homo sapiens*« gleich geblieben ist, ein Update zu gönnen. Und zwar mit der Intention, dass unser Möglichkeitssinn gestärkt wird, sodass wir die vor uns liegenden einmaligen Chancen bestmöglich nutzen.

Mit der Tätigkeit als Ausbilder oder Ausbilderin im betrieblichen Kontext hat das sehr viel zu tun. Hier bietet sich die vielleicht letzte Chance, das individuelle, aber auch gemeinsame Wahrnehmen, Fühlen, Denken und Handeln eines großen Teils der nachwachsenden Generationen systematisch und intensiv auf eine bessere, eben chancenreichere Zukunft, auszurichten.

In den folgenden fünf Kapiteln stelle ich mich der Frage, ob wir Ausbildung neu erfinden müssen. Dazu erörtere ich im nächsten Kapitel einige zentrale Grundzüge der vorherrschenden Haltung, wenn es um die Lösung betrieblicher Aufgaben geht. Im dritten Kapitel verdeutliche ich den grundsätzlichen Unterschied zwischen komplizierten und komplexen Systemen, da dieser den Bruch zwischen der dritten und vierten industriellen Revolution auf den Punkt bringt. Im vierten Kapitel lege ich meinen Fokus auf drei konkrete Mechanismen der Komplexitätsreduktion, die zu überaus gefährlichen Denkfallen werden können und das eigene Überleben gefährden. Das vorletzte Kapitel konkretisiert auf der Basis aller bisherigen Erkenntnisse zentrale Eigenschaften, Fähigkeiten und Kompetenzen, die zur Bewältigung komplexer Probleme nötig sind. Im sechsten und letzten Kapitel werden alle Gedanken noch einmal zusammengefasst und in einen größeren Rahmen gestellt.

2.2 A bisserl was geht immer: Die Haltung macht den Unterschied

> **Einstiegsfragen**
> - Ist das Glas für Sie halb voll oder halb leer?
> - Sind Prozesse unendlich verbesserungsfähig, auch wenn es nur minimal ist?
> - Wenn man immer besser werden kann, wer kontrolliert die Verbesserung?

Als Oberbayer aus dem Münchner Umland bin ich mit einer nicht hinterfragbaren Wahrheit aufgewachsen: A bisserl was geht immer. Dieser kleine Satz (der vor allem durch die Fernsehfigur des Monaco Franze Berühmtheit erlangte) steht für eine ganz bestimmte Haltung in jeder Lebenslage: Egal, wie groß die Widrigkeiten sind, oder egal, wie gut man schon ist – ein wenig mehr kann man noch »rausholen«. In diesem Kapitel geht es um (un-)sichtbare Mindsets, Haltungen oder Spielregeln, die sich massiv auf unser Leben auswirken.

2.2.1 Unser Mindset als zentraler Faktor wirtschaftlichen Erfolgs

Ein zentraler Faktor unseres wirtschaftlichen, politischen, gesellschaftlichen und nicht zuletzt auch persönlichen Erfolgs besteht in einer typischen Denkweise bzw. in der Herausbildung einer ganz besonderen Haltung. Dieses Mindset etablierte sich mit dem Beginn der Aufklärung und der damit einhergehenden Entwicklung der modernen Naturwissenschaften.

Ein wesentliches Merkmal dieser Haltung besteht in der Annahme, dass sich Systeme, also die »Menge von geordneten Elementen mit Eigenschaften, die durch Relationen verknüpft sind« (Feess, 2019), in ihrer Entwicklung berechnen, vorhersagen und deterministisch kontrollieren und steuern lassen. Doch wie entstand dieses Mindset?

Den Anfang machten die frühen Erfolge mathematischer und naturwissenschaftlicher Erkenntnisse, wie z. B. die Berechnung der Schwerkraft von Sir Isaacs Newton. Die grundlegende Annahme, dass sich die Welt berechnen und steuern lässt, wirkte sich schnell auf neu entstehende Konzepte in anderen Wissenschaftsbereichen aus. Ein wichtiges Beispiel hierfür ist die ökonomische Theorie von Adam Smith, die er in seinem Werk »Der Wohlstand der Nationen« 1776 entwickelte. Im Kern geht es um ein idealisiertes Modell des ökonomischen Gleichgewichts. Smith geht im Wesentlichen von einem sich selbst regulierenden Markt (der quasi naturgesetzlich durch die »unsichtbare Hand« gesteuert wird) aus (vgl. Mainzer, 2008). Dieser erzeugt, sofern niemand von außen auf die Preisbildung einwirkt, einen »natürlichen« Preis, der dem tatsächlichen Arbeitswert eines Produkts entspricht. Die Grundlage dieses neoklassischen Wirtschaftsmodells ist das Menschenbild des *homo oeconomicus*, also des vollständig informierten und vollständig rational planenden und eigennützig handelnden Menschen.

Einen weiteren Höhepunkt dieses Mindsets bildet das Konzept des »Laplace'schen Geistes« (vgl. Reichenberger, 2007). Hierbei handelt es sich um die Annahme, dass eine außerordentliche, aber dennoch menschliche Intelligenz in der Lage wäre, alles Weltgeschehen in eine einzige mathematische Formel zu bringen und damit mechanistisch Vergangenheit und Zukunft exakt zu berechnen.

Natürlich sind noch weitere Eigenschaften unseres Mindsets für den wirtschaftlichen Erfolg wichtig, wie z. B. die Grundüberzeugung, dass Arbeit per se zu einem würdevollen Leben gehört, dass »mehr« irgendwie immer auch besser ist oder dass es moralisch erforderlich ist, stets sein Bestes zu geben.

2.2.2 Fünf zentrale Glaubenssätze

Damit waren die Grundlagen für ein überaus erfolgreiches und bis heute fest in der Managementwelt, aber auch im Alltag verankertes Denkmodell gelegt, das auf fünf zentralen Glaubenssätzen basiert:
1. Für alle Probleme gibt es letztlich eine einzige beste Lösung, die es zu finden gilt.
2. Nötig hierfür sind eindeutig messbare Ziele und entsprechende Priorisierungen.
3. Um diese Ziele zu erreichen, benötigt man klare Standards bzw. Weisungen.
4. Die Einhaltung dieser Prozessanweisungen erfolgt über eine Top-down-Kontrolle bzw. über eine Selbstkontrolle, die sich jedoch an den übergeordneten Standards etc. orientiert.
5. Die zur Erfüllung der Weisungen benötigte Motivation der ausführenden Menschen gründet sich im Wesentlichen auf Belohnung und Bestrafung.

2.2.3 Zwischenfazit

Wie schon erwähnt, haben sich diese fünf Schlüsselprinzipien in vielen Bereichen unseres Lebens fest etabliert. Egal, ob es um Unternehmenslenkung, (Projekt-)Management, Führungshandeln, Ausbildungsplanung oder um die Planung und Umsetzung des eigenen Lebens geht – die fünf »Erfolgsprinzipien« finden sich in der einen oder anderen Form immer wieder.

Und dennoch bemerken wir seit Jahren die sinkende Wirkungskraft der fünf Erfolgsprinzipien. Immer häufiger scheitern auch ausgeklügelte Unternehmensplanungen. Bei immer mehr (Groß-)Projekten funktionieren sowohl herkömmliche als auch agile Planungsmethoden nicht mehr mit der erwünschten Effizienz und Effektivität. Etablierte Führungsansätze zeigen zunehmend weniger die erhoffte Wirkung, und die Planung des eigenen Lebens lässt sich schon lange nicht mehr der linearen Planungslogik unterwerfen (vgl. Nussbaum, 2019 oder Sennet, 2000). Was ist die Ursache für die immer geringer werdende Wirksamkeit der so etablierten Denk- und Managementprinzipien?

> **Praxis: Reflexion**
> Betrachten Sie bitte Ihren Ausbildungsbereich und beantworten Sie folgende Fragen:
> - Wo genau finden die erläuterten fünf Prinzipien Anwendung?
> - Wann sind diese wirklich erfolgreich?
> - Welche Grenzen sehen Sie für die Anwendung der Prinzipien?
> - Welche Schlüsse ziehen Sie daraus?
> - Können diese Prinzipien auch in Zukunft angewandt werden?

2.3 Dame und Schach: komplizierte und komplexe »Spielregeln«

> **Einstiegsfragen**
> - Ein Teich ist voller Seerosen, die sich aus einer einzigen Wurzel entwickelt haben. Jeden Tag hat sich die Anzahl der Seerosen verdoppelt. Am ersten Tag war es nur eine Seerose. Nach 50 Tagen war der Teich voll. Nach wie vielen Tagen war der Teich zur Hälfte mit Seerosen bedeckt?
> - Trauen Sie sich zu, die Abseitsregel zu erklären? Und trauen Sie sich zu, ein Fußballspiel komplett zu analysieren? Warum (nicht)?

In meinem Leben gab es immer wieder Situationen, in denen ich dachte: »Ich spiele hier gerade Dame, während mein Gegenüber Schach spielt.« In solchen Situationen kann es streng genommen keine Gewinner, sondern nur Verlierer geben, denn irgendwann merkt man, dass man mit seinem Gedankenmodell nicht mehr weiterkommt. In diesem Kapitel geht es um zwei zentrale »Spielsysteme«, die das persönliche, betriebliche und auch das gesellschaftliche Leben unsichtbar, aber massiv bestimmen: komplizierte und komplexe Systeme und deren Besonderheiten.

2.3.1 Komplizierte Systeme

Aus der gewählten Perspektive des Mindsets liegt die Ursache für die zunehmende Unwirksamkeit etablierter, linear-deterministischer Planungs- und Steuerungssysteme an einer fundamentalen Verwechslung: Komplexe Systeme werden wie komplizierte Systeme behandelt – und das in einer Zeit der stetig steigenden Komplexität. Um diese Analyse leichter nachvollziehen zu können, werden hier komplizierte und komplexe Systeme und ihre Besonderheiten beschrieben.

Die im letzten Kapitel beschriebenen fünf Prinzipien funktionieren vor allem bei der Steuerung komplizierter Systeme hervorragend. Komplizierte Systeme zeichnen dabei durch drei grundlegende Eigenschaften aus (vgl. von Foerster, 1993):

- **Komplizierte Systeme sind monologisch aufgebaut.**
  »Monologisch« bedeutet, dass die Strukturen und Prozesse nur einer einzigen Gesetzmäßigkeit gehorchen. Die Konstruktion einer mechanischen Uhr ist so gesehen kompliziert, da man hier nur die Gesetze der Mechanik beachten muss. Alle anderen Einflussfaktoren, mit denen das mechanische Uhrwerk in einen Informationsaustausch kommen kann (z. B. chemische, psychologische oder gesellschaftliche Faktoren) lässt man außer Acht.

- **Komplizierte Systeme ändern sich nicht.**
  Die Strukturen und Prozesse eines komplizierten Systems sind statisch. Sie verändern sich nur, wenn von außen eine (un-)bewusste Beeinflussung stattfindet. Das System ist nicht in der Lage, sich von sich aus (also selbst organisiert) zu ändern. Auf das Beispiel der mechanischen Uhr bezogen bedeutet das, dass sich das Uhrwerk von sich heraus nicht ändern kann – ebenso wenig wie sich die Gesetze der Mechanik oder das Uhrwerk »einfach so« ändern.

- **Komplizierte Systeme sind eindeutig plan- und analysierbar.**
  Die Strukturen und Prozesse gehorchen einer deterministischen linearen oder einer einfachen nicht linearen Logik, sodass aufgrund dieser festen Gesetzmäßigkeiten jeder Ursache (mit mehr oder weniger umfangreichen Algorithmen bzw. Rechenaufwand) eine eindeutige Folge zugeschrieben werden kann. Kennt man folglich die Gesetze der Mechanik, kann man z. B. ganz genau die Auswirkungen einer Hebelverlängerung innerhalb des Uhrwerks auf die Zeitmessung berechnen. Auf der anderen Seite kann man aufgrund der sichtbaren Folgen, die ein kompliziertes System erzeugt, die dahinter liegenden Strukturen und Prozesse auch im Nachhinein analysieren.

2.3.2 Komplexe Systeme

Demgegenüber haben Systeme komplexer Natur grundsätzlich andere Eigenschaften. Ich beschreibe hier nur die fünf wichtigsten:

- **Komplexe Systeme sind polylogisch.**
  »Polylogisch« bedeutet, dass komplexe Systeme in einem lebendigen Austausch mit ihrer Umwelt stehen. Diese Eigenschaft der Dissipativität, also der informationellen Offenheit gegenüber der Umwelt, bewirkt, dass viele verschiedene Bereichslogiken gleichzeitig beachtet werden müssen. Während das mechanische Uhrwerk noch als ein kompliziertes, monologisches System betrachtet werden kann, wird der Uhrenträger zu einem polylogischen System: Die mechanische Logik zeigt z. B. eine Uhrzeit an, die psychische Logik verknüpft damit einen vereinbarten Termin, die soziale Logik ordnet diesem Termin eine Priorität und die Aufforderung zur Pünktlichkeit zu usw. Die Trennung dieser spezifischen Bereichslogiken wäre zwar analytisch möglich, zerstört aber den komplexen Sinnzusammenhang, der genau aus diesem einzigartigen Zusammenspiel entsteht.

- **Komplexe Systeme sind nicht linear.**
  Nicht lineare Ursache-Wirkungs-Zusammenhänge sind ein weiteres Phänomen komplexer Systeme, d. h. schon kleinste und unscheinbare Impulse können massive Effekte haben. Der Uhrenträger mit seinem Termin kommt nur eine Minute zu spät zum Bahnhof, wodurch er seinen Zug verpasst, sich massiv verspätet – und der Termin platzt. Die so verpasste Chance kann sich weiter und weiter im gesamten Leben auswirken.

- **Komplexe Systeme sind eigendynamisch-rekursiv.**
  Die Eigenschaft des nicht linearen Zusammenhangs wird durch eine eigendynamische Rekursivität noch verstärkt. Komplexe Systeme können ohne äußere Einflüsse, selbst organisiert eine sich selbst hochschaukelnde Dynamik entwickeln. Durch die Verspätung wird der Uhrenträger z. B. nervös und pedantisch. Dadurch investiert er zukünftig viel mehr persönliche Ressourcen in die Überwachung seiner Termingenauigkeit, wodurch er blind für attraktive Chancen wird. Das führt dazu, dass eine zunehmende und sich selbst beschleunigende Abwärtsspirale entsteht. Andererseits können sich schon kleine Anfangserfolge schnell gegenseitig potenzieren und so einen entscheidenden Vorteil generieren, der nicht mehr aufholbar ist. So wäre es z. B. denkbar, dass der Uhrenträger eben durch die Verspätung ein für seine Karriere wertvolles Gespräch führt, das dann weitere Erfolge generiert, die wiederum Erfolge generieren.

- **Komplexe Systeme haben unauflösbare Paradoxien.**
  Die wohl spannendste und auch unangenehmste Eigenschaft komplexer Systeme ist die große Wahrscheinlichkeit systemimmanenter unauflösbarer Paradoxien. Eigentlich weiß der Uhrenträger in unserem Beispiel um die relative Bedeutungs-

losigkeit eines verpassten Termins und um seine Freiheit der Deutungs- und Handlungshoheit. Und dennoch kann er nichts dagegen tun, um nicht in den rekursiven Strudel hineingezogen zu werden.
- **Komplexe Systeme sind nicht eindeutig plan- und analysierbar.**
Aufgrund der oben beschriebenen Eigenschaften lassen sich komplexe Systeme letztlich nie vollständig planen und analysieren. Auch wenn unser Uhrenträger seinen Termin mit Puffer und allen anderen Absicherungssystemen geplant hat, können dennoch kleinste Zufälligkeiten, wie z. B. ein Fleck auf seinem Hemd, der ihn völlig aus dem Konzept bringt, sein Gesamtsystem zerstören. Komplexe Systeme produzieren am laufenden Band Emergenzen – also Phänomene, die sich nicht auf die Eigenschaften bzw. das Zusammenspiel der einzelnen Bereichslogiken zurückführen lassen. Im Sinne der Erkenntnis »Das Ganze ist mehr als die Summe der Einzelteile« könnte unser Uhrenträger bei seinem Termin alles »richtig« machen und dennoch einen schlechten Eindruck hinterlassen.

2.3.3 Zwischenfazit

Fasst man die bisher erläuterten Erkenntnisse zusammen, wird klar, dass wir in unserer (Arbeits-)Welt zwischen zwei elementar unterschiedlichen Systemen unterscheiden müssen: Komplizierte, monologische, statische und linear-planbare Systeme auf der einen Seite und demgegenüber komplexe, polylogische, nicht lineare, eigendynamisch-rekursive, paradoxe Systeme, die letztlich nur mit einer bestimmten Wahrscheinlichkeit plan- und analysierbar sind. Auf der einen Seite kann man Überraschungen ausschließen. Auf der anderen Seite muss man immer mit »schwarzen Schwänen« rechnen, das sind statistisch nicht mehr erfassbare, völlig unwahrscheinliche und unvorhersehbare Überraschungen (vgl. Taleb, 2013).

Die hier vorgenommene Abgrenzung existiert in der Wirklichkeit natürlich nicht. Wirklichkeit ist immer komplex. Jedoch hat es sich in der Geschichte der Menschheit als überaus vorteilhaft erwiesen, komplexe Systeme durch das Ausschließen von Einflussfaktoren zu komplizierten Systemen zu reduzieren. Die so entstandenen Planungs- und Handlungsmöglichkeiten waren vorteilhafter als die Nachteile einer nicht vollständig bzw. ganzheitlich erfassten Wahrheit. Insofern sind rein komplizierte und absolut komplexe Systeme nur die äußersten Scheitelpunkte der Wirklichkeit.

Das eigentliche Problem erfolgreichen Managements besteht so gesehen auf drei Ebenen:
1. Wie erkennen wir den Grad der Komplexität eines Problems?
2. Welche Denk-, Bewertungs- und Handlungsroutinen sind vor allem bei komplexen Problemen zielführend?

3. Auf welche Weise transformieren wir bestehende Denkroutinen in solche, die auch komplexe Probleme gelungen lösen?

Ach ja, der Teich ist übrigens nach 49 Tagen halb mit Seerosen bedeckt. Und die Abseitsregel ist zwar kompliziert (und somit leicht lern- und anwendbar), das Fußballspiel jedoch so komplex, dass es niemals vollständig plan- und analysierbar ist, was ja auch immer wieder erlebbar ist.

> **Praxis: Reflexion**
> Betrachten Sie bitte Ihren Ausbildungsbereich und beantworten Sie folgende Fragen:
> - Wo finden Sie noch überwiegend komplizierte Strukturen, Prozesse oder Probleme?
> - In welchen Bereichen werden komplizierte Systeme gerade zu komplexen Systemen?
> - Wo finden Sie eindeutig komplexe Strukturen, Prozesse oder Probleme?

2.4 Dumm und dümmer: Denkfallen im Umgang mit Komplexität

> **Einstiegfragen**
> - Warum ist es sinnvoll, auf Traditionen und Autoritäten zu hören?
> - Jemand ist gesund und weigert sich zu arbeiten. Was halten Sie davon?
> - Sie fahren 100 km mit 100 km/h und weitere 100 km mit 50 km/h. Welche Durchschnittsgeschwindigkeit haben Sie auf den gesamten 200 km?

Vor langer Zeit trainierte ich regelmäßig im Fitnesscenter, da ich mehr Muskelmasse aufbauen wollte. Ein idealisiertes Bild des durchtrainierten Mannes hatte sich in mein Gehirn eingeschlichen, dem ich unbedingt folgen wollte. Dummerweise bin ich der »swimmer's body illusion« (Dobelli 2015), einer klassischen Denkfalle zur Komplexitätsreduktion zum Opfer gefallen: Ich verwechselte Ursache und Wirkung: Weil der Schwimmer einen entsprechenden Körperbau hat, ist er in diesem Sport gut. Die sportliche Betätigung entfaltet nur die vorhandenen Potenziale, die der Schwimmer von Haus aus mitbringt. Komplexität überfordert unser Gehirn, und so hat es in seiner Entwicklungsgeschichte effektive Möglichkeiten der Komplexitätsreduktion entwickelt. In diesem Kapitel erleben Sie drei Beispiele, wie »dumm und dümmer« unser Denken manchmal ist.

2.4.1 Groupthink

Nehmen Sie sich bitte kurz Zeit. Atmen Sie jetzt einmal tief ein. Und aus. Das tut gut, oder? Denken Sie jetzt an ein rosa Kaninchen. Heben Sie die rechte Hand. Zupfen Sie sich am rechten Ohrläppchen.

2.4 Dumm und dümmer: Denkfallen im Umgang mit Komplexität

Wenn Sie meinen Anweisungen gefolgt sind (und die meisten Leser machen das …), frage ich mich: Warum tun Sie das? Oder allgemeiner: Warum folgen Menschen den unmöglichsten Anweisungen? Warum sind nicht wenige Menschen häufig bereit, autoritären Anweisungen oder Traditionen (selbst dann, wenn diese gegen ihr Gewissen sprechen) brav zu folgen? Der Psychologe Stanley Milgram hat sich 1961 dieser Frage ausgiebig gewidmet. Sein dazugehöriges Experiment ist in die Geschichte der sozialpsychologischen Forschung eingegangen. Dazu hat er Testpersonen für ein fingiertes Lernexperiment eingeladen. Für jede falsche Antwort, die die Testpersonen in diesem Experiment erhielten, mussten sie den Lernenden mit einem immer stärker werdenden Stromschlag »bestrafen« (keine Sorge, die »Lernenden« waren Schauspieler und nicht an den Stromschlaggenerator angeschlossen, das wussten die Testpersonen aber nicht). Das Ergebnis war erschütternd: Von den 40 Versuchspersonen versetzten alle die Lernenden Stromschläge von mehr als 300 Volt. Und immer noch 26 Personen ließen sich durch die Versuchsleiter dazu hinreißen, mit einer maximal zur Verfügung stehende Spannung von 450 Volt zu »bestrafen«. 2006 hat Derren Brown in seiner Show »The Heist« des britischen Fernsehsenders Channel 4 das Experiment in einer abgeschwächten Version wiederholt (vgl. Roe, 2014). Und auch hier versetzten immer noch mehr als 50 Prozent der Teilnehmer Stromschläge mit den maximalen 450 Volt.

Warum neigen Menschen zu dieser Art von Gehorsam? Aus soziologischer und anthropologischer Sicht spricht man bei diesem Phänomen von »Groupthink« bzw. »Gruppendenken«. Kurz gesagt neigen wir dazu, unser Wahrnehmen, Bewerten, Denken und Handeln auf die Werte und Normen unserer realen Bezugsgruppe bzw. vorhandener Traditionen auszurichten. Die Vorteile dieser Ausrichtung sind neben einer enormen Energieersparnis (man muss eben nicht jede Entscheidung aufwendig selbst durchdenken) eine schnelle, effektive und effiziente Eingliederung in die Gemeinschaft, die einem Schutz bietet. Es ist überlebenstechnisch äußerst sinnvoll, sich auf bewährte Wahrnehmungs-, Bewertungs-, Denk- und schließlich Handlungsroutinen zu verlassen. Was früher gut funktioniert hat, wird in der Gegenwart schließlich auch das (soziale) Überleben sichern.

Komplexe Situationen erzeugen jedoch, wie oben beschrieben, Emergenzen. Also völlig neue, unbekannte Phänomene und Überraschungen, die es im Extremfall vorher so noch nie gegeben hat. In solchen Fällen helfen Groupthink oder Intuition mitunter recht wenig, da diese Routinen immer vergangenheitsbezogen sind. Qualitativ neue Herausforderungen können damit kaum bewältigt werden.

2.4.2 Mustererkennung

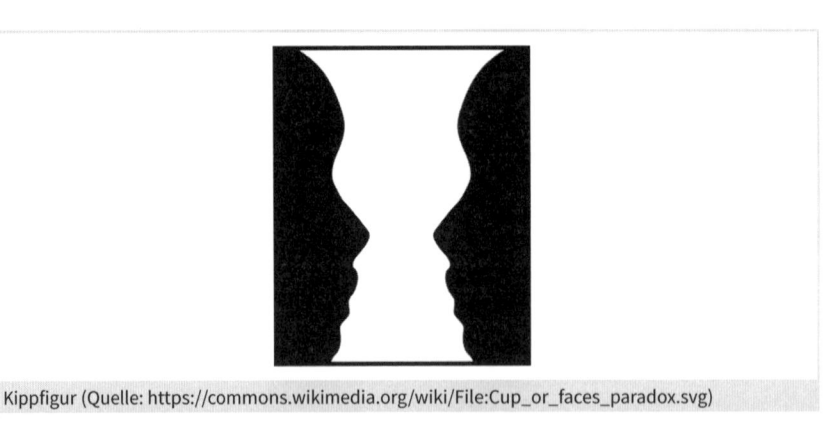

Kippfigur (Quelle: https://commons.wikimedia.org/wiki/File:Cup_or_faces_paradox.svg)

Betrachten Sie bitte kurz das Bild. Was sehen Sie? Die Vase? Das Gesicht? Oder beides? Und was wird auf diesem Bild »wirklich« dargestellt?

Der Kern vieler optischer Täuschungen ist die Neigung und auch Fähigkeit des Gehirns zur Mustererkennung. Unser Gehirn bringt alle Wahrnehmungen kontinuierlich in einen erfahrungsbasierten Sinnzusammenhang. Mithilfe dieser konstruierten Muster wird die Welt zum einen in einen Kausalzusammenhang gebracht (»Jemand hat ich grimmig angeblickt, weil er sauer auf mich war.«), zum anderen sind mithilfe biografisch erlernter Deutungsmuster Vorhersagen möglich (»Jemand blick grimmig, ich habe ihn verärgert und sollte vorsichtig sein.«). Tatsächlich sind auf dem Bild weder eine Vase noch zwei Profile zu sehen. Eigentlich ist es nur eine Anordnung von zwei schwarzen und einer weißen Fläche, die von unserem Gehirn eben als Gesichter bzw. Vase interpretiert werden.

Im Alltag geht es uns nicht anders: Mehr oder weniger zufällige Einzelinformationen werden unweigerlich in einen kohärenten, subjektiv sinnvollen Zusammenhang gestellt, um damit die eigene Handlungssicherheit zu vergrößern. Dabei ist es völlig egal, ob die so konstruierten Muster etwas mit der Realität zu tun haben oder nicht: Erweist sich die entstandene Musterkonstruktion für das eigene Leben als nützlich, bleibt diese stabil bestehen.

Extreme Beispiele dieser Komplexitätsreduktion erleben wir u. a. bei Verschwörungstheoretikern, Spielsüchtigen oder Menschen mit paranoiden Störungen: Die komplexe Welt wird auf einige wenige, persönlich sinnvolle Erklärungsmuster reduziert. Sobald sich eine Grundüberzeugung (»So ist es eben ...«) etabliert hat, werden alle neuen Informationen entweder in dieses Muster eingefügt oder als sinnlos verworfen. Deswegen können oben genannte Personengruppen letztlich auch nicht mit Argumenten überzeugt werden. Nebenbei bemerkt: Betrachten Sie bitte noch einmal die zweite Eingangsfrage – welche Mustererkennung wurde bei Ihnen aktiviert?

Komplexe Systeme neigen durch ihre Eigenschaft der selbst organisierten, rekursiven Dynamik dazu, eine zeitweilig chaotische, nicht mehr interpretierbare Unordnung zu produzieren. Dummerweise interpretiert unser Gehirn dennoch in diese zufälligen Strukturen und Prozessen ständig Muster hinein, obgleich diese objektiv betrachtet nicht existieren.

2.4.3 Mentale Agenten

Folgender Fall: Sie stehen allein auf einer sehr hohen Eisenbahnbrücke und blicken in die Ferne. Sie sehen ca. 600 Meter entfernt eine Gruppe von fünf Gleisarbeitern, die etwas reparieren. Ein Zug rast heran und würde die Gleisarbeiter gleich tödlich erfassen. Ihr Handy hat eine App, um damit die Weichen der Gleise zu verstellen. Sie können nun in den nächsten zehn Sekunden die Weichen so verstellen, dass der Zug umgeleitet wird. Allerdings wird dann eine andere Person, die dort auf dem Gleis arbeitet, sterben. Tun Sie es?

Bitte entscheiden Sie noch einmal: Diesmal stehen Sie ca. 600 Meter vor der Gruppe der Gleisarbeiter. Wieder rast der Zug heran und droht, diese tödlich zu erfassen. Vor Ihnen steht eine Person. Wenn Sie jetzt die Person auf das Gleis schubsen, wird der Zug zum Nothalt gebracht. Tun Sie es?

Während die meisten Befragten in der ersten Situation die Weichen ohne größeres Zögern verstellen, wurden diese Befragten in der zweiten Situation unschlüssig. Das ist insofern spannend, da das Grunddilemma »Rette fünf Menschen, opfere aber eine andere Person« in beiden Fällen gleich ist. Was bringt uns aber im zweiten Fall zum Zaudern, ja sogar zu kreativen Lösungsansätzen?

Die neurobiologische Kognitionsforschung erklärt dies mit zwei konkurrierenden Denksystemen – oder »mentalen Agenten« –, auf die unser Gehirn zurückgreift (vgl. Kahnemann, 2012). »Schnelles Denken« wird im Alltag in bekannten Standardsituationen aktiviert. Dieser mentale Agent ermöglicht es, ohne großen Energieaufwand auf altbekannte und bewährte Lösungen zurückzugreifen. Werden wir jedoch irritiert, z. B. durch ungewöhnliche Informationen, unbekannte Probleme oder dadurch, dass wir emotional einbezogen werden (Sie müssen eben die Person persönlich auf das Gleis schubsen ...), aktiviert unser Gehirn das »langsame Denken«: Dieser mentale Agent benötigt wesentlich mehr Energie- und Zeitaufwand. Hier entstehen keine Standardlösungen mehr sondern kreative Lösungen – allerdings zum Preis des Selbstzweifels.

Unser Gehirn arbeitet so gesehen nicht wie ein Computerprogramm, das immer die gleichen Algorithmen zur Bewältigung lebensbezogener Herausforderungen verwendet. Vielmehr konkurrieren viele verschiedene Spezialprogramme um die Lösung eines angebotenen Problems. Je nach Ausgangslage, Reizintensität oder emotionaler Stimmung gewinnt das eine oder das andere Programm, sodass völlig unterschiedliche Lösungen möglich sind und menschliches Handeln immer wieder überraschend bleibt.

Bezogen auf die beiden beschriebenen Denksysteme muss man jedoch wissen, dass das kreative »langsame Denken« im Alltag sehr viel seltener aktiviert wird als das dominante »schnelle Denken«. Insofern sollten Sie Ihre Antwort auf die dritte Einstiegsfrage eventuell noch einmal überdenken ... es sind tatsächlich 66,6 km/h.

Auch aus der Perspektive der verschiedenen Denksysteme ist die Wahrscheinlichkeit groß, in komplexen Situationen zu scheitern. Wir beantworten unübersichtliche neue Herausforderungen nur allzu gern mit »faulen« Standardlösungen und scheuen uns, Selbstzweifel in Kauf zu nehmen und kreative Lösungen mit ungewissem Ausgang zu erfinden.

2.4.4 Zwischenfazit

Unser Denken ist mit komplexen, also polylogischen, nicht linearen, eigendynamisch-rekursiven, paradoxen und mehrdeutigen bzw. volatilen Strukturen und Prozessen latent überfordert. Zur Bewältigung solcher Herausforderungen aktiviert das Gehirn verschiedene Mechanismen zur Komplexitätsreduktion: Das Vertrauen auf Traditionen, Autoritäten oder Partner, das Erfinden leicht nachvollziehbarer Kausalbeziehungen bzw. Muster und der Rückgriff auf gewohnte Standardlösungen stellen nur drei prominente Möglichkeiten der Komplexitätsreduktion dar.

Die zentrale Frage, die sich aus der bisherigen Analyse ergibt, lautet somit: Welche Eigenschaften fördern ein Wahrnehmen, Bewerten, Denken und schließlich Handeln, das komplexen Herausforderungen wirklich gerecht wird? Und wie könnten Ausbildungsprozesse gestaltet werden, um genau diese Eigenschaften zu stärken?

> **! Praxis: Reflexion**
> Betrachten Sie bitte Ihren Ausbildungsbereich und beantworten Sie folgende Fragen:
> - In welchen Situationen ist Groupthink, also der Gehorsam gegenüber Autoritäten oder Traditionen für Sie und die Auszubildenden sinnvoll? Und wann ist es kontraproduktiv?
> - Welche fest etablierten Erklärungsmuster oder Grundüberzeugungen sind leitend für Ihre Ausbildung? Und passen diese noch in die heutige Welt?
> - In welchen Situationen würden Sie gerne kreatives, »langsames Denken« stärker aktivieren?

2.5 Gescheiter scheitern: ein »neues« Mindset für eine Welt 4.0

Einstiegsfragen

- Welche Eigenschaften sind Ihrer Ansicht nach wichtig, um komplexe Situationen souverän zu meistern?
- Welche Eigenschaften benötigt man zudem, um die oben beschriebenen Denkfallen zu umgehen?
- Und wie könnten Sie die Entfaltung dieser Eigenschaften in der Ausbildung konkret fördern?

Eine Erkenntnis war mir in meiner Coachingausbildung besonders wichtig: Man macht es immer so gut, wie es einem in der Situation möglich ist. Wenn man im Nachhinein feststellt, dass man (phänomenal) gescheitert ist, ist das kein Grund zur Scham. Scham ist nicht produktiv. Sie lähmt und verhindert neues Lernen. Besser ist ein Schuldgefühl, denn hier ist eine Änderung möglich (vgl. Brown, 2010). So gesehen lautet die Schlüsselfrage: Welche Haltungen, Eigenschaften, Fähigkeiten oder sogar Kompetenzen müssen wir in der Ausbildung stärken, damit Auszubildende komplexe Herausforderungen zukunftssicher bewältigen?

2.5.1 Eigenschaften zur Bewältigung polylogischer Systeme

Polylogische Systeme zeichnen sich durch eine wechselseitige Interaktion verschiedener Bereichslogiken aus. Erst diese dissipative Vernetzung, also informationelle Offenheit gegenüber anderen Systemen, ermöglicht alle weiteren Eigenschaften komplexer Systeme. Ein Beispiel hierfür sind die Interaktionen unter Auszubildenden: Hier spielen nicht nur Psychologie oder Gruppendynamiken eine Rolle, sondern auch Kompetenzen, Anerkennung durch andere Mitarbeiter, zufällige Erfolge in der Ausbildung usw. Zur souveränen Gestaltung polylogischer Strukturen und Prozesse sind zumindest zwei Eigenschaften zentral:

- **Interdisziplinär denken und handeln**
  Die Lust und die Fähigkeit, »über den Tellerrand zu blicken«. Konkret umfasst das die neugierige und wertschätzende Erforschung der (un-)mittelbaren Schnittstellen, die Analyse vorhandener und/oder möglicher Wechselbeziehungen und schließlich die Prognose wahrscheinlicher Auswirkungen, die durch (nicht) realisierte Interaktionen entstehen.
- **Selbstverantwortung vorleben**
  Damit ist eine zweite Eigenschaft verknüpft: Die Lust und Fähigkeit, Verantwortung für die tatsächlichen Auswirkungen der wechselseitigen Beziehung zu übernehmen. Damit ist eine relative Verantwortung gemeint: Man ist sich zumindest der direkten Auswirkungen des eigenen Wahrnehmens, Bewertens, Denkens und Handelns bewusst und übernimmt für diese auch die Verantwortung.

2.5.2 Eigenschaften zur Bewältigung nicht linearer Systeme

Komplexe Systeme sind nicht von einer linearen, starken Kausalität geprägt, bei der Ursache und Wirkung proportional sind, sondern von nicht proportionalen Kausalitätsbeziehungen. Diese sind – selbst für Experten – kaum intuitiv zu erfassen, sondern eher rational-analytisch. Ein Beispiel für die Nichtlinearität komplexer Systeme sind minimale Anerkennungen oder Abwertungen im Ausbildungsprozess. Schon ein kleines aufmunterndes Nicken kann einem Auszubildenden den nötigen Mut schenken, eine große Herausforderung zu bewältigen. Schon ein unbewusstes Stirnrunzeln kann einen nachhaltig wirkenden Misserfolg bewirken. Daraus ergeben sich folgende zentrale Eigenschaften für Auszubildende:

- **Einfache Erklärungen vermeiden**
  Die Vorsicht und die Fähigkeit, sich auch in Stresssituationen nicht zu naiven, linearen Ursache-Wirkungs-Denken hinreißen zu lassen. Dazu gehört auch die Fähigkeit, die wichtigsten nicht linearen Prozesse (eventuell sogar mathematisch?) zu kennen.
- **Systemrelevante Attraktoren definieren**
  Attraktoren sind mehr oder weniger starke Anziehungspunkte, die die Entwicklung komplexer Systeme hin zu einem fixen, periodischen, chaotischen oder zufälligen End- und Anfangsstadium beeinflussen. Es geht hier nicht um deren mathematische Bestimmung, sondern um die Reflexion der Fragen »Wo könnte sich die komplexe Situation hinbewegen?« bzw. »Ab wann wird ein komplexer Prozess unumkehrbar?«.

2.5.3 Eigenschaften zur Bewältigung eigendynamisch-rekursiver Systeme

Aufgrund der vorhergehenden Eigenschaften und systemimmanenten Rückkopplungsschleifen zeichnen sich komplexe Systeme weiterhin durch eine selbst initiierte und sich autonom verstärkende Dynamik aus. Praktisch ausgedrückt lässt sich das auf die Formel bringen: »Nur Erfolg macht erfolgreich.« Schon kleine Anfangserfolge, die sich selbst verstärken, können einen Auszubildenden nachhaltig stärken. Im besten Fall sind unwahrscheinliche Überraschungen möglich. Zwei wesentliche Eigenschaften ermöglichen einen souveränen Umgang mit eigendynamisch-rekursiven Systemen:

- **Alte Gewissheiten hinterfragen**
  Die Lust und die Fähigkeit, bei unvorhergesehenen Überraschungen alte Gewissheiten und Vereinbarungen »über Bord zu werfen« und situationsgerecht bzw. lösungsorientiert zu improvisieren. Das schließt die Fähigkeit ein, »das Wesentliche«, z. B. den eigentlichen Projektnutzen, zu erkennen.
- **Professionelle Gelassenheit entwickeln**
  Weiterhin benötigt man die Eigenschaft der aufmerksamen Gelassenheit. Das

bedeutet soviel wie die Fähigkeit, sich bei unvorhergesehenen Entwicklungen bzw. Überraschungen nicht aus der Ruhe bringen zu lassen. Man lässt sich nicht in blinden Aktionismus treiben sondern verfügt über die Souveränität, die Dinge auch mal entwickeln zu lassen.

2.5.4 Eigenschaften zur Bewältigung paradoxer Systeme

Ab einem bestimmten Komplexitätsgrad entstehen innerhalb komplexer Systeme unauflösbare Paradoxien. Beispiele aus dem Ausbilderalltag sind u. a. »Man darf auch Regeln brechen«, »Die Freiheit des Denkens hat Grenzen« oder »Gerechtigkeit bedeutet Ungleichbehandlung«. Hier zwei wichtige Eigenschaften, die den Umgang mit unauflösbaren Widersprüchen erleichtern:

- **Widersprüche zulassen und akzeptieren**
  »Ambiguitätstoleranz« bezeichnet zuerst die Fähigkeit, offensichtliche, aber auch versteckte Paradoxien zu erkennen und auszuhalten – in dem Sinne, dass sich die Welt nur selten in Schwarz und Weiß einteilen lässt oder dass »gut« in manchen Fällen auch »schlecht« sein kann. Ambiguitätstoleranz bedeutet darüber hinaus, dass man diese alltäglichen Widersprüche akzeptieren kann. In diesem Sinn kann man eine paradoxe Situation einfach stehen lassen bzw. man entscheidet sich einmal für eine Seite und beim nächsten Mal für eine andere Seite.
- **Klare Werte definieren**
  Die Voraussetzung für eine gelungene Ambiguitätstoleranz ist eine transparente Wertorientierung. Die Auszubildenden sollten sich ihrer eigenen Werte, der Unternehmenswerte und der gesellschaftlichen Werte bewusst sein. Darüber hinaus sollten sie auch die daraus entstehenden Handlungskonsequenzen benennen können. Nützliche Wertorientierungen zeichnen sich paradoxerweise durch eine veränderbare Unveränderlichkeit aus, weshalb die rahmengebenden Wertesysteme immer wieder reflektiert werden sollten.

2.5.5 Eigenschaften zur Bewältigung unplanbarer, nicht analysierbarer Systeme

Alle bisher beschriebenen Merkmale komplexer Systeme führen zu der Erkenntnis, dass sich diese nur bedingt mit einer bestimmten Wahrscheinlichkeit planen bzw. analysieren lassen. Tradierte Vorstellungen von Planungs-, Kontroll-, Steuerungs- und Analysesystemen werden somit hinfällig. Das bedeutet nicht die Sinnlosigkeit jeglicher Planung bzw. Analyse, sondern erfordert eine nutzenorientierte und situative Neubestimmung der Planungs- und Analysewerkzeuge. Als Beispiel können Sie jedes größere (Ausbildungs-)Projekt heranziehen und sich fragen, wie lange der ursprüngliche Plan Bestand hatte … Zwei Eigenschaften resultieren daraus:

- **Nützliche Prioritäten setzen**
  Die erste Eigenschaft, um in quasi unplanbaren Situationen Souveränität zu gewinnen, ist die Priorisierung sowohl von Zielfaktoren als auch von Strategien, Strukturen, Prozessen, Ressourcen bis hin zu oben erwähnten Wertorientierungen. Priorisierung fokussiert dabei nicht einen objektiven Wahrheitswert, sondern orientiert sich an situativen Nützlichkeitsaspekten: Was genau erweitert die eigene Handlungs- und Überlebensfähigkeit, ohne die der anderen einzuschränken? Nur denjenigen, die in unübersichtlichen Situationen klare Prioritäten setzen, gelingt die Reduzierung der Ungewissheit mit überschaubarem Aufwand. Dadurch werden vorhandene Handlungspotenziale maximal freigesetzt.

- **»Schlampig« planen und analysieren**
  Eng damit verbunden ist die Fähigkeit, den vorgenommenen Planungs- oder Analyseaufwand hinsichtlich des erforderlichen Nutzens einzugrenzen. In der Logik komplizierter Systeme benötigt eine 100%ige deterministische Steuerung auch eine 100%ige Planung bzw. Analyse. Komplexe Planungslogiken folgen hingegen dem »Pareto-Prinzip«, wonach schon mit geringem, quasi schlampigen Planungsaufwand (»20%«) überdurchschnittlich hohe Steuerungsleistungen etc. (»80%«) erreichbar sind.

Die hier beschriebenen zehn Eigenschaften sollten Auszubildende verstärkt entfalten, um in einer zunehmend komplexen »4.0-Welt« souverän handeln zu können. Die zehn Eigenschaften wurden so gewählt, dass sich die im Kapitel »Dumm und dümmer: Denkfallen im Umgang mit Komplexität« beschriebenen Fallstricke elegant umgehen lassen: Durch das Hinterfragen alter Gewissheiten, die Stärkung der Selbstverantwortung, die Nutzenorientierung und schließlich die pointierte und systematische Reflexion eigener Wahrnehmungs-, Bewertungs-, Denk- und Handlungsweisen werden Groupthink, Mustererkennung und »schnelles Denken« zumindest eingedämmt.

Jede dieser Eigenschaften kann auf unterschiedlichste Art und Weise trainiert bzw. angeeignet werden. In der folgenden Tabelle werden nur einige konkrete Möglichkeiten fokussiert.

Nr.	Eigenschaft	Mögliche Umsetzung
1	Interdisziplinär handeln	• Auszubildenden immer wieder zur Reflexion einladen: »Auswirkungen meines Handelns auf (un-)sichtbare Schnittstellen.« • Systemisch-vernetztes Denken (»In welchen Abhängigkeiten bewegen wir uns?«) gezielt trainieren.
2	Selbstverantwortung vorleben	• Auszubildende noch stärker in die Verantwortung für ihren eigenen Ausbildungsprozess integrieren. • Aufgaben, Befugnisse und Verantwortlichkeiten in konkreten Aufgaben/Projekten sichtbarer klären.

2.5 Gescheiter scheitern: ein »neues« Mindset für eine Welt 4.0

Nr.	Eigenschaft	Mögliche Umsetzung
3	Einfache Erklärungen vermeiden	• Öfter zwei Erklärungen anbieten: eine einfache und eine komplexe Lösung – auch auf Gefahr einer latenten Überforderung hin. • Komplexe Erklärungen durch systemische Fragen (z. B.: »Was sehen wir nicht?«) durch Auszubildende erarbeiten lassen.
4	Systemrelevante Attraktoren definieren	• Analyse vergangener komplexer Prozesse: Warum hat sich eine Dynamik genau in diese Richtung bewegt? • Begleitung/Prognose aktueller Prozesse: »Wo könnte eine Entwicklung ›enden‹ und warum genau dort?«
5	Hinterfragen alter Gewissheiten	• Vertrauensvolle Reflexion: Welche Grundannahmen bestimmen unser (Arbeits-)Leben? • Ausbildungsprojekte durchführen, die etablierte Gewissheiten negieren.
6	Professionelle Gelassenheit lernen	• Ausbildungsprojekte mit integrierten Phasen der »stressorientierten Ungewissheit« initiieren. • Arbeitstechniken für diese Phasen gemeinsam erarbeiten und reflektieren.
7	Widersprüche zulassen und akzeptieren	• Ausbildungsprojekte bzw. Aufgaben mit (auf den ersten Blick schwer erkennbaren) paradoxen Anforderungen initiieren. • Widersprüchlichkeiten im betrieblichen Alltag reflektieren bzw. analysieren.
8	Klare Werte definieren	• In der Ausbildung immer wieder einen Werte- und Orientierungskompass erstellen bzw. neu justieren. • Operatives Handeln mit den dahinterliegenden Werten bewusst verbinden.
9	Nützliche Prioritäten setzen	• Den Unterschied zwischen »objektiver Wahrheit« und »individueller Nützlichkeit« herausarbeiten. • Ausbildungsprojekte nach Nützlichkeit priorisieren (auch aus der Sicht Beteiligter/Betroffener).
10	»Schlampig« planen und analysieren	• Ausbildungsprojekte initiieren, die parallel »perfekt« und »schlampig« geplant werden und in deren Wirkungsweise vergleichen. • Systematischer Vergleich der Wirkungsgrade dieser Projekte.

Trainingsmöglichkeiten zur Entwicklung 4.0-orientierter Eigenschaften und Fähigkeiten

2.5.6 Zwischenfazit

Sowohl aus gesellschaftspolitischer als auch aus unternehmerischer Sicht ist die Erweiterung vorhandener Kompetenzen, mit Komplexität umzugehen, eindeutig geboten. Kennt man die Besonderheiten komplexer Systeme und die zentralen »Denkfallen« im Umgang mit polylogischen, nicht linearen, eigendynamisch-rekursiven, paradoxen und nur schlecht plan- und analysierbaren Strukturen und Prozessen, kann man daraus leicht ein Eigenschafts- und Kompetenzprofil erarbeiten. Die schwierigere Aufgabe besteht allerdings darin, die zum Kompetenzaufbau benötigten didaktisch-methodischen Bausteine zu entwickeln. Auch wenn diese sich abstrakt benennen lassen, benötigt die tatsächliche Umsetzung vor allem die Kreativität und das Engagement jedes einzelnen Ausbilders.

> **Praxis: Reflexion**
> Betrachten Sie bitte Ihren Ausbildungsbereich und beantworten Sie folgende Fragen:
> - Über welche Eigenschaften zur Bewältigung komplexer Herausforderungen verfügen Ihre Auszubildenden jetzt schon?
> - Welche Eigenschaften müssen angesichts zukünftiger Herausforderungen auf jeden Fall gezielt gestärkt werden?
> - Auf welche Weise können Sie diese »Lücke« durch eine geschickte Ausbildungsplanung, kreative Ausbildungsprojekte und individuelle Ausbildungsbegleitung am erfolgreichsten schließen?

2.6 Alles bleibt beim Alten – und wird dennoch anders

> **Einstiegsfragen**
> - Ist es sinnvoll, die eigenen Werte immer wieder infrage zu stellen und diese sogar zu »zerstören«?
> - Ist es sinnvoll, das kreative Potenzial von Auszubildenden zu entfachen, nur um diese dann in einem »Realitätscheck« wieder auf den »Boden der Tatsachen« zu bringen?
> - Ist es sinnvoll, einen Ausbildungsweg verbindlich zu planen, wenn man diesen Plan dann doch wieder »über den Haufen wirft«?

Jede dieser Fragen kann ich mit einem klaren Ja beantworten. Und mit einem klaren Nein. Und da ist sie schon wieder: Diese Widersprüchlichkeit komplexer Situationen. In diesem letzten Kapitel versuche ich ein Gesamtbild aller bisheriger Gedanken zu entwickeln. Warum nur »versuchen«? Ganz einfach: Ausbildung ist ein komplexes System. Komplexe Systeme sind immer unabgeschlossen, dynamisch ... Insofern gibt es keine endgültigen Fixpunkte, sondern immer nur Annäherungen an eine je nach Situation unterschiedlich ausgeprägte Nützlichkeit.

Der Mensch hat es schon immer erfolgreich geschafft, komplexe Zeiten bzw. Lebensphasen zu überleben. So gesehen ist unser Wahrnehmungs-, Bewertungs-, Denk- und schließlich Handlungsapparat hervorragend dazu geeignet, die anstehenden Herausforderungen einer polylogischen, dynamischen, paradoxen, überraschenden und nicht absolut planbaren und verständlichen »4.0-Welt« zu bewältigen.

Trotzdem unterscheidet sich die schon laufende Komplexitätssteigerung von allem bisher Dagewesenen: Die globale Vernetzung, die Geschwindigkeit, Masse und Kontrollierbarkeit des Informationsaustauschs, die ins Unendliche steigende Handlungsmacht einzelner Individuen gepaart mit ihrer gleichzeitigen Ohnmacht und nicht zuletzt die Fragilität einzelner Lebensentwürfe und ganzer Zivilisationen waren in der Geschichte der Menschheit noch nie in einer so konzentrierten Form vorhanden.

Diese Gemengelage unterscheidet sich signifikant von allen bisherigen Phasen historischer oder persönlicher Komplexitätssteigerung. Um die einmaligen Chancen dieser radikalen (und dennoch schon fast unsichtbaren) Revolution zu nutzen und um die damit verbundenen lebensbedrohlichen Risiken zu minimieren, ist es eine gesellschaftliche Herausforderung, das Denken fit für die Zukunft zu machen.

Ausbilderinnen und Ausbilder tragen durch ihre exponierte Position dafür eine Mitverantwortung, wenn nicht sogar eine besondere Verantwortung. »4.0-Ausbildungskonzepte« dürfen dabei nicht auf technologische Machbarkeitsutopien und Prozessverbesserungen beschränkt bleiben, sondern müssen auch alle anderen dadurch angestoßenen Auswirkungen von Beginn an ins Auge fassen.

Das führt letztlich zu einer komplexen Ausbildungsplanung und -realisation, die zumindest drei Aspekte berücksichtigt:
- Jedes Ausbildungskonzept basiert auf einer klaren und transparenten Wertebasis (Warum machen wir das eigentlich? Was wollen wir auf jeden Fall bewahren?), die jedoch immer wieder kritisch infrage gestellt und neu definiert werden muss (Was hat sich bewährt und wird weitergetragen? Was muss zerstört und neu erfunden werden?).
- Jedes Ausbildungskonzept sollte den Auszubildenden ein Maximum an sachlicher, individueller, prozeduraler und sozialer Freiheit geben, die jedoch durch gemeinsam definierte Abhängigkeiten limitiert wird.
- Jedes Ausbildungskonzept sollte darauf aufbauend einen verbindlichen Rahmen (sachlich, individuell, prozedural, sozial) bieten, der jedoch agil an die jeweiligen Situationen angepasst wird.

Das sind für erfahrene Ausbilderinnen und Ausbilder gewiss keine neuen Aspekte. Gelungene Ausbildung, eine gelungene Weitergabe von Wissen und Fähigkeiten haben sich schon immer an diesen paradoxen Maßstäben orientiert. Erfolgreiche Ausbildung zeichnet sich schon seit jeher dadurch aus, dass diese paradoxen Spannungsfelder situativ und quasi künstlerisch ausgestaltet werden.

Dennoch ist etwas anders: Der Umfang, die Tiefe, die Qualität, ja die Radikalität, mit der die in meinem Gedankengang beschriebenen Eigenschaften einer zukunftsorientierten Ausbildung zum Leben erweckt werden. Ausbildung muss also (nicht) neu erfunden werden!

Frei nach dem Nationalökonomen Joseph Schumpeter sind Ausbilder so gesehen von einer schöpferischen, lebensbejahenden Zerstörungswut geprägt. Nichts ist davor sicher, infrage gestellt zu werden. Nichts ist davor sicher, »über Bord geworfen« zu werden. Nichts ist davor sicher, morgen durch etwas Besseres, Nützlicheres oder Gefährlicheres ersetzt zu werden. Die daraus entstehenden Innovationen sichern letztlich die Zukunft der Auszubildenden, des Unternehmens und ja, auch der gesamten Welt.

> **Praxis: Reflexion**
> Betrachten Sie bitte Ihren Ausbildungsbereich und beantworten Sie folgende Fragen:
> - Keep: Das bewahren wir uns in der Ausbildung.
> - Stopp: Damit hören wir in der Ausbildung sofort auf.
> - Change: Das können wir in der Ausbildung hinterfragen und ändern.
> - Do: Diese eine Idee packe ich sofort an.

Literatur

Brown, B. (2010): Die Macht der Verletzlichkeit. TEDxHouston. Online verfügbar unter https://www.ted.com/talks/brene_brown_on_vulnerability?language=de.

Dobelli, R. (2015): Die Kunst des klaren Denkens. 52 Denkfehler, die Sie besser anderen überlassen. München.

Feess, E.: System. In: Gabler Wirtschaftslexikon. Online verfügbar unter https://wirtschaftslexikon.gabler.de/definition/system-50117.

von Foerster, H. (1993): KybernEthik. Berlin.

Kahnemann, D. (2012): Schnelles Denken. Langsames Denken. München.

Mainzer, K. (2008): Komplexität. München.

Musil, R. (2014): Der Mann ohne Eigenschaften. Reinbek bei Hamburg.

Nussbaum, C. (2019): Schädliche Erfolgsrezepte. Tipps für die Tonne. In: managerSeminare. Das Weiterbildungsmagazin. Februar 2019. S. 66–72.

Reichenberger, A. (2007): »Emil Du Bois-Reymonds ›Ignorabimus‹-Rede: ein diplomatischer Schachzug im Streit um Forschungsfreiheit, Verantwortung und Legitimation der Wissenschaft.« In: K. Bayertz, M. Gerhard, W. Jaeschke (Hrsg.): Der Ignorabimus-Streit. Naturwissenschaft, Philosophie und Weltanschauung im 19. Jahrhundert. Hamburg: Meiner, S. 63–87.

Roe, K. (2014): Leadership. Practice and Perspectives. Oxford.

Schumpeter, J. (2006): Theorie der wirtschaftlichen Entwicklung, herausgegeben von J. Röpke und O. Stiller. Nachdruck der 1. Auflage von 1912. Berlin.

Sennett, R. (2000): Der flexible Mensch. München.

Smith, A. (2009): Der Wohlstand der Nationen. München.

Taleb, N. N. (2013): Antifragilität. Anleitung für eine Welt, die wir nicht verstehen. München.

Bildnachweis

Optische Täuschung: Bryan Derksen [CC BY-SA 3.0 (http://creativecommons.org/licenses/by-sa/3.0/)]; auf commons.wikipedia.org

3 Die Zielgruppe zu Wort kommen lassen – das Projekt »Digital Youngsters«

Hubert Romer

3.1 Die Welt im stetigen Wandel

Die berufliche Bildung erfährt mit den starken Veränderungen in der Arbeitswelt durch Automatisierung und Digitalisierung bereits seit den 1990er-Jahren eine signifikante Aufwertung. Bisher analoge Berufe werden durch digitale Komponenten zunehmend interessant für junge Menschen. Die Durchlässigkeit der Bildungsketten und die Aufstiegs- und Weiterbildungschancen, die sich jungen Menschen bieten, wenn sie die berufliche Bildung als Sprungbrett nutzen, werden in Zukunft noch stärker zum Tragen kommen. Die Überlappung der einzelnen Ausbildungs- und Bildungslevels – wie berufliche Bildung und akademische Bildung – führen zu einer Annäherung der Bildungssysteme.

Digitale Tools kommen in der beruflichen Arbeit sowohl im Handwerk als auch in der Industrie zum Einsatz. Digitale Kommunikation, digitales Lernen und digitales Wissensmanagement verstärken die Auswirkungen der digitalen Welt.

Im Bereich des Lernens und der Ausbildung entstehen neue Lernräume und neue Lernkulturen. Lernziele verändern sich. Das System und die Beziehung zwischen Lehrendem und Lernenden wird sich verändern. Es entstehen Lernpartnerschaften. Das eigenständige und selbstmotivierte Lernen rückt in den Vordergrund.

Neue Werte in Gesellschaft und Wirtschaft ändern die Grundlagen und die Motivation junger Menschen zu arbeiten. Neue Ausbildungskonzepte sollen auch den gesellschaftlichen Änderungen Rechnung tragen, die durch tief greifende Wirkungen der digitalen Welt schon heute und in Zukunft ausgelöst werden.

Dies sind Erkenntnisse aus Zukunftskonzepten, die die Zielgruppen der Arbeitswelt von morgen im Projekt »Digital Youngsters« gewonnen haben.

3.2 Digital Youngsters – digitale Welten neu denken

»Digital Youngsters« ist die bundesweite Plattform für junge Menschen, um ihre Visionen von Ausbildung und Arbeit in der Zukunft zu entwickeln und im Rahmen eines

Wettbewerbs einer breiten Öffentlichkeit zu präsentieren. Die digitale Transformation der beruflichen Bildung sowie der Arbeitswelt von morgen stehen hierbei im Mittelpunkt.

Nach einem sehr erfolgreichen Start 2016/2017 fand der Wettbewerb 2018 zum zweiten Mal statt: 65 junge Menschen in 15 Teams reichten ihre Konzepte zur Ausbildung und Arbeit von morgen ein. Drei der Teams waren Inklusionsteams.

Die Teilnehmer widmeten sich unter anderem diesen Fragen:
- Wie sieht die berufliche Bildung in der digitalen Zukunft aus?
- Welche Lernorte und Lernmittel wird es geben?
- Wie ist das Verhältnis von Lernendem und Lehrendem?
- Wie gestaltet sich die Arbeitswelt von morgen?
- Welche Kompetenzen benötigen die Menschen?
- Was macht den Arbeitsplatz und die Arbeitsorganisation zukünftig aus?

3.3 Die ausführende Organisation: WorldSkills Germany

Initiiert und durchgeführt wurde »Digital Youngsters« durch WorldSkills Germany. Bereits seit mehr als 60 Jahren führt die globale Organisation WorldSkills International berufliche Wettbewerbe auf höchstem Niveau durch. Was anfangs aus einem friedensstiftenden und jugendfördernden Gedanken heraus in kleiner Form begann, entwickelte sich im Laufe der Jahre in großen Schritten zu einer weltumspannenden Organisation – alle beteiligten Nationen können sich und ihre beruflichen Bildungssysteme mit jenen anderer Länder messen und Benchmarking betreiben.

Die WorldSkills-Weltmeisterschaften sind ein wirkungsvolles Instrument, um auf die eigenen Bildungssysteme sowie auf den eigenen Wirtschaftsstandort aufmerksam zu machen. Auch helfen sie, das eigene Ausbildungssystem kontinuierlich mit anderen zu vergleichen und ihm so neue Impulse zu geben. Dafür steht auch WorldSkills Germany e. V. mit den beruflichen Wettbewerben als effektvolles didaktisches Konzept.

Zur Koordination der Nationalmannschaften wurden von WorldSkills International auf nationaler Ebene sogenannte »Member Organisations« initiiert und anerkannt. In Deutschland übernahm diese Rolle zunächst der Zentralverband des Deutschen Handwerks (ZDH) gemeinsam mit dem Deutschen Industrie- und Handelskammertag (DIHK). Dies ermöglichte es deutschen Unternehmen, bereits früh an den internationalen Wettbewerben von WorldSkills teilzunehmen. 2006 wurde der WorldSkills Germany e. V. (WS G) gegründet. Dieser Verein hat das Ziel, die Leistungswettbewerbe der beruflichen Bildung stärker als bisher in der Öffentlichkeit zu verankern und somit einen Beitrag zur Aufwertung des Ansehens der beruflichen Bildung zu leisten.

WorldSkills Germany e. V. ist die anerkannte Mitgliedsorganisation für Deutschland innerhalb der internationalen Skills-Verbände und damit Mitglied bei WorldSkills International und der European Skills Promotion Organisation (ESPO)/EuroSkills.

Die Organisation WorldSkills Germany e. V. (WS G) hat ihren Sitz und ihre Geschäftsstelle in Stuttgart.

3.4 Aufgaben und Ergebnisse

VR-Brillen, Roboter, an Computerspiele erinnernde Lernumgebungen – beim Finale des 2018 durchgeführten Bundeswettbewerbs »Digital Youngsters« zeigten sieben Auszubildenden-Teams, wie sie sich die Ausbildung und Arbeit von morgen vorstellen. Das Ergebnis: Im Gegensatz zu den Plänen vieler Unternehmen, die Digitalisierung zur kosteneffizienteren und gewinnsteigernden Produktion zu nutzen, sehen Azubis eher den Menschen und dessen Work-Life-Balance im Mittelpunkt der Arbeitswelt der Zukunft. Die Digitalisierung spielt auch für sie eine wichtige Rolle und wird die Ausbildung grundlegend verändern, aber immer zum Wohle der Lernenden und Lehrenden.

Aus den ursprünglich 15 eingereichten Visionen zur Ausbildung 2030 ging beim Finale das Team der CANCOM als Bundessieger hervor. Beeindruckend hierbei war die Fachtiefe der Ausarbeitungen wie auch die Detailgenauigkeit in der Beschreibung zukünftiger Konzepte.

Andrea Zeus, Vorstandsvorsitzende von WorldSkills Germany und Teil der Jury fasste es prägnant zusammen: »Man kann sagen, dass alle Wettbewerbsbeiträge wie ein Fachgutachten sind. Sie sind so tief ausgearbeitet und detailliert beschrieben, auch in der Logik und Konsequenz sehr gut durchdacht. So wie die Konzepte sind, könnte man sie in eine Institution einbringen, um damit auch ein Zukunftslabor zu starten.«

Eine kurze Beschreibung der Finalisten-Konzepte illustriert dies anschaulich:

3.5 Die Visionen der sieben Finalisten

AR/VR-Ausbildungsumgebung der Zukunft – das Team des Annedore-Leber-Berufsbildungswerks Berlin
In seiner Vision setzt das Team des ALBBW das spielerische Lernen über ein Levelsystem zum Punktesammeln sowie unter Einsatz der »Eye«, eines Smart Device, in den Fokus. Das Lernen erfolgt im Homeoffice, in kleinen Projektgruppen sowie in neuartigen virtuellen Umgebungen. Die Ausbilderinnen und Ausbilder sind in Zukunft eher Coaches, die den Auszubildenden in Chaträumen und Lernvideos zur Seite stehen.

Individualisierung – jetzt für deine Zukunft – das Team der AUDI AG

Das Team der Audi AG hat die »KIBA« entwickelt – eine auf »künstlicher Intelligenz basierte Ausbildung«, die jeden Auszubildenden individuell unterstützt. Sie ist modular aufgebaut, sodass die Auszubildenden das Lernen und die Lerngeschwindigkeit durch Wahl- und Pflichtmodule individuell anpassen können. Die Ausbildung der Zukunft findet zu Hause und im Betrieb statt und ermöglicht die Vermittlung von Wissen z. B. über Virtual-Reality-Anwendungen. Die Eigenverantwortung der Auszubildenden ist hierbei groß, denn sie entscheiden selbst, wann und wo sie lernen. Durch einen speziellen Algorithmus können Lernerfolge gemessen und ausgewertet werden, sodass Auszubildende sowie Ausbilderinnen und Ausbilder den aktuellen Wissensstand kennen und die Ausbildung daran anpassen können.

READYTECH – das Team der Brandt Zwieback GmbH & Co. KG Ohrdruf

Ein Roboter als persönlicher Assistent sowie eine Smart Wrist (vergleichbar mit einer Smart Watch) sind die Begleiter der Auszubildenden von morgen. Der Roboter vermittelt die heutige Einweisung der Ausbilderinnen und Ausbilder, passt sich dem Lernverhalten des Auszubildenden an und kann auch vorübergehend die Bedienung von Anlagen übernehmen. Er kommuniziert verbal oder über die Smart Wrist und kann durch verschiedene Modi, die aus Gründen des Datenschutzes teilweise nur durch Stimmerkennung eingeschaltet werden können, zwischen Berufs- und Privatleben unterscheiden. Die Smart Wrist wiederum ist ein berufsgebundener Alltagsgegenstand, dient als digitales Berichtsheft und ist Arbeitsassistent für die Auszubildenden. Die Berufsschule im klassischen Sinn existiert nicht mehr, da Theorie und Praxis im Unternehmen vermittelt werden. Die Ausbilder und Ausbilderinnen bleiben als Ansprechpartner bestehen, kümmern sich jedoch auch um die Programmierung und Wartung des Roboters und der Smart Wrist.

Triale Ausbildung – das Lernen von morgen – das Team der GP Günter Papenburg Unternehmensgruppe

Für das Team von GP Günter Papenburg sind sogenannte Future Skills zentrale Faktoren der Ausbildung. Sie beinhalten eine Kombination aus praxisnahen Fähigkeiten, sozialen Kompetenzen und Medienkompetenz. In Verbindung mit Praxis und Theorie bilden sie die »Triale Ausbildung«. Das Team strebt außerdem an, dass Unternehmen künftig noch viel enger mit Berufsschulen zusammenarbeiten, vor allem auch in der Nutzung von Technik und einheitlicher, aktueller Software. Die Ausbildung und auch die Arbeit von Baugeräteführerinnen und -führern wird sich ebenfalls in Zukunft ändern. Sie werden nicht mehr selbst im Gerät sitzen, sondern können mehrere Maschinen gleichzeitig z. B. über die Eingabe von GPS-Daten überwachen. Mit VR-Brillen oder Mixed-Reality-Brillen werden sie die großen Geräte künftig auch aus der Ferne und von überall auf der Welt steuern können und müssen sich also nicht mehr zwingend auf der Baustelle vor Ort befinden.

Learn_IT@Heraeus2030 – das Team der Heraeus Holding GmbH

Die Nutzung smarter Displays ist wesentlicher Bestandteil der Vision des Heraeus-Teams. Die Berufsschule existiert nur noch digital und verfügt über verschiedene Räume, wie Unterrichtsräume, Bibliotheken etc. Dieses ortsunabhängige Lernen hat dem Heraeus-Team zufolge ganz unterschiedliche Vorteile, z. B. die Verringerung von CO_2-Ausstößen durch weniger Fahrten zur Schule sowie die Schaffung von mehr Wohnraum durch die Abschaffung von Schulgebäuden.

ALL4ONE – das Team »Oberfläche« der Meisterschule für Schreiner Garmisch-Partenkirchen

Das Schreiner-Team »Oberfläche« rückt die Nutzung von VR-Technologie z. B. beim Üben von Lackierarbeiten in den Fokus. Darüber hinaus sollen mittels QR-Codes Informationen zu Lackgebinden mit Mischverhältnissen der einzelnen Komponenten sowie der Verarbeitungsprozess schnell abrufbar sein. Eine digitale Infobox bietet außerdem mit Videos und Texten eine optimale Unterstützung für die Auszubildenden.

AI-Ducation Cloud – das Team der CANCOM

Die »AI-Ducation Cloud« des CANCOM-Teams kann unabhängig vom Endgerät und in jedem Moment zur effizienten Teamarbeit genutzt werden. Eine integrierte künstliche Intelligenz ist das Hauptmerkmal, das zum Beispiel durch Analysen der Lernmuster unterstützt und somit auf die Individualität der Lernenden eingeht. Die Cloud-Anbindung ermöglicht eine gleichbleibende Qualität der Ausbildung in jedem Bundesland. Durch effizientes Zeitmanagement der Schüler mithilfe der KI können die Lernenden in weniger Zeit mehr lernen. Somit steigt die frei verfügbare Zeit der Auszubildenden und Lehrenden. Auch entfällt die Investition in dedizierte Hardware und Lizenzen für Schulen.

Titelblatt des Siegerteams Cancom Digital Youngsters

3   Die Zielgruppe zu Wort kommen lassen – das Projekt »Digital Youngsters«

Team Cancom

Die Vision des Siegerteams Cancom (Quelle: Cancom)

Alle Finalteams stellten in eigens produzierten Videos ihre Visionen für die Ausbildung der Zukunft vor. Diese sind auf dem YouTube-Kanal von WorldSkills Germany zu finden unter: https://www.youtube.com/playlist?list=PLR8JPRmqg-iIA-3J1l5uV_GSaVZi-onH75.

3.6 Schule und Prüfungswesen auf dem Prüfstand

Junge Menschen haben sich und ihre soziale Umwelt im Blick – vielleicht mehr als die vorangegangenen Generationen. Aus ihrer Sicht wird die Digitalisierung ihre Lebenswelt verbessern und zu einer besseren Work-Life-Balance führen. Ihr soziales Miteinander wird sich positiv verändern.

Junge Menschen stellen sich die Zukunft so vor: Schule und Büro werden »zur App« und existieren vor allem als virtueller Raum. Themen wie Roboter, digitale Bildung und Work-Life-Balance ziehen sich wie ein roter Faden durch den Wettbewerb. Schule und Prüfungswesen werden im Grundsatz unnötig, theoretische Kenntnisse stehen in einer Cloud zur Verfügung. Soziales Lernen im Klassenverband konzentriert sich auf Projektarbeiten und spezielle Lernsituationen in der Gruppe. Auch die Inklusion spielt in den Konzepten eine deutliche Rolle.

Firmeninternes Crowdsourcing, Smart Offices, Mobile Offices, Home Offices und das Smartphone 2030 als Personal Assistant erhalten entscheidende Bedeutung bei der täglichen Arbeit.

Alle Fachkräfte besitzen ein eigenes virtuelles Profil auf der Firmenplattform, versorgt mit den eigenen Fähigkeitsmerkmalen. Arbeitsaufträge werden in diese Plattform eingespeist, sodass sich Interessierte, die die entsprechenden Skills mitbringen, für den ausgeschriebenen Auftrag eintragen können. Bearbeitungszeit und Entlohnung werden dann individuell ausgehandelt.

Eine positive Erkenntnis ist somit, dass die Teilnehmer Technologien wie Virtual Reality, Tablets sowie Robotern gegenüber aufgeschlossen gegenüberstehen und ihren Mehrwert für die Entlastung am Arbeitsplatz, für mobile Arbeit und Work-Life-Balance zu schätzen wissen.

Hierbei gilt sowohl für die Lernwelten wie auch die Arbeitswelten:
- Nicht mehr alles wissen, aber wissen, wo es zu finden ist.
- Nicht mehr alles allein besitzen, sondern mit anderen teilen.
- Gemeinsam Projekte erarbeiten – in der virtuellen Welt.
- Gemeinsam Lösungen finden: nicht für den großen Profit, sondern für die Projektgemeinschaft.
- Die Arbeitsplätze mit guter Qualifizierung werden wachsen (Industriebereich).
- Maschinen übernehmen dabei die Produktion, Wartung, Umrüstung und eigene Weiterentwicklung zunehmend eigenständig. In Sonderfällen ist der Mensch vor Ort.

- Auf den Baustellen und im Handwerk wird die Automatisierung weiter stark voranschreiten. Die qualifizierte Fachkraft, die am Ende Hand anlegt, wird bleiben.
- Alles richtet sich mehr und mehr nach den sozialen Bedürfnissen der Menschen aus.
- Vieles wird abhängig sein von den Gesellschaftsverträgen der Zukunft und der Frage, wie Steuern für unser Sozialsystem erhoben werden.

Im Falle des bedingungslosen Grundeinkommens kann es durchaus geschehen, dass mehr Menschen in sozialen und gemeinnützigen Bereichen aktiv werden. Denn etwas tun wollen die meisten. Unsere Talente von morgen sind da entspannt und zuversichtlich.

3.7 Wirkung und Bewertung

Betrachten wir die Zukunft aus dem Blickwinkel unserer jungen Talente und Leistungsträgern von morgen. Lernen wir deren Antrieb und Motivation kennen. Denn sonst entwickeln wir Konzepte und Strategien für die Zukunft, die nicht mehr mit den Werten und Perspektiven unserer Nachfolger übereinstimmen. Seien wir offen für die Stimmen der Talente und Führungskräfte von Morgen!

Junge Fachkräfte und Auszubildende in Zukunftsprozesse einzubinden eröffnet bisher ungenutztes Potenzial. Die Sichtweisen der Zielgruppen von morgen helfen, eigene Visionen und Strategien anzupassen und zu verfeinern. Ihr Input eröffnete neue Perspektiven.

Zahlreiche Teilnehmergruppen von »Digital Youngsters« wurden nach erfolgreichem Abschluss der Projekte in firmeninterne Zukunftsgremien berufen. Dort und an anderen Stellen konnten sie ihre Vision der Ausbildung und Arbeit von morgen vorstellen und in die Gesamtkonzepte einbringen. Ihr Wort wird gehört, da sie bereits gezeigt haben, wie Visionen erarbeitet und in ersten Entwürfen visualisiert werden können.

Alle Teilnehmer gaben an, dass ihnen der Wettbewerb und die Beschäftigung mit der eigenen Zukunft wichtige Impulse gegeben haben. Die Teilnehmer spiegelten weiterhin zurück, sich durch die Teilnahme am Wettbewerb »Digital Youngsters« fachlich weiterentwickelt zu haben, und alle stellten eine starke persönliche Entwicklung fest. Die Projektarbeit erzeugte durch das Prinzip »Lernen im Wettbewerb« positive Zusatzeffekte, die im Ausbildungsalltag nutzbar sind.

Digital Youngsters wird alle zwei Jahre durchgeführt. Die Ankündigung und vertiefende Information gibt es unter www.worldskillsgermany.com.

Vor Ausbildungsbeginn

4 Ansprache von Auszubildenden durch Social Media

Melanie Marquardt

Längst sind Social Media vom Hype zur ernsthaften Marketingdisziplin geworden und auch in der Ansprache von jungen Leuten für die Themen Berufsorientierung und Ausbildung ein wichtiger Eckpfeiler.

Wieso dies so ist? Nahezu alle Haushalte, in denen 12- bis 19-Jährige leben, verfügen über ein Smartphone, Computer und Internetzugang (vgl. JIM Studie 2018). In derselben Studie geben 91 Prozent an, täglich das Internet zu nutzen. Wer seine Zielgruppe also erreichen möchte, muss sich mit dem Thema Social Media auseinandersetzen und bewerten, wie diese im eigenen Unternehmen sinnvoll eingesetzt werden können.

Kleiner Disclaimer: Natürlich gibt es auch andere Meinungsbildner in der Berufsfindungsphase – wie etwa Gespräche mit den Eltern, die Jugendliche in der Wahl beeinflussen. Die Nutzung von Social Media sollte daher immer als ein Baustein im Gesamtkonzept betrachtet werden. Aber als ein wichtiger, denn auch Eltern sind online. Sie lesen aber ergänzend auch die Tageszeitung oder schauen TV. Für ein stimmiges Gesamtkonzept ist daher individuell zu prüfen, welchen Anteil am Gesamtbudget und an den Ressourcen Social Media haben sollten.

4.1 Was macht die Faszination von Social Media aus? Vom Hype zur Marketingdisziplin

Wie kommt es, dass Jugendliche und junge Erwachsene so fasziniert von Social Media sind, dass es anscheinend immer schwerer wird, das Smartphone aus der Hand zu legen? In einer repräsentativen Studie aus dem Jahr 2018 der DAK Gesundheit geben Jugendliche an, rund 166 Minuten am Tag in Social Media zu verbringen. Das sind knapp drei Stunden. Dies unterstreicht deutlich, warum Social Media eine wichtge Rolle in der Ansprache bei Jugendlichen im Azubimarkting spielen.

Mädchen nutzen Social Media noch etwas intensiver als Jungen. Interessant ist auch, dass die Nutzungsdauer mit dem Alter ansteigt. Je mehr sich Jugendliche also dem ausbildungsfähigen Alter nähern, desto länger sind sie online aktiv. Das kann Ihre Chance als Ausbilder sein, in diesem Zeitraum immer wieder auf den Berufseinstieg in Ihrem Unternehmen hinzuweisen.

4 Ansprache von Auszubildenden durch Social Media

Social Media haben die Kommunikation in den letzten Jahen stark verändert. War früher der Leserbrief an die Zeitung noch einer der wenigen Wege, um seiner eigenen Meinung Gehör zu verschaffen, so sind die Wege heute viel unmittelbarer und direkter geworden. Nutzer von Social Media kommunizieren direkt mit Unternehmen, Schauspielern, Politikern oder Nachrichtenportalen. Aus der klassischen One-to-many-Kommunikation ist eine Many-to-many-Kommunikation geworden .

In der Many-to-many-Kommunikation kann ein zeitlich unbegrenzter Austausch mit anderen Nutzern der jeweiligen Plattform stattfinden. Inhalte, die Nutzer erstellen (User-generated Content) können schnell enorme Reichweiten erhalten und den Adressaten in Erklärungsnot bringen, aber auch dessen Attraktivität und damit den Markenwert unglaublich steigern.

Was fasziniert nun aber insbesodnere Jugendliche an Social Media?

- Social Media sind oftmals eine **elternfreie Zone.** Hier können sich Jugendliche austauschen und ausprobieren, ohne unter Beobachtung zu stehen. Sobald auch Eltern die Plattform für sich entdecken, ziehen Jugendliche schnell weiter und erschließen einen neuen Kanal oder eine neue App für sich. Gefühlt sind Social Media daher immer in Bewegung und man hat schnell die Wahrnehmung, dass es schon wieder etwas Neues gibt.
- Jugendliche stellen sich und ihre Persönlichkeit gern selbst dar. Social Media ermöglichen dies in Perfektion. Durch gute Fotos, Texte und Videos kann man sich **Anerkennung und Aufmerksamkeit** verschaffen.
- Social Media ermöglichen einen einfachen und barrierefreien, manchmal sogar anonymen **Austausch** mit anderen. Gleichaltrige mit gleichen Interessen oder ähnlichen Nöten können schnell gefunden und kontaktiert werden.
- Social Media können leicht als **Zeitvertreib** genutzt werden, ob auf dem Weg zur Schule oder beim Warten auf die nächste Verabredung. Das Smartphone ist schnell zur Hand und bietet immer kurzfristig Unterhaltung.
- Social Media ermöglichen **Informationsvorteile.** Wenn Jugendlich nicht regelmäßig online sind, bekommen sie einiges nicht mit. Sei es die neue Single des Lieblingssängers oder den Beziehungsstatus der Mitschüler. Wer mitreden will, kommt an Social Media nicht vorbei.

Für Unternehmen geht es im Employer Branding auf Social-Media-Kanälen darum, sich Wettbewerbsvorteile zu sichern. Ausbilder, die ohnehin stets um die Qualität ihrer Ausbildung bemüht sind, werden es einfach haben, dies in die Social Media zu übertragen und damit eine breitere Zielgruppe anzusprechen.

> **Tipp**
>
> Finden Sie immer eine gute Balance in Ihren Beiträgen. Sie sollten nie zu werblich sein. In Social Media geht es nicht darum, die Nutzerinnen und Nutzer mit zu vielen Botschaften zu überlasten. Ihr Ziel sollte es sein, die eindimensionale Kommunikation in einen vielseitigen Dialog zu verwandeln. Sie erhalten so direkte Rückmeldungen auf Ihre Botschaft und sehen gut, welche Themen Jugendliche in der Berufsfindungsphase wirklich ansprechen und welche Fragen sie beschäftigen.

4.2 Aufbau einer Social-Media-Strategie

Wenn sich ein Unternehmen entschieden hat, Social Media im Employer Branding und für die Ansprache von Auszubildenden zu nutzen, gilt es, eine Social-Media-Strategie zu erstellen. Ein professioneller und erfolgreicher Unternehmenskanal entsteht nicht nebenbei und ist auch keinesfalls etwas, das sich dazu eignet, ein »Azubiprojekt« oder eine »schöne Aufgabe für den neuen Praktikanten« abzugeben.

Es gibt unterschiedliche Ansätze, wie Social Media genutzt werden können.

In zehn Schritten zur Erstellung einer Social-Media-Strategie

1. **Schritt: Analyse der Ausgangssituation**
   Analysieren Sie Ihre aktuelle Situation. Wie wird bisher kommuniziert, um potenzielle Auszubildende anzusprechen? Welche Kommunikation findet bereits online statt? Ist das Ausbildungsunternehmen bereit für Social Media? Ist das notwendige Fachwissen vorhanden, gibt es bereits Ressourcen und Budgets?
2. **Schritt: Arbeitgebermarkenanalyse**
   Analysieren Sie Ihre eigene Unternehmensmarke. Sofern Sie noch keine Arbeitgeberpositionierung haben, sollten Sie diese spätestens jetzt entwickeln. Ihr Auftritt in den Social Media muss zu Ihrer Arbeitgebermarke passen. Andernfalls besteht die Gefahr, dass diese unterschiedliche Darstellung und Wahrnehmung Bewerber, aber auch Mitarbeiter und Azubis verwirrt.
3. **Schritt: Zielgruppendefinition**
   Die Zielgruppe »Azubi« ist nicht für alle Unternehmen gleich. Analysieren Sie diese genauer, um sie möglichst passend ansprechen zu können. Welchen Schulabschluss strebt Ihre Zielgruppe an? Sind Sie bei Jugendlichen die erste Wahl oder kommen beispielsweise Azubis nach dem Abbruch des Studiums oder aus einer bestimmten Branche gern zu Ihnen?
4. **Schritt: Zielfestlegung**
   Welche konkreten Ziele haben Sie. »Azubis finden« ist kein konkretes, messbares Ziel. Planen Sie daher konkret, was Ihr Social-Media-Auftritt bewirken soll, und planen Sie Ihre Ziele möglichst eindeutig, messbar und realistisch. Steht die Generierung von Bewerbungen im Fokus, wenn ja, wie viele und in welchem Zeitraum?

Oder geht es mehr darum, Ihr Image zu stärken und am Arbeitsmarkt wahrgenommen zu werden? Wenn ja, woran wollen Sie Ihr Image messen?

5. **Schritt: Auswahl der Plattform**
   Welche Plattform wollen Sie nutzen? Befragen Sie beispielsweise Ihre Azubis, wo sie gern unterwegs sind. Schauen Sie sich die Nutzerstrukturen der Plattform gut an: Passen diese zu Ihrer Zielgruppe? Hierzu finden Sie online immer aktuelle Statistiken zur Nutzerverteilung.

6. **Schritt: Content-Strategie**
   Jetzt geht es darum, Ihre Inhalte zu definieren. Welche Themen wollen Sie aufgreifen? Achten Sie darauf, dass dies zu Ihrer Arbeitgebermarke passt (siehe Schritt 2). Welche Themen interessiert Ihre Zielgruppe? Tipps für die Redaktionsplanung finden Sie im Infokasten unten.

7. **Schritt: Implementierung im Unternehmen**
   Nun wissen Sie genau, wo Sie mit Ihrer Social-Media-Strategie hin wollen und welche Ziele Sie verfolgen. Planen Sie nun die Ressourcen im Unternehmen. Wer trägt die Gesamtverantwortung? Sind alle wichtigen Bereiche involviert und ausreichend eingebunden?

8. **Schritt: Implementierung in den Marketing-Mix**
   Wie eingangs beschrieben sollte die Social-Media-Strategie ein Baustein in Ihrem Azubimarketing sein. Planen Sie daher genau, wie diese im Marketing-Mix verankert und wie sie mit ihm verknüpft wird. Sind Sie beispielsweise bei Azubimessen vertreten? Dann kündigen Sie diese an, um Ihre Nutzer live zu treffen. Haben Sie kürzlich einen Infoabend für die neuen Azubis und deren Eltern durchgeführt? Veröffentlichen Sie die wichtigsten Fragen und Antworten.

9. **Schritt: Umsetzung**
   Nun sind alle Weichen gestellt und Sie können die Umsetzung starten. Wer macht was? Gibt es Mitarbeiterinnen und Mitarbeiter, die geschult werden müssen?

10. **Schritt: Monitoring und Reporting**
    Setzen Sie sich ein sinnvolles Monitoring und Reporting auf, um im Blick zu haben, wo und was über Ihr Unternehmen gesprochen wird und um die Sinnhaftigkeit Ihrer Maßnahmen zu überprüfen. Mit diesen Ergebnissen können Sie Ihre Strategie regelmäßig anpassen.

> **!** **Infobox: Der Redaktionsplan**
>
> Halten Sie Ihre Themen und Beiträge in einem Redaktionsplan fest, damit Sie stets den Überblick behalten. Der Redaktionsplan hilft sicherzustellen, dass Ihre Beiträge in der richtigen Gewichtung, Reihenfolge und gemäß Ihrer eigenen Content-Strategie aufbereitet und veröffentlicht werden. Sie können auch schon Events und Termine eintragen, von denen Sie lange im Voraus wissen, wie den Ausbildungsbeginn, Zwischenprüfungen, die Freisprechung oder Azubiprojekte. So gerät nichts in Vergessenheit. Hier können Sie auch notieren, ob Ihnen alle Informationen, Bilder, Einwilligungen und Freigaben vorliegen. Anbei ein Muster-Redaktionsplan.

Datum	Anlass	Postingtext	Ablageort der Grafik/ des Videos	Ggf. Web- site/Link	Autor	Freigabe
1.09.	Ausbildungsbeginn	Herzlich Willkommen unseren neuen Auszubildenden Henri und Lars …	Laufwerk	keine		steht aus

Wenn Sie diese Schritte befolgen und regelmäßig Ihren Zielerreichungsgrad überprüfen, sind Sie auf dem besten Weg, eine sinnvolle und erfolgreiche Social-Media-Strategie für Ihr Unternehmen zu finden und zu etablieren. Es lohnt sich, die einzelnen Schritte immer wieder zu überprüfen und zu optimieren.

> **Tipp**
>
> Bilden Sie eine Resonanzgruppe. Laden Sie Schüler und Auszubildende in regelmäßigen Abständen ein, um Ihren Social-Media-Kanal zu überprüfen. Kernfragen in dieser Resonanzgruppe können sein:
> - Wie wirkt der Kanal/Unternehmensauftritt auf dich im Allgemeinen?
> - Welche Infos erwartest du hier? Bekommst du diese auch?
> - Was gefällt dir gut? Und warum?
> - Was gefällt dir weniger? Und warum?
> - Wenn du den Kanal allein gestalten könntest, was würdest du ändern?

Auf dem Weg zur geeigneten Social-Media-Strategie sollten Sie sich auch bewusst machen, in welcher Frequenz und Ausprägung Sie die jeweiligen Kanäle bespielen wollen. Eine Strategie kann sein, sehr proaktiv zu agieren. Das bedeutet, Sie bemühen sich aktiv um den Beziehungsaufbau und mischen sich in Diskussionen ein, in denen Sie gar nicht gefragt sind.

> **Beispiel**
>
> In einem Livestream auf Facebook berichtet Sängerin Sarah Lombardi, wie schwer es manchmal für sie ist, Kind und Karriere zu vereinbaren und dass sie ihre Karriere für ihren Sohn aufgeben würde und stattdessen auch »bei Aldi an der Kasse sitzen würde«. Kurzerhand mischen sich Aldi Süd und Rewe ein und machen der Sängerin ein Angebot.

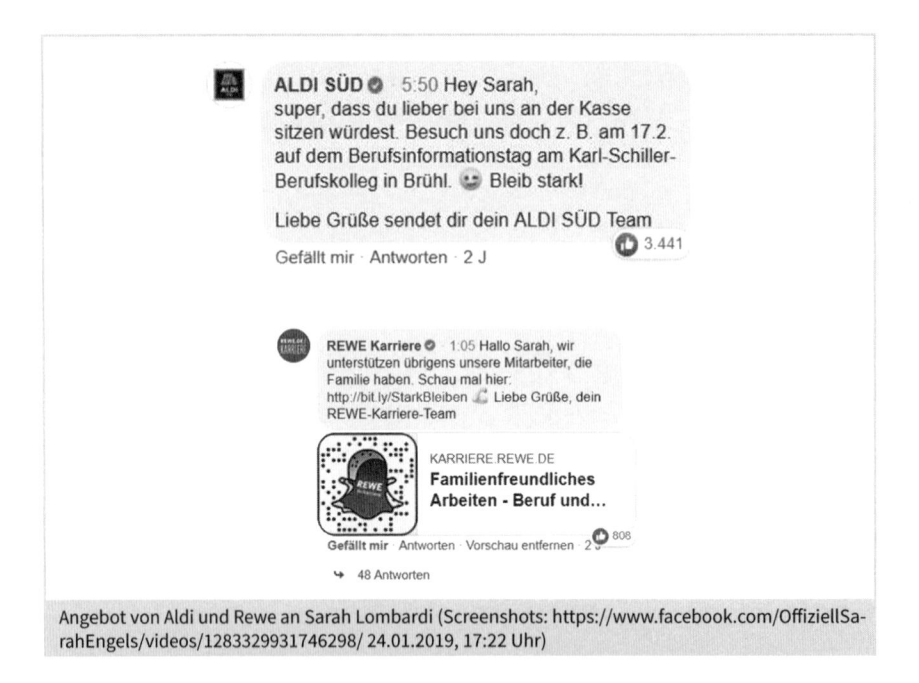

4 Ansprache von Auszubildenden durch Social Media

> **ALDI SÜD** 5:50 Hey Sarah,
> super, dass du lieber bei uns an der Kasse sitzen würdest. Besuch uns doch z. B. am 17.2. auf dem Berufsinformationstag am Karl-Schiller-Berufskolleg in Brühl. 😊 Bleib stark!
>
> Liebe Grüße sendet dir dein ALDI SÜD Team
>
> Gefällt mir · Antworten · 2 J   👍 3.441

> **REWE Karriere** 1:05 Hallo Sarah, wir unterstützen übrigens unsere Mitarbeiter, die Familie haben. Schau mal hier: http://bit.ly/StarkBleiben 💪 Liebe Grüße, dein REWE-Karriere-Team
>
> KARRIERE.REWE.DE
> **Familienfreundliches Arbeiten - Beruf und…**
>
> Gefällt mir · Antworten · Vorschau entfernen · 2 J   👍 808
>
> ↳ 48 Antworten

Angebot von Aldi und Rewe an Sarah Lombardi (Screenshots: https://www.facebook.com/OffiziellSarahEngels/videos/1283329931746298/ 24.01.2019, 17:22 Uhr)

Diese Reaktion der beiden Arbeitgeber erzielte so viel Aufmerksamkeit, dass es danach sogar zu einem TV-Bericht kam.

Proaktiv lassen sich auch aktuelle Themen aufgreifen, die – gerade wenn sie ohnehin kontrovers diskutiert werden – zu enormer Resonanz führen können.

> **❗ Beispiel**
>
> Die Deutsche Bahn stellt zehn Geflüchtete als Busfahrer ein und verbreitet diese Pressemitteilung als kontroversen Tweet auf Twitter.

Es ist aber auch denkbar, dass Sie eher passiv sind. Also beobachten Sie, was in den Online-Netzwerken über Ihr Unternehmen oder Ihre Branche gesprochen wird. Diese Erkenntnisse nützen Ihnen, um Ihre Zielgruppe und deren Bedürfnisse besser kennenzulernen. Auch das ist eine Strategie!

Der Mittelweg ist der eher reaktive Umgang mit Social Media. Sie reagieren also auf das, was Sie gefragt werden, provozieren aber keine Diskussion, indem Sie beispielsweise kontroverse Beiträge online stellen.

4.2 Aufbau einer Social-Media-Strategie

Deutsche Bahn: Geflüchtete werden Busfahrer (Screenshot: https://twitter.com/DB_Presse/status/1098513022946025473 24.02.2019, 17:32 Uhr)

Beispiel

Umgang der Zollverwaltung mit Fragen aus der Community. Es wird zeitnah, ausführlich und persönlich geantwortet.

Information der Zollverwaltung für Auszubildende (Screenshot: https://www.facebook.com/pg/Zoll.Karriere/community/?ref=page_internal 24.01.2019; 17:40 Uhr)

Die Rolle von Markenbotschaftern in Social Media

Als Ausbilder sollten Sie bei Ihrer Social-Media-Strategie unbedingt berücksichtigen, dass Sie einen enormen Vorteil haben. Ihre Zielgruppe ist nicht nur in den Online-Netzwerken vertreten und nutzt diese ganz selbstverständlich und intuitiv, sie ist

Ihnen auch oft sehr verbunden. Auszubildende, Ausbilder und Mitarbeiter sind hervorragende Markenbotschafter, denn sie erleben Ihren Betrieb tagtäglich und können gut aus dem eigenen Erfahrungsschatz berichten.

Während beispielsweise Unternehmen der Modeindustrie Influencer teuer bezahlen und sie mit PR-Paketen versorgen müssen, haben Sie Ihre eigenen Influencer längst im Unternehmen!

Mitarbeiter in Online-Kanälen vorzustellen und dort zu Wort kommen zu lassen, ist längst üblich und funktioniert immer wieder gut. Freunde und Familie der vorgestellten Kollegen kommentieren, liken und teilen stolz diese Beiträge und machen so Sie als Ausbilder im eigenen Freundes- und Bekanntenkreis interessant.

> **Tipp**
>
> Rechnen Sie einmal durch. Wie viele Auszubildende oder junge Fachkräfte hat Ihr Unternehmen? Nur mal angenommen, jeder von ihnen hat 200 Freunde auf Instagram (und das wäre nicht viel): Wie viele potenziell Interessierte können Sie dann erreichen?

Das klassische Mitarbeiterempfehlungssystem, das seit Jahren auf den Fußplätzen oder Elternabenden dieser Welt funktioniert, findet also auch längst digital statt.

> **Tipp**
>
> Nutzen Sie Ihre Azubis als interne Mikroinfluencer, um Reichweite zu bekommen. Stellen Sie dabei aber immer sicher, dass diese damit einverstanden sind, dass z. B. ihr Bild in Ihrem Unternehmensaccount veröffentlicht wird, und holen Sie sich eine schriftliche Genehmigung ein. Ein Engagement in den Social Media kann auch incentiviert werden. Bedanken Sie sich also, sei es auch nur mit einer wertschätzenden Kleinigkeit, bei Ihrem Azubi dafür.

Es gibt aber auch weitere Möglichkeiten, Auszubildende und Mitarbeiter als Markenbotschafter einzusetzen. Der Otto Konzern beispielsweise hat ein eigenes Fortbildungsprogramm entwickelt, in dem er den eigenen Mitarbeitern beibringt, wie sie Otto als Markenbotschafter dabei helfen können, dem Fachkräftemangel entgegenzuwirken (siehe dazu den Beitrag »Einsatz von Social-Media-Kanälen in der Ausbildung bei OTTO« von Nicole Heinrich). Warum Mitarbeiter dies tun sollten? Ist es nicht toll, dabei mitzuwirken und zu beeinflussen, welche Kollegen zukünftig im eigenen Team mitarbeiten?

> **Beispiel**
>
> Aldi hat auf Instagram den Hashtag #wofüraldidafür entwickelt und Mitarbeiter aufgerufen zu posten, warum diese gern für Aldi arbeiten. Das Ergebnis waren persönliche und teilweise sehr liebevoll gestaltete Beiträge, auf denen Aldi-Mitarbeiter berichten, warum sie gern täglich aufstehen und für Aldi arbeiten. Persönlicher geht es kaum.

Warum Mitarbeiter gern bei Aldi arbeiten (Screenshot: https://www.instagram.com/p/BmgyGsv-lfwm/, 24.02.2019, 18:04 Uhr)

Tipp

Erstellen Sie Social-Media-Guidelines, um Mitarbeitern Handlungssicherheit zu geben, was sie in ihren privaten Kanälen posten dürfen und was nicht. Wer beispielsweise in der Entwicklungsabteilung eingesetzt ist und einen neuen Prototyp auf dem Schreibtisch hat, muss also wissen, dass dies ebenso wenig wie andere interne Daten in die Online-Netzwerke gehört.

Wichtig

Egal, wie Ihre Social-Media-Strategie aussehen wird, beachten Sie, dass ein Auftritt in den Online-Netzwerken mittlerweile mitbestimmungspflichtig ist. Beziehen Sie daher Ihren Betriebsrat und auch Ihren Datenschutzbeauftragten frühzeitig in die Entwicklung mit ein.

4.3 Die wichtigsten Online-Netzwerke im Überblick

Die Welt der Social Media ist schnell und einiges verändert sich nahezu täglich. Funktionsweisen kommen hinzu oder werden erneuert, Trends entstehen und ebben wieder ab. Es gibt jedoch Netzwerke, die sich bereits seit Jahren auf dem Markt etabliert haben und sich bei Jugendlichen großer Beliebtheit erfreuen.

Facebook

Name	Facebook
Nutzer in Deutschland	32 Millionen Menschen nutzen Facebook in Deutschland aktiv (Stand März 2019; Quelle: AllFacebook.de).
Interessantes	Facebook durchlebt eine Art Wandel vom sozialen Netzwerk zum Informationsnetzwerk. Es wird weniger aktiv von privaten Usern gepostet, jedoch wird die App weiterhin geöffnet, um Informationen zu erhalten.

Facebook ist das größte soziale Netzwerk. Es verfügt über unglaublich große Datenmengen, die seit vielen Jahren gesammelt werden. Dies steht bei Datenschützern in der Kritik, ermöglicht aber Werbetreibenden, Anzeigen sehr genau zu steuern und Streuverluste zu minimieren.

Oft wird diskutiert, ob sich Facebook für das Azubimarketing eignet, denn die Nutzerinnen und Nutzer der Plattform werden zusehends älter. Das bedeutet aber auch, dass Sie hier ggf. wichtige Multiplikatoren finden wie Lehrer oder Eltern Ihrer Zielgruppe.

Facebook verfügt auch über den Facebook Messenger, der es Ihnen erlaubt, direkt in den Kontakt mit Ihrer Zielgruppe zu treten und beispielsweise Diskussionen zu führen, die nicht öffentlich einsehbar sein sollten.

Die Möglichkeiten auf Facebook sind sehr groß. Sie können beispielsweise
- ein eigenes Profil als Ausbildungsbetrieb anlegen und dies mit regelmäßigen Themen befüllen,
- Live-Übertragungen machen: beispielsweise eine Fragestunde mit einem ausgelernten Azubi, der live Fragen neuer potenzieller Azubis beantwortet,
- Story-Formate erstellen oder
- Fotos und Videos verbreiten.

Instagram

Name	Instagram
Nutzer in Deutschland	15 Millionen Menschen nutzen Instagram in Deutschland aktiv (Stand August 2017; Quelle: AllFacebook.de).
Interessantes	Instagram wurde 2012 von Facebook gekauft.

Instagram ist ein sehr visuelles Netzwerk. Lange wurde es geprägt von Reise-, Mode-, Food- und Beautythemen. Bilder, die hier veröffentlicht werden, sind oft nahe an der Perfektion, sehr genau inszeniert und liebevoll nachbearbeitet.

Nachdem Instagram 2016 das Story-Format eingeführt hat, hat sich der Charakter des Kanals gewandelt. In den Stories werden auch immer wieder nicht perfekte Schnappschüsse, Momente und verwackelte Videos gepostet. Sie bringen etwas mehr Realität in die sonst oft inszenierte Instagramwelt. Darüber hinaus verfügt auch Instagram über einen eigenen Messenger sowie die eigene App Instagram TV (IGTV), die erst erstmals ermöglicht, auch längere Videos zu veröffentlichen.

Sehr beliebt auf Instagram sind Hashtags, Sie können eigene kreieren, Hashtags abonnieren und bestehende nutzen.

Um **Instagram als Ausbilder** zu nutzen, können Sie beispielsweise
- ein eigenes Profil anlegen und pflegen,
- Stories tagesaktuell erstellen und bspw. von Azubiprojekten berichten,
- Live-Übertragungen durchführen,
- Hashtags kreieren und eigene Aktionen und Kampagnen durchführen,
- Hashtags abonnieren, um Ihre Zielgruppe und deren Beweggründe oder Ihre Mitbewerber besser kennenzulernen,
- bestehende Hashtags nutzen, um Reichweite zu gewinnen (Instagram erlaubt bis zu 30 Stück je Beitrag) oder
- IGTV nutzen, um längere Bewegtbildformate zu veröffentlichen (Achtung: Hier sollten Sie das Hochformat nutzen).

YouTube

Name	YouTube
Nutzer in Deutschland	31,3 Millionen Menschen nutzen YouTube in Deutschland monatlich aktiv (Stand 2018; Quelle: https://de.statista.com/themen/162/youtube/).
Interessantes	YouTube ist nach Google die zweitgrößte Suchmaschine der Welt.

YouTube ist nicht nur das bekannteste Netzwerk zur Veröffentlichung, zur Verbreitung und zum Ansehen von Videos, es ist mittlerweile auch die zweitgrößte Suchmaschine der Welt. Immer häufiger wird hier nach Tutorials, Informationen und Erfahrungsberichten gesucht.

Haben Sie schon einmal recherchiert, was Sie dort über Ihren Ausbildungsbetrieb finden?

YouTube ist bei jungen Leuten äußerst beliebt. Fast jeder nutzt YouTube regelmäßig und konsumiert dort Inhalte.

4   Ansprache von Auszubildenden durch Social Media

YouTube gehört zum Google-Konzern. Das bedeutet, auch hier gibt es viele Daten, die Sie als Werbetreibender nutzen können. Zum Beispiel lassen sich Anzeigen auf Lebensereignisse aussteuern. Das kann zum Beispiel das Lebensereignis: »Schulabschluss« sein.

YouTube zu nutzen scheint als Ausbildungsunternehmen auf den ersten Blick aufwendig – ein Foto ist mit Sicherheit schneller geschossen als ein Video gedreht. Aber es gibt neben der Erstellung eines eignen YouTube-Kanals auch weitere **Anwendungsmöglichkeiten:**

- Anzeigenformate von YouTube nutzen, wie beispielsweise Bumper Ads (Sechs-Sekunden-Bewegtbild-Werbespots), die sich buchen lassen und dann vor oder in Videobeiträgen von Influencern abgespielt werden;
- Influencer nutzen, um Ihr Unternehmen und Ihre Ausbildung bekannt zu machen;
- YouTube als Kanal des Zuhörers nutzen: Was bewegt und beschäftigt Ihre Zielgruppe, welche Sorgen und Nöte gibt es, die Sie ggf. als Ausbildungsbetrieb aufnehmen können?

Snapchat

Name	Snapchat
Nutzer in Deutschland	6 Millionen Menschen nutzen Snapchat in Deutschland wöchentlich aktiv (Stand 2016; Quelle: https://www.kontor4.de/beitrag/aktuelle-social-media-nutzerzahlen.html).
Interessantes	Snapchat gilt als Erfinder des Story-Formats. Diese beliebte Funktion war eine echte Innovation und hat Snapchat zu größter Bekanntheit verholfen. Nachdem Snapchat sich nicht durch Facebook kaufen ließ, entwickelten Facebook und Instagram dieses Format ebenfalls.

Snapchat hat die Kommunikation über Apps grundlegend verändert. Neben dem beliebten Story-Format ermöglichte Snapchat früher das Versenden von Nachrichten, die sich unmittelbar nach dem Lesen selbst löschten. Mittlerweile ist es jedoch möglich, diese auch zu speichern. Mit Snapchat als Messenger kann man Fotos, Videos und Nachrichten mit Einzelnen oder Gruppen teilen.

Einsatzmöglichkeiten von Snapchat im Azubimarketing sind unter anderem:
- Erstellen von Stories, um das Unternehmen oder einzelne Berufe vorzustellen
- Beantwortung von Fragen im Dialog oder als FAQ in der Story

In Australien hat McDonalds bereits ganze Bewerbungsverfahren über Snapchat gestartet.

4.3 Die wichtigsten Online-Netzwerke im Überblick

TikTok

Name	TikTok
Nutzer in Deutschland	4 Millionen Nutzer in Deutschland (Stand Februar 2019, Quelle: https://t3n.de/news/mehr-als-4-millionen-deutsche-tiktok-nutzer-hype-app-testet-werbung-1141313/)
Interessantes	TikTok wurde in Deutschland unter dem Namen Musical.ly bekannt. Die erfolgreichsten Nutzerinnen in Deutschland sind die Zwillinge Lisa und Lena – sie haben über 14 Millionen Abonnenten und sind somit zu Influencern geworden.

Auf TikTok können Musikstücke oder bekannte Filmszenen »synchronisiert« werden. Die so entstandenen Clips lassen sich mit anderen Nutzern teilen. Bislang wird TikTok kaum aktiv zur Azubiansprache verwendet, obwohl Hashtags wie #lovemyjob bereits Mitarbeiter unterschiedlichster Unternehmen zeigen, die TikTok bei der Arbeit nutzen. Über TikTok lassen sich authentische Recruiting-Videos verbreiten und eigene Kampagnen kreieren.

WhatsApp

Name	WhatsApp
Nutzer in Deutschland	46 Mio Menschen nutzen WhatsApp in Deutschland (Stand 2018; Quelle: https://www.kontor4.de/beitrag/aktuelle-social-media-nutzerzahlen.html).
Interessantes	WhatsApp ist die beliebteste App in Deutschland.

WhatsApp ist ein Instant Messenger, der es ermöglicht, Nachrichten in Form von Text, Bild, Video oder Sprache zu versenden. WhatsApp gehört zu den beliebtesten Apps in ganz Deutschland. Trotzdem wird WhatsApp noch von recht wenigen für Azubimarketing genutzt. **Anwendungsbeispiele** können sein:
- Beantwortung von Fragen von potenziellen Azubis im Dialog. Hier ist auch der Einsatz von Bots beispielsweise für oft gestellte Fragen denkbar.
- Bewerberkommunikation (Eingangsbestätigung, Einladungen etc.)
- Kommunikation mit Ausbildern oder Azubikollegen

Die oben genannten Netzwerke sollen Ihnen einen ersten Überblick geben. Diese Liste ließe sich noch weiter fortsetzen – es gibt auch kleinere und weniger bekannte Netzwerke, die durchaus interessant sein könnten. Die Videoplattform Twitch wird beispielsweise gern von Gamern genutzt, die dort in sogenannten »Let's Plays« Online-Spiele spielen. Haben Sie also eine eher männliche Zielgruppe, könnten Sie diese hier finden.

4 Ansprache von Auszubildenden durch Social Media

Wie die Bundeswehr als Ausbilder und StepStone als Stellenbörse Jodel zur Ansprache nutzen

Die App Jodel ist eine sehr lokale App, auf der anonym »gejodelt« wird – das bedeutet, Fotos, witzige Erlebnisse oder Momente werden geteilt. Diese App ist sehr beliebt bei Studierenden. Suchen Sie also Hochschulabsolventen oder machen Sie in Ihrer Ausbildung gute Erfahrungen mit Studienabbrechern, könnte diese App für Sie interessant sein.

> **Tipp**
> Wenn Sie nicht wissen, was ihre Zielgruppe nutzt: Fragen Sie sie!

Akzeptanz von Werbung in Social Media
Immer wieder stellt sich die Frage der Akzeptanz von Werbung in Online-Netzwerken. Bei einigen Netzwerken wie Facebook und YouTube gehört Werbung irgendwie dazu. Andere Online-Netzwerke wie Jodel oder WhatsApp sind eher als werbefrei bekannt. Die Betreiber ermöglichen daher auch Anzeigenformate, die so gestaltet sind, dass sie kaum als Werbung auffallen.

Natives Werbeformat auf Jodel. Die Jobanzeige wird im typischen Format auf Jodel angezeigt und ist somit kaum als Werbung wahrnehmbar

Die 2018 veröffentlichte Bitkom-Studie zeigt, dass interessanterweise Werbung von Nutzern nicht nur akzeptiert, sondern auch erwünscht ist, da sie dadurch auf Angebote aufmerksam werden, die sie sonst verpasst hätten. Nur jeder Zweite erkennt Werbung auch tatsächlich als diese (Quelle: https://www.bitkom.org/Presse/Presseinformation/Jeder-zweite-Social-Media-Nutzer-kann-Werbung-von-Inhalt-nur-schwer-unterscheiden.html).

> **! Infobox mit einigen Begrifflichkeiten**
>
> **Bot**
> Ein Bot (Abkürzung von »Robot«) ist ein Programm, das sich wiederholende Aufgaben bearbeitet. Beispielsweise könnte es, sobald ein Nutzer »Bewerbung« eingibt, mit einem Link zum Bewerbungsformular antworten.
>
> **Follower/Fans**
> Je nach Netzwerk spricht man von »Followern« oder »Fans«. Das sind Menschen, die den Kanal einer Person oder eines Unternehmen abonniert haben bzw. dessen Inhalten folgen.
>
> **Live**
> Viele Apps ermöglichen Live-Übertragungen, die eine direkte Kommunikation mit den Zuschauern beispielsweise über einen Chat ermöglichen.
>
> **Story**
> Unter einer »Story« versteht man die Aneinanderreihung von Fotos und kurzen Videoschnipseln. Diese Stories werden typischerweise automatisch nach 24 Stunden wieder von den Plattformen gelöscht. Mittlerweile ist bei vielen aber auch eine Archivierung möglich.

4.4 Alles wird digital: Bewerbung per Video oder Facebook

Nicht nur die Ansprache der Jugendlichen wird digital. Auch danach hält die digitale Transformation Einzug. Die Studie »Azubi Recruiting Trends 2018« von u-Form zeigt beispielsweise, dass fast 13 Prozent der Befragten schon Bewerbungsprozesse abgebrochen haben, wenn ein Unternehmen keine mobile Bewerbung ermöglicht hat.

Wenn ein Jugendlicher Ihre Online-Bemühungen wahrgenommen hat und Interesse an einer Ausbildung in Ihrem Betrieb zeigt, sollten Sie es ihm möglichst einfach machen, die Bewerbung einzureichen, und einen barrierefreien Bewerbungsprozess ermöglichen.

> **! Tipp**
>
> Ihre Karrierewebsite sollte »responsive« sein, das bedeutet, dass die Website an mobile Endgeräte und deren kleinere Bildschirme angepasst wird. Andernfalls ist das Lesen von Texten und Betrachten von Bildern recht nutzerunfreundlich. Statistiken zufolge werden Seiten, die nicht mobil optimiert sind, schneller wieder geschlossen. Hat es ein potenzieller Azubi bis zu Ihrer Karrierewebsite geschafft, sollten Sie ihn nicht wieder verlieren.

Mittlerweile sind wir meilenweit entfernt von der klassischen Bewerbungsmappe, die doch hin und wieder noch an Schulen gelehrt wird.

Social Media ermöglichen immer mehr, dass Bewerbungen direkt darüber eingereicht werden. Vorne mit dabei ist wieder Facebook mit seiner Funktion »Facebook Jobs«. In der Stel-

4.4 Alles wird digital: Bewerbung per Video oder Facebook

lenbörse lässt es sich nach Jobs, Praktika und mehr suchen. Die Bewerbung füllt Facebook direkt für einen aus, sodass nur noch fehlende Informationen ergänzt werden müssen.

Stellenanzeige und vorausgefülltes Bewerbungsformular in Facebook Jobs (Screenshot: https://www.facebook.com/jobs/nearby/all/all/ausbildung, 27.02.2019, 10:56 Uhr)

> **Wichtig**
> Wenn Sie Facebook Jobs oder ähnliche Funktionen nutzen wollen, beziehen Sie unbedingt Ihren Datenschutzexperten ein.

Aber auch das Thema **Videobewerbung** nimmt an Bedeutung zu. Die Grundthese ist hier, dass für Jugendliche das Produzieren kurzer Selfie-Videos durch die Nutzung von Social Media ganz selbstverständlich geworden ist und es darum einfacher ist, ein kurzes Video als eine vollständige Bewerbungsmappe einzureichen. Der Einsatz von Videos ist an mehreren Stellen im Auswahlprozess denkbar. Am meisten eingesetzt werden:

- Videobewerbungen als Anschreibenersatz
- Videointerview statt oder ergänzend zum Vorstellungsgespräch

Video als Anschreibenersatz

Ein Video anstelle eines Anschreibens hochzuladen ist für einige Jugendliche sicherlich leichter, als ein Anschreiben zu verfassen. Die Jugendlichen sind im Aufnehmen von Videos geübt – und das Anschreiben ist oftmals ohne die Hilfe von Eltern oder Internet schwer zu bewältigen.

Vor allem für extrovertierte Jugendliche oder kreative Berufe kann ein Video sehr sinnvoll sein. Dennoch sind bei Jugendlichen Eltern wichtige Ratgeber, die oftmals noch zur klassischen Bewerbungsmappe raten. Auch diesen Einfluss sollten Sie beim Einsatz des Videos als Anschreibenersatz nicht unberücksichtigt lassen.

Prüfen Sie daher hier genau, ob dieses Verfahren zu Ihren Ausbildungsberufen und Ihrer Zielgruppe passt. Suchen Sie kommunikationsstarke Kaufleute, fühlen sich diese im Verfahren sicherlich wohler als angehende Lokführer.

> **Tipp**
> Es gibt mittlerweile einige App-Lösungen am Markt, die Sie bei diesem Prozess unterstützen. Sie können hier auch von deren Reichweite und wachsender Bekanntheit profitieren.

Videointerview statt oder ergänzend zum Vorstellungsgespräch

Das Videointerview bringt viele Vorteile, aber auch Nachteile mit sich. Ein Vorteil ist, dass Videointerviews unabhängig von Zeit und Ort sind. Ist Ihr Unternehmen beispielsweise dezentral organisiert oder rekrutieren Sie gern Auszubildende, die zuvor ein Auslandsjahr absolviert haben, kann dies eine echte Chance sein. Sie sparen nicht nur Reisekosten, sondern auch Zeit! Während Ihre Mitbewerber noch darauf warten, dass der potenzielle Azubi aus Neuseeland zurückkommt, können Sie sich längst kennengelernt und vielleicht sogar ein Vertrag geschlossen haben.

Auch ist es möglich, das Auswahlverfahren zu verkürzen, wenn die oft langwierige Terminfindung entfällt. Es besteht allerdings auch die Gefahr, dass der persönliche Kontakt verloren geht. Gerade in der Phase der Berufsorientierung haben Jugendliche viele Fragen und Unsicherheiten, die das persönliche Gespräch nehmen könnte.

Ob eines der beiden Verfahren für Ihren Ausbildungsbetrieb geeignet ist, können Sie nur selbst ermitteln. Überprüfen Sie dafür genau, an welcher Stelle Sie ggf. Bewerber im Auswahlprozess verlieren oder welche Schritte zu viel Zeit kosten.

> **Tipp**
>
> Sollten Sie über ein Bewerbermanagementsystem verfügen, prüfen Sie auch, wie die Videobewerbung angebunden werden kann. Und auch hier gilt – egal ob Bewerbermanagementsystem oder Insellösung – wieder: Vergessen Sie nicht Ihren Datenschutzbeauftragten und Ihren Betriebsrat!

> **Checkliste Videobewerbung**
>
> - An welcher Stelle ist eine Videobewerbung für uns am sinnvollsten?
> - Passt das Medium Videobewerbung zu unseren Ausbildungsberufen?
> - Passt die Videobewerbung zu unserer Zielgruppe?
> - Vereinfacht oder verkompliziert die Videobewerbung unseren Bewerbungs- und Auswahlprozess?
> - Sind alle Datenschutzanforderungen eingehalten?
> - Kann unser Bewerbermanagementsystem eine Videobewerbung abdecken?
> - Möchten wir mit Anbietern/Dienstleistern zusammenarbeiten?
>   - Wenn ja, welche Vorteile bringen uns diese?
>   - Inwiefern kann die Zusammenarbeit den Bewerbungsprozess vereinfachen oder verkomplizieren (muss beispielsweise eine zusätzliche App installiert werden?)?
>   - Müssen ggf. zwei Systeme gepflegt werden? Wie kann das umgangen werden?
>   - Erfüllt auch der Dienstleister alle datenschutzrechtlichen Anforderungen?
> - An welcher Stelle wird der Betriebsrat eingebunden?
> - Welche weiteren Stakeholder im Unternehmen müssen eingebunden werden?
> - Sind meine Recruiter/Ausbilder mit dem Umgang mit Videobewerbungen geschult?
> - Verfügen Sie über die notwendige Technik zum Abspielen, Anhören und Weiterverarbeiten der Videobewerbungen?
>
> (Quelle: Berthold, 2019)

Die digitale Transformation schreitet voran und es gibt immer mehr Möglichkeiten. Einige sind Spielereien, andere sind echte Chancen und irgendwann unumgänglich. Gehen Sie mit der Zeit, um ein attraktives Ausbildungsunternehmen zu bleiben.

> **! Tipp**
>
> Am schnellsten finden Sie HR-Trends in HR-Blogs. Abonnieren Sie sich ein paar, um frühzeitig mitzubekommen, ob es Themen gibt, die für Sie interessant sein können.
>
> Meine Empfehlungen:
> - www.team-hr.de
> - www.hrinmind.de
> - www.hr4good.com
> - www.hrisnotacrime.com
> - www.salonderguten.de
> - www.personalmarketing2null.de

Literatur

Berthold, M. (2019): Die Videobewerbung für Auszubildende, Ausbilder-Handbuch Ergänzung 212. Deutscher Wirtschaftsdienst.

DAK – Gesundheit (2018): WhatsApp, Instagram und Co. – so süchtig macht Social Media. DAK-Gesundheit.

MPFS (2018): JIM Studie 2018, Jugend, Information, Medien, Basisuntersuchung zum Medienumgang 12- bis 19-Jähriger. Medienpädagogischer Forschungsverbund Südwest (mpfs).

u-form (2018): Azubi-Recruiting-Trends 2018. u-form Testsysteme GmbH & Co. KG.

5 Azubi-Recruiting der Zukunft – in welche Richtung entwickeln sich Recruitingprozesse und Online-Assessments durch den Einfluss der Digitalisierung?

Felicia Ullrich

Wie werden Unternehmen Azubis rekrutieren, wenn die Generation Alpha, die ab 2010 Geborenen, in ein ausbildungsfähiges Alter kommt? Oder konkreter, wie werden sich Lukas und Mia im Jahr 2027 bewerben? Wie werden sich Prozesse, Anforderungsprofile und Berufe in den nächsten zehn Jahren verändern?

5.1 Künstliche Intelligenz – Recruitingprozesse der Zukunft?

Eine der zurzeit am meisten diskutierten Veränderungen in der Arbeitswelt 4.0 ist der Einsatz von künstlicher Intelligenz (KI) in Recruitingprozessen. Laut der Digital-Talent-Studie von Viasto[1] erwarten 76 Prozent der befragten Recruiter, dass künstliche Intelligenz die Personalauswahl der Zukunft prägen wird. Allerdings fühlen sich nur 29 Prozent der Befragten gut auf diese Entwicklung vorbereitet. Laut einer Umfrage von Coleman im Auftrag von Kronos[2] nutzen 35 Prozent der befragten Unternehmen schon heute künstliche Intelligenz, Data Science oder Analytics, um Entscheidungen über die Belegschaft zu treffen. Der Anteil der Unternehmen, die dies in zehn Jahren tun werden, wird mit großer Wahrscheinlichkeit exponentiell steigen. Durch den Einsatz von künstlicher Intelligenz werden sich Aufgabeninhalte und Arbeitsstrukturen in Recruitingprozessen verändern, da sich die Prozesse im Recruiting damit stärker standardisieren und verbessern lassen.

Es scheint, als sei KI objektiver als der Mensch. Das kann sich positiv auf die Beurteilung von Bewerbern und Bewerberinnen auswirken. Typische Effekte wie der Halo-Effekt, bei dem von einem dominanten Merkmal positiv auf andere Eigenschaften des Bewerbers geschlossen wird, lassen sich durch KI zum Beispiel vermeiden. Hier besteht allerdings noch Entwicklungsbedarf. Amazon hat seine KI-basierte Recruiting-

---

[1] »Freund oder Feind? Was Bewerber von künstlicher Intelligenz in der Personalauswahl halten.« Digital Talent Studie 2018, www.viasto.com

[2] Ergebnis einer Umfrage von Coleman Parkes für Kronos. Durchführung von November 2017 bis Januar 2018

auswahl erst einmal eingestellt[3], weil die KI bei der Auswahl vorwiegend weiße Männer berücksichtigt hat. Der Grund dafür lag in der Trainingsstichprobe, die überwiegend weiße Männer enthalten hatte – und dieser Effekt wurde durch die KI weiter verstärkt.

Forscher unterscheiden daher zwischen »schwacher« und »starker« KI. Eine schwache KI kann so trainiert werden, dass sie gewisse Aufgaben besser erledigt als der Mensch. In diesem Bereich sind die Fortschritte immens. Eine starke KI, die mit den intellektuellen Fähigkeiten des Menschen vergleichbar wäre, ist bisher nicht in Sicht. Eine künstliche Intelligenz ist bisher immer nur so stark, wie die Menschen, die sie trainieren, und die Daten, die ihr als Grundlage dienen.

Trotz des gescheiterten ersten Versuchs bei Amazon steht außer Frage, dass sich das Recruiting durch die Digitalisierung verändern und KI verstärkt Einzug in das Recruiting halten wird. Spannend ist, in welche Richtung sich das Recruiting verändern wird und welche Faktoren dabei eine Rolle spielen werden. Denn neben der Digitalisierung werden auch Faktoren wie der demografische Wandel, der Fachkräftemangel und eine veränderte Arbeitswelt die Personalauswahl und das Recruiting von morgen beeinflussen. Werden wir in zehn Jahren noch über Mobile Recruiting reden oder lächeln wir dann bereits über diese veraltete Technik? Scannen wir dann 2029 unsere Iris und setzen damit einen automatisch ablaufenden Recruitingprozess in Gang? Technisch möglich wäre das heute schon. Es bleibt spannend und abzuwarten, wie sich die Technik und der Datenschutz entwickeln.

Vor diesem Hintergrund erstaunen die Ergebnisse der Studie »Azubi-Recruiting-Trends 2019«[4], in der sich die meisten Bewerberinnen und Bewerber für die klassischen Bewerbungswege per Online-Formular oder Mail entschieden haben. Video-Bewerbungen, Bewerbungen per WhatsApp und per Smartphone-App liegen mit niedrigen einstelligen Prozentwerten abgeschlagen auf den hinteren Rängen und das, obwohl für fast alle Jugendlichen das Smartphone ein unverzichtbarer täglicher Begleiter ist.

Übrigens: Eine Trendstudie aus dem Jahr 1966 besagte, dass es bereits 1977 einen perfekten Übersetzungscomputer mit korrekter Grammatik geben solle. Die Mehrheit der damals befragten Wissenschaftler hatte diese Aussage bejaht. Wer Google Translator nutzt, weiß, dass das mit der perfekten Grammatik noch mehr Wunsch als Wirklichkeit ist. Umgekehrt hätten sich die wenigsten von uns vor 20 Jahren vorstellen können, dass wir heute ganz selbstverständlich mit Uhren telefonieren und freiwillig jeden unserer Schritte tracken lassen. In Zeiten der immer schneller voranschreitenden Digitalisierung ist es mutig, Aussagen über die Zukunft zu treffen, da diese eher einem Blick in die Glaskugel gleichen als realistischen Zukunftsprognosen.

---

[3] https://www.zeit.de/arbeit/2018-10/bewerbungsroboter-kuenstliche-intelligenz-amazon-frauen-diskriminierung
[4] Studie Azubi-Recruiting Trends 2019, www.testsysteme.de/studie

Auf welchem Weg würdest Du Dich am liebsten bewerben?

- **per Online-Formular** (Bewerbungsformular auf der Homepage eines Unternehmens) — 32,77 %
- **per E-Mail** — 22,98 %
- **klassische Bewerbungsmappe** — 20,45 %
- **persönlich im Gespräch** (z. B. auf Messen, beim Azubi-Speeddating etc.) — 10,99 %
- **über Bewerberportale** (man legt ein Profil an und bekommt passende Ausbildungsangebote) — 5,21 %
- **per App auf dem Smartphone** — 2,19 %
- **per WhatsApp** — 1,16 %
- **per Videobewerbung** (Selbstpräsentation im Video) — 0,74 %

Quelle: Azubi-Recruiting Trends 2019

Gewünschte Bewerbungswege der Generation Z

Aber »wer keine Visionen hat, der vermag weder große Hoffnungen zu erfüllen noch große Vorhaben zu verwirklichen«. Das sagte Thomas Woodrow Wilson, der 28. amerikanische Präsident. Und das Azubi-Recruiting der Zukunft braucht Visionen, um den aktuellen Herausforderungen, wie dem demografischen Wandel und dem Trend zur Höherqualifizierung, etwas entgegenzusetzen.

5.2 Bewerbungen im Jahr 2027 – die Geschichte von Lukas und Mia

Werfen wir einen gewagten Blick in die Zukunft und schauen, wie die Bewerbung von Lukas und Mia im Jahr 2027 aussehen könnte:

5.2.1 Das voll digitalisierte Bewerbungsverfahren am Beispiel Lukas

Wie jeden Morgen gilt – noch vor dem Aufstehen – Lukas' erste Ansprache »Skilly«, um zu erfahren, was es spannendes Neues gibt oder was er in der Nacht verpasst haben könnte. Skilly ist eine Mischung aus Alexa, Siri, Outlook, Facebook, Instagram und Netflix. Sie ist Lukas' ganz private, adaptive KI-Assistentin, über die er kommuniziert, sich informiert und sein Leben organisiert.

Auf der Basis seiner Neigungen und Interessen sowie seines Musik- und Videogeschmacks schlägt Skilly Lukas Posts aus verschiedenen Social-Media-Plattformen, Blogs und Internetseiten vor. Skilly speichert alle für Lukas relevanten Daten. Sie weiß, wann Lukas Klassenarbeiten schreibt, wie gut er vorbereitet ist und welche Themengebiete er noch lernen muss. Skilly weiß auch, dass Lukas in acht Monaten sein Abitur macht, kennt seine Schulnoten und seine persönlichen Skills. Deshalb macht sich Lukas auch keine Gedanken über die Gestaltung seiner beruflichen Zukunft – das überlässt er Skilly. Viel zu viel und zu unübersichtlich sind aus Lukas' Sicht die vielfältigen Angebote, als dass er Spaß daran hätte, sich damit zu beschäftigen. Schon seit einigen Monaten, seit sich Lukas auf einer großen Berufsorientierungsmesse zum ersten Mal mit dem Thema Ausbildung beschäftigt hat, schlägt Skilly ihm in unregelmäßigen Abständen Ausbildungsangebote vor, die mit seinen Interessen und Neigungen positiv matchen. Aber bisher ist Lukas auf keine dieser Angebote angesprungen.

Anders an diesem Montagmorgen. Am Abend vorher hatte Lukas ein Gespräch mit dem zweiten wichtigen Influencer in seinem Leben – seiner Mutter. Sie fand, dass es an der Zeit sei, dass Lukas sich über seine berufliche Zukunft Gedanken macht. Und so fällt Skillys Angebot einer Ausbildungsstelle bei der Metafix AG als Kaufmann für Data-Analytik bei Lukas auf fruchtbaren Boden. Wenn Skilly etwas vorschlägt, muss etwas Gutes daran sein. Lukas' Interesse ist geweckt. Er schnappt sich seine 3-D-Brille und begibt sich auf einen virtuellen Rundgang durch die Metafix AG. Dort spricht er mit Azubis, lernt die Ausbilder kennen und schaut sich die Ausbildungsmodelle und Benefits der Metafix AG an. Besonders interessant findet er die Möglichkeit der virtuellen Ausbildung, bei der er nur an drei Tagen im Monat zu Präsenztagen ins Unternehmen kommen muss und die restliche Ausbildung und die Berufsschule bei ihm am heimischen Schreibtisch stattfindet. Lukas fühlt sich durch den Rundum-Sorglos-Service seiner Mutter zu Hause sehr wohl und sieht wenig Mehrwert darin, diesen bequemen Status zu ändern und tägliche Arbeitswege in Kauf zu nehmen.

Der Recruiter-Chatbot der Metafix AG informiert Lukas über die Anzahl der offenen Ausbildungsstellen, Bewerbungsfristen und das Bewerbungsverfahren. All das überzeugt Lukas.

Er betätigt den Gesichtsscan seines Smartphones, sodass das Recruiting-System der Metafix AG automatisch auf all seine wichtigen Daten zugreifen und diese abspeichern kann. Auf der Basis der so gewonnenen Daten gleicht das System Lukas' Profil mit dem Anforderungsprofil der Ausbildungsstelle ab und errechnet automatisch die voraussichtliche Note der Abschlussprüfung von Lukas, die er im Jahr 2030 erzielen wird. Basis dieser Berechnung sind der familiäre Hintergrund des Bewerbers, der auch 2027 in Deutschland leider noch einen großen Einfluss auf schulische Erfolge und Misserfolge von Jugendlichen hat. Ebenfalls fließen die Schulform, seine gewählten Schulfächer und seine Schulnoten in die Bewertung mit ein. Aus seinen Playlists, seinen

Suchmaschineneinträgen und den Watchlists bei Anbietern wie Netflix und YouTube ermittelt das System Aussagen zum Konsumverhalten, der politischen Gesinnung und des Gewaltpotenzials von Lukas. Spielstände und Spielfortschritte bei Online-Video-Games ermöglichen eine Einschätzung von Persönlichkeitsfaktoren wie Ehrgeiz und Leistungsmotivation.

Skilly – der persönliche KI-Assistent

Da sich die für das digitale Mindset wichtigen Persönlichkeitsfaktoren wie Resilienz, Kreativität, Proaktivität und nonlineare Denkweise aus Lukas' Daten und Interessen nicht sicher ableiten lassen, fordert das Recruiting-System Lukas zu einem gamebasierten Persönlichkeitsbattle (Einstellungstests) heraus. Lukas' Spieltrieb ist geweckt und so stellt er sich dieser Herausforderung.

Als Basis für die Beurteilung von Sprachgewandtheit dienen die von Lukas in den Social Media und Foren verfassten Texte. Zur Verifizierung dieser Daten nutzt das System einen kurzen, von Lukas diktierten Motivationstext, der von einer künstlichen Intelligenz ausgewertet wird. Rechtschreibkenntnisse werden im Jahre 2027 nicht mehr bewertet, da die Erstellung von Texten sowieso überwiegend durch Spracheingabe erfolgt. Eine Stimmanalyse auf der Basis der mit dem Chatbot geführten Kommunikation gibt dem Recruiter die Sicherheit, dass Lukas nicht psychisch erkrankt ist. Burn-out-Erkrankungen kommen bei Jugendlichen aufgrund des durch Social Media ausgelösten hohen Drucks zur Selbstoptimierung und dem weiter gestiegenen Kontrollwahn der Eltern deutlich häufiger vor und stellen eines der größten Risiken bei der Azubi-Auswahl dar.

Wegen der hohen Übereinstimmung von Anforderungsprofil und Bewerberprofil gleicht das System Lukas' Kalender mit dem des Recruiters der Metafix AG ab und vereinbart sofort einen Termin für ein virtuelles Bewerbungsgespräch, den es automatisch in Lukas' Skilly-Kalender einträgt. Lukas erhält noch vor Abschluss seines Ausbildungsvertrags den Metafix-Skill für Skilly, sodass Lukas über alle Neuerungen, Benefits und Veranstaltungen im Unternehmen informiert ist. Parallel erhalten Lukas' Eltern eine Einladung zum Elternabend der Metafix AG, um Raum für ihre Fragen zur Verfügung zu stellen und die Bindung an das Unternehmen zu erhöhen.

5.2.2 Der menschenbezogene Bewerbungsprozess am Beispiel Mia

Ganz anders Mia. Mia schätzt persönliche Kontakte. Sie nutzt wie alle Jugendlichen ihres Alters auch Skilly, hat aber die höchste Datenschutzstufe gewählt, sodass ihre persönlichen Daten und Aktivitäten externen Systemen nicht zugänglich sind. Im Future Room ihrer Schule nutzt sie die Unternehmenssprechstunde, um sich über die verschiedenen Ausbildungsangebote und -unternehmen zu informieren. Sie führt verschiedene Gespräche und entscheidet sich schlussendlich für ein Schnupperpraktikum bei einem Tischler, der sich auf Sonderanfertigungen spezialisiert hat. Sie vereinbart einen Termin und nach einem langen Gespräch zusammen mit ihren Eltern und dem Tischlermeister Meier, in der all ihre Fragen geklärt wurden, entscheidet sie sich, den Ausbildungsvertrag zu unterschreiben.

5.3 Einfluss von Unternehmensleitgedanken und Konsumverhalten auf den Bewerbungsprozess der Zukunft

Zwei ganz unterschiedliche Bewerbungen im Jahr 2027. Ein komplett digitalisierter Prozess auf der einen und ein sehr menschenbezogener Prozess auf der anderen Seite. Zwei Bewerbungsprozesse, die auf die Unternehmensformen zugeschnitten wären, denen derzeit eine positive Zukunft vorausgesagt wird. Das sind auf der einen Seite die »Caring Companies«, die ihren Mitarbeiterinnen und Mitarbeitern ein stabiles Arbeitsumfeld und ein hohes Maß individueller Betreuung bieten[5] – wie der Tischlermeister Meier. Auf der anderen Seite stehen fluide Unternehmen, die sich sehr schnell

---

5 https://news.sap.com/germany/2014/04/hr-strategien-fluides-unternehmen-oder-caring-company/

technologischen Veränderungen anpassen und damit auch völlig neue Arbeitsmodelle anbieten – in unserem Beispiel die Metafix AG mit der virtuellen Berufsausbildung für Lukas.

Für manch einen mag das Recruiting-Szenario von Lukas nach einer Utopie klingen. Aber technisch wäre der Einstellungsprozess so heute schon denkbar. Erfunden sind in diesem Szenario nur die Metafix AG sowie die Social-Media-Plattform Skilly. Während sich der Einsatz von Social-Media-Plattformen wie Xing oder LinkedIn im Recruiting von Fach- und Führungskräften bereits etabliert hat, spielen Social-Media-Plattformen bei der Berufsorientierung von Jugendlichen heute noch eine untergeordnete Rolle. Zwar gibt es erste Ansätze bei Plattformen wie Instagram oder Snapchat und Influencer-Marketing bei YouTube, aber bisher nutzt nur gut ein Fünftel der Jugendlichen diese Angebote zur Berufsorientierung.[6] Da Instagram und Snapchat vermehrt auch von den Eltern der Generation Z genutzt werden, ist zu erwarten, dass sich hier neue Angebote positionieren werden. Schon bei Facebook hat sich gezeigt, dass die Jugend geht, wenn die Eltern kommen.

Heute muss Lukas noch aktiv nach Ausbildungsplatzangeboten suchen. Bei seiner Entscheidung für oder gegen einen Ausbildungsberuf vertraut er seinen Eltern und nicht einer KI. Zur Orientierung nutzt er Google, Karriereseiten oder die Jobbörse der Arbeitsagentur. Von Plattformen wie Netflix oder Spotify ist es die nachwachsende Generation gewöhnt, attraktive und auf ihren Geschmack zugeschnittene Musik- und Filmangebote vorgeschlagen zu bekommen. Daher erscheint ein ähnliches Vorgehen bei Ausbildungsplatzangeboten zukünftig denkbar und wahrscheinlich. Die JIM-Studie 2018[7] zeigt eine enorme Dynamik bei der Nutzung von Streamingdiensten. Demnach verwendet bereits 2018 etwa 62 Prozent (+ 24 Prozent im Vergleich zu 2017) der 12- bis 19-Jährigen regelmäßig einen Streamingdienst. Dass es Jugendliche von Seiten wie Amazon gewöhnt sind, alles Wichtige und für sie Interessante an einem Ort zu finden, spricht dafür, dass eine integrierte Lösung wie Skilly auf mehr Akzeptanz bei den Jugendlichen stoßen würde, als es die Vielzahl der bisher verfügbaren Jobbörsen tut.

5.3.1 Von der aktiven Suche zum Berufsvorschlag

Für viele Unternehmen könnte dies auch eine wirkliche Erleichterung darstellen. Bisher müssen Jugendliche aktiv suchen. Das heißt, Unternehmen gehen davon aus, dass die Jugendlichen die ganze Bandbreite an Berufen kennen und einschätzen können, welcher Beruf zu ihnen passt. Dies ist aber oft nicht der Fall. Woher soll ein 17-Jähriger

---

6   Studie Azubi-Recruiting Trends 2018 – Frage nach den zur Berufsorientierung genutzten Kanälen. Demnach nutzen nur 22 Prozent der Jugendlichen Social-Media-Angebote zur Berufsorientierung.
7   https://www.mpfs.de/startseite/

wissen, dass der Verfahrensmechaniker für Kautschuk und Kunststofftechnik zu seinen Interessen und Fähigkeiten passt? Die meisten haben von diesem Beruf wahrscheinlich noch nie gehört und kommen daher auch gar nicht auf die Idee, danach zu suchen. Gerade für diese unbekannten Berufe wäre es ein großer Vorteil, wenn die Jugendlichen nicht gezielt nach Berufen suchen müssten, sondern auf der Basis ihrer Interessen und Fertigkeiten Berufe und damit verbundene Ausbildungsstellen vorgeschlagen bekommen würden. Hier könnte die Kombination von Interessens- und Neigungstests in Verbindung mit Stellenangeboten eine deutliche Entzerrung bei der Fokussierung auf einige wenige Ausbildungsberufe bedeuten.

Eher undenkbar ist, dass sich die an der Entwicklung neuer Berufsbilder beteiligten Sozialpartner innerhalb von »nur« acht Jahren auf einen neuen Ausbildungsberuf wie den Kaufmann für Datenanalytik einigen können. Die Ausbildungsverordnungen der IT-Berufe wurden im Sommer 2018 nach 20 Jahren zum ersten Mal leicht modifiziert – für Berufe, die inhaltlich einer rasanten Entwicklung unterliegen, eher erschreckend.

Unser Kauf- und Konsumverhalten wird bereits heute von Anbietern wie Amazon oder Google analysiert, um uns auf unsere Bedürfnisse und Wünsche zugeschnittene Angebote zu präsentieren. Da ist die Vorstellung, dass daraus auch Schlüsse für das Recruiting gezogen werden könnten, nicht so abwegig. Dem entgegen steht zurzeit allerdings die gerade im Mai des letzten Jahres eingeführte Datenschutzgrundverordnung.

5.3.2 Einfluss der Digitalisierung auf die Anforderungsprofile

Die Digitalisierung wird nicht nur Prozesse verändern, sondern auch einen großen Einfluss auf die Inhalte von Arbeit haben – nicht nur, »wie« wir etwas tun, wird sich verändern, sondern im besonderen Maß auch das, »was« wir tun. Wenn wir junge Menschen erfolgreich ausbilden wollen, die fit für die immer schneller fortschreitende Digitalisierung sind, werden wir einerseits unsere Verfahren zur Bewerberauswahl anpassen müssen, aber auch die Anforderungsprofile. Ob der freundliche Teamplayer mit guten Noten dann noch der Azubi ist, mit dem wir erfolgreich die Zukunft gestalten, sei infrage gestellt. Nach heutigen Maßstäben hätten viele Unternehmen einen Steve Jobs, Elon Musk oder auch Jeff Bezos wahrscheinlich nicht eingestellt, weil Querdenker immer auch unbequem sind.[8] Datenexplorationen wie Big Data beruhen immer auf Werten der Vergangenheit und versuchen Aussagen über ein großes Ganzes zu treffen. Für die Auswahl von Spezialisten und Querdenkern sind Auswahlprozesse auf Grundlage von Big Data daher wahrscheinlich eher wenig geeignet.

---

8   »Drei ungewöhnliche Wege, die besten Talente zu gewinnen.« https://foerster-kreuz.com/talente-gewinnen/

Persönliche Eigenschaften, die ein digitales Mindset beschreiben, wie Mut, Risikobereitschaft, Resilienz, Offenheit, Veränderungsbereitschaft und nonlineare Denkweisen, werden stärker bei Auswahlentscheidungen in den Fokus rücken müssen. Apple Education twitterte im Frühjahr 2018: »Wenn Sie Programmieren unterrichten, bringen Sie Ihren Schülern gleichzeitig kritisches Denken und das Lösen von Problemen bei.« Eigenschaften, die bisher im deutschen Schulsystem eher wenig gefördert oder bewertet werden. Noch immer ist der angepasste Schüler eher der Einser-Kandidat und nicht der Querdenker. Da sich unser Schulsystem in den letzten 100 Jahren kaum entwickelt hat und Fächer wie Informatik noch immer keine Selbstverständlichkeit sind, gehe ich davon aus, dass sich in den nächsten zehn Jahren keine Verschiebung des Fokus bei der Bewertung von Eigenschaften und Leistungen ergeben wird. Daher werden bei zukunftsgewandten Unternehmen verstärkt Verfahren zum Einsatz kommen, die über das digitale Mindset valide Aussagen ermöglichen. Es wird einen Trend zu stärker persönlichkeitsorientierten Testverfahren geben.

Alle weiteren Szenarien von Lukas' Bewerbungsverfahren wären ohne die Datenschutzgrundverordnung schon heute denkbar.

5.3.3 Big Data – Qualität und Quantität der Daten bestimmen die Validität von Prozessen

Sprachanalyse-Systeme können derzeit aus einem 15-minütigen Telefongespräch mit einem Computer Persönlichkeitsmerkmale des Befragten ableiten, die auf Neugierde, Risikofreude, Leistungsbereitschaft, Dominanz und Offenheit schließen lassen. Analysiert wird, wie viele Verben der Befragte nutzt, ob er eher unpersönlich spricht und Wort wie »man« statt »ich« oder »wir« nutzt. Wie viele Füllwörter werden eingesetzt, wie schnell spricht der Befragte, wie lang sind die genutzten Wörter und wie viele Pausen werden gesetzt? Die Zeitarbeitsfirma Randstad nutzt die Software Precire[9] schon heute, um ihre Bewerberinnen und Bewerber besser einschätzen zu können. Eine Sprachanalyse, die Ängste und Depressionen anhand von gesprochenen Worten erkennt, bietet die Firma Cogito Health[10]. Und die KI »Watson« von IBM bietet die Möglichkeit, Texte und Lebensläufe zu analysieren und daraus Persönlichkeitsmerkmale abzurufen. Wie zuverlässig und valide solche Systeme sind, ist bisher allerdings noch nicht ausreichend erforscht. Aber je größer die erfassten Datenmengen, umso valider und aussagekräftiger werden künstliche Intelligenzen aus Texten und gesprochenem Wort Schlüsse ziehen können, die für die Bewerberauswahl interessant sind. Wenn sich künstliche Intelligenzen durchsetzen, werden sie das auch im privaten Bereich

---

9 https://precire.com
10 https://www.cogitocorp.com

tun. Da erscheint es nicht unwahrscheinlich, dass Alexa zukünftig nicht nur Fragen beantwortet, sondern auch Bewerbungsschreiben verfasst. Das würde allerdings dazu führen, dass die Recruiting-KI die Texte einer anderen KI beurteilt und damit wenig über den Bewerber erfährt.

Je mehr Daten auf der Grundlage von Big Data vorliegen, desto valider kann eine Aussage getroffen werden. Das mag bei der Zielgruppe der Fach- und Führungskräfte, zu denen es ausreichend vergangenheitsbezogene Daten gibt, kein großes Problem sein. Zwar rekrutieren wir im Bereich der Ausbildung eine eher technikaffine junge Zielgruppe, aber gerade deren Lebensläufe bieten noch wenig Ansatzpunkte für eine umfassende Datenanalyse, da sie noch mitten in der persönlichen Entwicklung steckt. Als zu analysierende Daten stünden hier überwiegend Informationen zu Schulnoten, Schulfächern, Schulformen und Herkunft zur Verfügung. Verschiedene Studien zeigen, dass Schulnoten keine sehr valide Auskunft über den zukünftigen Berufserfolg von Jugendlichen geben können, da Faktoren wie der Vorname, die Herkunft und sogar das Gewicht die Beurteilung von Lehrern beeinflussen. Laut Heinz Schuler (1998) liegt die Validität von Schulnoten zur Vorhersage von beruflichem Erfolg zwischen .14 und .28 und damit niedriger als die eines strukturierten Interviews oder eines Leistungstests. Eine valide Einschätzung von Berufserfolg auf der Basis von Schulnoten wäre erst dann gegeben, wenn auch die Benotung selbst durch objektive künstliche Intelligenzen erfolgen würde. Dass dies in den nächsten zehn Jahren geschieht, wage ich zu bezweifeln.

Technisch möglich ist heute schon vieles. Es bleibt die Frage, welche dieser Technologien in den nächsten Jahren ihren Einsatz im Recruiting von Azubis wirklich finden werden und durch welche Faktoren dieser Einsatz bestimmt wird.

Um abschätzen zu können, wie sich Bewerbungsprozesse entwickeln, ist es außerdem wichtig, die Zielgruppe, ihre Prägungen, Werte und Bedürfnisse im Blick zu behalten. Was prägt die Generation Alpha und welche Schlüsse lassen sich daraus für die zu gestaltenden Auswahlprozesse ziehen?

5.3.4 Generation Alpha – Einfluss von Eltern und Technik auf das Entscheidungsverhalten

Der in den Medien thematisierte morgendliche Kampf um den besten Parkplatz vor Kindergarten und Schule zeigt, dass die sehr intensive Betreuung eines großen Teils des Nachwuchses, das Helikoptern, bei der Generation Alpha eher noch zunimmt. In einer Studie von OnePoll[11] zum Konsumverhalten der Eltern der Generation Alpha

---

11 Understanding Generation Alpha – Jetzt sprechen die Eltern. OnePoll im Auftrag von Hotwire, 2018. https://www.hotwireglobal.com/feature/understanding-generation-alpha-2-de

gaben 58 Prozent der Eltern an, dass die Gewohnheiten und Bedürfnisse ihrer Kinder ein ausschlaggebendes Kriterium beim Kauf von Technikprodukten seien. Jedes fünfte Elternpaar fragt vor dem Kauf eines Fernsehers, Smartphones oder Tablets seine Kinder direkt nach deren Meinung – weltweit sogar jedes vierte. Es handelte sich hierbei um Kinder, die zum Zeitpunkt der Befragung maximal acht Jahre alt waren!

Das heißt, es ist anzunehmen, dass diese Eltern auch Prozesse erwarten und unterstützen, die ihre Kinder zum Mittelpunkt des Geschehens machen und eine faire und objektive Einschätzung fördern. Das spricht für eine sinnvolle Kombination von objektiven Systemen wie Testverfahren gestützt durch KI auf der einen und ein intensives menschliches Kümmern auf der anderen Seite. Dass Lukas sich komplett digital ohne die Einbeziehung seiner Eltern bewirbt und einen Ausbildungsvertrag unterschreibt, wäre in diesem Kontext ein eher unwahrscheinliches Verfahren.

Kinder stehen wie die Sonne im Mittelpunkt eines Systems, um das sich alles dreht. Das ist die eine Seite der Medaille. Auf der anderen Seite gibt es rund ein Drittel der Kinder, die wenig oder keine schulische Unterstützung durch ihre Eltern erleben. Hinzu kommen viele Kinder mit Migrationshintergrund, die in anderen Wertesystemen groß werden.

5.3.5 Umdenken durch den demografischen Wandel

Die Verknappung des Bewerberangebots wird dazu führen, dass verstärkt auch diese vermeintlich schwächeren Bewerber und Bewerberinnen in den Fokus der Recruiter rücken. Das wiederum wird ein Umdenken bei den eingesetzten Test- und Auswahlverfahren hervorrufen. Weg von »bringt der Bewerber die für die Stelle notwendige Eignung mit?« hin zu »für welche Funktion oder welchen Arbeitsschritt bringt der Bewerber die notwendigen Qualifikationen mit?«. Wie bei Streamingdiensten könnten hier verstärkt auf den Bewerber und seine Leistungsfähigkeit zugeschnittene, adaptive Testverfahren zum Einsatz kommen.

Adaptive Testverfahren ermitteln auf der Basis weniger Aufgaben und vor allem ohne großen Frust bei Bewerberinnen und Bewerbern den individuellen Leistungsstand. Die Aufgabenreihenfolge wird durch richtig oder falsch gelöste Aufgaben bestimmt. Das Unternehmen kann dann wiederum mit adaptiven E-Learning-Angeboten vor oder mit Beginn der Ausbildung mit der Nachqualifizierung beginnen.

Auch der Einsatz von Sprache in Testverfahren wird sich zukünftig stärker an der zu testenden Zielgruppe orientieren. Schon heute beträgt der Anteil von Jugendlichen mit Migrationshintergrund gut ein Viertel – mit steigender Tendenz. Jugendliche mit Migrationshintergrund sprechen oft in ihren ersten drei Lebensjahren, und damit in den für den Spracherwerb besonders prägenden Jahren, kaum oder wenig Deutsch im Elternhaus. Um Nachteile auszuschließen, die sich durch die Herkunft ergeben, werden Verfahren in einfacher Sprache[12] oder spracharme Verfahren in den Bewerbungsprozess von Auszubildenden mehr und mehr Einzug halten.

Die Studie »Junge Deutsche«[13] zeigt einen weiteren Trend: Der Leistungsdruck und die Erwartungen der jungen Generation an sich selbst steigen stetig an. Der schöne Schein von Social-Media-Angeboten führt dazu, dass Jugendliche ihr eigenes Leben mehr und mehr infrage stellen und einem hohen Druck der Selbstoptimierung ausgesetzt sind. Eltern, die ihren Kindern alles abnehmen, um sie vor Gefahren zu bewahren, berauben sie auch der Möglichkeit, eigene Erfahrungen zu machen und Selbstbewusstsein aufzubauen.

Das verändert die Einstellung zu Arbeit und Ausbildung. Für die Generation Z ist die Vereinbarkeit von Freizeit (nicht Familie) und Beruf ein wesentlicher Faktor, wenn es um die Gestaltung der eigenen Karriere geht. Dieser Anspruch an Arbeit und Arbeitszeitmodelle wird eher zu- als abnehmen – gerade bei gut qualifiziertem Personal.

Das heißt, dass die Ansprüche der Bewerberinnen und Bewerber an die Passung eines Ausbildungsplatzes steigen. Ein Bewerber, der eine Vielzahl von Möglichkeiten hat, wird sich stärker fragen, welche dieser Möglichkeiten optimal auf seine Anforderungen und Bedürfnisse zugeschnitten sind. Der Anspruch an die Selbstselektion der Bewerber und Bewerberinnen wird steigen. Es geht nicht darum, irgendeine Ausbildungsstelle zu finden, sondern um den optimalen Ausbildungsplatz. Recruitingprozesse werden demnach nicht nur den Unternehmen dazu dienen, den optimalen Bewerber zu finden, sondern im gleichen Maße den Bewerbern, um die optimale Stelle zu finden. Die Bedeutung von Orientierungs- und Matchingverfahren wird steigen. Das herkömmliche Testverfahren wird handlungsorientierter und vermittelt dem Bewerber schon in der Auswahl einen guten Eindruck des zukünftigen Tätigkeitsbereichs. Die klare Abgrenzung des eigenen Angebots von anderen Angeboten wird immer wichtiger. Demnach werden auch Systeme und Testverfahren individueller auf die Angebote und Anforderungen der Unternehmen zugeschnitten werden. Dass Lukas sich virtuell in der Metafix AG umschaut, ist heute schon möglich und wird zukünftig ein Stück selbstverständlicher. Anbieter wie »Mein erster Tag«[14] setzen schon heute auf diese Option. Allerdings zeigen die Ergebnisse der Studie »Azubi-Recruiting Trends«, dass die Jugendlichen sich zwar online informieren, ihre Entscheidungen aber auf der Basis realer Kontakte treffen. Unternehmen tun daher wahrscheinlich auch in zehn Jahren noch gut daran, auch echte Erlebnismöglichkeiten zu schaffen.

---

12 Siehe www.testsysteme.de/basistest
13 https://jungedeutsche.de
14 www.deinerstertag.de

5.3.6 Gamification als Motivator

Inwieweit Lukas in zehn Jahren ein klassisches Testverfahren oder ein Battle absolviert, hängt wahrscheinlich von seinen Erlebniswelten wie Schule und Zuhause ab. Die heute in Ausbildung kommenden jungen Menschen sind mit Videogames groß geworden. Schon 2014 meinte Martin Hegar, Chef von SAP, dass die Jugend, die heute in Ausbildung kommt, circa 10.000 Stunden Games gespielt hat. Gaming bedeutet digitale Motivation. Die Spieler erreichen neue Levels, bekommen Medaillen und Badges und sind sozial in ihre Spielergemeinschaft eingebunden. Demnach könnte man erwarten, dass auch diese Generation sich lieber einem Battle stellt als einem Test. Die Studie »Azubi-Recruiting Trends 2018«[15] zeigt aber, dass mehr als die Hälfte der Bewerberinnen und Bewerber noch einen klassischen Test bevorzugt und nur 6 Prozent einen Test, der an ein Videospiel angelehnt ist. Aus den Kommentaren ist zu entnehmen, dass es in einem Test um etwas geht und daher eine aus Sicht der Jugendlichen seriöse Variante, die an Klassenarbeiten erinnert, bevorzugt wird.

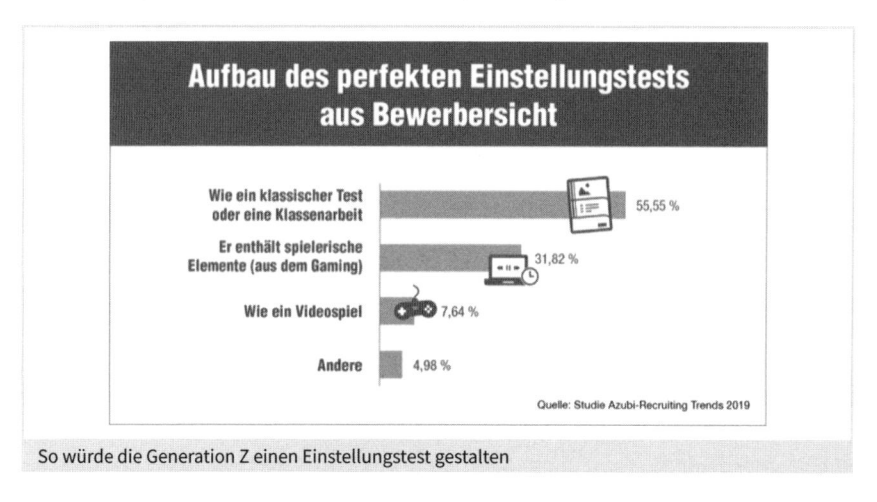

Aufbau des perfekten Einstellungstests aus Bewerbersicht

- Wie ein klassischer Test oder eine Klassenarbeit: 55,55 %
- Er enthält spielerische Elemente (aus dem Gaming): 31,82 %
- Wie ein Videospiel: 7,64 %
- Andere: 4,98 %

Quelle: Studie Azubi-Recruiting Trends 2019

So würde die Generation Z einen Einstellungstest gestalten

Je mehr Gamification – also der Einsatz von Spielelementen – ganz selbstverständlich in unseren Alltag integriert wird, desto eher werden solche Varianten von den Jugendlichen als »ernst« angesehen und würden dann auch in anderen Bereichen wie bei Testverfahren verstärkt zum Einsatz kommen.

Die Bewerbung von Lukas mag in unseren Ohren stärker nach Zukunftsmusik klingen als die von Mia. Vielleicht erscheint es manch einem auch eher ein Horrorszenario zu sein als positive Zukunftsaussichten.

---

15 www.testsysteme.de/studie2018

5.4 KI – zur Unterstützung ja, aber nicht zu Analyse von Emotionen

Der Erfolg von KI im Bewerbungsprozess gründet nicht allein auf den technischen Möglichkeiten und denen des Datenschutzes, sondern im besonderen Maße auch auf der Akzeptanz durch Unternehmen und Bewerber. Laut der Xing-Studie »Recruiting 4.0«[16] stehen 25,5 Prozent der Bewerberinnen und Bewerber dem Einsatz von KI in der Personalauswahl schon heute positiv gegenüber. Somit sieht die heutige junge Generation diese Entwicklung deutlich weniger skeptisch als die Generation der Babyboomer.

Die Studie zeigt auch, dass die Skepsis gegenüber KI im Recruitingprozess keine grundsätzliche Ablehnung ist. Indem man den Bewerbern den konkreten Sinn und Nutzen einer KI aufzeigt, kann diese Ablehnung aufgebrochen werden. So schätzen 78,3 Prozent der 18- bis 29-Jährigen den Nutzen von KI positiv ein, wenn der intelligente Algorithmus ihnen hilft, einen Job für sie zu finden, der zu ihren fachlichen Fähigkeiten passt. Nimmt KI die Persönlichkeit unter die Lupe, sehen das auch noch 62,6 Prozent der Befragten positiv, wenn KI damit hilft, einen Job zu finden, der ideal zur eigenen Persönlichkeit passt.

Soll KI Emotionen analysieren, lehnen dies gut zwei Drittel der Bewerber (62,8 Prozent) ab. Wird KI zur Prozessunterstützung eingesetzt, ist die Ablehnung deutlich geringer. Nur 23,3 Prozent der Bewerber sprechen sich dagegen aus, dass KI Lebensläufe auswertet.

Daher ist es aus heutiger Sicht eher unwahrscheinlich, dass künstliche Intelligenzen in zehn Jahren Vorstellungsgespräche führen. Das wird auch dann wahrscheinlich noch die Aufgabe der Recruiter und Ausbildungsverantwortlichen bleiben.

Noch werden die meisten Interviews trotz geringer Aussagekraft unstrukturiert geführt. Fragen wie »Was sind Ihre Stärken und Schwächen?« oder »Wo sehen Sie sich in zehn Jahren?« sind noch an der Tagesordnung, obwohl Studien[17] zeigen, dass gerade die Frage nach den Stärken und Schwächen von den wenigsten Befragten ehrlich beantwortet wird. Hier wäre eine neue Fragekultur wünschenswert. Digitale Systeme könnten dazu beitragen, dass auch weniger erfahrenen Ausbildern gute und valide Fragestellungen für das Bewerbergespräch zur Verfügung stehen.

Auch aus Sicht der Unternehmen bietet der Einsatz von KI viele Vorteile. Datenmengen können in Sekundenschnelle gefunden, zusammengefügt und analysiert werden,

---

16 Studie »Recruiting 4.0.« https://whitepaper.xing.com
17 Siehe 15 Minuten Wirtschaftspsychologie, schlechte Fragen im Vorstellungsinterview, Professor Kanning. https://www.youtube.com/watch?v=OHeeO-cktTo

wodurch ein umfassenderes Bild von Bewerbern vorliegt, als dies ein Recruiter auch nur annähernd in dieser Zeit erstellen könnte. Das bietet erhebliche zeitliche Vorteile. KI kann jederzeit, an jedem Ort und in jeder Sprache arbeiten. Verlässt ein Recruiter das Unternehmen, geht wichtiges Wissen verloren – die KI steht dem Unternehmen dagegen dauerhaft zur Verfügung.

Der Einfluss des Datenschutzes auf die Entwicklung künstlicher Intelligenzen
Um KI erfolgreich einzusetzen und weiterzuentwickeln, bedarf es großer Datenmengen. Demnach ist ein weiterer ganz bestimmender Faktor für den Erfolg von KI im Recruiting der Datenschutz.

Allen voran natürlich die 2018 in Kraft getretene Datenschutzgrundverordnung, die das Sammeln und Auswerten von Daten regelt. Eine Erfassung von schulrelevanten Daten ist zurzeit nicht denkbar. Nach den Datenschützern in NRW und Berlin sind schon Videointerviews keine für die Begründung eines Arbeitsverhältnisses erforderliche Datenerfassung im Sinne des § 26 Abs. 1 BSDG[18]. Sowohl die Aufzeichnung von Videointerviews als auch die Nutzung von Skype sind laut Datenschützern unzulässig.

Hier bleibt abzuwarten, wie sich die Gesetzeslage in Bezug auf das Sammeln und Analysieren personenbezogener Daten entwickelt.

Computerpionier Joseph Weizenbaum, das kritische Gewissen der Informatik, formulierte bereits 1972 sehr treffend: »Der meiste Schaden, den der Computer potenziell zur Folge haben könnte, hängt weniger davon ab, was der Computer tatsächlich kann oder nicht kann, sondern vielmehr von den Eigenschaften, die das Publikum dem Computer zuschreibt.«

Es liegt also an uns Ausbildungsverantwortlichen und Recruitern, was wir aus den Möglichkeiten machen, die Big Data und künstliche Intelligenz uns bieten. Setzen wir KI und Big Data ein, um Bewerberinnen und Bewerber zukünftig wirklich passgenaue Angebote zu unterbreiten und um Jugendliche mit schwierigen Startvoraussetzungen erfolgreich in eine Ausbildung zu vermitteln und sie von Beginn an zu fördern? Oder vermitteln wir den Eindruck einer uns bestimmenden künstlichen Intelligenz, die dem Menschlichen wenig Raum lässt und nur auf Optimierung ausgerichtet auswählt?

Gestaltungsspielräume gibt es viele – spannend wird, was wir daraus machen.

---

18 https://www.datenschutzbeauftragter-info.de/vorstellungsgespraech-per-skype-ist-datenschutzrechtlich-unzulaessig/

Literatur

OnePoll (2018): Understanding Generation Alpha – Jetzt sprechen die Eltern. Online verfügbar unter: https://www.hotwireglobal.com/feature/understanding-generation-alpha-2-de

Schuler, H. (1998): Psychologische Personalauswahl: Einführung in die Berufseingungsdiagnostik. Wien

6 Der Einsatz von Social-Media-Kanälen in der Ausbildung bei OTTO

Nicole Heinrich

OTTO ist der größte deutsche Online-Händler für Möbel und befindet sich derzeit auf dem Weg zur Plattform. Dafür benötigen wir die passenden Mitarbeiterinnen und Mitarbeiter und sind somit permanent auf der Suche nach Talenten, die das Potenzial haben, unsere digitale Transformation mit voranzutreiben. Unser Ziel ist es, als digitaler Arbeitgeber und Ausbilder wahrgenommen zu werden. Ein wichtiges Instrument, um passende Mitarbeiterinnen und Mitarbeiter zu finden, ist unsere Nachwuchsstrategie und somit unsere Ausbildung. Im Rahmen des Employer Branding und der Recruiting-Maßnahmen ist der Einsatz von Social-Media-Kanälen eine sehr wichtige Taktik – und folglich auch in unserem strategischen Azubi-Marketing.[19]

6.1 Vor welchen Herausforderungen stehen wir?

Wenn man an OTTO denkt, fällt einem als Erstes der Katalog ein, klar. Daran erinnern sich alle. Inzwischen aber ist OTTO eines der erfolgreichsten E-Commerce-Unternehmen Europas – und Deutschlands größter Online-Händler für Home und Living. Und nun haben wir den Weg zur Plattform angetreten und nehmen unsere Herausforderungen im Employer Branding sehr ernst, um an entsprechend talentierte Mitarbeiterinnen und Mitarbeiter zu kommen.

Vor welchen Herausforderungen stehen wir und welche Chancen haben wir?
- **Konkurrenz und Markt**
  Unsere Konkurrenz im Arbeitgeber- und Ausbildungsmarkt ist stark, die Unternehmen in unserer Branche bieten ebenfalls attraktive Ausbildungsmöglichkeiten und umkämpfen die Talente auf dem Markt gleichermaßen. Diese Tatsache lässt sich nicht ändern.
- **Angebot**
  Die Verknappung der Fachkräfte, in unserem Fall der IT-Nachwuchskräfte, ist ebenso seit Jahren ein Fakt. Der demografische Wandel spielt dabei eine große Rolle. Hier reagieren wir mit der Ausbildung von eigenen Nachwuchskräften und fördern Engagements, um mehr Schülerinnen und Schüler für IT-Berufe zu begeistern.

---

[19] Die Inhalte sind als Best-Practice-Bericht zu verstehen und beruhen auf den Praxiserfahrungen, die wir bei OTTO gemacht haben. Sie basieren somit nicht auf wissenschaftlichen Erhebungen und bedienen auch nicht vollumfänglich die relevanten Informationen rund um das Thema »Social-Media-Kanäle«. Wir teilen unsere Erfahrungen sehr gerne – kontaktieren Sie mich!

- **Makro-Umwelt**
  Die Kommunikationsdynamiken werden immer komplexer und es wird immer schwieriger, die passenden Kandidaten zu erreichen. Hier trotzen wir mit schnellen Anpassungen in unseren Kommunikationsmaßnahmen und nutzen das Potenzial der relevanten Social-Media-Kanäle.
- **Erwartungen**
  Die Ansprüche der Zielgruppen, insbesondere der nächsten Generationen, sind hoch und im Azubi-Marketing gilt es, sowohl die Schülerinnen und Schüler als auch die Eltern und Lehrer zu überzeugen. Das tun wir, indem wir unsere Ausbildungsstrategie inhaltlich transparent machen und kommunikativ vermarkten.
- **Corporate und Arbeitgeber-Image**
  Unsere Wahrnehmung als E-Commerce- und Tech-Unternehmen wächst zunehmend. Diesen Fokus setzen wir im Employer Branding durch bestimmte Taktiken um. Beispiele dieser Taktiken sind unsere fokussierte Tech-Ausrichtung, überraschende Event-Formate und das Performance-Marketing, das wir über die Social-Media-Kanäle realisieren.
- **Vertriebshebel**
  Der Zugang zu den passenden Zielgruppen wird aufgrund des »War for Talents« immer schwieriger. Deshalb gilt es hier, die richtige Aufmerksamkeit zu erzeugen. Hier nutzen wir Trends und passen unsere Vertriebswege immer wieder und schnell an, z. B. mit Hackathons als überraschendes Format oder auch Plakatwerbung an zentralen Orten sowie Inhouse-Angeboten.

6.2 Unser strategisches Azubi-Marketing

Wir suchen pro Jahr im Schnitt 70 Auszubildende und dual Studierende und decken eine große Vielfalt an Ausbildungsberufen und dualen Studiengängen ab.

Jedes Berufsfeld hat seine besonderen Herausforderung:
- Die Ausbildung zum Fotografen/zur Fotografin, zum/zur Sport- und Fitnesskaufmann/-frau, zum/zur Groß- und Außenhandelskaufmann/-frau und das duale Studium »Business Administration« benötigen fast kein Marketing, da die Berufe äußerst beliebt und die Anzahl der Interessierten sehr groß ist.
- Die Berufsbilder Koch/Köchin, Elektriker/-in und Kaufmann/-frau im Dialogmarketing müssen intensiver beworben werden. Hier bedarf es einer ganz gezielten Ansprache über bestimmte Marketing- und Kommunikationswege wie z. B. über Fachzeitschriften oder auf Fachmessen.
- Mit den Berufen Fachinformatiker/-in und Informatikkaufmann/-frau befinden wir uns mitten im »War for Talents« – die Fachkräfteverknappung ist in diesen Berufsfeldern deutlich zu spüren. Das Gleiche gilt für Kandidatinnen und Kandidaten, die

ein duales Studium in den Bereichen Wirtschaftsinformatik, angewandte Informatik und E-Commerce absolvieren. Um hier Nachwuchskräfte zu gewinnen, bedienen wir uns sämtlicher uns möglicher Marketingmaßnahmen – insbesondere im Jahr 2018 (und den folgenden), in dem wir den neuen Beruf »Kaufleute im E-Commerce« mit angeboten haben. Dieser muss sehr stark promotet und auch erläutert werden.

Die Herausforderungen insgesamt zeigen, dass es auch im Azubi-Marketing schon längst nicht mehr ausreicht, auf den Schüler- und Karrieremessen präsent zu sein und Stellenausschreibungen zu schalten. Für uns bedeutet das, dass es nicht die eine Antwort auf die Frage gibt, wie wir an passende Kandidaten und Kandidatinnen kommen. Wichtig ist die Summe der Taktiken und eine passgenaue Azubi-Marketing-Strategie.

Wir sind ein Tech-Unternehmen, wir bieten technologische Inhalte, wir denken digital und wir präsentieren uns auch digital. Aus diesem Grund ist es für uns wichtig, dass wir in der Candidate Experience auch digital wahrgenommen werden und damit unser Arbeitgeber- bzw. Ausbilderversprechen »einlösen«. Deshalb sind die Social-Media-Kanäle ein sehr wichtiger Bestandteil unseres HR-Marketings.

> **Wichtig**
> Unsere Prämisse im Azubi-Marketing ist: Wir treffen unsere Zielgruppe online, um sie auf uns aufmerksam zu machen, und wir überzeugen sie ganz persönlich und auf Augenhöhe. Und: Wir sind mit den Social-Media-Kanälen dort, wo die Zielgruppe auch ist, unter der Voraussetzung, dass die Kanäle auch zu uns passen und der Erfolg messbar ist.

> **Tipp**
> Leiten Sie Ihre Azubi-Marketing-Strategie aus Ihrer Ausbildungsstrategie ab, um sowohl nach innen als auch nach außen authentisch zu bleiben und mit den Stärken Ihrer Ausbildung zu überzeugen.

Bei OTTO haben wir aus unserer Unternehmensvision »Wir machen digitale Zukunft.« unsere Ausbildungsstrategie »Zukunft machen.« abgeleitet, die sich auch in unseren kommunikativen Maßnahmen wiederfindet. »Zukunft machen.« hat für uns drei Bedeutungen: Die eigene Zukunft, die Zukunft von OTTO und Nachwuchs für morgen »machen«. Über die Inhalte der Strategie, z. B. die Entwicklung und Förderung, Führungs- und Zusammenarbeitskultur und digitale Arbeitsweisen, berichten wir auf allen Kanälen und Medien und machen sie erlebbar bei unseren Präsenzen und Recruiting-Formaten.

6 Der Einsatz von Social-Media-Kanälen in der Ausbildung bei OTTO

Die Ausbildungsstrategie von OTTO

Der Jahrgang 2018 vor dem Begrüßungsplakat an unserer Unternehmenszentrale

6.2.1 Wie setzen wir die Social-Media-Kanäle in der Candidate Journey ein?

Interessierte Bewerber sollen uns in ihrer Orientierungsphase dort finden, wo sie uns erwarten und wo sie nach Ausbildungsthemen suchen.

Unsere Ziele sind:
- Aufbau einer Community, die das Potenzial hat, mögliche Interessenten für die Zukunft zu binden, zu begeistern und unsere Informationen zu streuen und somit für Traffic zu sorgen
- relevante Informationen bieten, sodass sich unsere Bewerber in der Bewerbungs- und Einstellungsphase gut vorbereiten können und permanent »begeistert« werden
- hohe Identifikation schaffen, indem OTTO-Insides immer weiter informieren und dadurch begeistern und binden

Kurz gesagt: Suchen – Finden – Begeistern – Binden.

6.2.2 Welche Social-Media-Kanäle setzen wir im Azubi-Marketing wie ein?

2009 war das Jahr, in dem die Social-Media-Kanäle in unserem HR-Marketing Relevanz bekommen haben. Nach und nach haben wir auf diversen Kanälen unsere Präsenz aufgebaut.

Unsere grundsätzliche Erkenntnis:
- Der Charakter des Kanals bestimmt die Inhalte.
- Die Relevanz bei den Usern bzw. in der Community ist nur so stark, wie stark der Kanal in deren Lebensphase und Lebenswelt eine Rolle spielt.

Vorteile, die überzeugen

Alle Aktivitäten, die auf den Social-Media-Kanälen erfolgen, sind messbar. Das bedeutet, dass der Erfolg jeder einzelnen Aktion über die Anzahl der Bewerbungen und Klicks auf die Zielseiten messbar und somit auswertbar ist. Sie können sehr schnell umdisponieren, sollten Inhalte oder Advertisings nicht den gewünschten Effekt erzielen, und Sie erhalten unmittelbares qualitatives Feedback aus Ihrer Community.

Neben der erlebbaren digitalen Präsenz, um das Ausbilderversprechen zu bedienen, handelt es sich um höchst wirkungsvolle und messbare Marketing-Tools. Der Inhalt unserer Kanäle im Überblick:

Kanal	Account	Unsere Inhalte aufgrund unserer Erkenntnisse
Facebook	OTTO Jobs	Erfahrungsberichte, Job-Postings, Veranstaltungsankündigungen

Kanal	Account	Unsere Inhalte aufgrund unserer Erkenntnisse
Instagram	otto_inside	Behind the Scenes, Arbeitswelten, aktuelle Ereignisse
Twitter	otto_jobs	Statements, Grüße von Events
Snapchat	OTTO Jobs	Storys aus dem Ausbildungsalltag
YouTube	Jobs bei OTTO	Imagefilme, werbliche Dokumentationen
kununu	Otto (GmbH & Co KG)	Kommentierung der Bewertungen
OTTO-Azubiblog	otto.de/azubiblog	von Azubis/dual Studierenden geschriebene Blogs
Xing/LinkedIn	Otto (GmbH & Co KG)	Veranstaltungsankündigungen, News

> **Wichtig**
> - **Zielgruppenübergreifendes Employer Branding**
>   Unser Azubimarketing findet gemeinsam mit allen anderen OTTO-Jobs-Inhalten auf den Kanälen statt. Ein Großteil des Contents ist für viele, sich überschneidende Zielgruppen relevant. Dadurch wird eine wirkungsvolle Konsistenz in der Darstellung und Kommunikation erzielt.
> - **Zielgruppengerichteter Content**
>   Über wiederkehrende und typische (Trend-)Schlagworte fokussieren wir die Ausbildungsinhalte und machen sie dadurch für die relevante Zielgruppe auffindbar.
> - **Erwartungsmanagement**
>   Es ist wirkungsvoller, einen exklusiven Job-Kanal zu haben, sodass die Erwartungshaltung der Community bedient wird. Das bedeutet, den Job-Content nicht mit Corporate- oder Werbebotschaften für Endkunden zu vermischen, sondern die Erwartungen der User zu bedienen, die sich beim Abonnieren für Job- und Karrierethemen entschieden haben.
>
> **Wichtigste Regel:** Kein Post, kein Tweet, kein Beitrag und kein Film ohne »Call to action«-Link veröffentlichen! Der User möchte immer wissen, was er tun kann oder soll.

6.3 Unsere konkrete Nutzung und Einschätzung der einzelnen Kanäle

6.3.1 Facebook

Relevanz: In Social-Media-Rankings ist zu lesen, dass das Interesse an Facebook bei der jüngeren Zielgruppe abnimmt. Aufgrund der Aktivitäten messen wir, dass die Interaktionen in Form von Likes und Shares tatsächlich rückläufig sind, aber die Reichweite nach wie vor hoch ist, sodass wir Facebook auch weiterhin im Azubi-Marketing gezielt einsetzen.

Content und Features: Die Inhalte, die eine stärkere Aktivität erzeugen, sind Themen, die konkret von Azubis berichten, idealerweise mit besonderen Ereignissen, wie z. B. am 1. August zum Ausbildungsstart.

6.3 Unsere konkrete Nutzung und Einschätzung der einzelnen Kanäle

Beispiel

Am Anfang der Ausbildung starten wir mit allen neuen Auszubildenden und dual Studierenden in das Onboarding-Programm, das aus drei Tagen »Starter Days« und anschließenden vierwöchigen Bootcamps besteht. Die Berichte aus diesen ersten Tagen erlangen eine sehr hohe Reichweite und Aktivität, insbesondere weil die neuen Azubis selbst viel interagieren.

> **OTTO Jobs**
> 2. August
>
> Gestern hatten 72 Azubis ihren ersten Tag bei OTTO. 🎉 Eine bunte Mischung aus 13 verschiedenen Ausbildungsberufen. Ganz neu dabei: Kaufmann/frau für E-Commerce. Während ihrer Starter Days erwarten sie Ralleys, Vorträge, Workshops und Kennenlernen von Azubi-Projekten. Schön, dass ihr da seid! 😊 #otto #zukunftsstuermer
> Schaut mal in unsere #Insta-Story: http://bit.ly/2M9vf8x

Ausschnitte aus dem Onboarding-Programm der neuen Azubis und dual Studierenden

Auch Berichte von Azubi-Engagements, Berichte aus der Kantine, vom Praxiseinsatz, Eindrücke aus der Schule oder Uni kommen sehr gut an. Die Vorstellung von einzelnen Azubis in ihrem Beruf/dualen Studium ist sehr empfehlenswert, ebenso die Ankündigungen von Veranstaltungen – z. B. von Inhouse-Veranstaltungen oder Konferenzen und Messen, auf denen wir präsent sind.

Das Story-Feature, das Facebook anbietet, nutzen wir derzeit eher zurückhaltend und beobachten die Entwicklung. Die Aktivierungselemente wie z. B. Fragen nutzen wir regelmäßig.

Performance-Marketing: Neben dem permanenten organischen Wachstum nutzen wir Facebook kampagnenbezogen als Werbekanal und schalten gezielte Inhalte und Job-Postings. Hierbei machen wir es uns zunutze, dass Facebook über die Vorlieben seiner Nutzer Bescheid weiß und unser Content deshalb genau der Zielgruppe angezeigt werden, die für uns relevant ist – nahezu ohne Streuung, vergleicht man dieses Advertising mit einer Anzeige z. B. in einer Tageszeitung. Diese Form der Werbung ist bereits mit wenig Investition möglich. Wir besetzen mit der gezielten Ansprache regelmäßig letzte offene Ausbildungsplätze.

Einschätzung für die Zukunft: Wir werden bei Facebook weiterhin höchst aktiv sein, vor allem mit dem Ziel, auf diesem Kanal wirkungsvoll präsent und auffindbar zu sein und das Performance-Marketing weiter auszubauen.

6.3.2 Instagram

Relevanz: Instagram ist bei unserer Zielgruppe der Azubis absolut relevant. Hier messen wir eine hohe Aktivität, die Nutzung von gezielten Hashtags ist sehr wirkungsvoll. Instagram ist aus unserer Sicht der Kanal, bei dem die Akzeptanz, dass sich »Jobthemen« in der persönlichen Timeline mit privaten Themen vermischen, sehr hoch ist.

Content und Features: Der Content in Form von Bildern und regelmäßigem Bewegtbildmaterial sollte einer Strategie folgen und einen Wiedererkennungswert haben. Wir lösen das dadurch, dass sich die einzelnen Beiträge in ihrer Machart in Bild und Text ähneln und somit deutlich machen: »Hier sind OTTO Jobs Insides.« Besonders gut kommt auch hier die Vorstellung von konkreten Azubis und dual Studierenden an, ebenso Berichte über besondere Ereignisse auf dem OTTO-Campus (»Heute scheint die Sonne in Hamburg, es gibt selbst gemachtes Eis.«), besondere Projekte (»So sieht das IT-Lab unserer Fachinformatiker aus.«), Neuigkeiten (»Das ist deine Ausbildungsreferentin, sie erläutert dir …«) oder Arbeitswelten (»So sieht dein Arbeitsplatz in der Abteilung … aus.«).

Die größte Wirkung erzielen die Insta-Storys. Dieser Content bleibt 24 Stunden online und ist für aktuelle Berichterstattungen und Eindrücke »Behind the Scenes« äußerst gut geeignet. Die Resonanz der Nutzer erfolgt direkt und mit jeder guten Story lassen sich Abonnenten gewinnen. Die allerbeste Wirkung erreichen »Take-over-Storys«, die durch unsere Azubis selbst generiert werden. Beispiel ist auch hier ein Bericht von den Starter Days, in dem zwei Auszubildende ihre Eindrücke von der Zielgruppe für die Zielgruppe aufbereitet haben.

Performance-Marketing: Auch hier nutzen wir neben dem permanenten organischen Wachstum kampagnenbezogen die Werbemöglichkeiten und schalten gezielte Inhalte und Job-Postings. Die Advertising-Logarithmen sind mit denen von Facebook identisch, sodass unsere Botschaften zuverlässig bei unserer Zielgruppe ankommen.

Einschätzung für die Zukunft: Instagram ist derzeit für uns der relevanteste Marketing-Kanal, um alle Phasen der Candidate Journey zu bedienen.

6.3.3 Twitter

Relevanz: Twitter hat für uns im Azubi-Marketing eine nicht so hohe Relevanz. Wir nehmen wahr, dass dieser Kanal sehr fachbezogen genutzt wird und eher dazu dient, sich mit aktuellen News zu versorgen. Aus unserer Zielgruppe der Schülerinnen und Schüler, Eltern und Lehrkräfte erreichen wir hier nur sehr wenige gezielt, nutzen den Kanal aber dennoch, um regelmäßig innerhalb unserer Community das Thema Ausbildung zu branden und ggf. bei Trendthemen unsere Statements zu setzen.

Content und Features: Unsere Tweets rund um das Thema Ausbildung setzen wir in Form von Statements zu aktuellen Themen ein, z. B. digitale Bildung, oder wir senden Grüße oder Vorankündigen zu Events, Konferenzen und Messen, auf denen wir präsent sind – alles mit dem Ziel, einen Branding-Effekt in unserer Community zu erzielen. Denn fast jeder User kennt einen Menschen, der sich mit dem Thema Ausbildung beschäftigt, und diese Chance nutzen wir.

Das Umfrage-Feature kommt bei der Community sehr gut an, im Rahmen der Ausbildung haben wir es bisher jedoch nur sehr selten eingesetzt.

Performance-Marketing: Wir haben die Erfahrung gemacht, dass Advertising auf diesem Kanal immer eher kritisch gesehen wird: Wir haben hier oft kritische Kommentare erhalten, die verdeutlichen, dass Werbung auf Twitter wenig akzeptiert ist. Das respektieren wir, und da der Kanal für uns nicht so relevant ist, machen wir hier sehr wenig Advertising fürs Azubi-Marketing.

Einschätzung für die Zukunft: Twitter ist für uns ein sehr wichtiger Branding-Kanal und ein fachlicher Zugang zur Zielgruppe der Berufserfahrenen. Rund um das Thema Ausbildung bleiben wir auch hier auffindbar, legen aber kein Gewicht auf das Azubi-Marketing.

6.3.4 Snapchat

Relevanz: Unsere Azubis sagen, dass Snapchat noch »aktuell« sei, wir beobachten die Entwicklung jedoch eher kritisch und haben diesen Kanal bisher nur testweise eingesetzt. Da die Wirkung kaum messbar ist, hat der Kanal praktisch keine Relevanz für uns.

Content und Features: In unseren Test-Beiträgen hat das Azubi-Blog-Team aus dem Ausbildungsalltag berichtet.

Performance-Marketing: Wir haben bislang noch kein Advertising gemacht und beschäftigen uns derzeit auch nicht mit den Möglichkeiten.

Einschätzung für die Zukunft: Auf unsere testweise Präsenz auf diesem Kanal haben wir von interessierten Bewerbern positives Feedback erhalten. Da es aber nur sehr wenige waren und die Userzahlen sehr gering sind, werden wir weiter beobachten, wie sich Snapchat insgesamt entwickelt, insbesondere im Vergleich zu den Storys bei Instagram und Facebook.

6.3.5 YouTube

Relevanz: YouTube ist ein Kanal mit äußerst hoher Relevanz bei unserer Zielgruppe. Wir befragen regelmäßig unsere Azubis und Bewerber, und auch die Zugriffszahlen sprechen dafür. Kritisch reflektiert schöpfen wir das Potenzial noch nicht voll aus. Wir nutzen den Kanal eher, um unsere Filme und Dokumentationen zum Streamen zur Verfügung zu stellen und darauf zu verlinken, aber wir bedienen hier noch nicht die inhaltlichen Erwartungen der YouTube-Community.

Content und Features: Eingebettet in unseren Corporate-Auftritt veröffentlichen wir hier all unsere aktuellen Arbeitgeber-Imagefilme, insbesondere rund um die Ausbildung, und werbliche Dokumentationen von Events (als Beispiel auch hier die Dokumentation unserer Onboarding-Tage »Starter Days«). Auch hier erzeugt die persönliche Vorstellung von Kollegen und Azubis ein hohes Interesse. Die Community interessiert sich für die Werte, Arbeitswelten und »Behind the Scenes«-Informationen rund um unsere Ausbildungsthemen.

Performance-Marketing: Die Advertising-Möglichkeiten bei YouTube sind sehr gut und erlauben eine zielgruppengerechte Ansprache. Wir betreiben kampagnenbezogen Werbung und achten dabei auf Userfreundlichkeit. Das bedeutet, dass wir unsere Ads »überspringbar« anbieten, haben aber die positive Erfahrung gemacht, dass unsere Filme zum größten Teil bis zum Ende durchgeschaut werden. Das Erfolgsrezept liegt hier in der Machart des Films (Relevanz, Länge etc.).

Einschätzung für die Zukunft: Der Kanal bleibt bei uns im Azubi-Marketing äußerst relevant und wir werden das Angebot weiter ausbauen.

Bewerbung eines Films mit direktem Link auf YouTube

6.3.6 Kununu

Relevanz: Kununu ist für uns einer der wichtigsten Job-Bewertungsportale und wir nutzen es im HR-Marketing nicht nur für einen informativen Employer-Branding-Auftritt und um unsere Jobs zu posten, sondern wir nutzen die Bewertungen, um mit unserer Community in Kontakt zu treten und in einen Dialog zu kommen. Das macht Kununu für uns auch zu einem Social-Media-Kanal. Bei der Zielgruppe der Azubis scheint der Kanal nicht so relevant zu sein. Das spüren wir aufgrund der geringen Anzahl der Bewertungen, der Klicks und der qualitativen Rückmeldungen.

Content und Features: Im Rahmen unseres Employer-Branding-Profils schöpfen wir alle Möglichkeiten aus, um uns als Arbeitgeber und Ausbilder zu präsentieren und ausgewählte Jobs zu posten. Die Interaktion mit den Bewertenden wird als sehr positiv gesehen und erzielt häufig sehr wertvolle Dialoge und somit wichtige Rückmeldungen für uns. In den Ausbildungsthemen sind vor allem die Themen rund um das Gehalt, Lernmöglichkeiten, Atmosphäre und Übernahmemöglichkeiten interessant und wir legen sehr viel Wert darauf, transparent zu antworten.

Absolut zu empfehlen ist die Einbindung der Gesamtbewertung auf der Karriere-Site. Diese Offenheit wird von unseren Usern sehr positiv gesehen und spricht für eine offene und ehrliche Kultur. Und gerade der offene Umgang mit unseren Unternehmenswerten hat bei der Zielgruppe Azubis eine besonders positive Strahlkraft.

Performance-Marketing: Für uns ist das kostenpflichtige Employer-Branding-Profil sehr relevant.

Einschätzung für die Zukunft: Solange Kununu für die interessierten Bewerber relevant bleibt, werden wir diesen Kanal weiterhin höchst aktiv bedienen und nutzen.

6.3.7 Der Azubi-Blog

Relevanz: Von Tag 1 an hat unser OTTO-Azubi-Blog seit 2010 eine äußerst hohe Relevanz in unserem Azubi-Marketing. Er ist unser Herzstück, da er eine äußerst relevante Landingpage in unseren Kommunikationsmaßnahmen ist. Das Erfolgsrezept ist, dass die Blogs zu 100 Prozent von und für Azubis und dual Studierende geschrieben werden und der Betrieb und die redaktionelle Verantwortung komplett bei den Azubis/»Dualis« liegen. Wir steuern dieses als selbst organisiertes Azubi-Engagement, das vom Azubi-Marketing- und Ausbildungsteam begleitet wird. Die Beiträge erzielen durchweg hohen Traffic und führen dadurch zu gezielten Bewerbungen.

Content und Features: Der Charakter des Blogs wird durch die sehr detaillierten, transparenten Berichte von aktuellen Azubis und dual Studierenden bestimmt. Der Content zeichnet sich durch hohe Relevanz für interessierte Bewerber aus und ist absolut auf Augenhöhe der Zielgruppe.

Folgende Inhalte erhalten immer wieder positives Feedback, werden als hilfreich angesehen und erfahren sehr hohe Zugriffszahlen und somit Absprungraten auf die Karriere-Site otto.jobs bzw. gezielt otto.de/ausbildung: Bewerbungstipps, Berichte von Auslandsexkursionen und -semestern, Projekte aus dem Ausbildungsalltag, Inhalte der Schul- und Uniausbildung, Erfahrungen mit Lehrern, Neustart und Verabschiedung aus der Ausbildung.

Performance-Marketing: Auf der Site selbst betreiben wir durch SEO die Basismaßnahmen, um von gängigen Suchmaschinen bei relevanten Suchbegriffen gefunden zu werden, und kampagnenbezogen auch SEA, um gezielt User auf unseren Azubi-Blog zu führen. Des Weiteren befindet sich die URL auf den gängigen Ausbildungswerbeträgern und wird bei gezieltem Azubi-Advertising als Ziel-Link hinterlegt.

Einschätzung für die Zukunft: Schüler suchen nach echten Insider-Informationen und wir machen seit Jahren die Erfahrung, dass der Azubi-Blog dieses Bedürfnis fernab von Werbetexten und Berufsinformationsbroschüren befriedigt. Aus diesem Grund wird diese Site für uns im Azubi-Marketing auch in Zukunft absolut relevant sein.

Der OTTO-Azubi-Blog – 100 Prozent von und für Azubis und dual Studierende

6.3.8 Xing und LinkedIn

Relevanz: Im Employer Branding sind beide Vernetzungsplattformen für uns äußerst relevant. Im Azubi-Marketing sind sie eher weniger relevant. Der Grund sind die Zielgruppen, die dort anzutreffen sind – und das sind noch nicht die Schüler. Anzutreffen sind eher die Eltern und deren Umfeld, und aus diesem Grund greifen wir, wenn auch eher selten, Ausbildungsthemen auf, um das Potenzial der Community zu nutzen und Branding als Ausbilder zu betreiben.

Content und Features: Wir nutzen die Kanäle für Veranstaltungsankündigungen, z. B. bei Inhouse-Veranstaltungen oder Karrieremessen und Engagements, bei denen wir vertreten sind oder die wir sponsern und fördern. Auch verbreiten wir hier insbesondere Neuigkeiten zur Ausbildung, z. B. die Neuauslobung des Berufes »Kaufleute im E-Commerce«, den wir mit initiiert haben.

Performance-Marketing: Auf diesen Kanälen nutzen wir die Employer-Branding-Auftritte, legen aber noch keinen Schwerpunkt auf Ausbildungsthemen.

Einschätzung für die Zukunft: Solange Xing und LinkedIn für die Community relevant bleiben, werden wir diese Kanäle weiterhin höchst aktiv bedienen und nutzen. Sollten sich die Netzwerke zunehmend auch auf die jüngere Zielgruppe konzentrieren, werden wir unsere Aktivitäten in Richtung Ausbildungsthemen steigern.

6.3.9 Wie setzen wir die Kanäle im Rahmen der Ausbildung/Bindung ein?

Im Folgenden stellen wir zwei konkrete Beispiele für den Einsatz von Social-Media-Kanälen in der Ausbildung vor.

Geschlossene Facebook-Gruppen:
- **Bindungsinstrument »Bistroparty«**
  Der Zeitraum zwischen der Unterschrift auf dem Ausbildungsvertrag und dem Ausbildungsstart kann über 14 Monate betragen. Aus diesem Grund haben wir in unsere Ausbildungsstrategie fest unsere »Bistroparty« als Bindungsinstrument verankert. Die Bistroparty findet drei Monate vor Ausbildungsstart statt. Bei einem Get-together können die neuen Azubis das Ausbildungs- und Recruitingteam sowie die Auszubildenden, die bereits mit ihrer Ausbildung begonnen haben, kennenlernen, sich vernetzen und austauschen.
- **Korrespondierende Facebook-Gruppe**
  Zu dieser laden wir drei Monate vor Ausbildungsstart ein und gründen speziell für diesen Jahrgang eine geschlossene Facebook-Gruppe, zu der alle neuen Azubis, die Mentoren und Buddies des höheren Jahrgangs, das Ausbildungsteam und das Azubi-Marketing-Team beitreten.
- **Vernetzung**
  Die Gruppe dient dazu, sich bereits vor der Bistroparty zu vernetzen, z. B. finden sich hier bereits erste Fahrgemeinschaften und Nachbarschaften, wir posten erste

Inhalte und lassen anschließend die Bistroparty Revue passieren. Die Erfahrung zeigt, dass damit die Vernetzung aktiv startet, sodass bereits zum Start der Ausbildung erste Freundschaften geknüpft, WhatsApp-Gruppen eigenständig gegründet und die »Lernen-voneinander-Kultur« implementiert ist.

- **Begleiter im Onboarding-Prozess**
  Während des Onboarding-Programms lebt die geschlossene Facebook-Gruppe aktiv weiter, und dort werden Impressionen, Learnings und auch Bilder z. B. »After work« geteilt.
  Auf den Starter Days läuft die Timeline dieser geschlossenen Gruppe auf einem großen Display, sodass eine sehr hohe Aktivität und Sichtbarkeit entsteht.
- **Test**
  Vor zwei Jahren hatten wir versucht, diese Timeline auf Instagram laufen zu lassen – dort war die Aktivität jedoch gleich null, da diese Profile eher für die ausgewählten privaten Themen genutzt werden. Somit haben wir am zweiten Tag auf die geschlossene Facebook-Gruppe gewechselt und die Aktivität war sofort da.

Azubi-Engagements:

Im Rahmen der Ausbildung gibt es fünf etablierte Azubi-Engagements, die komplett eigenverantwortlich von Azubis und dual Studierenden betrieben und vom Ausbildungsteam und Fachbereich lediglich begleitet werden:

- **Azubifirma**, die Inhouse-Events organisiert und Filme produziert
- **AsiN** – Azubis suchen ihre Nachfolger, sind die Jobbotschafter für die Ausbildung und somit ein wichtiger strategischer Bestandteil des Azubi-Marketings
- **Azubi-Blog**, der ebenfalls als Verlängerung des Azubi-Marketings genutzt wird
- **Good-Project** – führt Projekte und Engagements rund um das Thema Nachhaltigkeit durch
- **InMigration** – zeigt geflüchteten Schülern den Ausbildungsalltag bei OTTO und bereitet sie auf eine Ausbildung vor

Alle Engagements eignen sich sehr gut, um in den Social-Media-Kanälen authentisch über Ausbildungsinhalte zu berichten. Insbesondere für den Azubi-Blog sind die Verantwortlichen des Engagements regelmäßig aufgefordert, einen Gastbeitrag zu schreiben, um als Teil der Aufgaben auch selbst die Kommunikation zu übernehmen. Und insbesondere das AsiN- und das Azubi-Blog-Team sind in den Social-Media-Kanälen sehr aktiv und übernehmen regelmäßig Take-over-Storys bei Instagram.

Auf diesem Weg vermitteln wir sehr praxisbezogen den Umgang mit digitalen Medien. Diese Inhalte sind sehr relevant, um auf die Arbeitswelt der Zukunft gut vorbereitet zu sein, und sie sind für die Zielgruppe auch sehr attraktiv, sodass es sich bei den Azubi-Engagements um sehr beliebte Praxisaufgaben handelt und sie somit ein sehr wirksames Lernformat darstellen.

6.4 Ein Ausblick: Wie werden wir uns in den nächsten Jahren in den digitalen Medien weiterentwickeln?

Wir werden unsere Ausbildungsstrategie und somit unser strategisches Ausbildungsmarketing auch in Zukunft stark an dem Bedarf unserer Geschäftsentwicklung und den Entwicklungen des Marktes ausrichten. Das bedeutet für uns, dass das Thema Digitalisierung ein sehr großer Schwerpunkt sein wird, denn wir sind ein Tech-Unternehmen, das sich in einem digitalen Umfeld befindet. Hier müssen wir »am Puls der Zeit« bleiben. Wir werden uns also konform zu und mit den Social-Media-Kanälen weiterentwickeln und deren Kommunikations- und Marketingpotenzial nutzen und Neuerungen immer ausprobieren. Kommt ein neuer Kanal auf den Markt, analysieren wir die Möglichkeiten – und mit der Zielgruppe Schüler lassen sich ganz pragmatisch Testdurchläufe durchführen.

Passend dazu verbreiten wir zunehmend Content, der noch mehr die digitale »User Experience« bedient. Wir produzieren gerade Podcasts – speziell für das Azubi-Marketing z. B. einen Podcast rund um Bewerbungstipps. Des Weiteren produzieren wir gerade ein 360-Grad-Video, um den Beruf »Kaufleute im E-Commerce« noch transparenter und erlebbarer zu machen. Das Video werden wir neben der Veröffentlichung auf YouTube über VR-Brillen an den Schulen zeigen und auf Messen und für die Inhouse-Days als Grundausstattung für unsere Azubi-Jobbotschafter integrieren.

Das Thema Digitalisierung bestimmt unser Geschäft, unsere Führungs- und Zusammenarbeitskultur, unsere Kommunikation und nicht zuletzt die Inhalte unserer Ausbildung. Aus diesem Grund werden wir die digitale Kommunikation und den Umgang mit den digitalen Medien zunehmend stärker in unsere Ausbildungsinhalte integrieren.

Das Beste kommt zum Schluss: die Messbarkeit und die Wirksamkeit des Performance-Marketings. Wir werden unsere SEA-Aktivitäten, das Advertising auf ausgewählten Kanälen, ausbauen und unsere Marketinginvestitionen von Offline-Events zum Online-Marketing-Budget switchen.

> **Tipp**
>
> Mein Fazit ist, dass sich der Einsatz von Social-Media-Kanälen für uns absolut lohnt und ein wichtiger Bestandteil unserer Strategie ist. Sollten Sie überlegen, ihre Präsenzen auf- bzw. auszubauen, dann orientieren Sie sich an dem Angebot, das Sie in der Ausbildung bieten können, und überlegen Sie, welche Kanäle authentisch zu Ihrer Zielgruppe passen und ob Sie die Content-Erwartungen an den Kanal bedienen können.
> Fakt ist: Wenn man nicht da ist, kann man auch nicht gefunden werden.

7 Digitale Kompetenz – ein neuer Aspekt in der Berufseignungsdiagnostik?

Gerhard Bruns und Marie Cathrin Bruns

Während Intelligenz, persönliche, soziale und methodische Kompetenzen sowie Berufsmotivation zu den klassischen Dimensionen der Berufseignungsdiagnostik gehören, rückt derzeit die digitale Kompetenz als neues Eignungskriterium im Rahmen der Auswahl von Auszubildenden und dual Studierenden in den Fokus.

Aber was genau ist mit »digitaler Kompetenz« gemeint, insbesondere bei Jugendlichen, die gerade erst in die Berufswelt eintreten? Ist es die Bereitschaft, sich mit digitalen Systemen auseinanderzusetzen? Oder ist es die Fähigkeit, sich in digitale Technologien wie zum Beispiel Software und Hardware schnell und präzise einzuarbeiten und diese dann auch zu nutzen? Oder sind nur diejenigen digital kompetent, die selbstständig Softwareprogramme entwickeln oder Datenbanken programmieren können?

Schulabgänger sind, von wenigen Hobbyprogrammierern abgesehen, eher Anwender populärer und frei zugänglicher digitaler (und vor allem sozialer) Medien als Architekten komplexer, spezialisierter digitaler Systeme. Während für qualifizierte Praktiker im weiten Umfeld von Industrie 4.0 anspruchsvolle fachlich-technische Kompetenzen wie beispielsweise Prozessverständnis, Automatisierungskenntnisse und IT-Kompetenzen sowie überfachliche Kompetenzen im Bereich der Kommunikation, Kooperation und Planung als grundsätzliche Voraussetzungen für digitale Kompetenz gefordert werden (Dworschak/Zaiser, 2019), kann dies – wie bereits formuliert – für künftige Auszubildende, also Laien, so noch nicht gelten.

Digitale Kompetenz umfasst in der beruflichen Praxis neben dem fachlich-technischen Aspekt auch Aspekte der Persönlichkeit sowie motivationale und transformatorische Dimensionen. So nennt die DGFP (Deutsche Gesellschaft für Personalführung) in einem Leitfaden aus dem Jahr 2016 folgende wesentliche Businesskompetenzen (DGFP, 2016, S. 9–13):
- Eigenverantwortlichkeit
- Kommunikationsfähigkeit
- Vernetzungsfähigkeit
- Agilität

Diese persönlichen Eigenschaften bilden nach Meinung der DGFP-Autoren aus Wissenschaft und Industrie in Verbindung mit fachlich-technischen Kompetenzen und »digi-

taler Fitness« die drei wesentlichen Säulen der digitalen Kompetenz. Unter »digitaler Fitness« werden motivationale Aspekte wie
- Interesse und Offenheit gegenüber der Digitalisierung,
- Wissen über technische Möglichkeiten,
- Anwendung auf das eigene Tätigkeitsfeld und

Sensibilität bezüglich rechtlicher Rahmenbedingungen verstanden (DGFP, 2016, S. 15).

Was kann man aber von jugendlichen Berufseinsteigern an digitaler Kompetenz erwarten? Wie viel digitale Kompetenz verlangt das Anforderungsprofil des Berufs, für den man Auszubildende gewinnen möchte? Die berufliche Eignungsdiagnostik sollte sich immer eng am Anforderungsprofil des Zielberufs orientieren und nicht unreflektiert Trends bedienen oder irrelevante Merkmale in Eignungsuntersuchungen überprüfen. Bei Schulabgängern, die erst ins Berufsleben eintreten, kann man noch keine fachlich-technische Expertise erwarten und auch keine Routine im Umgang mit Business-Software.

Die für die digitale Kompetenz wichtigen allgemeinen Businesskompetenzen sind als Persönlichkeitsmerkmale bei Jugendlichen in altersgerechter Form aber durchaus zu ermitteln. Je ausgeprägter diese förderlichen persönlichen Eigenschaften sind und je größer die Offenheit gegenüber digitalen Technologien ist, umso größer ist auch das Potenzial, sich im späteren beruflichen Alltag mit neuen Technologien auseinanderzusetzen, diese zu nutzen und sie auf die Problemlagen der beruflichen Praxis zu beziehen.

Auch die »digitale Fitness«, also das Interesse an digitalen Technologien und die mehr oder weniger intensive und kompetente Nutzung digitaler Technologien, ist bei Jugendlichen durchaus messbar. Altersüblich ist zum Beispiel die intensive Nutzung von Social Media, des Internets und diverser Online-Anwendungen und manchmal auch der Umgang mit Office-Anwendungen, soweit diese in der Schule genutzt wurden.

7.1 Messung digitaler Kompetenzen

Wie kann man digitales Potenzial als Vorstufe zur digitalen Kompetenz bei Jugendlichen nun messen und wie sind die ermittelten Messwerte zu bewerten?

Das Münchner geva-institut entwickelt seit über 30 Jahren psychologische Testverfahren zur Diagnostik berufsbezogener Eigenschaften sowohl für den Zweck der beruflichen Orientierung als auch für die Personalauswahl.

Gegenstand der Eignungstests sind Merkmale aus den Bereichen
- Leistung und Intelligenz,
- Berufsmotivation und Berufsinteressen sowie
- persönliche, soziale und methodische Kompetenzen.

Über die Merkmalskataloge des geva-instituts lassen sich die für die digitale Kompetenz geforderten Persönlichkeitseigenschaften und Motivationsfaktoren bereits sehr gut abbilden – das sind die sogenannten digitalen Businesskompetenzen (DGFP, 2016, S. 15). Dabei handelt es sich um Eigenschaften, die auch im »normalen« beruflichen Alltag zu den Erfolgsfaktoren gehören:
- soziale Kompetenzen
- Eigeninitiative
- Offenheit für Neues
- Teamorientierung und -fähigkeit
- Selbstorganisation
- Leistungsmotivation
- Konzentration und vieles mehr

Die Analyse dieser positiven persönlichen Merkmale ist im Übrigen bereits seit vielen Jahren Bestandteil von Eignungstests des geva-instituts und nicht erst seit dem Aufkommen der Diskussion um die digitale Kompetenz als neues Eignungsmerkmal für Azubis 4.0.

Möchte man digitale Kompetenz objektiv über Problemlösungsaufgaben untersuchen, dann muss man einen Leistungstest digitaler Fertigkeiten durchführen lassen: Also Aufgaben stellen, die direkt am Computer zu erledigen sind. Das ist sehr aufwendig und ist bei Jugendlichen wenig sinnvoll, da ausgeprägte technische Fertigkeiten mit Berufsbezug bei Schulabgängern in der Regel noch gar nicht vorhanden sind bzw. sein können. Generationstypische Basisfertigkeiten, wie zum Beispiel Kenntnisse im Umgang mit sozialen Online-Netzwerken oder dem Internet, die nahezu jeder Bewerber und jede Bewerberin gut beherrschen, muss man nicht prüfen, da die so gewonnenen Ergebnisse nicht differenzieren.

Digitale Fitness, also praktische Fertigkeiten im Umgang mit digitalen Technologien, kann man aber auch über Verhaltensberichte ermitteln. Bei dieser Methode fragt man die Nutzung von und die Erfahrungen mit digitalen Systemen systematisch ab und ermittelt so, wie und auf welchem Niveau sich ein Jugendlicher mit digitalen Systemen auseinandersetzt:
- Welche Technologien und Systeme nutze ich?
- Wie gehe ich mit den Systemen um?
- Welche Funktionalitäten sind mir geläufig?
- Was kann ich praktisch?
- Welches Hintergrundwissen habe ich?

- Wie gehe ich an neue digitale Systeme heran?
- Wie reflektiere ich den Einsatz digitaler Systeme unter Gefährdungsaspekten wie Sicherheit und Datenschutz?

Untersuchungen des geva-instituts haben gezeigt, dass sich Jugendliche in Verhaltensberichten, die sich auf gut überprüfbare Fertigkeiten beziehen, weitestgehend realistisch einschätzen (Bruns, 2019).

7.2 Digital Competence Framework als Grundlage zur Messung digitaler Kompetenzen

Die Europäische Kommission beschreibt im Digital Competence Framework digitale Kompetenz über fünf Kompetenzbereiche (Caretero/Yourikari/Punje, 2017):
1. Information and data literacy
2. Communication und collaboration
3. Digital content creation
4. Safety
5. Problem solving

Alle fünf Kompetenzbereiche sind im europäischen Referenzrahmen DigComp durch Verhaltensaussagen hinterlegt, die jeweils in drei Schwierigkeitsstufen formuliert sind: elementare, selbstständige und kompetente Verwendung (Europäische Union, 2015). Es handelt sich dabei immer um Selbsteinschätzungen der eigenen Kenntnisse und Praxis. Ein Beispiel: »Ich kann komplexe digitale Inhalte (z. B. Texte, Tabellen, Bilder, Audiodateien) in unterschiedlichen Formaten mittels digitaler Tools produzieren« (Themenbereich: Erstellung von Inhalten; Schwierigkeitsstufe: selbstständige Verwendung) (Europäische Union, 2015).

Es gibt also verschiedene Aspekte digitaler Kompetenz in unterschiedlichen Schwierigkeitslevels für Anwender unterhalb des Profi-Niveaus. Nun kann man davon ausgehen, dass in der Generation der Digital Natives insbesondere die Themen »Information« und »Kommunikation« aufgrund der Peergroup-üblichen Permanentnutzung sozialer Online-Netzwerke (Facebook, Instagram, WhatsApp etc.) und dem ebenso alltäglichen Umgang mit Suchmaschinen und Informationsmedien im Internet zum Standard gehören dürften. Zumindest im Bereich der »elementaren Verwendung«.

Für den Prozess der Auswahl von Auszubildenden hat die Peergroup-übliche Nutzung digitaler Systeme also keine Aussagekraft: Was alle können, differenziert nicht. Auch der artistisch-geschmeidige Umgang mit Instagram, YouTube und Google lässt keinen Rückschluss auf die spätere Bereitschaft zu, sich in professionelle betriebliche IT-Systeme einzuarbeiten und diese produktiv und kompetent zu nutzen.

Ein Messinstrument der digitalen Kompetenz muss also abseits vom Selbstverständlichen die Differenzierung der jungen Bewerber hinsichtlich ihres Umgangs mit digitalen Systemen ermöglichen. Aufgrund fehlender Expertise muss man auf den Erfahrungsschatz junger Menschen zurückgreifen und Nuancen in der motivationalen, praktischen und technischen Auseinandersetzung mit digitalen Systemen erkennen. Dabei geht es nicht darum, perfekte Softwareentwicklerinnen oder Systemtechniker herauszufiltern, sondern vor allem das Potenzial zu ermitteln, sich später – während der Ausbildung und vor allem im Anschluss daran fortwährend – auf die Herausforderungen neuer technischer Systeme einzulassen, sich schnell und kompetent in diese einzuarbeiten und Spaß daran zu haben, mit diesen Systemen praktikable Lösungen zu erarbeiten. Auf der anderen Seite sollen aber auch solche Menschen erkannt werden, die diese Motivation nicht und oder nur in geringem Maße mitbringen, sich möglicherweise sogar vor technischen Herausforderungen fürchten und daher besser Berufe ergreifen, bei denen die digitalen Herausforderungen auf einem niedrigeren Niveau stattfinden.

Die erste Messung dieser Eigenschaften kann sehr effektiv über einen standardisierten Test in Form von Verhaltensberichten erfolgen. Die Resultate sind allerdings nicht absolut, sondern nur im relativen Vergleich zur Peergroup (Benchmark) interpretierbar. Das gilt im Übrigen für alle Merkmale in einem Eignungstest: Erst das Benchmarking macht Ergebnisse interpretierbar. Nur so kann Selbstverständliches von Besonderem unterschieden werden.

Die von der Europäischen Kommission definierten fünf Themenbereiche erscheinen als thematische Annäherung a priori sinnvoll, um die »digitale Fitness« zu untersuchen. Zur digitalen Kompetenz gehören aber, wie bereits berichtet, sehr viel mehr Eigenschaften.

7.3 Digitale Kompetenz als Eignungskriterium

Ein üblicher Eignungstest zur Auswahl von Auszubildenden umfasst Merkmale, die sich in erster Linie zur Vorhersage des Ausbildungserfolgs eignen. Moderne Verfahren gehen einen Schritt weiter, um auch Aussagen über die spätere berufspraktische Passung und langfristige Motivation für die berufliche Verwendung machen zu können.

Um eine präzise Auswahl passender Testmerkmale für die Eignungsdiagnostik treffen zu können, muss ein differenziertes Anforderungsprofil für jeden Ausbildungsberuf erstellt werden. Es enthält eine Auflistung der Merkmale, die als erfolgskritisch für den jeweiligen Beruf angesehen werden. Während Leistungs- und Intelligenztests vor allem eine gute prognostische Validität in Bezug auf künftige Prüfungen aufweisen, werden über Tests sozialer, persönlicher und methodischer Kompetenzen berufsbezogene Verhaltenseigenschaften und Einstellungen gemessen. Diese Merkmalklasse wird oft »Schlüsselqualifikationen« genannt – und zu ihr gehören auch die fünf neuen Merkmale der digitalen Kompetenz, wie sie der europäische Referenzrahmen DigComp beschreibt. Ein dritter diagnostischer Aspekt bei der Auswahl von Berufseinsteigern sind motivationale Faktoren, wozu auch die Untersuchung beruflicher Interessen gehört. Schließlich handelt es sich bei der Entscheidung für eine Berufsausbildung nicht nur um die Bewerbung bei einem bestimmten Betrieb, sondern auch um den Abschluss des Prozesses der Berufsorientierung. Dieser Prozess ist bei vielen Jugendlichen aber oft nicht wirklich abgeschlossen und die konkrete Bewerbung erfolgt nicht unbedingt aus tiefem Interesse für den späteren Beruf, sondern oft aus pragmatischen Gründen wie Erreichbarkeit des Betriebs, Image des Unternehmens, Berufswahl von Freunden oder Empfehlung der Eltern.

Wenn die Liste der Anforderungsmerkmale erstellt und das Testverfahren entsprechend dieser Liste konfiguriert ist, bleiben noch zwei Schritte zu tun: Erstens muss für jedes Merkmal definiert werden, welches Testergebnis ein geeigneter Bewerber im relativen Vergleich zur Peergroup aufweisen sollte, und zweitens, in welchem Verhältnis die verschiedenen Merkmale und Merkmalsklassen zueinander stehen. Ein Bewerber, auf den das so konstruierte komplexe Anforderungsprofil im Vergleich zu anderen Bewerbern besonders gut zutrifft und der insbesondere auch bei den priorisierten Merkmalen gut punktet, weist eine besonders gute Gesamtpassung mit dem Anforderungsprofil auf.

Wird nun ein neues Eignungsmerkmal wie die digitale Kompetenz als weitere Schlüsselqualifikation hinzugefügt, stellt sich die Frage, wie sich dieses Merkmal im Kontext der anderen Eignungsmerkmale verhält:
- Ist das neue Merkmal zum Beispiel weitgehend unabhängig von Intelligenzmerkmalen?
- Gibt es Korrelationen zu Schulnoten?
- Gibt es Unterschiede zwischen Bewerberinnen und Bewerbern?
- Mit welchen Berufsinteressen korreliert digitale Kompetenz positiv oder negativ?
- Wie sind die einzelnen Kompetenzen in der Zielgruppe von Schulabgängern verteilt – welche Qualifikationen sind selbstverständlich, welche nicht?
- Ist die Differenzierung nach den fünf Bereichen »Umgang mit Informationen und Daten«, »Kommunikation und Zusammenarbeit«, »Erzeugen digitaler Inhalte«, »Sicherheit« und »Problemlösung« empirisch nachzuvollziehen?

Um diese Fragen zu beantworten, hat das geva-institut 155 Schülerinnen und Schüler an drei Gymnasien im Rahmen von Projekten zur beruflichen Orientierung mit dem geva-Test »Studium und Beruf« untersucht und gleichzeitig den neu erstellten geva-Test zur digitalen Kompetenz nach europäischem Referenzrahmen und mit Fünf-Skalen-Struktur vorgelegt. Der Anteil weiblicher Teilnehmerinnen lag bei 57,5 Prozent. Die meisten Teilnehmer (85 %) besuchten die 10. Klasse und waren im Mittel 16,5 Jahre alt.

Die Aspekte digitaler Kompetenz wurden anhand von Selbsteinschätzungen erfragt. Die Teilnehmer beantworteten, ob sie gewisse Tätigkeiten bzw. Anforderungen aufgrund ihrer Erfahrungen ausführen können oder nicht.

7.4 Validierung

Dieser Beitrag zur digitalen Kompetenz in der Berufseignungsdiagnostik dient nicht der wissenschaftlichen Dokumentation eines neuen Testverfahrens. Daher werden hier nur einige ausgewählte, aus praktischer Sicht interessante Validierungsergebnisse und empirische Befunde dargestellt. Die Reliabilität[20] für den geva-Test »Digitale Kompetenz« beträgt für den Gesamtwert α = .95 (Cronbachs Alpha, 53 Items[21]). Für die fünf Subskalen[22] sind die internen Konsistenzkoeffizienten wie folgt:

- »Informations- und Datenkenntnisse« α = .80
- »Erstellung von Inhalten« α = .82
- »Kommunikation« α = .71
- »Sicherheit« α = .82
- »Problemlösung« α = .82 (Basis: N = 155 Teilnehmer).

Jede dieser fünf Skalen umfasst zehn bis zwölf Items. Damit kann der Test als reliabel bezeichnet werden.

Ein Zusammenhang zwischen der digitalen Kompetenz, die ja über Selbstbeschreibungen erhoben wird, und einer Kontrollskala zur Messung von Beschönigungstendenzen besteht nicht (r = .015[23], p = .854[24]). Lediglich 8 von 155 Teilnehmern (5,2 %) neigten zur leichten Beschönigung bei Selbstbeschreibungen im Rahmen des geva-

---

20   Reliabilität ist ein Maß für die Zuverlässigkeit (Messgenauigkeit) eines wissenschaftlichen Tests und beschreibt, wie stark dieser Test von zufälligen Messfehlern (z. B. Umweltfaktoren) beeinflusst ist. Eine perfekte Reliabilität würde bedeuten, dass man unter den gleichen Bedingungen stets zu den gleichen Ergebnissen kommen würde.
21   Cronbachs Alpha ist ein Instrument, um die Reliabilität eines Tests zu prüfen. Dabei bestimmt Cronbachs Alpha die interne Konsistenz verschiedener Einzelaspekte des Tests. Das Konsistenzmaß zeigt, inwieweit die einzelnen Fragen eines Tests miteinander übereinstimmen und dasselbe Merkmal (z. B. Digitale Kompetenz) messen. Zur Interpretation der Reliabilität über das Konsistenzmaß Cronbachs Alpha: α > 0.9 = exzellent, α > 0.8 = gut; α > 0.7 akzeptabel.
22   Eine Skala misst ein Merkmal (z. B. digitale Kompetenz) über verschiedene Einzelfragen. Eine Subskala ist Teil einer Skala, setzt sich ebenfalls aus verschiedenen Einzelfragen zusammen, misst aber nicht das Gesamtkonstrukt, sondern Teilbereiche, z. B. Informations- und Datenkenntnisse als Teil der Gesamtskala »Digitale Kompetenz«.
23   r = Korrelationskoeffizient
24   p = Wert für die Irrtumswahrscheinlichkeit. Ein Wert ist signifikant, wenn p < 0.05 ist.

Tests »Studium und Beruf«. Der Test wurde im Rahmen von Projekten zur beruflichen Orientierung und Kompetenzfeststellung in der Schule im Klassenverband unter Aufsicht schriftlich durchgeführt.

Auch die Fähigkeit, die eigenen kognitiven Leistungen weitgehend realistisch einzuschätzen, hat keinen systematischen Einfluss auf die Testergebnisse zur digitalen Kompetenz. 81 Prozent der Teilnehmer haben ihre Leistungen im Intelligenztest vorab realistisch eingeschätzt, 7 Prozent haben unterschätzt, 7 Prozent überschätzt. Weitere 5 Prozent haben merkmalsbezogen sowohl unter- als auch überschätzt. Bezogen auf den Gesamtwert zur digitalen Kompetenz gibt es keine signifikanten Unterschiede zwischen diesen Gruppen.

Männliche Schüler weisen für alle fünf Skalen und für den Gesamtscore der digitalen Kompetenz signifikant höhere Werte auf als weibliche Schülerinnen. Ein Effekt der Muttersprache lässt sich nicht beobachten.

Das alleinige Angebot des Schulfachs »digitale Technologien« an der Schule führt nicht zu höheren Punktwerten, wohl aber die aktive Teilnahme an diesem Fach. Wer sich an der Schule aktiv mit IT auseinandersetzt (das sind in unserer Stichprobe 43,5 Prozent), hat einen um etwa 30 Prozent höheren Gesamtscore der digitalen Kompetenz ($p < 0.001$). Alterskorrelate konnten nicht beobachtet werden, wurden aber aufgrund der eingeschränkten Varianz des Alters in der Zielgruppe auch nicht erwartet.

Interpretierbare Korrelationen mit Schulnoten der Fächer Deutsch, Mathematik, Physik und Kunst sind nicht erkennbar ($r = -.055$ bis $r = .054$).

Mit dem Gesamtwert des Leistungs- und Intelligenztests des geva-Testsystems korreliert der Gesamtwert der digitalen Kompetenz um $r = .30$ ($p < .01$). Die fünf Einzelskalen korrelieren in ähnlicher Größenordnung zwischen $r = .33$ (Informations- und Datenkenntnisse) und $r = .25$ (Erstellung von Inhalten). Insbesondere die Intelligenzfaktoren »Mathematische Fertigkeiten«, »Räumliches Vorstellungsvermögen« und »Sprachliches Verständnis« korrelieren zwischen $r = .36$ und $r = .25$ (jeweils $p < .01$). Schwächer ist der Zusammenhang mit »Schlussfolgerndem Denken« ($r = .175$, $p < .05$). Konzentrationsfähigkeit, Allgemeinwissen, Rechtschreibung, technisches Verständnis und Textverständnis stehen bei dieser Schülerstichprobe in keinem signifikanten Zusammenhang mit der digitalen Kompetenz. Wer sich für soziale Arbeit und Pflege, Arbeit mit Kindern und Jugendlichen interessiert, beruflich etwas mit Sport und Gesundheit, Kochen und Küche, Hotel oder Tourismus zu tun haben oder sehr gerne im Verkauf arbeiten möchte, der schreibt sich gleichzeitig auch eine niedrige digitale Kompetenz zu. Diese Berufsinteressen korrelieren alle signifikant negativ mit der digitalen Kompetenz (Korrelationen zwischen $r = -.31$ und $r = -.19$). Wer sich dagegen für eine berufliche Tätigkeit in technischen Bereichen interessiert, der schreibt sich eine sehr viel höhere digitale Kompetenz zu als andere Schüler: IT, Hard- und Software, Entwicklung und Konstruktion, Technik und Elektrik, Industrie, Bau und Architektur sowie Naturwissenschaften und Labor. Alle Korrelationen liegen zwischen r = .56 und r = .29 und sind auf dem p < .01-Niveau signifikant.

Keinen signifikanten Zusammenhang gibt es zwischen der digitalen Kompetenz und dem Berufsinteresse daran, einmal Führungsaufgaben zu übernehmen und Mitarbeiter anzuleiten. Auch das Interesse an Gesellschaft, Politik und Journalismus, Kunst und Gestaltung, Land- und Forstwirtschaft, Marketing, Medizin, Ordnen und Verwalten, Recht und Gesetz steht in keinem linearen Zusammenhang mit der digitalen Kompetenz.

Ein klares Persönlichkeitsprofil der digital Kompetenten lässt sich nicht erkennen. Unter den Schlüsselqualifikationen fällt vor allem die positive Korrelation zur Belastbarkeit (r = .32) auf. Deutlich niedriger sind die positiven Zusammenhänge mit der Konfliktfähigkeit (r = .25), dem Selbstvertrauen (r = .23), der Frustrationstoleranz (r = .20), der Argumentations- und Durchsetzungsfähigkeit (r = .21), der Offenheit für Neues (r = .19) und der Flexibilität (r = .17). Allein die Hilfsbereitschaft und das Einfühlungsvermögen korrelieren negativ mit der digitalen Kompetenz (r = –.21 bzw. r = –.15).

7.5 Kompetenzstufen

Laut europäischem Referenzrahmen soll es bei der Beurteilung der digitalen Kompetenz drei Befähigungsstufen geben: elementar, selbstständig und kompetent. Die Aufteilung von Personen anhand ihrer Testscores auf drei Kategorien ist im DigComp-Konzept nicht beschrieben. Letztlich zählt der metrische Testwert, um eine Aussage über die Ausprägung der digitalen Kompetenz einer Person zu machen. Aber erst der relative Vergleich mit einer Normgruppe ermöglicht die Aussage, ob eine Person durchschnittliche, unterdurchschnittliche oder überdurchschnittliche digitale Kompetenz besitzt. Es liegt in der Natur des Themas, dass es gerade bei der digitalen Kompetenz starke Kohorteneffekte gibt: Man kann die Testergebnisse mehrerer Personen nur innerhalb einer geeigneten Bezugsgruppe (z. B. vergleichbares Alter) untereinander vergleichen.

Um eine sinnvolle und ausgewogene Zusammenstellung von Items pro Skala sicherzustellen, wurde bereits bei der Konstruktion des Tests daran gedacht, innerhalb von drei Schwierigkeitsstufen Items zu entwickeln, die nicht nur eine reliable, sondern auch eine differenzierungsfähige Skala ergeben. So wurden im Entwicklungsprozess sowohl Items mit geringer Trennschärfe entfernt als auch Items, die keine oder nur eine sehr geringe Varianz aufweisen. So verbleiben pro Skala zehn bis zwölf Items mit unterschiedlichen Schwierigkeiten und gleichzeitig optimierter Trennschärfe. Die

7 Digitale Kompetenz – ein neuer Aspekt in der Berufseignungsdiagnostik?

Grenzwerte für die drei Bewertungskategorien wurden an den Verteilungen der Testwerte der Schülerstichprobe empirisch festgelegt, sodass eine möglichst gute Normalverteilung und damit Differenzierung erreicht wird. Für das Prädikat »elementar« gilt ein Wert bis 40 Prozent der möglichen Punkte, für das Prädikat »selbstständig« ein Wert zwischen 40 und 80 Prozent der Punkte und für das Prädikat »kompetent« ein Wert über 80 Prozent der möglichen Punkte. Die nachfolgende Grafik zeigt, dass eine Zuordnung nach diesen Schwellenwerten insgesamt eine differenzierte Verteilung ermöglicht. Man erkennt aber auch, dass bestimmte Kompetenzen wie z. B. Kommunikation in der Schülerstichprobe besser vertreten sind als z. B. Kompetenzen aus dem Bereich der Problemlösung.

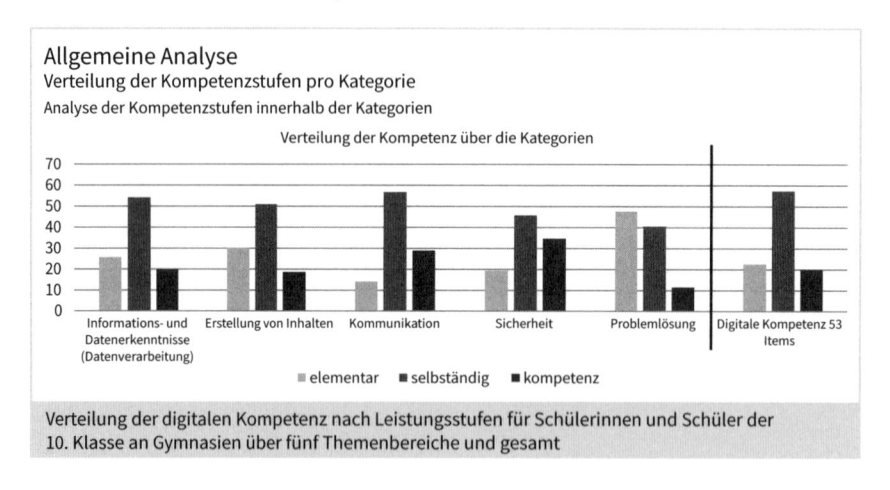

Allgemeine Analyse
Verteilung der Kompetenzstufen pro Kategorie
Analyse der Kompetenzstufen innerhalb der Kategorien

Verteilung der Kompetenz über die Kategorien

Kategorie	elementar	selbständig	kompetenz
Informations- und Datenerkenntnisse (Datenverarbeitung)	25	55	20
Erstellung von Inhalten	30	50	18
Kommunikation	15	55	30
Sicherheit	20	45	35
Problemlösung	48	40	10
Digitale Kompetenz 53 Items	22	55	20

Verteilung der digitalen Kompetenz nach Leistungsstufen für Schülerinnen und Schüler der 10. Klasse an Gymnasien über fünf Themenbereiche und gesamt

7.6 Bewerberauswahl

In einer weiteren Untersuchung hat das geva-institut die Eignungstestdaten von n = 4.397 Bewerberinnen und Bewerbern, die sich bei unterschiedlichen Unternehmen und Behörden für eine Berufsausbildung in expliziten IT-Berufen (z. B. Fachinformatiker, duales Studium IT) und IT-nahen kaufmännischen und technischen Berufen beworben haben und mit denen ein Eignungstest mit dem geva-Testsystem zur Bewerberauswahl durchgeführt wurde, analysiert. In den Eignungstests waren Fragen zum IT-Anwenderwissen integriert, einem Vorläuferverfahren des geva-Tests zur digitalen Kompetenz. Der Gesamtwert des oben beschriebenen geva-Tests zur digitalen Kompetenz korreliert mit dem Testmodul IT-Anwenderwissen r = .97 und ist damit in der Ergebnisaussage nahezu identisch. Die Reliabilität für die 44 Items der Gesamtskala »IT-Anwenderwissen« beträgt α = .94.

Während über die Schülerstichprobe Personen mit äußerst unterschiedlichen beruflichen Interessen und Fähigkeiten erreicht wurden, wurden nun Testdaten von Kandidatinnen und Kandidaten analysiert, die sich für eine Berufsausbildung bzw. ein duales

Studium bewerben, bei der laut Anforderungsprofil ein deutlicher IT-Bezug besteht. In diesem Sample befinden sich zu 72,4 Prozent männliche Bewerber. Berufe, die per se einen starken IT-Schwerpunkt haben (z. B. Fachinformatik), sprechen Bewerberinnen und Bewerber an, die sowohl ein starkes IT-Interesse mitbringen als auch überdurchschnittlich hohe Werte im Test der digitalen Kompetenz mit durchschnittlich 80 Prozent der möglichen Punkte erreichen. Personen, die sich für kaufmännische und technische IT-nahe Berufe bewerben, bringen im Mittel gute digitale Kompetenzen mit und erreichen im Durchschnitt 60 Prozent der möglichen Punkte. Das ist insgesamt mehr, als Schulabgänger im Durchschnitt erreichen. Die Mathematik-Schulnote ist übrigens auch bei dieser Stichprobe kein guter Prädiktor für die digitale Kompetenz. Der Zusammenhang zwischen der digitalen Kompetenz (hier: IT-Anwenderwissen) und den Beschönigungstendenzen ist mit einer Korrelation von r = .11 geringfügig höher als bei der Schülerstichprobe, allerdings in seiner Varianzerklärung unbedeutend und nur aufgrund des großen Stichprobenumfangs signifikant (p < .01). Hier zeigt sich der Effekt der unterschiedlichen Testsituation bei einem Projekt zur Berufsorientierung, das der Beratung und persönlichen Standortbestimmung dient, im Vergleich zur Situation im Rahmen der Personalauswahl. Der Geschlechtseffekt ist bei dieser Stichprobe wie bei der Schülerstichprobe gleichermaßen sichtbar: Männliche Bewerber erreichen durchschnittlich 75,3 Prozent der möglichen Punkte, Bewerberinnen 57,0 Prozent (p <. 001).

Bei den IT-spezifischen Berufen gehören 70,3 Prozent der Bewerber in die beste Kategorie (kompetent), 26,1 Prozent in die mittlere Kategorie (selbstständig) und nur 3,5 Prozent in die Kategorie »elementar«. Bei den IT-nahen Berufen sieht die Verteilung anders aus: 26,4 Prozent »elementar«, 52 Prozent »selbstständig« und 21,6 Prozent »kompetent«. Hier zeigt sich der Effekt der Selbstselektion über die Berufsmotivation sehr deutlich.

7.7 Dimensionalität der digitalen Kompetenz

Die im europäischen Referenzrahmen postulierten fünf Themenbereiche der digitalen Kompetenz konnten über eine Hauptkomponentenanalyse in dieser klaren inhaltlichen Abgrenzung nicht bestätigt werden. Es konnten vielmehr sieben Faktoren mit einem Eigenwert > 1 ermittelt werden – diese sind jedoch nicht mit den im europäischen Referenzrahmen postulierten Themenbereichen inhaltsgleich und erklären lediglich 44 Prozent der Varianz, der erste Faktor allein 12,4 Prozent. Die empirisch gefundene Struktur repräsentiert eher die Anwendungserfahrung und -praxis der Jugendlichen als eine theoretisch-homogene Inhaltsstruktur.
- Faktor 1: kompliziertere technische IT-Aufgaben, Administratorenaufgaben
- Faktor 2: einfachere IT-Anwenderaufgaben, Installationen von Programmen, Datensicherung

- Faktor 3: Programmieren
- Faktor 4: Tabellen und Diagramme
- Faktor 5: Kommunikation, E-Mail, Internettelefonie,
- Faktor 6: Tastenkombinationen anwenden, Lautstärke regulieren, Profilzugänge in öffentlichen Netzwerken kontrollieren
- Faktor 7: einfache Formatierungen in Textdokumenten

Eine Anwendung der Fünf-Skalen-Lösung nach europäischem Referenzrahmen ist aber dennoch möglich und auch sinnvoll. Die fünf Skalen sind reliabel und die Interpretierbarkeit dieser rationalen Lösung ist gegeben. Die Ergebnisse der weiteren Analysen sprechen allerdings auch dafür, den Gesamtscore über alle Items als Gesamtmaß für die digitale Kompetenz zu interpretieren.

7.8 Fazit

Der geva-Test »Digitale Kompetenz« als modularer Bestandteil des geva-Testsystems zur Bewerberauswahl liefert reliable Ergebnisse zur Beurteilung der digitalen Kompetenz. Die digitale Kompetenz steht als eigenständiges Konstrukt weitgehend unabhängig neben anderen Eignungsmerkmalen. Sie steht in keinem linearen Bezug zu schulischen Leistungen (Schulnoten), eher noch zu einigen Intelligenztest-Merkmalen aus den Bereichen Mathematik und räumliches Vorstellungsvermögen. Auch die Zusammenhänge mit persönlichen, sozialen und methodischen Kompetenzen sind vergleichsweise niedrig.

Besonders starke Bezüge lassen sich aber zwischen motivationalen Merkmalen und der digitalen Kompetenz feststellen. Es gibt Berufsinteressen und Berufswünsche, die eine starke IT-Nähe aufweisen. Wer sich für Technik und IT interessiert, beschäftigt sich auch als Schülerin oder Schüler mehr mit digitalen Themen und erwirbt dadurch eine höhere praktische digitale Kompetenz als andere. Das zeigt sich auch in den Testergebnissen. Personen mit anderen Berufsinteressen, zum Beispiel aus dem sozialen, medizinischen, gestalterischen und geisteswissenschaftlichen Bereich oder aus dem Bereich Service und Vertrieb, vertiefen ihr IT-Wissen nicht, nutzen lediglich die üblichen Alltagsfunktionen und -anwendungen und erreichen auch niedrigere Ergebnisse im Test. Da man aber auch in diesen Berufsfeldern intensiv mit digitalen Technologien und Anwendungen arbeitet, erscheint der Nutzen eines Tests der digitalen Kompetenz gerade hier von besonderer Bedeutung.

Damit kann man die digitale Kompetenz durchaus als zusätzliches und weitgehend unabhängiges Merkmal in der Berufseignungsdiagnostik betrachten und über einen messgenauen Test erheben. Der geva-Test zur digitalen Kompetenz ist als modularer Bestandteil des geva-Testsystems zur Bewerberauswahl nicht auf IT-Spezialisten ausgerichtet, sondern auf Bewerberinnen und Bewerber insgesamt und liefert in dieser Gruppe eine sehr gute Differenzierung.

Wer sich auf explizite IT-Ausbildungsberufe wie z. B. Fachinformatik bewirbt, bringt bereits ein hohes Berufsinteresse für die IT mit. Aufgrund der hohen Korrelationen zwischen bestimmten Berufsinteressen und der digitalen Kompetenz sind bei diesem Personenkreis auch hohe Testwerte zu erwarten – und diese werden auch erreicht, wie Datenanalysen unter den Bewerbern für IT-Berufe und IT-nahe Berufe gezeigt haben. Einstellung und Verhalten wirken bei der digitalen Kompetenz harmonisch zusammen. Motivationale Aspekte sollten daher bei der testgestützten Berufseignungsdiagnostik stärker beachtet werden.

Literatur

Bruns, M. C. et al. (2019): Verfälschungstendenzen bei Einstellungsuntersuchungen. München, unveröffentlichtes Studienmanuskript, geva-institut.

Caretero, S.; Yourikari, R.; Punje, Y. (2017): The Digital Competence Framework for Citizens. With eight proficiency levels and examples for use. DigiComp 2.1.; Luxembourg, Publications Office of the European Union.

Deutsche Gesellschaft für Personalführung (2016): Leitfaden Kompetenzen im digitalisierten Unternehmen. Ergebnisse aus Expertenkreisen im Rahmen eines BMWi-geförderten Forschungsprojekts. Frankfurt am Main, DGFP-Praxispapiere Leitfaden 02/2016, Publikationsreihe DGFP-Publikationen.

Dworschak, B.; Zaiser, H. (2019): Kompetenzen in Digitalisierung und Industrie 4.0. In: Bürkardt, D. et al. (Hrsg): Smart Factory und Digitalisierung. Baden Baden: Nomos.

Europäische Union: Europass, 2016. Online verfügbar unter: https://europass.cedefop.europa.eu/de/resources/digital-competences (letzter Zugriff: 28.03.2019).

Während der Ausbildung

8 Auszubildende im Zeitalter digitaler Transformation führen, fordern und fördern – Impulse für eine Ausbildung 4.0

Marcus Hennecke

Um junge Menschen im Zeitalter der digitalen Transformation angemessen führen, fordern und fördern zu können, ist es notwendig, sich eingehender mit der Zielgruppe und den Einflussfaktoren auf die Ausbildung auseinanderzusetzen. Hieraus leiten sich wichtige Impulse für die Rolle des Ausbilders, eine zeitgemäßen Führung und die Ausbildungsgestaltung ab.

Erfahrene Ausbilderinnen und Ausbilder sind zuweilen immer noch der Meinung, dass sich Auszubildende dem Betrieb anzupassen haben – und nicht umgekehrt. Schließlich sind »Lehrjahre keine Herrenjahre« und »das Leben kein Ponyhof«. Trotzdem ist es für eine gute Entwicklung der Auszubildenden und für eine zielgruppenorientierte Führung immer sinnvoll, die junge Generation zu verstehen und verstärkt auf ihre Erwartungen einzugehen. Dies gilt gerade im Zuge der demografischen Herausforderung, die Unternehmen dazu zwingt, um die Nachwuchskräfte von morgen zu werben. Dabei stellen sich Fragen wie:

- Warum ticken junge Menschen heute so?
- Was unterscheidet sie von den älteren Generationen?
- Warum sind diese Verhaltensweisen und Erwartungen als Folge gesellschaftlicher Entwicklungen nachvollziehbar?

Nur wenige Jahre ältere Mitarbeiterinnen und Mitarbeiter berichten, dass sie sich von den Erwartungen und Verhaltensweisen der heutigen Auszubildenden unterscheiden. Dies gilt insbesondere auch vor dem Hintergrund der digitalen Transformation, die sich natürlich auch – wie die vielen Beiträge in diesem Buch unterstreichen – in der Ausbildung niederschlägt. Viele Dinge, die vor wenigen Jahren prima funktionierten, greifen heute nicht mehr oder sind in die Jahre gekommen. Dieses Phänomen steht mittlerweile bei vielen Seminaren, Veröffentlichungen und Kongressen ganz oben auf der Agenda.

In diesem Beitrag sollen daher vier Schwerpunkte behandelt werden:

- Welche Einflussfaktoren, insbesondere der digitalen Transformationen, wirken sich auf die Ausbildung und die Beteiligten, d. h. Auszubildende, Ausbilder, Ausbildungsbetrieb, aus?
- Welche Erwartungen und Merkmale haben die jungen Menschen heute, wenn sie in die Ausbildung kommen?
- Welche Impulse aus der modernen Führungslehre können für die Ausbildung genutzt werden?
- Welche Aspekte wirken sich damit auf die Rolle des Ausbilders aus?

Insgesamt sollen hierdurch wichtige Grundlagen und Merkmale für eine Ausbildung 4.0 aufgezeigt und zu neuen Impulsen für die digitalen Transformation führen. Dabei werden nicht nur Erfahrungen und Kenntnisse genutzt, sondern auch praktische Tipps bzw. Hilfestellungen für die Ausbildungsbeteiligten aufgezeigt.

8.1 Ausbildung 4.0 verstehen und gestalten

Die Qualität einer Ausbildung 4.0 wird daran gemessen, wie junge Menschen auf das Berufsleben vorbereitet werden und ob sie dafür die richtigen Fähigkeiten, Fertigkeiten und Kenntnisse vermittelt bekommen – vor allem solche, die sie später für die berufliche Handlungskompetenz benötigen, um den Anforderungen am Arbeitsplatz und denen des Arbeitgebers gerecht zu werden, oder die es ihnen erlauben, sich diese möglichst selbstständig anzueignen. Eine zusätzliche Herausforderung ist hierbei die Novellierung der Berufsbilder. Es werden neue Berufsbilder abgestimmt und moderne Arbeitsbedingungen – vor allem im Zuge der Globalisierung, Digitalisierung und Demografie – geschaffen. Ausbilder und Auszubildende müssen sich mit dieser Transformation »selbstverständlich« auseinandersetzen, um in der modernen, digitalisierten Arbeitswelt zu bestehen und erfolgreich zu sein.

Damit einher geht eine Generation Auszubildender, die mit Internet, Smartphones und Social Media groß geworden sind und die diese digitale Transformation in ihrer Ausbildung vorfinden möchten. Das beginnt mit dem Auswahlprozess, geht über die interne Kommunikation, die Nutzung digitaler Lernformate und moderner Technik bis hin zu den eigentlichen Tätigkeiten in der Praxis. Insgesamt handelt es sich um komplexe Rahmenbedingungen, und es herrscht eine zumeist sich bedingende Gemengelage, unter der Ausbildung heute stattfindet. Der Ausbilder bzw. die Ausbilderin muss dabei den Überblick behalten und sich diesen Veränderungen selbst stellen. In der Tat handelt es sich auch um eine der größten Transformationen im Arbeitsleben und damit auch in der Ausbildung. Man darf nicht mehr nur über Ausbildung 4.0 reden, es ist höchste Zeit, diese auch in allen Facetten zu leben.

8.1.1 Einflussfaktoren auf die Ausbildung 4.0

Junge Menschen in der Ausbildung angemessen zu führen, zu fordern und zu fördern steht immer in einem Zusammenhang mit dem betroffenen Unternehmen, ihren Ausbildern und dem Ausbildungsberuf sowie der Ausbildungsgestaltung selbst. Damit wird deutlich, von wie vielen Einflussfaktoren Ausbildung geprägt wird. Diese Faktoren sind natürlich auch im Spiegel der Zeit zu sehen. Wenn wir dazu also die gesellschaftlichen, wirtschaftlichen und technischen Rahmenbedingungen mit ihrer digitalen Transformation betrachten, wird deutlich, dass junge Menschen heute eine andere

Ausbildung erfahren, als vor zehn oder zwanzig Jahren. In diesem Kapitel sollen daher die Einflussfaktoren einer Ausbildung 4.0 aufgezeigt und erklärt werden, sodass sie in den nächsten Kapiteln weiter betrachtet werden können.

Ausbildung 4.0 kennzeichnet sich durch mehrere Faktoren:
1. Was wird wie ausgebildet (Ausbildungsberuf, -inhalt und -gestaltung)?
2. Wer wird ausgebildet (Zielgruppe der Auszubildenden)?
3. Wer bildet fachlich aus und »führt« die Auszubildenden (Zielgruppe der Ausbildungsverantwortlichen bzw. -beauftragten)?

Diese Faktoren spiegeln im Unternehmen die interne Ausbildung wider. Die Ausbildung, insbesondere die Frage, wie die Auszubildenden geführt, gefordert und gefördert werden, wird zudem beeinflusst
1. von der Führungskultur (eher transformational bzw. agil oder nicht),
2. der Lernkultur (eher digital oder nicht), die wiederum beide
3. die Ausbildungskultur (modern oder nicht) prägen.

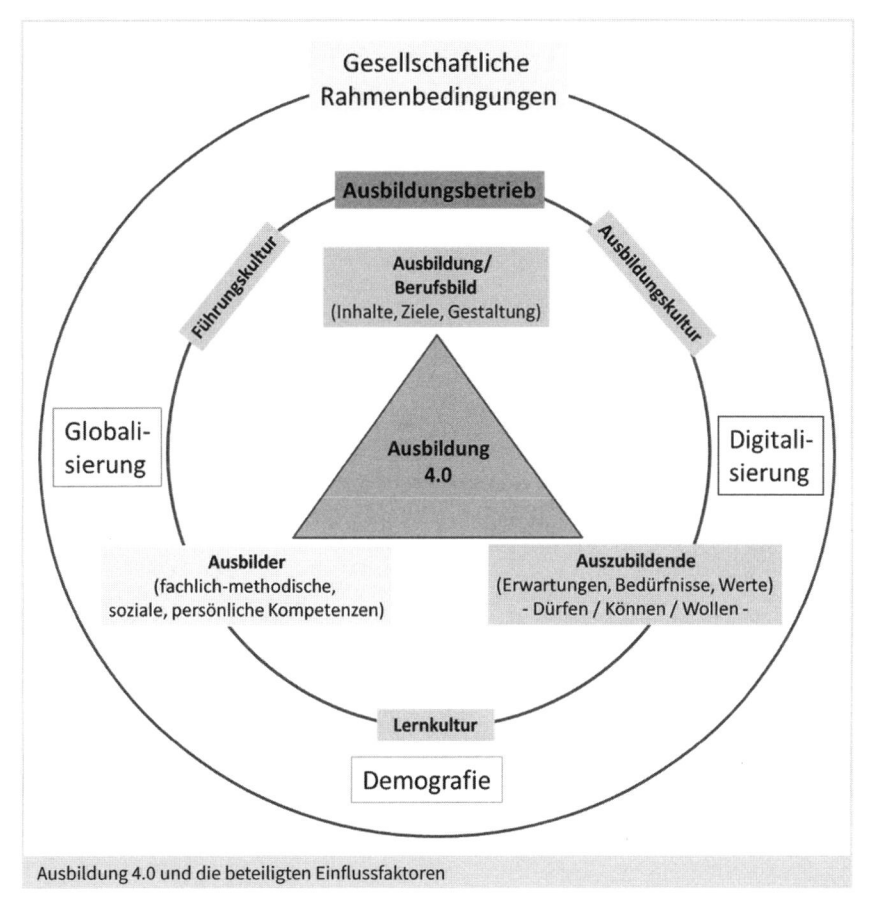

Ausbildung 4.0 und die beteiligten Einflussfaktoren

Eine Ausbildungs- und die herrschende Lernkultur werden durch das innere Verständnis des Ausbildungsteams und durch ein gemeinsames Verständnis über Ausbildung 4.0 geprägt. Technologie und Digitalisierung sind wichtige Einflussfaktoren darauf. Ihre Gestaltungsräume spielen dabei für die Lern- und Führungskultur eine wichtige Rolle. Flexible Arbeitsmodelle, digitale Ausbildungsmittel und eigenständige Ausbildungsformate sind wichtig, damit Auszubildende – im arbeits- und datenschutzrechtlichen Rahmen – z. B. selbst über Arbeitszeiten, Standort oder Arbeitsmittel (Stichwort »BYOD«: bring your own device) entscheiden können. Wichtige Antreiber für Auszubildende, wie Motivation, Selbstständigkeit und Eigeninitiative, werden dabei gefördert und nicht durch konservative Unternehmensstrukturen mit ihren starren Regelungen behindert.

Die Ausbildungskultur baut dabei auf ein Miteinander zwischen Auszubildenden, Ausbildern und Mitarbeitern auf. Das Teilen von Informationen, Wissen und Erfahrung prägt eine moderne Unternehmens- und Ausbildungskultur. »Wissen ist Macht« als Merkmal des erfahrenen Ausbilders oder Meisters gehört der Vergangenheit an. Das uneigennützige Sharing und eine echte **Kollaboration** über Generationen und Hierarchien im Unternehmen hinweg spiegelt das moderne Wissensmanagement bzw. eine moderne Ausbildungskultur wider. Hier kommt den Ausbilderinnen bzw. Ausbildern und Führungskräften eine wichtige Rolle zu. Sie müssen eine klare Haltung zum Thema »Ausbildung und Nachwuchskräfteentwicklung« besitzen. Den jungen Mitarbeiterinnen und Mitarbeitern kann so schon zu Beginn der Ausbildung durch ein hohes Maß an Vertrauen und gemeinsame Zielsetzungen eine hohe Wertschätzung und Unternehmensidentifikation vermittelt werden. Vertrauen in die Kompetenz und in die Fähigkeiten der Auszubildenden und Ausbilder bringt mehr als strikte Vorgaben, Anordnungen und Kontrollen. Eine solche Ausbildungs- und Führungskultur wird von der Zielsetzung geprägt, gemeinsam gute Erfolge in der Ausbildung zu erzielen. Wer seine Kompetenzen und Erfahrungen in die Ausbildung einbringt und sich für die jungen Auszubildenden engagiert, freut sich auch über die gemeinsamen Erfolge. Das motiviert und fördert die Identifikation aller Beteiligten mit dem Unternehmen und erhöht den Status der Ausbildung.

8.1.2 Ausbildung in der digitalen Transformation der VUCA-Welt

Das Zeitalter der digitalen Transformation wird oftmals anhand des VUCA-Modells erklärt, das vor mehr als 30 Jahren im US-militärischen Kontext erfunden wurde und über das MIT (Massachusetts Institute of Technology) Einzug in die Wirtschaft erhielt. Hierbei werden Herausforderung und Lösungsansätze für die Beteiligten beschrieben. Das Akronym VUCA steht für die vier Begriffe:
- **V**olatility (Volatilität/Unbeständigkeit): Die Häufigkeit, Schwankung und Geschwindigkeit von Veränderungen nehmen zu bzw. die Stabilität nimmt ab.

- **U**ncertainty (Unsicherheit/Ungewissheit): Entwicklungen und Ereignisse sind kaum mehr vorhersagbar. Verlässliche Strategien gehören der Vergangenheit an, dadurch nehmen Unsicherheit und Ungewissheit zu.
- **C**omplexity (Komplexität): Die Vielschichtigkeit und Verflechtung von Sachverhalten nehmen permanent zu. Das wirkt sich auf den ständig wachsenden Wissensgehalt und die Halbwertzeit des Wissens aus.
- **A**mbiguity (Mehrdeutigkeit): Zunahme der Widersprüchlichkeit und Mehrdeutigkeit bei unklarer werdenden Ursache-Wirkungszusammenhängen.

VUCA ist das schlagwortartige Akronym, wenn es um die Komplexität und Agilität von Führung, die Schnelllebigkeit und Digitalisierung der Arbeitswelt 4.0 oder die Unsicherheit bzw. Mehrdeutigkeit von Situationen bzw. Informationen für Arbeitnehmer und Arbeitnehmerinnen geht. VUCA verkörpert somit eine neue Führungs-, Ausbildungs- oder Lernkultur (siehe »Auszubildende digital für das Thema Gesundheit begeistern« von Sebastian Schmidtbleicher und Marina Kühnpast). VUCA verlangt nach neuen Kompetenzen für Ausbilder und Auszubildenden (siehe »Digitale Kompetenz – ein neuer Aspekt in der Berufseignungsdiagnostik?« von Gerhard und Marie Cathrin Bruns). Wie können zukunftsfähige »Kernkompetenzen« wie z. B. Flexibilität, digitale Medienkompetenz, Innovationsdrang, Eigenverantwortlichkeit, Resilienz und Wandlungsfähigkeit in den Auswahlprozess und Ausbildungsplan integriert und mit »überfachlichen« Ausbildungsangeboten entwickelt werden?

In der Ausbildung 4.0 muss ein neues Verständnis von »Führen, Fördern und Fordern« der Auszubildenden einkehren. Was bedeutet das?

- **Zunehmende Unbeständigkeit in der Ausbildung**
  Frühzeitige und umfassende Informationskultur, dabei schaffen Abstimmungen zu Ausbildungsprozessen, Ausbildungsinhalten und Zielsetzungen Transparenz und Verständnis. Seitens der Ausbilder und Ausbilderinnen steigt die Ungewissheit zu strategischen Themen, z. B.: Wie wird dem demografischen Wandel begegnet? Welche Quantität von Bewerbern und Qualität an Auszubildenden stehen dem Unternehmen zur Verfügung? Muss das Recruiting verändert oder der innerbetriebliche Unterricht ausgebaut werden?
- **Unsicherheiten oder neue Situationen in der Ausbildung**
  Auszubildende werden gerade zu Beginn ihrer Ausbildung vermehrt mit Unsicherheiten und Neuem konfrontiert. Und das, wo sie zumeist mit dem Sicherungsnetz der Eltern groß geworden sind. Informationsvermittlung ist zu Beginn eine wichtige Voraussetzung, um Klarheit und Einvernehmen zu schaffen. Ausbilderinnen und Ausbilder sollten in den ersten Tagen für positive Erlebnisse und ein Erwartungsmanagement sorgen. Dadurch werden Ängste (auch vor neuen Herausforderungen) abgebaut und die neuen Auszubildenden schnell in das Unternehmen und in die neuen Ausbildungsabschnitte integriert. Neues wird so nicht als Gefahr, sondern als spannende Herausforderung begriffen. Komplexe Probleme sollen

nicht überfordern, sondern als Möglichkeit zum eigenverantwortlichen Arbeiten motivieren und als individuelle Kompetenzentwicklung gesehen werden.
- **Komplexe Ausbildungsinhalte und -prozesse**
Durch die stetige und schnelle Zunahme an Wissen werden die Ausbildungsinhalte und -prozesse immer komplexer. Hier ist es für Ausbilder und Ausbilderinnen ratsam, für Klarheit und Transparenz bei den Inhalten und Entscheidungswegen zu sorgen. Das erfordert z. B. verstärkt Kommunikationsfähigkeit, Innovationsdrang, Flexibilität, Neugierde und Kreativität. Diese Kompetenzen sollten auch in die Ausbildungsordnungen moderner Berufsbilden aufgenommen werden.
- **Mehrdeutigkeit in Ausbildungssituationen**
Agile Ausbildungsbedingungen und Führungsformate sind Antworten, um sich auf Ambiguität auszurichten. Nicht konkrete oder unkoordinierte Kommunikation, wie z. B. durch Mailings, Blogs, Broadcasts, begünstigen die Mehrdeutigkeit. Regeln, wie kommuniziert wird und wie Informationen selbstständig beschafft werden, geben Orientierung.
- **Wenig Verlässlichkeit für den Ausbilder bzw. die Ausbilderin**
Im Auswahlprozess und bei der Betreuung der Auszubildenden finden Ausbilderinnen und Ausbilder immer mehr heterogene Lebensläufe und Erfahrungen vor. Hohe Ambivalenz beim »individuellen Abholen« und bei der »motivierenden Ansprache« der Auszubildenden fordern die Ausbilder. Standards und Gewohntes »greifen« nicht mehr, der individuelle und persönliche Umgang gewinnt an Bedeutung, kostet die Ausbilder mehr Zeit und erfordert sozial-kommunikative statt fachliche Kompetenzen.
- **Veränderungen als Normalität akzeptieren**
»Nichts ist so beständig wie der Wandel« heißt es bekannter Weise. Ausbilder und Ausbilderinnen sollten die innovativen Veränderungen mitgestalten bzw. miterleben lassen und die Ausbildungsprozesse nicht in isolierten Schonräumen, wie Lernlabore, Ausbildungswerkstätten usw., verlegen. Das bedeutet für alle Beteiligten, sich den Veränderungen anzunehmen und offen für Innovationen zu sein. So werden Auszubildende bereits früh an die VUCA-Bedingungen gewöhnt. Gerade der enge Austausch zwischen Ausbildern, Auszubildenden und den anderen Mitarbeitern schafft ein Verständnis von Neuem, Altem, Erfahrung und Best Practice. Die Ausbildung liefert so einen Beitrag zum generationsübergreifenden Lernen im Unternehmen (vgl. Eberhardt, 2017, S. 253).

In der Industrie wird die Digitalisierung mit Hochdruck vorangetrieben, kleinere und mittlere Unternehmen (KMU) stehen eher noch am Anfang der Veränderungsprozesse. Künstliche Intelligenz und Internet der Dinge verändern Branchen wie Marketing und Vertrieb, Beschaffung und Logistik sowie Produktion. Wenn Robotik, 3-D-Druck und Automatisierung bestimmte menschliche Tätigkeiten ersetzen, ist ein entsprechender Anpassungsbedarf notwendig. Was bedeutet das für die Ausbildung eines Unternehmens? Während viele die Digitalisierung vorantreiben, zögern manche in Bezug auf die Digitalisierung ihrer Ausbildung: Zum einen wissen sie nicht, welche Kompetenzen zukünftig benötigt werden. Zum anderen suchen viele Unternehmen nach geeigneten Lernformaten und -medien, die den betrieblichen Anforderungen entsprechen und die Auszubildenden abholen.

Nur mit einer darauf ausgerichteten Ausbildung lassen sich die notwendigen digitalen Transformationsprozesse sicherstellen. Hierfür muss die Ausbildung zunächst weiter digitalisiert werden, die Ausbilderinnen und Ausbilder müssen die notwendigen Kompetenzen erwerben und mutig auch agile Methoden und Prozesse in die Ausbildung integrieren (siehe »Das digitale Zeitalter hat für Auszubildende bei Volkswagen schon längst begonnen – der VWN Campus Digitalisierung« von Volker Löbe). All dies hat einen großen Einfluss auf die Ausbildung: Neue Ausbildungsberufe werden eingefordert, vorhandene Berufsbilder im Hinblick auf Modernisierung diskutiert. Ausbilder und Ausbilderinnen müssen qualifiziert werden, damit sie neue Medien, digitale Technologien bzw. Prozesse sinnvoll in die Ausbildung integrieren können. Das heißt, um den digitalen Wandel zu gestalten, muss sich auch die betriebliche Ausbildung selbst weiter digitalisieren, die Ausbilder müssen dafür fit gemacht werden und moderne Bedingungen müssen so gestaltet werden, wie sie die Arbeitswelt 4.0 benötigt.

Zwischenfazit
Die Ausbildung ist bisher noch nicht ausreichend auf die VUCA-Welt vorbereitet. Kurzfristig werden Qualifizierungen für Ausbilderinnen und Ausbilder und die technische Ausrüstung benötigt. Ausgehend von den jeweiligen individuellen Voraussetzungen und mit Bezug zur Branche und dem Unternehmen müssen die medialen und didaktischen Kompetenzen der Ausbilder gestärkt werden. Der gewählte Blended-Learning-Ansatz, der z. B. Webinare, Lernplattform oder interaktive Formate kombiniert, erweist sich als sinnvoll, ist aber noch nicht ausreichend. Das heißt, die Rolle des Ausbilders als Coach bzw. Lernberater und eine darauf abgestimmte wertschätzende und motivierende Führung (vgl. folgende Kapitel) sind weitere wichtige Bausteine einer Ausbildung 4.0. Um die dafür notwendigen Kompetenzen effektiv einsetzen zu können und auf die Auszubildenden verständnisvoll einzugehen, liegt es auf der Hand, die jungen Menschen als Auszubildende zunächst einmal richtig zu verstehen.

8.1.3 Die Auszubildenden in der digitalen Transformation

Wie anfänglich gesagt: Es lohnt sich immer, wenn Ausbilderinnen und Ausbilder die junge Generation der Auszubildenden kennen, verstehen und dadurch mit ihnen richtig umzugehen vermögen. Neben – mittlerweile auch wissenschaftlich untersuchten – Erklärungsversuchen gibt es nur eine überschaubare Anzahl von praktischen Hilfestellungen und Tipps, wie Ausbilder die heute junge Generation verstehen und angemessen führen, fördern und fordern können. Für ein besseres Verständnis der jungen Menschen hat sich die Unterscheidung von Generationen bewährt. Weniger, um Altersgruppen in einer Schublade abzulegen (was nicht wenige kritisieren, vgl. Schrader, 2016), sondern um damit typische Merkmale ihrer Erwartungen, Bedürfnisse, Werte und Verhaltensmuster beschreiben und abgrenzen zu können.

Die Bezeichnung der jungen Generation ist immer mit Schlagworten und Stereotypen verbunden. Dabei sind ihre Beschreibungen und Etikettierung auch eine pauschale Verallgemeinerung – mal besser mal weniger gut gelungen. So vergaben Autoren Namen wie »Generation Doof« (Bonner/Weiss, 2008), »Generation Smartphone« (Zimmermann, 2016), »Generation Maybe« (Jeges, 2014) usw.

Andere Kategorisierungen werden anhand von z. B. technologischen Entwicklungsstufen vorgenommen. Im Rahmen der Digitalisierung unterscheidet man gerne zwischen den »Digital Natives« und »Digital Immigrants«. Erstere sind in die Digitalisierung hineingeboren und wachsen mit der Technik auf. Die »Digital Immigrants« haben erst im späteren Lebensalter die digitale Technologie kennengelernt (vgl. Hanisch, 2016, S. 21). In diesem Beitrag wird eine Unterteilung aus der Soziologie verwendet, die die vier Generationen im heutigen Arbeitsleben erfassen (siehe folgende Abbildung). Das sind die Jahrgänge
- 1946–1960 (Baby-Boomer),
- 1961–1980 (Generation X),
- 1981–1995 (Generation Y) und
- ab 1996 (Generation Z).

Unter einer Generation versteht man in der Soziologie (Karl Mannheim) eine Altersgruppe, die von ähnlichen Bedingungen in der Kindheit und im Jugendalter beeinflusst werden. Sie haben also gemeinsame Ereignisse und Erlebnisse, die sie prägen. Junge Menschen entwickeln so gemeinsame Werte und wachsen unter ähnlichen gesellschaftlichen, technischen und politischen Verhältnissen auf, was sie dann von anderen Generationen unterscheidet. So verändern sich z. B. Familienstrukturen, Bildungssysteme, Wertemuster oder Technologien. Die Übergänge der Einflüsse und unterschiedlichen Lebensphasen sind immer fließend zu verstehen und verändern sich natürlich nicht mit einem Stichtag (vgl. Mangelsdorf, 2015, S. 12 ff.). Dabei ist die heutige junge Generation in sich eher widersprüchlich. Sie fordert Selbst- und Eigenverantwortung ein, möchte aber keine Verantwortung übernehmen, sie sucht nach Geborgenheit und vermeidet das Risiko, will aber viel erleben, Vorbilder haben und scheut sich nicht vor einem schnellen Jobwechsel.

Generationen in der Entwicklung

Stille Generation
~ 1925–1945
- von Weltwirtschaftskrise und 2. Weltkrieg geprägt
- konventionell, ernst
- Entbehrung als Maxime
- Traditionalisten/konservativ
- unpolitisch/unentschlossen
→ «Selbstloses Arbeiten»

Generation X (D. Coupland)
~ 1961–1980
- Diversity und Globalisierung
- Selbstvertrauen
- Work-Life-Balance
- Spaß und Erleben im Fokus
- Pragmatismus
- Skepsis ggü. Politik/Karriere
→ «Arbeiten, um zu leben»

Generation Z
~ nach 1996 geboren
- mit Internet groß geworden
- Vernetzung in Social Media
- Selbststeuerung und Flexibilität
- hohe soziale Verantwortung
- geringe Loyalität ggü. Arbeitgeber, Organisationen und Parteien
- informiert, gebildet, anspruchsvoll
→ «Leben und arbeiten in einer Balance»

1940	1950	1960	1970	1980	1990	2000	2010	
Stille Generation	Baby Boomers		Generation X		Generation Y		Generation Z	?

Baby Boomers
~ 1946–1960
- Wettbewerb
- Leistung
- harte Arbeit
- Teamorientierung
- antiautoritär
→ «Leben, um zu arbeiten»
→ «Erst die Arbeit, dann das Vergnügen»

Generation Y
~ 1981–1995
- Vertrauen, positive Verstärkung, Anspruchsdenken
- Optimismus, positive Grundhaltung
- Diversity, soziale Verantwortung/Bewusstsein
- Geld, wobei Work-Life-Balance höher priorisiert
- Familienzentrierung, Teamwork
- technologisiert und mobilisiert
→ «Erst leben, dann arbeiten»

Generationsübersicht mit typischen Merkmalen (Darstellung in Anlehnung an: Harvard Business Manager, Heft 2/2015, S. 60)

In Ergänzung zum einleitenden Beitrag »Digitale Transformation in der beruflichen Bildung – Versuch eines Ansatzes für den Ausbildungsalltag« von Stefan Dietl wird im folgenden Kapitel besonders auf die junge Zielgruppe der Auszubildenden und auf ihre Erwartungen an die Ausbildung eingegangen. Daran anschließend geht es um ihre Führung, Förderung und Entwicklung durch die Ausbilder, die damit zusammenhängende Rolle der Ausbilder sowie die Konsequenzen für die Ausbildungsgestaltung.

8.2 Wie ticken Auszubildende heute?

Die jungen Menschen sind zunehmend hart auf dem Boden der Realität gelandet. Während sie der Arbeitswelt anfänglich noch in der Sozialromantik à la Pippi Langstrumpf – »Ich mache mir die Welt, so wie sie mir gefällt« (Scholz, 2014) – begegnete, erlebt sie derzeit zunehmend, dass sich ihre Erwartungen an das Berufsleben, wie z. B. Sinnhaftigkeit, Abwechslung und Selbstverwirklichung, nicht immer erfüllen lassen. Daher ist es wenig verwunderlich, dass sich die beiden jüngsten Generationen Y und Z in ihren Wünschen an das Arbeitsleben grundlegend unterscheiden.

Was sind nun die erlebten gesellschaftlichen, wirtschaftlichen und technischen Rahmenbedingungen der unterschiedlichen Generationen (vgl. auch Mangelsdorf, 2015 S. 22 f.)?

8   Auszubildende im Zeitalter digitaler Transformation führen, fordern und fördern

Generation X (1961–1980)	Generation Y (1981–1995)	Generation Z (1996–2010)
• Hochphase des Kalten Krieges • politisches Engagement in den 80ern (Anti-Atomkraft, Nato-Doppelbeschluss) • Etablierung der Grünen als Partei • Wandel in Deutschland/Wiedervereinigung 1989/1990 • Zusammenbruch der Sowjetunion 1991/des Warschauer Pakts • Erscheinen des Musiksenders MTV • Auftreten von AIDS • Globalisierung der Wirtschaft und weltweiten Vernetzung • erste Heim-PCs sind erwerbbar • Anfänge des BTX bzw. Internets • digitale Datenträger	• Wiedervereinigung Deutschlands 1989/1990 • Terroranschläge World Trade Center in New York am 11.09.2001 • Irak-/Afghanistan-Kriege, aber auch Arabischer Frühling (2010) • Umweltkrise und Diskussion um Klimawandel • Verbreitung des Internets • Aufkommen von Social Media wie MySpace (2003), Xing (2003), Facebook (2004) oder Studi/SchülerVZ (2005) • Bereitstellung von Instant-Messenger-Diensten wie MSN (1995), ISQ (1996) oder Skype (2003) • Mobile Datenträger und »PlayStation« als Selbstverständlichkeit • veränderte Bildungslandschaft durch Pisa- und Bologna-Prozess	• Internet überall und jederzeit • eine Welt mit Smartphone, Social Media (Instagram, Snapchat) und Fake News (Twitter) bzw. -Accounts • sharen statt besitzen: Autos, Bücher, Fahrräder, Musik und Filme • Finanz- und Bankenkrise, Niedrigzinsphase, Migrations-/Fluchtbewegung • knapp 50 % der Kinder in Städten leben in Einelternhaushalten • »Fridays for Future« Bewegung/Schwedin Greta Thunberg engagiert für Zukunft und Ökologie • Filme (YouTube, Netflix) und Messengerdienste (WhatsApp) als primäre Kommunikationsformate • zunehmendes Misstrauen und Überreizung durch ständige Erreichbarkeit und Selbstdarstellung • Datenclouds statt Datenbesitz

Auswahl gesellschaftlicher, wirtschaftlicher und technischer Rahmenbedingungen der unterschiedlichen Generationen (im Vergleich).

Die heutige Generation Z wird unterschiedlich bezeichnet, aber die Beschreibungen – auch im internationalen Kontext – ähneln sich. Als »Digital Natives« sind sie dauerhaft online und nutzen Online-Netzwerke. Als »Generation Millennials« werden die um die Jahrtausendwende geborenen jungen Menschen bezeichnet (vgl. Rolf, 2012).[25] In Großbritannien spricht man von der »Generation K« (Noreena Hertz) – wegen der Romanfigur Katniss Everdeen aus »Die Tribute von Panem«. Negative Erwartungen bestimmen die Einstellung dieser Generation, welche in Studien untersucht wurde.

---

25 Studien belegen, dass man aufgrund der Frequenz und der Art der Mediennutzung der bis zu 30-jährigen auf keine generationsspezifischen Eigenschaften oder Verhaltensweisen der sogenannten »Digital Natives« schließen kann. Ihre Mediennutzung fokussiert sich auf ihre Freizeit und dient in erster Linie der Kommunikation mit Freunden. Ein bewusster Lerntransfer findet daher nicht und erst recht nicht generationsspezifisch statt.

Insbesondere zu ihrer digitalen Arbeits- und Lebenswelt hat sie ein gestörtes Verhältnis. Diese Generation stellt sich so der Haltung der vorangehenden Generation entgegen, die App-Lösungen und Social-Media-Plattformen entwickelt hat, das heutige Internet dominiert und im World-Wide-Web »lebt«. Sie misstraut mit über 94 Prozent Google, Apple und Facebook ebenso wie den Großbanken oder dem Staat. Moralische Werte wie Gerechtigkeit und Toleranz sind für sie wichtiger als Ehrgeiz und persönlicher Erfolg (vgl. Jungclaussen, 2017; Hertz, 2015).

In den USA spricht man von der »iGeneration« (Jean Twenge), aufgewachsen mit iPhone, iPad und Co. Sie ist die erste Generation, die im Jugendalter selbstverständlich ein Smartphone besitzt. Die Mitglieder dieser Generation verbringen Stunden in den Social Media und mit dem Schreiben von Kurznachrichten und sie treffen ihre Freunde seltener im realen Kontakt. Sie sind toleranter, wobei sich ihr Leben zumeist um sie selbst dreht. Sie werden langsamer erwachsen (finanziell unabhängig), haben ein höheres Sicherheitsbedürfnis, empfinden mehr Ängste und haben mehr Krisenerlebnisse. Die 18-Jährigen verhalten sich heute wie früher 15-Jährige, 13-Jährige wie früher 10-Jährige. Sie gehen seltener in ihrer Freizeit aus und trinken weniger Alkohol, lesen kaum Bücher, Zeitungen und Zeitschriften, sondern verbringen stattdessen rund sechs Stunden pro Tag mit Messengern, Social Media und im Internet. Diese Entwicklungen stehen im engen Zusammenhang mit der veränderten Sozialisation, verliefen über die Jahre hinweg und waren in der Gesellschaft schon länger wahrnehmbar. Pointiert beschrieben: Die jungen Menschen heute wachsen mit Handy-GPS auf, das den richtigen Weg zum Kindergarten kontrolliert. Kurze Wege zum Sport werden von den besorgten Eltern übernommen. Konflikte klären die Eltern und Streitigkeiten vertritt ein Rechtsanwalt (selbst für schlechte Noten in der Schule). Normalleistungen werden als besondere Erfolge eingeordnet und alle Leistungsstände – ob in der Schule, in der Freizeit oder im Sport – werden als Erfolge verbucht, obwohl sie inflationären Bewertungen (egal ob in der Schule oder den Universitäten) unterliegen (vgl. Lorenz, 2019, S. 76 f.).

Während die Generation X und Y noch Freiheiten hatten und Erfahrungsräume suchten, nimmt bei den Jüngsten das Sicherheits- und Fürsorgebedürfnis zu und wird nun auch selbstverständlich in der Ausbildung erwartet (vgl. Twenge, 2018a, S. 220 f.). Das Erwachsenwerden samt Selbstständigkeit und Eigenverantwortung wird von einem längeren Entwicklungstempo geprägt und irritiert die Ausbilderinnen und Ausbilder älterer Semesters mit ihren bisherigen Erfahrungen zunehmend (vgl. Lorenz, 2019, S. 150 f.).

Zudem belastet die junge Generation auch das sogenannte Fear-of-missing-out(FOMO)-Syndrom, d. h. die Befürchtung, etwas zu verpassen (siehe »Auszubildende digital für das Thema Gesundheit begeistern« von Bastian Schmidtbleicher und Marina Kühnpast). Es gilt als Folge der seit den 1990er-Jahren vorherrschenden Erlebnis- und

Multioptionsgesellschaft (vgl. Schulze, 1992) in Kombination mit der Bedeutung der Social-Media-Präsenz. Alles kann erlebt werden, die Qual liegt nur in der Entscheidung, was man aus Zeitgründen nicht erleben und dann auch nicht seiner Außenwelt als Story und News posten kann. Diese mittlerweile nachgewiesene psychische Belastung prägt nun insbesondere die jüngste Generation. Während ältere Generationen eher gelassen und auch mal mit einer Off-Zeit auf den Social-Media-Stress reagieren, spiegeln medizinische Daten wider, dass gerade die Jüngeren Angst haben, etwas zu verpassen bzw. auch etwas nicht richtig zu machen. In den Social Media werden meistens nur die Erfolge, schönen Dinge und besonderen Erlebnisse gepostet (vgl. Schulze, 1992, S. 151 ff.). Die Wahrnehmung ausschließlich guter Geschichten, schöner Bilder und weniger von alltäglichen Dingen und Problemen sorgen bei immer mehr Jugendlichen für Minderwertigkeitsgefühle.

Obwohl die jungen Menschen über Social Media eng miteinander vernetzt sind, lindert das nicht die physische und psychische Einsamkeit. Es bestehen große Ängste, irgendwo nicht dabei zu sein, und es entsteht ein Gefühl der Ausgeschlossenheit. Studien zeigen nachdrücklich den Rückgang sozialer Interaktionen. Und im Umkehrschluss steigen die Bildschirmzeiten und die Nutzung von Smartphones und Social Media (vgl. Twenge, 2018a, S. 151 ff.).

Warum und worin unterscheidet sich die heutige Generation von ihrer vorherigen Generation? Was löst bei den wenig älteren Ausbilderinnen und Ausbildern bereits Irritation aus? Trotz vergleichbarer Rahmenbedingungen hat sich die Generation Z völlig anders an ihre Umwelt angepasst als ihre nicht viel ältere Vorgängergeneration. Sie unterscheidet sich grundlegend in ihren Erwartungen an das Arbeitsleben und auch in ihrer digitalen Kompetenz (vgl. Friebe/Lobo, 2008). Die Generation Y will einzigartig und individuell sein, strebt zumeist nach Freiheit und Autonomie. Sie nutzt die digitalen Möglichkeiten zur Zusammenführung von Arbeit und Privatleben, was sie insbesondere in ihrer Darstellung auf den Social-Media-Plattformen zum Ausdruck bringt. Statt Freiheit und Selbstständigkeit gibt es nun andere wichtige Werte und Bedürfnisse (vgl. Burkhart, 2016, S. 40 f.).

Die Generation Z sucht stärker nach Sicherheit in der digitalen, schnelllebigen und komplexen Welt. Sie strebt wieder stärker reale soziale Kontakte und einen festen Halt in der Familie und mit Freunden an. Sie realisiert, dass sich die Erwartungen der Älteren von Karriere, Mitbestimmung und »Work-Life-Balance« im Arbeitsleben nicht immer erfüllt haben. Mit diesen Erfahrungen verändern sich auch ihre Ziele: Übernahmegarantie, klare Strukturen, konkrete Arbeitszeiten sind ihnen wichtig. Folglich sind ihre Erwartungen in Bezug auf ihre Ausbildung auch unterschiedlich:

1. Ausbildungsmarketing und -recruiting

Der Generation Z, die in ihrer Jugend infolge von Terrorismus, Klimawandel, Wirtschaftskrisen und Fake News viele Unsicherheiten erlebt, ist Sicherheit, Struktur und Übernahmemöglichkeiten im Ausbildungsunternehmen wichtig. Berufe und Branchen, die von der Generation Y noch als weniger attraktiv bewertet wurden, haben bei Schülern und Studenten an Attraktivität gewonnen. Zum Beispiel dürften öffentlicher Dienst, Polizei oder Bundeswehr es in Zukunft »einfacher« haben, junge Menschen anzusprechen (vgl. Mangelsdorf, 2015).

2. Ausbildungsgestaltung

Während die Generation Y vor allem durch individuelle Ansprüche in Richtung Karriere, Weiterbildung und zeitliche bzw. örtliche Flexibilität auffällt, ist der Generation Z eine klare Trennung von Arbeits- und Berufsleben sehr wichtig, ebenso wie geregelte Arbeitszeiten und der eigene Schreibtisch. Hier wird die Weiterentwicklung von Work-Life-Balance zu Work-Life-Separating deutlich. Die Berichte von der Verschmelzung von Arbeit und Freizeit, abendlichen Tischkicker-Spielen bei bezahlter Pizza im Tausch für die Lebenszeit wird von der Generation Z als nicht mehr erstrebenswert gesehen. Der junge Mensch möchte individuell behandelt werden; d. h. Arbeit und »Karriere« sollten auf die eigenen Erwartungen zugeschnitten sein. Die Möglichkeit zur individuellen Weiterentwicklung oder einer beruflichen Perspektive werden wichtiger gesehen als mehr Gehalt und höherer Bonus (vgl. Bund, 2014, S. 147 f.).

Ausbildung sollte daher noch individueller gestaltet werden (Ausbildungszeit, Projekteinsätze, persönliche Wünsche). Dazu können die Stärken der Auszubildenden genutzt und ihnen verantwortungsvolle Aufgaben übertragen werden. Ausbilderinnen und Ausbilder stehen beratend zur Seite und bewerten bzw. kontrollieren das Vorgehen und das Endergebnis. Wichtig für Ausbilder sind die Kommentare und Rückmeldungen der Auszubildenden. In einer Beratungssituation möchte der Auszubildende eine Information, einen Rat oder andere Hilfe bekommen. Es lohnt sich, genau zuzuhören (Prinzip des aktiven Zuhörens), was Auszubildende vorschlagen, was sie gut oder schlecht finden oder wobei sie noch Unterstützung benötigen. Ausbilder und Ausbilderinnen können dazu »Gruppenarbeit« oder »Projektarbeit« anbieten, in die sich die Auszubildenden nach ihren Stärken einbringen können und sich gemeinsam mit anderen erleben. Oft sind es diese Erlebnisse, die Auszubildende begeistern und an das Unternehmen binden. Ausbildung darf und muss Spaß machen. Gruppenerlebnisse unterstützen den Spaßfaktor und Erfolge dürfen auch gefeiert werden. Zum Beispiel lernen sich alle Auszubildenden bereits beim Kick-off kennen, gestalten Ausbildungsformate und sorgen für eine kommunikative Atmosphäre. Die Älteren sind für die Jüngeren da (Mentorenrolle) und unterstützen in der Startphase. Das schafft Vertrauen, Kollegialität und Kommunikation auf Augenhöhe.

3. Ausbildungskultur

Die Generation Z schätzt klare Strukturen und umfassende Informationen. Sie ist es seit der Kindheit gewohnt, überall mitsprechen zu dürfen und umfassende Informationen über die Hintergründe von Entscheidungen zu erhalten. Das Fragen – immer noch ein Charakteristikum der »Generation Why« – hat sich weiterentwickelt zu einer Sinntriade über das Wieso, Weshalb und Warum. Dabei vermeidet die junge Generation den direkten Konflikt mit ihren Ausbildern und Kollegen. Statt Probleme im direkten Gespräch zu klären, nutzen sie zur Diskussion gerne Social-Media-Möglichkeiten oder andere Internetforen. Sie sind mit diesen sozialen Interaktionen groß geworden und nutzen diese ohne schlechtes Gewissen.

4. Digitalisierung der Ausbildung

Die Auszubildenden erwarten, dass die digitalen Technologien auch in der Ausbildung genutzt werden. Das betrifft vor allem den Einsatz digitaler Lernformate und die Einführung digitaler Tools für die interne und externe Kommunikation. Zum anderen wünschen sie, dass soziale Interaktionen aktiv initiiert und unterstützt werden (vgl. Deitering, 2001, S. 30 ff.).

8.2.1 Die Säulen der Ausbildung 4.0

Handysüchtig, erfolgsverwöhnt, anspruchsvoll und ungeduldig – so lauten einige Beschreibungen der jüngsten Generation. Aber worauf können sich Unternehmer bei ihren Auszubildenden freuen? Auf Ausbildungsbetriebe kommt heute eine junge Generation zu, die anders als frühere Ausbildungsgenerationen zu führen ist. Und es sei wiederholt: Natürlich ticken nicht alle Auszubildenden einer Generation immer gleich. Nicht jeder hat alle typischen Eigenschaften und dieselben Werte. Dennoch gibt es viele Gemeinsamkeiten, weil sie unter den gleichen gesellschaftlichen Verhältnissen aufgewachsen sind (vgl. Eberhardt, 2017, S. 30 f.). Im Folgenden werden sowohl die Gemeinsamkeiten der Generation Z aufgezeigt als auch erklärt, woher diese kommen, es werden also die gesellschaftlichen Verhältnisse genauer beleuchtet.

Vor allem die Familienstrukturen haben sich im Vergleich zu früher geändert. Viele junge Menschen wachsen ohne ein klassisches Familienoberhaupt auf. Häufig gehen beide Eltern tagsüber arbeiten. In urbanisierten Räumen beträgt die Scheidungsquote mehr als 40 Prozent. Solche Erfahrungen prägen junge Menschen. Stabilisatoren wie Verwandte, Politik oder Religion verlieren an Einfluss, dabei hat die Bedeutung der Familie als Orientierungspunkt stark zugenommen (vgl. 17. Shell Jugendstudie, 2015, S. 279). Die junge Generation wird dabei in einer Komfortzone groß. Immer eng begleitet und beaufsichtigt von ihren Eltern. Was der Generation Y noch die »Helikoptereltern« waren (vgl. Burkhart, 2016, S. 35), entwickelt sich in der Generation Z zu den »Rasenmäher-Eltern«[26] weiter.

Helikoptereltern wollen immer das Beste für ihre Kinder: Sie kontrollieren, umsorgen und behüten eng und ermöglichen ihren Kindern alles, was zu ihrer Entwicklung und ihrem Wohlergehen beitragen könnte. Die Rasenmäher-Eltern haben diese Fürsorge noch weiter pervertiert. Sie achten darauf, dass ihren Kindern nichts Negatives passiert, d.h. mit Weitsicht werden Unannehmlichkeiten aus dem Weg geräumt bzw. »weggemäht«, sodass die Kinder ihr Leben störungsfrei und mit positiven Gefühlen wahrnehmen. Man nimmt ihnen damit aber im realen Leben auch die Erfahrungen und Handlungskompetenzen, wie man mit Hindernissen umgeht und Lösungen sucht. Stattdessen laufen sie Gefahr, bei den ersten Hindernissen und Misserfolgen in Panik und Stress zu verfallen oder sich schnell zurückzuziehen. Die für die Ausbildung notwendige Selbstständigkeit und Eigenverantwortung werden durch die Rasenmäher-Eltern konterkariert. Ohne dass die jungen Menschen es wollen, werden sie nicht mehr auf das Alltagsleben und die Berufswelt vorbereitet. Somit riskieren sie gar aus pädagogischer Sicht, ihre »Lebensbewältigung und Lernbefähigung« zu verlieren (vgl. Thirsch, 2006, S. 22 f.).

So hat sich die Jugendphase von früher achtzehn Jahren auf Ende zwanzig verlängert (Emerging Adulthood), was bedeutet, dass die jungen Menschen, die in die Ausbildung kommen, im »Hotel Mama« noch nicht die Eigenverantwortung und Selbstständigkeit entwickeln mussten, wie es für andere Generationen normal war. Junge Menschen erleben die Loslösung vom Elternhaus und die Übernahme von Verantwortung zunehmend als schwierig (vgl. Tully, 2018, S. 20 f.) und werden mit dieser Anforderung in der Ausbildung unvorbereitet konfrontiert und dort zuweilen überfordert.

Zudem werden in der Schule und im Elternhaus zumeist positive Rückmeldungen erlebt, wie erfolgreich ihre Leistungen sind. In der Schule haben junge Menschen gelernt, dass viele Ziele mit »überschaubarem« Aufwand erreichbar sind. In der Folge der Pisa-Studie (2002) und des Bologna-Prozesses haben sich Schulabschlüsse »verbessert« (sowohl die Anzahl höherer Schulabschlüsse als auch der Notendurchschnitt). Letzteres spiegelt sich auch in den Durchschnittswerten von Abiturprüfungen und Studienabschlüssen wider (vgl. Lorenz, 2019 S. 76 f.). »Wir sind vollständig in Breitenbildung angekommen«, wobei gut gemeinte Chancengleichheit zur Leistungsverwässerung geführt hat (vgl. Lorenz, 2019 S. 75 ff.).

---

26 Vgl. Focus Online: Schlimmer als Helikopter-Eltern? Achtung, Rasenmäher-Eltern: Experten warnen vor schlimmen Folgen für Kinder. Online unter: https://www.focus.de/familie/erziehung/familie-rasenmaeher-eltern-experten-warnen-vor-den-folgen-des-neuen-erziehungsstils_id_9663538.html (abgerufen am 14.05.2019)

Die jungen Menschen möchten viel gelobt und bestätigt werden (auch für normale Dinge und Selbstverständlichkeiten). Sie müssen kaum Frustrationen erleben, können ihre Wünsche kurzfristig realisieren, kennen wenig Aufschub. Verstärkt durch »soziale Plattformen«, die mit Likes, Herzchen und Followern die Identität positiv bestätigen und ein zeitnahes Feedback geben. Auch in der Schule wird zunehmend auf ein positives Feedback gesetzt. Daher ist konstruktive Kritik ungewohnt – obwohl sie selbst gerne Kritik äußern und einen hohen Anspruch an ihre Umwelt haben (vgl. Burkhart, 2016; Hurrelmann, 2016).

Dies führt bei vielen Ausbildern und Ausbilderinnen zu Unverständnis und Frust. Sie bemängeln, dass bei immer mehr jungen Menschen das Selbst- und Fremdbild völlig auseinanderdriftet. Während Ausbilder über fehlerhafte und halb ausgeführte Arbeitsaufträge stöhnen, glaubt der Auszubildende, etwas besonders gut gemacht zu haben, und fordert sein Lob dafür ein (vgl. Winterhoff/Thielen, 2010). Eine kritische Rückmeldung wird dann auch gar nicht mehr sachlich, sondern persönlich verstanden. Sie reagieren auf Resignationen und Störungen weniger lösungsorientiert, sondern eher mit Aufgabe und Flucht. Sollte Leistung doch mal eingefordert, wird dies mit Diskussionen über die Autoritäten quittiert. »Irgendwo, auf dem langen Weg der Institutionen, ist der Respekt vor Autoritäten gründlich verloren gegangen« (Winterhoff/Thielen, 2010, S. 72).

Welche Erfahrungen machen die Ausbilderinnen und Ausbilder nun dazu mit der Generation Z? Hier sind allgemeine, auch defizitäre Wahrnehmungen bzw. Erfahrungen zu nennen. Bemängelt werden zum einen psychische Aspekte, wie Arbeitshaltung, Frustrationstoleranz, Konzentrationsfähigkeit und Ausdauer, Aushalten von Fremdbestimmung oder auch das Erkennen von Abläufen, Strukturen oder Zusammenhängen. Zum anderen auch ein »omnipotentes Selbstwertgefühl«, das mit wenig Reflexionsfähigkeit, Problemeinsicht, Überschätzung und Besserwisserei beschrieben werden kann (vgl. Winterhoff/Thielen, 2010 S. 112). All dies erschwert insbesondere die Zusammenarbeit mit der älteren Generation, für die Arbeit oftmals auch »Schweiß und Fleiß« bedeutet. Viele Ausbilder sagen, dass sie gerade wegen ihrer Einstellung die junge Generation nicht mehr verstehen und sich über ihr Verhalten wundern. Folglich gibt es Verhaltensweisen, an die sich ältere Mitarbeiter und Ausbilder erst einmal gewöhnen müssen: Die jungen Auszubildenden sind gegenüber früheren Generationen selbstbewusster und aufgeschlossener und überschätzen sich zuweilen maßlos. Sie bringen sich aber auch ein und geben mit ihrem Wissen über neue Medien neue Impulse. Sie sind dabei selbstverständlich bereit, ihr Wissen zu teilen. Dabei sind sie im Umgang sehr angenehm und teilen gern ihr Wissen, sodass man kooperativ und gut mit ihnen zusammenarbeiten kann.

Dieses offene und selbstbewusste Verhalten eröffnet aber auch Chancen auf generationsübergreifende bzw. intergenerationale Lernprozesse. Die Fragen sind: Was kann

8.2 Wie ticken Auszubildende heute?

Jung von Alt und Alt von Jung lernen? Schon viele Unternehmen nutzen das Wissen der Jüngsten, um gerade in IT-affinen Fragen einen gegenseitigen Lernprozess zu unterstützen. Die Generationen lernen so voneinander, miteinander und übereinander, was sich nicht nur auf den Lerninhalt, sondern auch auf die unterschiedliche Werte und Haltungen zur Arbeit bezieht (vgl. Burkhart, 2016, S. 70 f.; Eberhardt, 2017, S. 132).

Um junge Menschen für die Ausbildung zu begeistern und um sie richtig führen, fördern und fordern zu können, eignen sich die Erkenntnisse aus den aktuellen Jugendstudien. Die Erkenntnisse helfen zielgruppengerecht, auf die Erwartungshaltung der Generation Z einzugehen. Mittlerweile geben unterschiedliche Befragungen und Studien vielfältige Hinweise hierzu. Neben den klassischen Shell- und Sinus-Jugendstudien sowie der JIM-Studie 2018 sind u. a. zu nennen: Junge Deutsche – Die Studie (Simon Schnetzer), DELL-Jugendstudie 2018, Engagement-Index Deutschland (Gallup GmbH), Schöne neue Arbeitswelt (vgl. Reinhold Popp/Ulrich Reinhardt) und die McDonalds-Ausbildungsstudien (2013, 2015 und 2017).

Zur Darstellung wurde die Idee eines »4S«-Recruitingmodells von Hiltmann (vgl. Hiltmann, 2017, S. 4 ff.) für ein »Säulenmodell der Ausbildung 4.0« genutzt und für weitere Impulse für die Ausbildungsgestaltung, die Ausbilderrolle und die Auszubildenden ausgebaut:

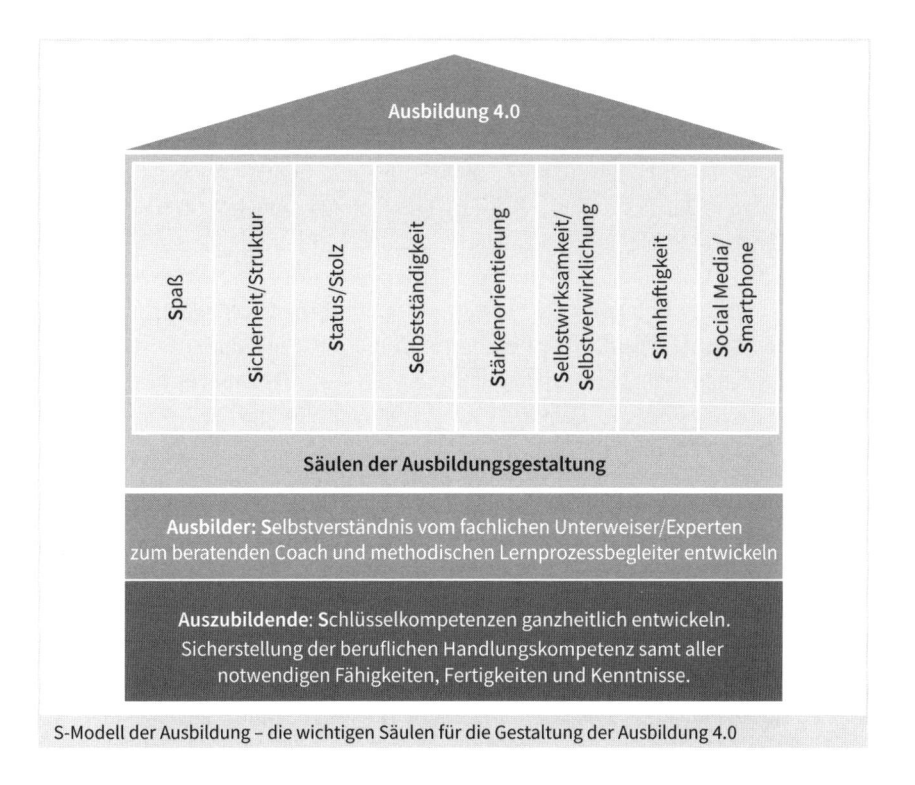

Ausbildung 4.0

Säulen: Spaß | Sicherheit/Struktur | Status/Stolz | Selbstständigkeit | Stärkenorientierung | Selbstwirksamkeit/Selbstverwirklichung | Sinnhaftigkeit | Social Media/Smartphone

Säulen der Ausbildungsgestaltung

Ausbilder: Selbstverständnis vom fachlichen Unterweiser/Experten zum beratenden Coach und methodischen Lernprozessbegleiter entwickeln

Auszubildende: Schlüsselkompetenzen ganzheitlich entwickeln. Sicherstellung der beruflichen Handlungskompetenz samt aller notwendigen Fähigkeiten, Fertigkeiten und Kenntnisse.

S-Modell der Ausbildung – die wichtigen Säulen für die Gestaltung der Ausbildung 4.0

Im Folgenden werden nun die einzelnen Säulen der Erwartungen der jungen Auszubildenden dargestellt und hinsichtlich ihrer Führung bzw. Förderung sowie der Ausbildungsbedingungen in der digitalen Ausbildung 4.0 betrachtet.

8.2.2 Der Spaßfaktor

Die Säule »Spaß«

»Wir amüsieren und zu Tode« (Postman, 1988), »Hauptsache, ihr habt Spaß«[27] – die Bedeutung von Spaß beschäftigt die Soziologie und die Werbung seit den 1980er-Jahren – und das generationenübergreifend. Dies ist auch eine Folge der Erlebnisgesellschaft.

»Das Freizeitverhalten […] wird […] durch Spaß und Freude emotional besetzt […]« (Weinberg, 1992, S. 18). Warum sollte nicht auch im Zuge der veränderten Einstellungsmuster zur Arbeit dieses Bedürfnis für die Ausbildung genutzt werden? Vieles spricht für einen »Spaßverfall in Deutschland«, der daraus resultiert, dass Spaß nicht »gesellschaftsfähig« und als »egoistisch« betrachtet wird. Deutsche Sprichwörter spiegeln dies wider: »Erst die Arbeit, dann das Vergnügen« oder »Alles, was Spaß macht, ist verboten oder macht dick«. Spaß gehört in die Freizeit und hat mit der Arbeit wenig zu tun. Dort geht es um Leistung, Aufopferung und Geldverdienen, so die oftmals verbreitete Meinung. Nicht verwunderlich, wenn junge Menschen diese Meinung infrage stellen. Spaß trägt nämlich entscheidend zum Erfolg und zur Motivation bei und verbessert gleichzeitig Leistung und Einstellung. Und wer Spaß hat, ist auch allgemein positiver gegenüber dem Leben eingestellt und hat eine bessere Gesundheit und höhere Lebenszufriedenheit. Das sind gute Gründe, Spaß nicht auf das Privatleben und die Freizeit zu reduzieren. Ausbildung darf Spaß machen. Man muss nur darauf achten, dass es sich hierbei nicht – um Missverständnisse zu vermeiden – um das bloße Vergnügen oder um die Vermeidung von Anstrengung und Leistung geht (vgl. Rieger, 1999).

---

27 Vgl. Zum Goldenen Hirschen: »Hauptsache ihr habt Spaß«. Kommunikative Neuausrichtung der Marke MediaMarkt. Online verfügbar: https://www.hirschen.de/agentur/arbeiten/hauptsache-ihr-habt-spass.html (abgerufen am 15.05.2019).

Die Erwartungen »Spaß« in der Ausbildung (und im Beruf) zu haben, ist eine der wichtigsten Erwartungen und auch nicht neu. So fanden in der Shell-Jugendstudie 2000 rund 53 Prozent der befragten Jugendlichen bezüglich ihrer Arbeitsplatzwahl, dass Arbeit interessant sein und Spaß machen soll. 15 Jahre später fordern in der Shell-Jugendstudie 56 Prozent der befragten Azubis »Spaß, Erfüllung im Beruf sowie eine Tätigkeit, die den eigenen Wertvorstellungen entspricht« ein. In den McDonald's-Ausbildungsstudien erwarten mehr als 70 Prozent der Befragten »Spaß in der Ausbildung«.

Es muss kritisch angemerkt werden, dass junge Menschen unter »Spaß im Beruf« oftmals die »Abwesenheit von Anstrengung« verstehen. Ihre Erwartung: Ausbilderinnen und Ausbilder müssten dafür sorgen, dass sich bei der Arbeit niemand langweilt, keine körperlichen oder psychischen Belastungen entstehen und sich alle gut unterhalten fühlen (vgl. Winterhoff/Thielen, 2010, S. 90). In diesem Kontext soll Spaß natürlich nicht diskutiert werden. Es soll nicht um Entertainment gehen, sondern um das Erzeugen positiver Emotionen – durch Erfolge und Lob in der Ausbildung und bei Lernprozessen (vgl. Reinhard, 2005). Die Frage ist also, wie emotionaler »Spaß in der Ausbildung« bewusst initiiert wird.

Die Bedeutung wird in der Betrachtung von Spaß und Erlebnis deutlich: Spaß signalisiert, dass die aktuellen Handlungen mit den eigenen Neigungen und Erwartungen übereinstimmen. Spaß beschreibt somit ein positives Gefühl mit Blick auf das individuelle Handlungsziel (vgl. Dimbath, 2007, S. 229). Spaß-fördernde Bedingungen resultieren aus individuellen Emotionen: »Mittels des Spaß-Motivs kommuniziert man primär mit seinen eigenen Gefühlen und entwickelt Standards der Zufriedenheit, die […] an die subjektive Befriedigung geknüpft sind« (Rittner, 1998, S. 42). Persönlicher Genuss, soziale Bindungen und Erlebnisse sind wichtige Indikatoren für das »Spaß-Haben«.

Spaß sollte als pädagogisches Grundprinzip einen höheren Stellenwert in der Ausbildung erhalten: Nämlich als Garantie und Stellhebel, um
- am Ausbildungsgeschehen Freude zu empfinden,
- Interesse zu erzeugen und dafür die entsprechenden Bedingungen zu gestalten und
- positive Erlebnisse, aber auch physische und psychische Anstrengungen und Selbsterfahrungen zuzulassen (vgl. Pawelke, 1995, S. 425).

Wichtige Treiber für eine spaßbringende Ausbildung sind u. a.: Abwechslung, Herausforderung, Wohlbefinden bzw. eine positive Atmosphäre und Gruppen- bzw. Gemeinschaftserlebnisse (vgl. Hennecke, 2010, S. 199 ff.). Gerade die Möglichkeit sozialer Interaktion kann in der Ausbildung aufgegriffen werden. Junge Menschen wollen gerne mit anderen zusammenarbeiten, Aufgaben im Team gemeinsam lösen und in der Gruppe etwas erleben und sich dabei sozial-interaktiv austauschen. Für den Ausbildungsbetrieb bietet es sich an, die Auszubildenden als Jahrgang oder als eigene Azubi-Gruppe etwas »erleben« zu lassen, zum Beispiel Projekte, Barcamps, Azubi-Rallyes, Azubi-Feste, Social-Media-Gruppen. Die Ausbildungstage werden so mit Erlebnissen gefüllt (vgl. Bund, 2014, S. 150).

Für eine diesbezügliche Rolle und eine darauf ausgerichtete Führung wurde der Begriff der »Event- oder Erlebnisführung« eingeführt (vgl. Müller, 2001, S. 195 ff.). Hierbei werden von den Ausbilderinnen und Ausbildern bewusst die hedonistischen Bedürfnisse (nach Spaßhaben) der Auszubildenden multisensual (über die Sinne) und emotional (über die Gefühle) stimuliert und erfüllt. Insbesondere die Ausbilder und Ausbilderinnen, die eine charismatische und emotionalisierende Ausstrahlung haben, wirken hier spaß- und erlebnisfördernd auf die Auszubildenden und tragen dazu bei, dass ihre hedonistischen Bedürfnisse angesprochen werden (vgl. Müller, 2001, S. 202).

8.2.3 Sicherheit und Struktur

Die jüngste Generation ist – im Gegensatz zu älteren – in viel sichereren Strukturen groß geworden – und sie nimmt diese behütete Komfortzone als Normalzustand wahr. Die Mitglieder dieser Generation gehen sogar unsicheren Situationen aus dem Weg und vermeiden Risiken, durch die sie sich auch mal weiterentwickeln könnten (vgl. Twenge, 2018a, S. 220 ff.).

Die Säule »Sicherheit/Struktur«

Junge Menschen beginnen ihre Ausbildung zu einem Zeitpunkt, zu dem sie sich in kleinen Schritten an das Erwachsenwerden herantasten. Ihre Eltern dienen weiterhin als Sicherheitsnetz, was sowohl finanzielle als auch die soziale Aspekte angeht. Der Schutzraum wird erst langsam aufgegeben. So soll auch die berufliche Perspektive zunächst eine sichere sein. Wann junge Menschen das Sicherheitsnetz in die Selbstständigkeit verlassen, ist immer schwerer zu bestimmen (vgl. Hurrelmann/Albrecht, 2014, S. 103 ff.).

Während sich die Vorgängergeneration unter dem Aspekt der Selbstverwirklichung ihre Arbeit aussuchte und sich dabei Arbeit und Freizeit auch immer stärker vermischten, sieht das die heutige Generation sehr viel kritischer (vgl. Hurrelmann/Albrecht,

2014, S. 84). Sie legt großen Wert auf Information, Ordnung und Stabilität. Auf die wichtigsten Punkte zum Sicherheitsbedürfnis wurde bereits oben verwiesen.

Der Azubi-Report unterstreicht das Bedürfnis nach Sicherheit und Struktur (vgl. azubi-report, 2016). Auszubildende kritisieren demnach zu mehr als 80 Prozent eine unstrukturierte Ausbildung und fordern mit 60 Prozent auch mehr oder eine planbarere Freizeit ein. Ausbildungsbetriebe sollten daher transparent darstellen, welche Anforderungen und Erwartungen an die Auszubildenden gestellt werden und welche Arbeitsbedingungen herrschen – und diese Versprechungen dann auch einhalten. Das bedeutet für die Ausbildung: Die junge Generation will manche Dinge gar nicht »einfach mal so« ausprobieren. Vielmehr dominiert eine Kultur des »kontrollierten Zuschauens und der zögerlichen Beteiligung«: »Erst zu- bzw. abgucken, dann nachmachen« und weniger ein »einfach mal etwas ausprobieren« (vgl. Rentz, 2019). Das könnte künftig Auswirkungen auf das handlungsorientierte Lernen oder für fachübergreifende Projektarbeiten in der Ausbildung haben, da diese nicht mehr unisono positiv als Herausforderung, sondern auch negativ als Belastung begriffen werden.

Was trägt noch zur Sicherheit bei? Zum einen eine ausgeprägte Beziehungsebene zum Ausbilder, der die Auszubildenden begleitet. Die Auszubildenden möchten sich sicher und geschützt fühlen, schätzen dazu eine sichere Umgebung – und das im körperlichen, emotionalen und sozialen Sinne (vgl. Twenge, 2018a). Ausbilderinnen und Ausbilder müssen dazu den Auszubildenden deutlich sagen, was sie wollen, dass sie ihnen helfen und sie unterstützen möchten – ohne sie zu verhätscheln – und dass sie dazu eine ehrliche und wertschätzende Kommunikation im Ausbildungsbereich »leben«. Sie knüpfen so an den gewohnten Rückhalt der Familie an, wobei die Abnabelung und Selbstständigkeit früherer Generationen sicherlich »bessere Voraussetzungen« für die Ausbildung darstellten. Angst vor sozialem Druck durch Gleichaltrige und der Dauerwettstreit auf Social-Media-Plattformen – im Sinne von Präsenz, Followern und Likes – erhöhen die psychischen Belastungen im Alltag.

Ausbildern muss bewusst sein, dass junge Menschen heute ein anderes Sicherheitsbedürfnis haben und im ständigen Stress des World Wide Web stehen. Daher sollten alle Informationen für die junge Generation eine Orientierung und einen Mehrwert bieten. Ein »nice to know« wird wenig akzeptiert, ein »must know« und »must have« sind bei jungen Menschen die Auswahlkriterien bei der Informationsselektion. Das alles bezieht sich sowohl auf die interne als auch auf die externe Kommunikation und Darstellung der Ausbildungsthemen. Dies gelingt besonders durch das Vor- bzw. Miterleben alltagsnaher und authentischer Storys. Diese können im Sinne eines Drehbuchs als Vorlage für das interne und externe Ausbildungsmarketing dienen. Die Botschaften können visuell aufbereitet und unterhaltsam verpackt sein (Filme, Videoschnipsel, Tutorials).

8.2.4 Stolz und Status

Ausbildung 4.0

Spaß | Sicherheit/Struktur | **Status/Stolz** | Selbstständigkeit | Stärkenorientierung | Selbstwirksamkeit/Selbstverwirklichung | Sinnhaftigkeit | Social Media/Smartphone

Säulen der Ausbildungsgestaltung

Die Säule »Status/Stolz«

Die junge Generation Z zeigt stärker als ihre Vorgänger ein überdurchschnittliches Interesse, an Entscheidungsprozessen beteiligt zu werden und ihr Wissen mit einzubringen. Das macht sie stolz und wertet ihren persönlichen Status auf.

Diese Feststellung erscheint zunächst einmal widersprüchlich zum Sicherheitsbedürfnis und dem angeblich reduzierten Pioniergeist. Eine Generation, die zumeist im Wohlstand und behütet aufwächst, von früher Kindheit an Entscheidungsprozessen in der Familie beteiligt wird, fordert Ausbilder und Vorgesetzte zu einer Mitbeteiligung heraus. Während sich drei Viertel der Generation Z wünschen, direkt an Entscheidungsprozessen beteiligt zu werden, wollen dies nur etwa zwei Drittel der älteren Arbeitnehmerinnen und Arbeitnehmer (vgl. Popp/Reinhardt, 2019). Ihr Statusanspruch ist es, auch als Auszubildende schon auf Augenhöhe wahrgenommen zu werden. Ausbilder können sie dazu früh einbinden, ihre Erwartungen und Zielsetzungen formulieren und nach Ideen und Lösungen bei der Arbeit fragen. So erhalten Auszubildende die Möglichkeit, auf Augenhöhe und eigenverantwortlich zu arbeiten.

Junge Menschen müssen sich erst an die starren Funktionen großer Unternehmen oder an Hierarchien gewöhnen. Enge Vorgaben empfinden sie als störend und bereits erschlossene Wege und Themen als langweilig. Ausbilder und Ausbilderinnen sollten neue Herausforderungen für die jungen Menschen schaffen. Dabei werden sich manche außerhalb ihrer Komfortzone auch »überfordert« fühlen (vgl. Burkhart, 2016, S. 35). Ausbilderinnen und Ausbilder müssen dann nach individuellen Lösungen suchen: das Tempo verringern, Inhalte und Ziele einfacher machen. So entstehen Vertrauen, Zuversicht und Motivation, die wiederum auch Stolz auf die Leistung und einen Status im Unternehmen bringen.

Eine gewissen Status und Stolz erfahren Auszubildende auch, indem sie eine wertschätzende Ausbildungsatmosphäre und eine transformationale Führung (siehe Kapitel »Aspekte der transaktionalen und transformatorischen Führung«) erleben. Diese zeichnen sich durch die Förderung eines emotionalen Klimas aus, indem Ausbilderinnen und Ausbilder

- ein wertschätzendes Verhalten zu den Auszubildenden aufbauen, d. h. die Person achten,
- ermutigen, Interesse zeigen, sich engagieren, Geduld entgegenbringen,
- Bedürfnisse individuell berücksichtigen, d. h. nicht bloßstellen, demütigen, ignorieren, auslachen, ausschimpfen, Angst einflößen,
- erreichbare, realistische Ausbildungs- bzw. Lernziele setzen, d. h. kurze Zeitabschnitte, kleine Schritte mit Teilzielen.

Um junge Mitarbeiter zu begeistern und mit einer stolzen Identifikation an das Unternehmen zu binden, lassen sich Unternehmen einiges einfallen. Zum Beispiel bietet die Deutsche Lufthansa seit Längerem das Traineeprogramm »ProTeam« an. Die Teilnehmerinnen und Teilnehmer können eine Zeit lang an innovativen Ideen arbeiten, sich für soziale Projekte engagieren, an regionalen Charity-Aktionen teilnehmen, eine Zeit im Kloster verbringen oder als Unternehmensbotschafter ins Silicon Valley fliegen. Ziel ist es, in die jungen Menschen zu investieren und sie so an das Unternehmen zu binden und ihnen eine gewisse stolze Identität zu vermitteln (vgl. Burfeind, 2018). Ähnliche Investitionen werden mit kompetenzbasierten Angeboten erzielt, die die Entwicklung der Auszubildenden unterstützen (siehe »Selbstverantwortung und Selbstmarketing in der Übernahmephase – das Beratungs- und Begleitprogramm im Deutsche Bank Konzern« von Ralf Brümmer) (vgl. Hennecke, 2008a, S. 115–135).

8.2.5 Selbstständigkeit

Die Säule »Selbstständigkeit«

Viele Auszubildende sind nicht so selbstständig, wie sie sich selbst einschätzen oder wie es Ausbilderinnen und Ausbilder von früheren Generationen gewohnt sind. Die beschriebene spätere Loslösung vom Elternhaus und spätere Ablösung vom Jugendalter spiegeln sich hier wider.

Jugendliche können heute zwar viel früher das Verhalten von Erwachsenen übernehmen und finanziell an den gesellschaftlichen Konsumwelten teilhaben, müssen dabei aber nicht die typische Reife vorweisen und die damit verbundene Verantwortung übernehmen. Zudem verschiebt sich das Statusverhalten des

Erwachsenwerdens (vgl. Hurrelmann/Albrecht, 2014, S. 170). Während es früher wichtig war, einen Führerschein zu haben und ein Auto zu besitzen, um mobil und unabhängig zu sein, sind es heute eher das Freizeitverhalten (Auslandserfahrungen) und technische Konsumartikel (neuestes Smartphone), die ein Erwachsensein symbolisieren. Junge Menschen sind bereit, auf materielle Güter bzw. Standards zu verzichten, stattdessen diese allenfalls zu »sharen« und ihr Geld eher in die Freizeitgestaltung und in Erlebnisse zu investieren (vgl. Tully, 2018, S. 19).

So fordern junge Menschen viel vom Ausbilder und den Unternehmen ein: Sie verlangen konkrete Vorgaben, was sie bis wann bearbeitet haben sollen, geregelte Arbeitszeiten, kalkulierbare Mehrarbeit und ein ausbalanciertes Leistungs-Ergebnis-Prinzip. Das liegt daran, dass junge Menschen heute in engen Strukturen und Bildungsprozessen groß werden: verkürzte Schulzeit bis zum Abitur, dichte Stundenpläne, Schule am Nachmittag, Bachelor in drei Jahren, Wegfall von Wehrpflicht bzw. Zivildienst usw. Sie benötigen detaillierte Informationen und glaubwürdige Orientierung, wie die Ausbildung aussieht, was auf sie zukommen wird und was von ihnen erwartet wird etc. Daher muss den Auszubildenden erst einmal Selbstständigkeit und Eigenverantwortung im Sinne der Arbeitswelt gezeigt bzw. ermöglicht werden. Dabei mögen sie es aber nicht, ständig kontrolliert zu werden. Wer seinen Auszubildenden eine neue Aufgabe gibt, sollte sie mit ihnen besprechen, eine Struktur verabreden und ein gegenseitiges Erwartungsmanagement abstimmen. Dabei entwickelt die Generation Z aber eher einen wenig ausgeprägten Entdeckungsgeist. Die Förderung von Selbstständigkeit und Eigenverantwortung ist für die VUCA-Welt elementar. Auszubildende erfahren diese, indem sie

- eigene Defizite an Kenntnissen, Können und Verhalten selbst erkennen,
- Ziele als persönliche Vorgaben entwickeln und sich teilweise selbst setzen,
- ihren individuellen Lern- und Verhaltensstil einbringen,
- Kontrolle und Bewertungen selbstständig und reflektierend vornehmen,
- verantwortungsbewusst die Ergebnisse ihrer Handlungen auswerten,
- die Vorteile kooperativen Lernens für die eigene Entwicklung nutzen.

Selbstständigkeit und Eigenverantwortung sind die Grundlage der eigenen Motivation und sollten darum auch immer wieder zwischen Ausbilder und Auszubildenden beleuchtet werden. Wenn der Auszubildende zudem noch seine Selbstwirksamkeit positiv wahrnimmt – im Sinne von Produktivität und Zielerreichung –, wird die Eigenmotivation noch stärker positiv unterstützt.

8.2.6 Stärkenorientierung

Eine besondere Führungsaufgabe besteht darin, die speziellen Fähigkeiten eines Mitarbeiters bzw. einer Mitarbeiterin zur Entfaltung zu bringen, sodass er oder sie Aner-

8.2 Wie ticken Auszubildende heute?

Die Säule »Stärkenorientierung«
(Säulen der Ausbildungsgestaltung: Spaß, Sicherheit/Struktur, Status/Stolz, Selbstständigkeit, **Stärkenorientierung**, Selbstwirksamkeit/Selbstverwirklichung, Sinnhaftigkeit, Social Media/Smartphone – unter dem Dach »Ausbildung 4.0«)

kennung bzw. Erfolg genießt sowie auch Lust an Leistung empfindet (vgl. auch das Kapitel »Konsequenzen für das Selbstverständnis und die Rolle der Ausbilder«). Dieses Fordern wird bei Nutzung der Stärken selbst unter Anstrengungen einfacher gelingen (Funktionslust) und weniger zu Verwöhnung führen (vgl. von Cube, 1998, S. 75 ff.).

Auch Auszubildende können bereits ihre Stärken zu ihrer individuellen Entwicklung einbringen. Durch Kontrolle und Feedback erfährt der Auszubildende, wo seine Stärken und Schwächen liegen und wie er damit umgehen bzw. wie er sich weiterentwickeln kann. Dabei können gerade auch zu Beginn der Ausbildung weniger gute Leistungen auftreten. Das darf nicht gleich negativ bewertet werden, sollte aber in Gesprächen geklärt werden. Lag es an den neuen Situationen, unbekannten Kollegen oder ungewohnten Aufgaben? Die Kontrollen können im Verlauf der Ausbildung und mit zunehmender beruflicher Handlungskompetenz reduziert werden, damit der Auszubildende auch mehr Selbstständigkeit und Eigenverantwortung erfährt. Gute Fragestellungen helfen dabei, um die Stärken zu identifizieren und zu reflektieren:

- Was haben Sie besonders gern getan? Wo empfanden Sie sich produktiv?
- Warum haben Sie in der einen oder anderen Situation so gehandelt?
- Warum haben Sie die eine oder andere Arbeit nicht erledigt?
- Warum gab es letzte Woche Ärger mit der Kollegin?
- Wie haben Sie die eine oder andere Situation erlebt?
- Was hat Ihnen besonders gefallen?

Die Antworten liefern Anhaltspunkte dafür, welche Stärken und Schwächen der Auszubildende hat, wie hoch der Auszubildende motiviert ist oder welche Probleme er hat. Eine stärkenbasierte Kompetenzentwicklung zu integrieren heißt, Stärken zu nutzen und Schwächen zu akzeptieren oder auszugleichen (vgl. Hennecke, 2006, S. 75–110). Ein Weg durch das Leben ohne Probleme und Hindernisse ist eher unrealistisch. Anstatt an Problemen zu verzweifeln, sollte man entdecken, wie viel Spaß es machen kann, Lösungen zu finden und an Herausforderungen zu wachsen. Wer seine Stärken kennt, kann gut einschätzen, was er kann, was er besser anderen überlässt, womit er sich ausgiebig beschäftigt und wie er sich selbst weiterentwickeln möchte.

Ausbilder und Vorgesetzte sollten Auszubildende nicht »verhätscheln«, sondern bewusst fordern und »Lust auf Anstrengung« (Funktionslust) unterstützen. Nur wenn eine enge Wechselwirkung von Leitung und Motivation erlebbar gemacht wird, können junge Menschen die so wichtigen Kompetenzen Selbstständigkeit, Selbstverantwortung und Eigeninitiative entwickeln (vgl. Fromm, 1997, S. 40). Dies funktioniert bei Aufgabenstellungen besonders gut, die Auszubildende mit ihren Stärken lösen können. Dazu ermöglichen neue Aufgabenstellungen und unterschiedliche Wege zur Umsetzung eine abwechslungsreiche und herausfordernde Ausbildungsgestaltung. Den Auszubildenden werden so auch psychische Widerstandskräfte für das nicht immer harmonische Arbeitsleben vermittelt – und es wird weniger eine »Überbehütung« durch Elternhaus und Schule weitergeführt (vgl. Lorenz, 2019, S. 46 ff.).

Auszubildende sollten an konstruktive Kritik gewöhnt werden. Objektives, praxisnahes und zeitnahes Feedback ist wichtig, sollte aber nicht zu einer ausschließlichen »Alles ist gut«-Kommunikation führen. Auch negative Aspekte sind für die Kompetenzentwicklung wichtig und können zunächst dosiert und priorisiert werden. Dazu ist es gut, Positives schnell und zeitnah zurückzumelden. Kritisches Feedback bietet sich vor allem auch wegen der Entwicklungsmöglichkeiten für formalere Gespräche an, wobei die Rückmeldungen immer auch mit konkreten Beispielen unterfüttert werden sollten und mit Zielen hinterlegt werden können. Dabei können Teilziele und Etappen helfen, Defizite Stück für Stück auszugleichen. Ein detailliertes Erwartungsmanagement hilft, die Stärken bzw. Schwächen des Auszubildenden frühzeitig zu identifizieren. Zur Dokumentation der Stärken und Schwächen sollte ein ganzheitliches Kompetenzentwicklungssystem integriert werden (vgl. von Cube, 1998, S. 81), das – auf Anforderungsprofilen basierend – die Ausbildungsleistung von der Einstellung über den Ausbildungsverlauf bis zur Übernahme dokumentiert und reflektiert. Zudem sollten sich Ausbilderinnen und Ausbilder so viele Beobachtungen wie möglich notieren, um regelmäßig (z. B. wöchentlich) ein qualitatives Feedback mit Entwicklungszielen geben zu können (vgl. Hennecke, 2008b, S. 108–119). Darüber hinaus können überfachliche Ausbildungsmodule zur Kompetenzentwicklung (z. B. Einführungswoche, Methodenworkshops, Projektarbeit oder Kompetenz-Checks, siehe auch »Selbstverantwortung und Selbstmarketing in der Übernahmephase – das Beratungs- und Begleitprogramm im Deutsche Bank Konzern« von Ralf Brümmer) helfen, die Auszubildenden vor allem stärkenorientiert zu entwickeln (vgl. Hennecke, 2008a, S. 115–135). Diese Angebote bewerten Auszubildende im hohen Maße positiv und motivierend – als eine Investition des Unternehmens.

8.2.7 Selbstverwirklichung und Selbstwirksamkeit

Die Bedeutung der Selbstverwirklichung für die Arbeit wurde bereits vor 25 Jahren identifiziert – damals eher als ein Bedürfnis aus den Studentenmilieus (vgl. Schulze, 1992, S. 493). Erst mit weiterer technischer Entwicklung und einem zunehmenden Wohlstand wurde es zu einer allgemeinen Erwartung an Arbeit (als intelligentes Leben jenseits der Festanstellung) (vgl. Friebe/Lobo, 2008).

Die Säule »Selbstwirksamkeit und Selbstverwirklichung«

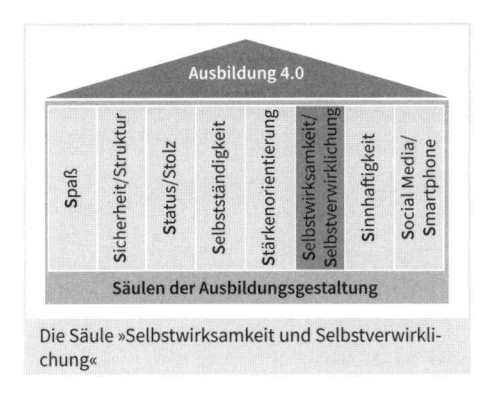

Dies formulieren nun auch die Auszubildenden. Motivation, Gefühle und Handlungen von Menschen resultieren in stärkerem Maße daraus, woran sie glauben oder wovon sie überzeugt sind, und weniger daraus, was objektiv der Fall ist (vgl. Bandura, 1997, S. 215). Ist heute schon etwas passiert, das Ihren Vorstellungen bzw. Wünschen entspricht? Hatten Sie einen Einfluss darauf? Was genau haben Sie dazu beigetragen, dies zu erreichen? Hinter all diesen Fragen steht das Bedürfnis nach selbstwirksamen Tätigkeiten. Das Konzept der Selbstwirksamkeit fragt nach der persönlichen Einschätzung der eigenen Kompetenzen, mit Schwierigkeiten und Hürden im täglichen Leben zurechtzukommen und darauf selbst Einfluss nehmen zu können. Die individuelle Selbstwirksamkeit ist daher auch stark an die Entwicklung der Persönlichkeit gebunden. Ausbilderinnen und Ausbilder können somit wichtige Aspekte zur Kompetenzentwicklung des Auszubildenden aufgreifen, nämlich Impulse in Bezug auf

- ein persönliches Selbstbild (stark, unsicher, risikofreudig, vorsichtig usw.),
- die Erfahrungen mit Herausforderungen, Störungen, Neuem,
- Zuspruch und Feedback Dritter (Eltern, Freunde, Lehrer …) sowie
- den individuellen Motivationstyp.

In der Auseinandersetzung mit alltäglichen Umweltanforderungen stellen die Selbstwirksamkeitserwartungen eine wichtige personale Ressource und Motivation dar. Wenn schwierige Dinge zu bewältigen sind, werden die Anforderungen gegen die Kompetenzen abgewogen: Ist es machbar? Lohnt sich der Aufwand etc.? Erst dann gibt es eine Entscheidung für oder gegen eine bestimmte Handlung. Untersuchungen zeigen, dass Personen mit einem starken Glauben an die eigene Kompetenz
- größere Ausdauer bei der Bewältigung von Aufgaben,
- eine niedrigere Anfälligkeit für Angststörungen bzw. Depressionen und
- mehr Erfolge in Ausbildung und Berufsleben

aufweisen. Selbstwirksame Rahmenbedingungen in der Ausbildung zu schaffen lohnt sich deshalb. Es motiviert die Auszubildenden, indem

- herausfordernde und realistische Anforderungen gestellt werden,
- eine zeitnahe Bewertung des persönlichen Fortschritts erfolgt,
- Commitment-/Erwartungsmanagement betrieben wird, auch in Bezug auf die Anwendung des Bewertungssystems,

- Fehlertoleranz ermöglicht wird und aus Fehlern gelernt werden kann (Fehlerkultur nutzen),
- Ermutigung und Anerkennung vermittelt werden,
- selbstbestimmtes und eigenaktives Lernen initiiert werden,
- (Lern-)Ziele abstimmt werden und realistisch erreichbar erscheinen.

Erwartungsmanagement und Transparenz erzeugen so eine gemeinsame Orientierung und Zielsetzungen für die individuelle Kompetenzentwicklung. Klarheit und Information über die gegenseitigen Erwartungen reduzieren Stress und Überraschungen und sind gute Voraussetzung für Selbstwirksamkeit.

8.2.8 Sinnhaftigkeit

Die Säule »Sinnhaftigkeit«

Die Sinnhaftigkeit einer Arbeit ist sicherlich kein neues Bedürfnis. Viele Studien haben den Zusammenhang von Arbeitszufriedenheit, Motivation und Gesundheit mit sinnhaften Tätigkeiten dargelegt (vgl. Bauer, 2013, S. 95).

Die junge Generation geht in ihrem Anspruch einen Schritt weiter und sieht Arbeit als einen Ort der Selbstverwirklichung. Hier muss alles seinen Sinn haben und zu deren Identität passen (vgl. Parment, 2013). Die »Konjunktur nach Sinn und Sinnhaftem« ist dabei weder neu noch generationsspezifisch. Vielmehr entspringt dieses Bedürfnis einer Sehnsucht nach Einfachheit und Echtheit in einer komplexen und schnelllebigen Welt (vgl. Bolz, 1997). »Die Suche nach Sinn ist kein nutzloses (...) Unterfangen, sondern eine sich aus der Arbeitsweise und der Strukturierung des menschlichen Gehirns zwangsläufig ergebende Notwendigkeit« (Hüther, 2016, S. 122). Das sind wichtige Voraussetzungen für die Entwicklung und auch für die Lernfähigkeit der Auszubildenden. So wissen sie, warum sie etwas tun, sind motivierter, liefern bessere Ergebnisse, erleben ihren beruflichen Alltag positiver und identifizieren sich mit ihrer Ausbildung und ihrem Arbeitgeber. Sogar die Neurobiologie hat bewiesen, dass »Sinnhaftigkeit« entsteht, wenn durch Erregungsmuster Erfahrungen und Verhaltensmuster synaptisch in Einklang gebracht werden (vgl. Hüther, 2016, S. 125).

Ähnlich wie bei der Selbstwirksamkeit entsteht Sinnhaftigkeit bei Auszubildenden dort, wo sie ein Verständnis dafür entwickeln können, auf welche Ausbildungsthemen und Inhalte sich die praktischen Tätigkeiten und Aufgabenfelder beziehen. Mit diesen Fragen können sich Auszubildende auch selbstständig auseinandersetzen. Die Entdeckung und Herausarbeitung von Sinnhaftigkeit in der Tätigkeit und den Ausbildungszielen wird als Schlüssel zur Motivation, zum Wohlbefinden und zu einer guten Leistung gesehen. Sinn schafft den Rahmen für die Übernahme von Verantwortung, gute Entscheidungen und schnelles Handeln. Auszubildende können selbst überlegen, welchen Beitrag ihre Tätigkeiten zur Produktion und zum Unternehmenserfolg leisten (vgl. Burow, 2018, S. 25 f.).

Dabei sieht sich jeder Auszubildende anders. Die individualisierte und hedonistische Gesellschaft führt dazu, dass sich junge Menschen noch viel stärker auf sich selbst beziehen und – ab einer gewissen Entwicklungsstufe – ihre eigenen Ziele, Lebensentwürfe oder »Sinnhaftigkeiten« verfolgen. Hierfür wurden die Begriffe »Egomanen« oder »Egotaktiker« (Hurrelmann) geschaffen. Sie möchten als Auszubildende das Gefühl haben, freiwillig etwas zu tun, und weniger fremdbestimmt Arbeiten ausführen (vgl. Schmidt, 2014, S. 86 f.).

Die Generation Z hat Erfahrungen mit der Sinnhaftigkeit des Arbeitslebens in ihrem Umfeld gesammelt: Die Eltern arbeiten lange, um »Karriere« zu machen. Die Großeltern haben hart gearbeitet, um Geld zu verdienen und sich etwas für die Zukunft aufzubauen. Der Generation X sagt man eine eher skeptische Grundhaltung gegenüber der Gesellschaft und Arbeit nach, während die Generation Y einen ausgeprägten Optimismus hat. Die Generation Z ist realistischer und »sinnhafter«. Deren Mitglieder wollen wissen, warum und mit welcher Konsequenz sie etwas leisten sollen.

Junge Menschen haben ein gutes Gefühl dafür entwickelt, was ehrlich bzw. realistisch ist oder nur als oberflächlich bzw. als aufgesetzt anzusehen ist. Ausbilder und Ausbilderinnen sollten keine unrealistischen Versprechungen (in Bezug auf Übernahme, Karriere, Arbeitszeit, Belastung, Projektbeteiligung) machen und stattdessen glaubwürdig darstellen, wie es in der Ausbildung und im Unternehmen läuft. Authentizität ist ein wichtiger Wert für junge Menschen. Ausbilder sollten daher für verbindliche Zielsetzungen in der Ausbildung sorgen und Tätigkeiten bzw. ihre Ziele mit Sinn besetzen. Letzten Endes ist der Faktor »Sinn« der Kern eines jeden Unternehmens, seiner Produkte, seiner Marke und für seine Mitarbeiter und ihre Identifizierung mit dem Unternehmen.

Um eine »Führung mit Sinn« erfolgreich in die Ausbildung zu integrieren, helfen die sogenannten CARMA-Prinzipien. Auszubildende bekommen hierbei »Sinn-Erleben« vermittelt. Wichtig ist, dass sowohl das Führungsverhalten als auch die dazugehörigen Ausbildungsbedingungen »stimmig« sind:
- **C**larity (Klarheit): Den Auszubildenden werden regelmäßig die Ziele ihrer Aufgaben, ihrer Handlungen und des Ausbildungsunternehmens verdeutlicht.

- **A**uthenticy (Authentizität): Ausbilderinnen und Ausbilder sind glaubwürdig in ihrem Verhalten und ihrer Kommunikation.
- **R**espect (Respekt): Ausbilder und Mitarbeiter begegnen den Auszubildenden respektvoll und kommunizieren auf Augenhöhe.
- **M**attering (Mehrwert): Ausbilder und Ausbilderinnen vermitteln die Bedeutung und die Wertschöpfung der Ausbildung am Gesamterfolg des Unternehmens (z. B.: Junge Menschen sind wichtig, um Nachwuchskräfte zu sichern. Die Ausbildungstätigkeit zahlt direkt auf die Produktivität des Unternehmens ein).
- **A**utonomy (Autonomie): Auszubildenden können viele Tätigkeiten eigenverantwortlich und selbstständig ausführen, damit sie schon frühzeitig lernen, Verantwortung zu übernehmen.

Es gibt diverse Studien, die den Zusammenhang zwischen »Sinn-Erleben« und Arbeitszufriedenheit darlegen. So wurde auch ein KAARMA-Index entwickelt (vgl. Rose/Steger, 2017, S. 41 ff.). Auszubildenden könnte dazu beispielsweise in Form einer kurzen Befragung eine Rückmeldung darüber geben, ob sie ihre Ausbildungstätigkeiten als sinnvoll und nützlich erachten, ob sie zufrieden mit ihren Tätigkeiten, dem Unternehmen, ihren Aufgaben sowie den Ausbildungsbedingungen sind. Eine KAARMA-Befragung unterstützt die Identifizierung der Auszubildenden mit dem Unternehmen.

8.2.9 Social Media und Smartphone

Die Säule »Social Media und Smartphone«

Manche Jugendforscher unterscheiden zwischen Digital Natives 1.0 und 2.0. Beide sind aufgewachsen mit dem Internet und den Social-Media-Plattformen – aber unterschiedlich intensiv bzw. selbstverständlich. Digital Natives 2.0 sind gleichzusetzen mit der Generation Y und Z, leben noch stärker in sozialen Netzwerken und kommunizieren anders als ihre Vorgänger. Sie verschicken ihre Text- und Sprachnachrichten über WhatsApp, statt zu telefonieren. Sie suchen virtuelle Likes und Follower auf Instagram, statt massenhaft Freunde bei Facebook oder einen realen Freundeskreis zu pflegen (vgl. Burfeind, 2018; Scholz, 2014, S. 87 ff.).

Mit Blick auf ihren Umgang mit der Technik und ihren Erfahrungen in der digitalen Welt hat sich die Generation Z weiterentwickelt. Mit Smartphones, Apps und Social Media aufgewachsen, pflegen sie einen natürlichen Umgang mit modernen Technologien.

Moderne Technologien haben für sie auch beim Blick auf das Berufsleben eine wichtige Bedeutung. So spielt die vom Unternehmen zur Verfügung gestellte Technologie für die Ausbildungsplatzentscheidung durchaus eine wichtige Rolle. Sie sind Automatisierungsprozessen und Robotern gegenüber aufgeschlossen und befürchten keine negativen Auswirkungen für die Arbeitswelt. Lediglich ein Fünftel der jungen Menschen sind eher pessimistisch und befürchten, dass Maschinen menschliche Arbeitskräfte ersetzen könnten. Obwohl der jungen Generation oftmals Sorglosigkeit im Umgang mit persönlichen Daten im Internet nachgesagt wird, zeigt z. B. die aktuelle Studie von Dell Technologies, dass fast drei Viertel der jungen Menschen vorsichtig und skeptisch im Umgang mit Daten sind. Über die Hälfte achtet z. B. beim Posten in den Social Media darauf, nichts zu veröffentlichen, was ihrer beruflichen Karriere schaden könnte.[28] Die junge Generation hat oftmals eine höhere digitale Kompetenz durch das Erfahrungswissen im Umgang mit den Social-Media-Kanälen (siehe »Prüfungs.TV« von Stephan Hansen und Sophia Mull). Ausbilder sollten das technische Know-how nutzen und im Sinne des generationenübergreifenden Lernens für die Vermittlung und das Verständnis für z. B. digitale Tools oder Prozesse beachten. Wir leben in einer Zeit, in der auch der erfahrene Ausbilder etwas von den jungen Auszubildenden lernen kann – und nicht nur umgekehrt (siehe Kapitel »Wie ticken Auszubildende heute?«).

Trotz ihrer Technikaffinität spielt bei der Generation Z die menschliche Interaktion am Arbeitsplatz eine wichtige Rolle. Fast die Hälfte bevorzugen eine persönliche Kommunikation und Anwesenheit am Arbeitsplatz. Zudem arbeitet die Mehrheit der jungen Menschen lieber im Team als allein (vgl. Dell-Jugendstudie 2018).

Die Aufmerksamkeit junger Menschen außerhalb der Social Media zu gewinnen ist schwierig und stellt auch kommunikativ eine Herausforderung für Ausbilder und Ausbilderinnen dar. So können datenschutzkonforme Applösungen (wie zum Beispiel die App »Flip« als Enterprise-Social-Network-Lösung) auch die interne Kommunikation bereichern (vgl. Rall, 2019, S. 6 ff.). Außerdem sind klare Regeln im Umgang mit Social Media, Messengern und bei der Nutzung des Smartphones unumgänglich und gerade als Orientierung zu Beginn der Ausbildung und bei neuen Ausbildungsabschnitten notwendig. Wichtige Stichworte für den Ausbildungsbereich sind Datenschutz, Unfallschutz und Verhaltensregeln mit digitalen Medien (z. B. Social Media Policy). Der Ausbildungsbereich kann auf das veränderte Kommunikationsverhalten mit der Nutzung von innerbetrieblichen Social Media Tools oder internen Instant-Messaging-Diensten (z. B. auch Microsoft YAMMER) reagieren. Das Unternehmen Hermes setzt für das Informations- und Kommunikationsverhalten der jungen Auszubildenden folgende vier Digitalformate ein (vgl. Neefe, 2018):

---

28 Die Sensibilisierung der jungen Generation im Umgang mit Daten und digitaler Technik sind ein wichtiges Thema für Eltern, Lehrer und Ausbilder. Vgl. Zimmermann, 2016, S. 220.

- **Corporate Blogs**
  Hier präsentiert sich der Ausbildungsbereich dem Gesamtunternehmen mit seinen Themen und Werten. Das motiviert die Auszubildenden, sich aktiv an der Ausbildungsgemeinschaft und Firmencommunity zu beteiligen. Auszubildende berichten hier über ihren Ausbildungsalltag, präsentieren sich und ihre Erlebnisse im Ausbildungsalltag. Neue Auszubildende werden damit leichter integriert. Der Blog macht das Ausbildungsunternehmen transparenter und erleichtert die Identifikation mit dem Arbeitgeber bzw. hilft bei der Einarbeitung und beim Networking.
- **Mitarbeiterportale**
  Sie erleichtern neuen Azubis das Onboarding und die Einarbeitungszeit. Hier finden die Auszubildenden die wichtigsten Informationen, Checklisten, Leitfäden und Termine. Webbasierte Trainingsprogramme und Lernclips informieren über die fachlichen und regulatorisch-verpflichtenden Themen.
- **Einbindung von Tutorials, Erklärfilmen und Videoclips**
  Für wichtige Informationen greifen Auszubildende gerne auf bewegte Bilder zurück. So wie bei YouTube – als meistgenutztes Social-Media-Format – werden firmeneigene und ausbildungsrelevante Informationen als Filme zur Verfügung gestellt.
- **Firmeneigenes Social Media Tool zum internen Networking**
  Auszubildende und Ausbilder können sich ein persönliches Profil anlegen, anderen folgen, fremde Inhalte liken und teilen und eigenen Content online stellen. Eine solche interaktive Plattform des Ausbildungsbetriebs sorgt für eine moderne Kommunikation und ein erwünschtes Networking.

Insgesamt werden Social Media oder digitale Lern- und Kommunikationstools immer stärker die interne Kommunikation in der Ausbildung bestimmen (vgl. Petry/Jäger, 2018, S. 36). Das bezieht sich auf das Initiieren von Lernsituationen, das Vermitteln von Fachwissen, auf kommunikative Aspekte der Organisation oder die Unterstützung der Kompetenzentwicklung (Feedback Tools) oder als ein Führungsinstrument selbst. Die Nutzung des Smartphones im Sinne von »bring your own device« wird dabei zukünftig sicherlich noch stärker Berücksichtigung finden.

8.3 Impulse aus der modernen Führungslehre für die Ausbildung

Eine individuelle Ausbildung zeigt sich in einer modernen bzw. digitalen Ausbildungswelt, in der viel Selbstständigkeit und Eigenverantwortung ermöglicht werden soll. Ausbilder und Ausbilderinnen müssen ihr Verhalten an der Situation und am Auszubildenden ausrichten. Wenn etwas nicht gelingt, sollten die Auszubildenden nachfragen und es erneut versuchen können. Das bedeutet für Ausbilder, eine beratende und begleitende Rolle einzunehmen, die Verständnis, Geduld und Augenmaß erfordert. Ausbilderinnen und Ausbilder initiieren dazu in der praktischen Ausbildung individuelle Herausforderungen und Zielsetzungen, die eine persönliche Motivation und eine individuelle Entwicklung seitens des Auszubildenden zulassen. Den einen idealen und richtigen Führungsstil gibt es dafür nicht. Ausbilderinnen und Ausbilder sind umso erfolgreicher, je flexibler sie im Ausbildungsalltag und in der Situation agieren. Mal gilt es, Auszubildende zu loben, mal zu »kritisieren«. So ist einmal aktive Unterstützung richtig, ein anderes Mal bewusstes Zurücknehmen. Damit wird deutlich, dass in der modernen Ausbildung nichts von der Stange kommen sollte und auch althergebrachte Standards nicht mehr greifen.

Junge Menschen werden in der VUCA-Welt von allen Seiten mit Tipps, erstrebenswerten Lebensentwürfen und Produktplatzierungen von Eltern, Freunden und Influencern überhäuft. Was kann geglaubt werden, was sind keine Fake News, was erwartet mein Ausbilder von mir? Ausbilderinnen und Ausbilder stehen hier vor der Herausforderung, durch wertschätzenden Umgang und intensive Kommunikation unsichere, sensible Persönlichkeiten abzuholen und ihnen eine Perspektive zu bieten, eine klare Zielrichtung zu geben und gleichzeitig Raum zur Entfaltung zu gewähren. Das Motto könnte lauten: So wenig wie möglich, so viel wie nötig.

8.3.1 Die Entwicklung der Auszubildenden entlang des Flow-Modells

Die Zielsetzung in der Ausbalancierung zwischen Fähigkeit und Herausforderungen besteht darin, das richtige und individuelle Maß für jeden Auszubildenden zu finden. Dieser Führungsstil wird auch als »salutogene Führung« bezeichnet: Ausbilderinnen und Ausbilder helfen den Auszubildenden, ihre individuelle Leistung zu bringen, indem sie die dafür notwendigen Herausforderungen initiieren und die Auszubildenden ihre Fähigkeiten und Kenntnisse einbringen bzw. weiterentwickeln können (vgl. Burow, 2018, S. 142).

Das Flow-Modell (vgl. Csikszentmihalyi, 1992) kann hier dafür herangezogen werden, die Balance zwischen Unter- und Überforderung in der Ausbildung mit dem Ziel der Persönlichkeitsentwicklung und Sicherstellung der Handlungskompetenz für die beruflichen Anforderungen darzustellen.

Die Ausbildungsgestaltung sorgt dafür, dass die Auszubildenden in einem »Flow-Kanal« bleiben, in dem sie sich entwickeln und Unsicherheit in Sicherheit umwandeln können, sodass sie Ausbildungserfolge als motivierend erleben. Durch das Bewältigen von Aufgaben wächst das Sicherheitssystem, die Auszubildenden entwickeln sich, gewinnt an Wissen, Können und Erfahrung. Auszubildende benötigen demnach permanent neue Herausforderungen, an denen sie sich stärkenorientiert entwickeln können (vgl. von Cube, 1998, S. 82 ff.).

Das Flow-Modell

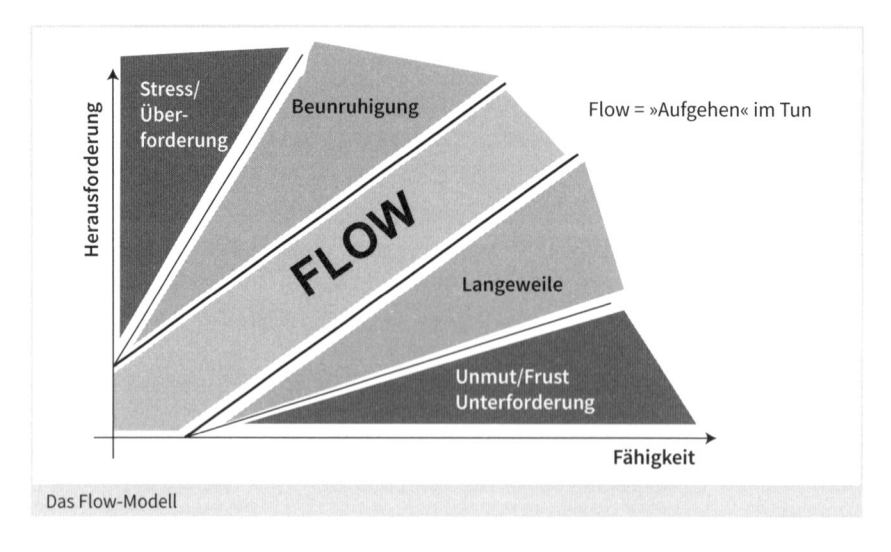

8.3.2 Wertschätzung als wichtiges Führungselement

Die modernen Ausbilderinnen und Ausbilder übernehmen dabei die Rolle des beratenden Coachs und methodischen Lernbegleiters und sorgen für die richtigen Rahmenbedingungen und Balance. In dieser unterstützenden Funktion wissen sie, wo sie mehr fordern, wann sie sich eher zurücknehmen, wo sie beraten oder als Vorbild fungieren müssen. Für diese wirksame und emotionale Unterstützung gibt es drei Ansatzpunkte, die auf die Motivation und das Wohlbefinden der Auszubildenden einwirken und in Folge auch als Wertschätzung wahrgenommen werden (vgl. Burow, 2018, S. 138):
- **Kommunikation:** Information, Ratschläge, Instruktionen, Erfahrungen
- **funktional-instrumentell:** Aufgabenstellung, Tätigkeiten, Hilfe, Ressourcen
- **Emotionen:** Zutrauen, Zugehörigkeit, Bindung, Kontakt, Verständnis, Trost

In der Ausbildung dürfen sich Ausbilderinnen und Ausbilder darum auch nicht nur auf das Geben von Anweisungen, Kontrolle und Feedback beschränken. Sie sollten ebenso die gezielte und individuelle Entwickelung sowie die Wertschätzung der Auszubildenden im Auge haben. Fordernde Aufgabenstellungen sollten nicht als Belastung, sondern als motivierende Herausforderungen und als Beweis des Zutrauens begriffen werden. Gefühlte Belastungen werden so stressfrei und positiv erlebt und als lohnende Herausforderungen verstanden (Kohärenzgefühl). Das Problem: Wenn Ausbilder und Ausbilderinnen ihre Auszubildenden nicht individuell fördern, ihnen keine Gestaltungsräume ermöglichen und ihnen nicht eine angemessene Wertschätzung vermitteln, können sie ihnen auch keine komplexeren Aufgaben übertragen und mehr Eigeninitiative und Selbstständigkeit erwarten. Die Fähigkeit, komplexere Aufgaben selbstständig zu meistern, ist jedoch wichtig, weil es im Arbeitsleben stets zu unbekannten Situationen bzw. neuen Herausforderungen kommt, die selbstständig gelöst werden müssen. Auszubildende, die wenig Förderung und Freiräume zur Selbsterfahrung sowie Selbstwirksamkeit erhalten, neigen verstärkt zu Unsicherheit, zeigen wenig Eigeninitiative und nehmen sich daher auch nicht als »wertgeschätzt« wahr. Daraus entstehen Rückfragen, wenig Selbstvertrauen, noch weniger Eigenverantwortung oder gar negative Emotionen (Stress, Frust). Auch hier sind die Ausbilderinnen und Ausbilder gefordert, die Einflussfaktoren optimal auszurichten und die Auszubildenden zu unterstützen.

8.3.3 Faktoren der Leistungsmotivation und des Leistungsverhaltens

Die drei bekannten Einflussfaktoren der Leistungsmotivation sind Wollen, Können und Dürfen (vgl. Sprenger, 2006, S. 21 ff.). Sie bestimmen die Gestaltungsspielräume des Auszubildenden, in denen er seine Eigenverantwortung und Selbstständigkeit entwickelt. Der oftmals favorisierte »situative Führungsstil zur Selbstständigkeit« – in der folgenden Abbildung als vierte Komponente einer »situative Ermöglichung« ergänzt – umfasst die möglichen Stufen der Entwicklung bzw. der zu berücksichtigenden Entwicklungsstufe bzw. Reifegrade (von Unselbstständigkeit zur Selbstständigkeit) der Auszubildenden.

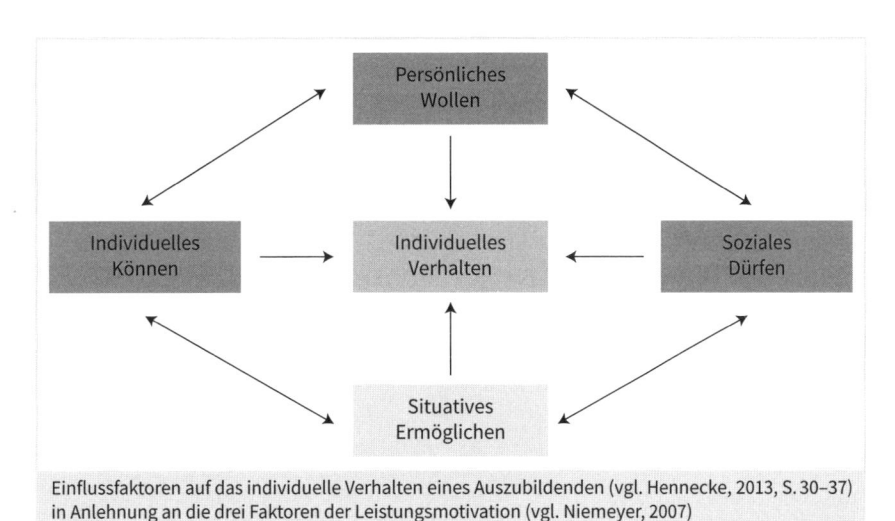

Einflussfaktoren auf das individuelle Verhalten eines Auszubildenden (vgl. Hennecke, 2013, S. 30–37) in Anlehnung an die drei Faktoren der Leistungsmotivation (vgl. Niemeyer, 2007)

Je nachdem, auf welcher Entwicklungsstufe (Reifegrad) sich der Auszubildende mit seinen Leistungen und seinem Engagement (im Folgenden als »Bereitschaft« bezeichnet) befindet, sollte sich auch das Führungsverhalten darauf ausrichten. In Anlehnung an das Führungsmodell von Paul Hersey und Ken Blanchard (vgl. Hersey/Blanchard,

1982) können weitere Impulse für das Verhalten eines Ausbilders und die Fähigkeiten eines Auszubildenden betrachtet werden. Unter »Fähigkeiten« werden dabei die beruflichen Kenntnisse, Fertigkeiten und Erfahrungen verstanden. In diesem Modell werden sowohl die Fähigkeiten als auch die Bereitschaft der Auszubildenden betrachtet. Es gibt vier unterschiedliche Entwicklungsstufen, die anhand dieser beiden Parameter (Fähigkeit und Bereitschaft) bestimmt werden. Zu jeder Entwicklungsstufe, wird ein passender Führungsstil vorgeschlagen:

- **Stufe 1:** Der Auszubildende ist, wenn er vor einer neuen Aufgabe steht, weder fähig noch bereit, diese zu erfüllen. Beispiel: Ihm fehlt noch das erforderliche Können und er traut sich die Aufgabe nicht zu. Der Gestaltungsspielraum ist eher gering und durch Vorgaben geprägt. Der Ausbilder führt dabei direktiv (direktiver Führungsstil). → Fokus auf die Einflussfaktoren »Dürfen« und »Können«.
- **Stufe 2:** Der Auszubildende ist zwar bereit, die neue Aufgabe anzugehen. Ihm fehlt aber noch das nötige Wissen und Können dafür. Der Auszubildende kann bereits eigene Ideen einbringen, um die Motivationslage zu verbessern. Daher kann der Gestaltungsraum zum Ausprobieren und Erfahrungslernen geöffnet werden. Der Führungsstil kann als »partizipierend« bezeichnet werden, bei dem der Auszubildende sich entwickeln kann. → Fokus auf den Einflussfaktor »Können«.
- **Stufe 3:** Der Auszubildende verfügt zwar über das erforderliche Können für die (neue) Aufgabe. Es fehlt ihm aber an der nötigen Motivation, zum Beispiel weil er unsicher ist oder schlechte Erfahrungen gesammelt hat. Der Auszubildende muss emotional unterstützt werden und kann schon stärker in Entscheidungen einbezogen werden. Er kann Ideen einbringen und eigene Lösungswege ausprobieren. Der Gestaltungsraum bietet ein Erfahrungslernen an, um Zuversicht und Erfolgserlebnisse zu ermöglichen. → Fokus auf den Einflussfaktor »Wollen«.
- **Stufe 4:** Der Auszubildende verfügt über das notwendige Können (zum Beispiel weil er ähnliche Herausforderungen gemeistert hat), um die Aufgabe selbstständig zu lösen, und ist auch bereit dazu. Der Auszubildende hat einen hohen Gestaltungsspielraum und kann eigene Handlungsoptionen einbringen. Der Ausbilder kann die Aufträge allesamt delegieren und sich auf seine beratende Rolle konzentrieren. → Fokus auf die Einflussfaktoren »Dürfen«, »Können« und »Wollen«.

Bereitschafts-/Reifegrade	4	3	2	1
Fähigkeit/Können	fähig	fähig	nicht fähig	nicht fähig
Bereitschaft/Wollen	willig	nicht willig	willig	nicht willig
Spielraum/Dürfen	hoch	mittel	mittel	niedrig
Führungsstil/-verhalten	delegierend-begleitend	partizipativ-partnerschaftlich	sachlich-anleitend	autoritär-direktiv

Die Bereitschaftsgrade der situativen Führung zur Selbstständigkeit. Eigene Erweiterung in Bezug auf den Führungsstil und die Bewertung der Einflussfaktoren auf das Verhalten (aus Sicht des Ausbilders)

Das Modell ist auch zur Analyse und Beschreibung des Ausbilderverhaltens geeignet. Die Differenzierung des Verhaltens und der Gestaltungsräume sollten dabei als fließend gesehen werden. Insgesamt sind es Facetten einer eher kooperativen Führungskultur. Insofern bietet sich für das Ausbilderverhalten eine weitere Unterscheidung an:

- **Aufgabenorientiertes Verhalten**
  Der Ausbilder konzentriert sich darauf, wann und wie etwas getan wird. Ziel einer solchen Führung ist es, das Wissen, Können, die Fähigkeit und Fertigkeit des Auszubildenden individuell zu entwickeln.
- **Beziehungsorientiertes Verhalten**
  Zielt auf die Eigeninitiative, Motivation und Einstellung der Auszubildenden ab. Beispiele für beziehungsorientiertes Führung sind: loben, zuhören, nachfragen, zutrauen und ermutigen.

Die Stärke des situativen Führungsstils liegt darin, dass sich Ausbilder und Ausbilderinnen flexibel den unterschiedlichen Situationen und besonders der Entwicklung der Auszubildenden individuell anpassen können. Sie fungieren also als Berater, Unterstützer, Begleiter und als Coach in einem gemeinsamen Lernprozess (vgl. Kluge/Buckert, 2017, S. 35). Mit fortlaufender Ausbildungsdauer entwickeln sich die Kompetenzen der Auszubildenden ganzheitlich, d. h. fachlich, sozial, methodisch und persönlich, weiter, sodass der Anteil an sach- oder aufgabenorientiertem Verhalten zurückgehen und durch einen größer werdenden Anteil an mitarbeiterorientiertem Verhalten abgelöst werden kann.

8.3.4 Aspekte der transaktionalen und transformationalen Führung

Weitere gute Impulse für das Führen, Fordern und Fördern der Auszubildenden kann aus der Diskussion um das transaktionale und transformationale Führen abgeleitet werden. Das Bild der transformationalen Führung kann auch als Leitbild für Ausbilderinnen und Ausbilder verstanden werden, an dem sich die Beteiligten orientieren können:
- Was macht einen guten Ausbilder aus?
- Wie können die Auszubildenden am besten motiviert werden?
- Welche Stärken können genutzt werden?
- In welchen Ausbildungsbedingungen fühlen sich die Auszubildenden am wohlsten und erzielen die besten Ergebnisse? (vgl. Hofert, 2017, S. 47 ff.)

Die Auszubildenden werden hier noch nachhaltiger auf die agile Arbeitswelt vorbereitet, die von ständigen Veränderungen und neuen digitalen Anforderungen geprägt ist. Mit »Transformation« ist hier eine digitale Arbeitswelt mit neuen Spielregeln (Konnektivität) und veränderten Arbeitsbedingungen gemeint. Interessanterweise wird gerade den jungen Menschen die dafür wichtigen Kompetenzen zugeschrieben. Sie sind für diese Herausforderungen gut vernetzt, können sich mit Komplexität und Wissensgenerierung auseinandersetzen und nutzen die technischen Innovationen. Die junge Generation sind »Transformational Natives«, welche die »VUCA-Spielregeln« beherrschen (vgl. Burkhart, 2016, S. 95). Ausbildung 4.0 sollte dies als Chance sehen, die jungen Menschen richtig abzuholen und kompetenzorientiert zu entwickeln. Kompetenzen wie z. B. Offenheit, Veränderungsbereitschaft, Flexibilität, Selbstorganisation und Anpassungsfähigkeit sollen die Auszubildenden auf die zunehmende Veränderungs- und Innovationsgeschwindigkeit sowie größere Freiheitsgrade vorbereiten. Diese Kompetenzen spielen heute in den Ausbildungsplänen und -ordnungen noch keine wichtige Rolle. Daher sollten sie fachübergreifend durch eine darauf ausgerichtete Ausbildungskultur mit modernen Ausbildungsbedingungen entwickelt werden.

Der transformationale Führungsansatz entwickelt sich aus dem transaktionalen Ansatz. Das **transaktionale Führen** steht für das klassische Arbeitsprinzip »Leistung gegen Belohnung« bzw. »Arbeit gegen Geld, Anerkennung und Status«. Transaktionale Ausbilderinnen und Ausbilder arbeiten demnach mit leistungsgerechten Belohnungen bzw. Sanktionen (Beurteilung, Übernahme, interessante Aufgaben), klaren Aufgabenstellungen bzw. Zielvorgaben sowie regelmäßigem Feedback in Form von Anerkennung und Kritik. Hier wird verstärkt die **extrinsische Motivation** des Auszubildenden angesprochen. Sollte es zu schlechteren Leistungen oder Störungen kommen, verstärkt der Ausbilder seine Kontrolle, führt regelmäßig Entwicklungsgespräche und stimmt klare Ziele zur Leistungssteigerung ab. Der Ausbilder ist hier mehr in der **aufgabenbezogenen Rolle** des Initiators, Organisators, Kontrolleurs und Motivators gefordert.

Beim **transformationalen Führungsstil** geht der Ausbilder individuell auf die Verhaltensänderung der Auszubildenden ein, d. h. er transformiert die Werte und Einstellungen des Auszubildenden und steigert dadurch seine **intrinsische Motivation** und Leistung. Es geht also weniger um Belohnungen oder Bestrafungen im Sinne der extrinsischen Motivation, sondern um das individuelle Ansprechen der intrinsischen Motivation der Auszubildenden.

Die Ausbilderinnen und Ausbilder haben also weniger nur die Aufgaben und Zielsetzungen im Auge, sondern die Auszubildenden, welche die Aufgaben erfüllen und die Ziele erreichen müssen. Die Kernfragen lauten: Wie kann man erreichen, dass Auszubildende loyal sind, gerne Verantwortung übernehmen, Teamgeist entwickeln, Selbstdisziplin zeigen und in der Ausbildung mit Lernbereitschaft und Engagement agieren? Ausbilderinnen und Ausbilder sollten dazu in der Lage sein, Werte und Ideale auf die Auszubildenden zu übertragen und sie dafür über die Sinngebung und Zielsetzung zu begeistern. Sie fungieren mehr auf der zwischenmenschlichen Beziehungsebene in der Rolle des Coachs, Lernbegleiters oder Mentors. Hierbei spielt auch die Vorbildfunktion eine wichtige Rolle. Obwohl dies selbstverständlich erscheint, haben Ausbilder und Ausbilderinnen eine hohe Verantwortung, indem sie Verhaltensweisen und Werte vorleben. Hierbei ist Reflexionsfähigkeit eine wichtige Kernkompetenz: Wie werde ich gesehen, wie wirkt mein Verhalten auf andere, wie erleben die Auszubildenden die Situationen, wie würde sich der Ausbilder bzw. die Ausbilderin selbst fühlen? Dazu müssen Ausbilderinnen und Ausbilder nicht nur Empathie und Verständnis aufbringen, sondern auch Ausbildung gestalten:

- Neugierde wecken: Die Auszubildenden vor neue Aufgaben stellen, die sie noch nicht kennen und sie zu neuen Ideen und Handlungsweisen anregen.
- Eigenkontrolle spürbar werden lassen: Den Auszubildenden wird mit der Aufgabe ein Gefühl der Mitsprache und Mitgestaltung vermittelt.
- Kreativität ermöglichen: Praktische Herleitungen und spielerische Elemente (Gamification) erhöhen das Interesse an der Aufgabe und unterstreichen die Nützlichkeit bzw. den Sinn der Aufgabenstellung.

Eckpfeiler des transformationalen Führungsansatzes von Bernard Bass und Bruce Avolio sind die sogenannten 4 Is der transformationalen Führung (vgl. Bass/Avolio, 1994), die sich auch auf die Ausbildung übertragen lassen:

- **Identifikation – Vorbild sein (idealized influence/identification)**
  Die Ausbilderinnen und Ausbilder verhalten sich in einer Weise, die Respekt (auf Augenhöhe) und Vertrauen bei Auszubildenden bewirken. Sie sind verlässlich in ihren Worten und Taten, erfüllen ethische und moralische Standards und leben die unternehmerischen Werte vor. Im Sinne der eigenen Ziele und Vorteile sind sie bereit, die Auszubildenden in den Fokus ihres Handelns zu stellen.
- **Inspiration – Sinn vermitteln (inspirational motivation)**
  Auszubildende sollen durch anspruchsvolle bzw. attraktive Ziele den Sinn für Aufgabe und Zielsetzung vermittelt bekommen. Die Ausbilder und Ausbilderinnen fördern mit dieser Inspiration die Gemeinschaft und das Engagement für gemeinsame Ziele (shared vision).
- **intellektuell – Status quo herausfordern und geistig anregen (intellectual stimulation)**
  Ausbilderinnen und Ausbilder ermutigen die Auszubildenden, sich selbst mit Ideen und Engagement in Lernaufträge, Aufgabenstellung und Projekte einzubringen. Die Auszubildenden erhalten genügend Freiraum für Kreativität und eigenständige Problemlösung. Dazu gehört die Fähigkeit, Annahmen und Gewohnheiten kritisch zu hinterfragen und neue Lösungen zu finden.

- **individuell – Einzigartigkeit anerkennen (individualized consideration)**
  Auszubildende werden nicht nach dem gleichen Schema begleitet. Vielmehr gehen die Ausbilder und Ausbilderinnen je nach persönlichen Stärken, Schwächen und Erwartungen auf jeden Auszubildenden individuell ein. Sie berücksichtigen dabei die Bedürfnisse des Auszubildenden und fördern und fordern ihn nach seinen individuellen Stärken. Dabei agieren sie als persönlicher Coach oder Lern(prozess)begleiter und entwickeln dadurch die Perspektiven und das Potenzial jedes Auszubildenden auf ein höheres Kompetenzniveau – im Sinne einer umfassenden beruflichen Handlungsfähigkeit und Kompetenzentwicklung.

Transformationale Führung beeinflusst somit das Verhalten und die Haltung sowohl der Ausbilder als auch der Auszubildenden. Sie zielt in einer individuellen und situativen Art auf Veränderungen im Selbstbild und in den Sichtweisen, Einstellungen und Handlungsweisen der einzelnen Betroffenen und ihres sozialen Umfelds ab (vgl. Finckler, 2017, S. 111).

Transformationale Führung setzt somit auf intrinsische Motivation. Dazu gehören die Erfüllung der Vorbildfunktion durch Führungskräfte und Ausbilder, die Entwicklung individueller Stärken von Auszubildenden, die Anregung zu mehr Eigeninitiative und kreativer Problemlösung sowie die Vermittlung sinnvoller, attraktiver Ziele und Entwicklungsperspektiven. Schlussendlich ist eine Synthese der transaktionalen (aufgaben- und zielbasierten Führung) und transformationalen (verhaltensbezogenen und zwischenmenschlichen Führung) Führungsstile optimal, um sowohl die sachlichen und aufgabenbezogenen als auch die emotionalen, wertschätzenden Bedürfnisse und Motive der Auszubildenden zu berücksichtigen. Mit diesen Impulsen lässt sich insgesamt eine moderne Führung und Begleitung in der Ausbildungswelt 4.0 skizzieren.

8.4 Konsequenzen für das Selbstverständnis und die Rolle der Ausbilder

Für Ausbilderinnen und Ausbilder ist es wichtig, die verschiedenen Generationen zu kennen und zu verstehen. Sie sollten überlegen, wie sie mit deren Erwartungen und Anforderungen im Unternehmen umgehen. Das beginnt beim Ausbildungsmarketing und Recruitingprozess, setzt sich mit der Ausbildungsgestaltung, der Vermittlung der Ausbildungsinhalte und der Führung der Auszubildenden fort und mündet in Aspekte der Übernahme, Unternehmensbindung und der Zusammenarbeit aller Mitarbeitergenerationen. Dabei ist die Motivation junger Menschen für die Ausbildung – gerade wegen ihrer unterschiedlichen Einstellung zur Arbeit – kein Zufallsprodukt, sondern ein aktiver Führungsprozess und Ergebnis der Ausbildungsgestaltung. Außerdem ist die Vermittlung von Werten und Regeln wichtig, was besonders gut durch die Vorbildfunktion der Ausbilder gelingt.

Damit die Auszubildenden richtig gefördert und entwickelt werden, muss sich die Rolle der Ausbilderinnen und Ausbilder vor allem in den Bereichen der methodischen und sozialen Kompetenzen weiterentwickeln. Die Rolle des Ausbilders hat sich in den letzten Jahren vom »Unterweiser« zum »Lernprozessbegleiter« weiterentwickelt. In Ergänzung zur traditionell fachlichen Expertise stehen dabei die Gestaltung von Ausbildungsbedingungen, die Initiierung von Lernprozessen und die Beziehung zum Auszubildenden im Mittelpunkt. Letzteres, um die besonderen Bedürfnisse der Auszubildenden nach Sicherheit, Struktur und Fürsorge zu beachten. Hierzu sind in den letzten Jahren verschiedene gute Ansätze diskutiert worden. So versteht sich die moderne Ausbilderrolle als Motivationshelfer, Coach und Lern(prozess)begleiter.

Diese Rollenbezeichnungen sind nicht neu, sondern werden seit längerer Zeit auch in der »Ausbildung der Ausbildung« (AdA/AEVO) diskutiert (vgl. Ruschel/Jüttemann, 2019, S. 74 ff.). Zum einen wird die besondere Beratungs- und Begleitungsfunktion eines »Coachs« unterstrichen und zum anderen die Bedeutung des selbstgesteuerten Lernens und die Initiierung von Lernprozessen durch den methodisch ausgerichteten »Lernprozessbegleiter« (vgl. Bauer/Brater, 2007) hervorgehoben. Dies hat alles in allem auch eine Entwicklung des Selbstverständnisses der Ausbilderinnen und Ausbilder zur Folge.

Die wichtigsten Aufgabenstellungen eines **Coachs** sind beispielsweise (vgl. Buchert/Kluge, 2016):
- Lernziele und deren Teillernziele darstellen
- die Bedeutung des Lerngegenstands und dessen Sinnhaftigkeit erläutern
- durch Aufzeigen von Lernerfolgen Hemmungen nehmen und Zuversicht zeigen
- Einstieg und Zielsetzungen von Aufgaben interessant gestalten
- sinnvolle Gliederung des Lerngegenstands (von leicht zu schwer), damit Lernerfolge erkennbar sind
- Feedback geben, dabei Schwächen analysieren und verbessern
- Lob und Anerkennung aussprechen, dabei Stärken nutzen und entwickeln
- vertrauensvolle Unterstützung bei Störungen und Lernproblemen geben
- wertschätzende Begleitung und sinnstiftende Vermittlung der Tätigkeiten

8   Auszubildende im Zeitalter digitaler Transformation führen, fordern und fördern

```
                        Ausbildung 4.0

  Spaß | Sicherheit/Struktur | Status/Stolz | Selbstständigkeit | Stärkenorientierung | Selbstwirksamkeit/Selbstverwirklichung | Sinnhaftigkeit | Social Media/Smartphone

              Säulen der Ausbildungsgestaltung

  Ausbilder: Selbstverständnis vom fachlichen Unterweiser/ Experten zum
  beratenden Coach und methodischen Lernprozessbegleiter entwickeln

  Auszubildende: Schlüsselkompetenzen ganzheitlich entwickeln.
  Sicherstellung der beruflichen Handlungskompetenz samt aller
  notwendigen Fähigkeiten, Fertigkeiten und Kenntnisse.
```

S-Modell der Ausbildung – die Entwicklung des Selbstverständnisses und der Rolle des Ausbilders

Der **Lernprozessbegleiter** unterstützt in ähnlicher Weise, wobei sich seine Aufgaben auf die Begleitung in sechs unterschiedlichen Phasen darstellen lassen:

1. **Feststellung des individuellen Lernbedarfs:** Ausbilder und Auszubildende verständigen sich über den Lernbedarf (Lernziele, Anforderungen etc.).
2. **Entwicklung der Lernwege:** Welche Kompetenzen sollen die Auszubildenden wann und wodurch erwerben?
3. **Vereinbarung über den Lernweg:** Ausbilder/Ausbilderinnen und Auszubildende verständigen sich über den gewählten Lernweg und die Methoden.
4. **Auswahl der Lernaufgaben aus den Geschäftsprozessen:** Die Auszubildenden sollen die Aufgabenstellung selbstständig bearbeiten, wobei der Ausbilder den Lernprozess arrangiert, Lernaufgaben definiert und (Teil-)Lernziele abstimmt.
5. **Begleitung des Lernprozesses:** Die Ausbilder und Ausbilderinnen begleiten und beobachten den Lernprozess, halten sich eher zurück, und greifen nur bei schwerwiegenden Problemen oder zur Unterstützung der Auszubildenden ein, um ihnen z. B. über »Blockaden« hinwegzuhelfen. Falls sie zu früh eingreifen, verhindern sie Lernchancen und Möglichkeiten zum Handlungslernen.
6. **Auswertung des Lernprozesses:** Ausbilder und Auszubildende blicken auf den Lernprozess zurück. Was ist gut oder weniger gut gelaufen? Welche Erfahrungen wurden gesammelt, welches Wissen wurde erworben? (vgl. Hartmann, 2017, S. 22 ff.)

Die modernen Ausbilderinnen und Ausbilder sollten vor allem im Rahmen der digitalen Transformation selbstbestimmtes Lernen fördern und die entsprechenden Rahmen- und Ausbildungsbedingungen als Lernprozessbegleiter einrichten (siehe »Digitale Qualifizierung von Ausbildungsbeauftragten« von Evi Zielinski und Svenja Krämer). Sie ermöglichen somit besonders handlungsorientierte Angebote, sanktionsfreie Erfahrungsräume und moderne Lernmethoden für Auszubildende. Die Rolle soll sich in diese Richtungen weiterentwickeln. Nicht mehr das Belehren und Beibringen von Ausbildungsinhalten stehen im Fokus, sondern auch die Vermittlung von Handlungskompetenzen zur eigenständigen Aneignung von Ausbildungsinhalten (Beratung, Coaching etc.) sowie die Gestaltung von günstigen und individuellen Ausbildungsbedingungen.

Um die Beziehungsebene zu stärken, hilft zudem eine ausgeprägte »soziale oder emotionale Intelligenz«, wie sie seit Mitte der 1990er-Jahre auch für Führungskräfte diskutiert wird (vgl. Goleman, 1997). Ausbilderinnen und Ausbilder mit einer hohen sozialen Intelligenz verfügen über soziale Sensibilität, Emotionalität und soziale Einsicht. Sie haben empathische und soziale Fertigkeiten und können die Perspektive anderer übernehmen. Sie zeichnen sich durch Fürsorglichkeit aus, stehen neuen Ideen und Erfahrungen offen gegenüber und haben allgemein großes Vertrauen in die Auszubildenden. Auch zur Vermittlung von sozialen Verhaltensweisen benötigen manche Auszubildenden eine stärkere Begleitung. Höflicher Umgang, Hilfsbereitschaft, Kunden- und Serviceorientierung, aber auch Zuverlässigkeit werden von einigen Auszubildenden nicht mehr als verbindliche Norm gesehen. Die Kunst des Coachs besteht nun auf der Beziehungsebene in einer angemessenen Reaktion und Beratung der jungen Menschen für ihren beruflichen Alltag (vgl. Ruschel/Jüttemann, 2019, S. 79).

Zur Stärkung der Beziehungsebene kann der AWAKE-Führungsansatz (Weißer) beitragen. Hier fokussieren sich die Ausbilderinnen und Ausbilder auf die Bereiche »Anerkennung«, »Wertschätzung«, »Aufmerksamkeit«, »Kommunikation und »Empathie« (vgl. Weißer, 2017, S. 40–45):

- **Anerkennung:** Auszubildende erhalten eine sachliche Rückmeldung zu ihrem Verhalten bzw. ihrer Leistung. Sie werden entwickelt, bestätigt und motiviert.
- **Wertschätzung:** Während sich Anerkennung auf Leistung bezieht (was), richtet sich Wertschätzung auf die Leistungserbringung (wie). Ausbilder und Ausbilderinnen knüpfen im Rahmen eines Feedbacks an die Werte an, die sie wahrgenommen haben: zum Beispiel Strukturiertheit, Leistungswille, Einsatzbereitschaft, Emotionen und Störungen.
- **Aufmerksamkeit:** Die zwischenmenschliche Beziehung zwischen Ausbildern und Auszubildenden wird besonders durch die gegenseitige Aufmerksamkeit geprägt. Das können Erzählungen über die Zusammenarbeit, die Berufsschule oder auch über das Wochenende, eine Krankheit oder auch Sorgen sein, die mit Interesse erzählt und denen auch mit Aufmerksamkeit zugehört wird.

- **Kommunikation:** Gute Ausbildungsergebnisse können nur bei einer funktionierenden Kommunikation gelingen. Das klassische Sender-Empfänger-Modell ist wichtig. Wird das Erzählte gehört, wird das Gehörte auch verstanden und wird das Verstandene auch akzeptiert? Ungenaue Anweisungen, viele Fremdwörter und emotionale Darstellungen erschweren die Zusammenarbeit.
- **Empathie:** Die Beziehungsebene wird positiv gestärkt, wenn man sich in die andere Person und ihre Gefühle hineinversetzt. Persönliche Gespräche, der Austausch über persönliche Erfahrungen und eine zumutbare Offenheit unterstützen das gegenseitige Verständnis und Vertrauen.

Mit einer »AWAKE-Haltung« können die Ausbilderinnen und Ausbilder insbesondere die immer wichtiger werdende Beziehungsebene stärken. Diese Haltung ist auch unabhängig vom Führungsstil und der Aufgabenorientierung zu sehen, weil sie für das emotionale Miteinander der Beteiligten eine Rolle spielt. So kann man sich sicherlich in einer partnerschaftlichen Rolle als Ausbilder weiterentwickeln und erleben, wie eine »wachsame Ausbildungskultur« bei den jungen Auszubildenden mit ihren vielfältigen Erwartungen ankommt.

Zudem werden im Rahmen der Digitalisierung neue Kompetenzen und Lernmethoden für den Ausbilder immer wichtiger. Kompetenzen, wie die Bedienung via Tablets, Wissen um Netzwerke und Funktechnologien, werden künftig in den Ausbildungsgängen vermittelt. So hat das Bundesinstitut für Berufliche Bildung (BIBB) die Medienkompetenzen definiert, die in der Berufsausbildung berücksichtigt werden sollen. Unter anderem wird eine zielgerichtete Mediennutzung, der verantwortungsvolle Einsatz von Social Media Tools im Rahmen der Kommunikation oder das selbstständige Lernen mit neuen Medien festgeschrieben. Dabei müssen die Ausbilder keine Programmierer sein. Vielmehr werden Kompetenzen, wie Problemlösungs- und Prozessorientierung, das Wissen über Informationstechnik, Verständnis über das Schaltverhalten sowie das Bedienen und Anpassen von Steuerungssoftware, immer wichtiger. Aber auch die interne Kommunikation mit den Auszubildenden verändert sich. Die junge Generation bringt ihre Erfahrung mit Kommunikation mit. Warum sollen Mailings geschrieben werden, wenn Textnachrichten viel schneller sind? Die jungen Menschen nutzen dabei eher eine Visualisierung mit Emojis, Videos und Bildern als herkömmliche Textpassagen. Lange Texte zu schreiben und zu lesen empfinden sie eher als Belastung als ihre Vorgängergenerationen (vgl. Twenge, 2018b). Kommunikation bedeutet für sie kurze Informationsschnipsel statt langer Textseiten. Ausbilderinnen und Ausbilder sollten hierauf gelassen reagieren und den Auszubildenden die Regeln der internen Kommunikation vermitteln und die Gewohnheiten älterer Mitarbeiterinnen und Mitarbeiter darstellen (vgl. Twenge, 2018a, S. 458).

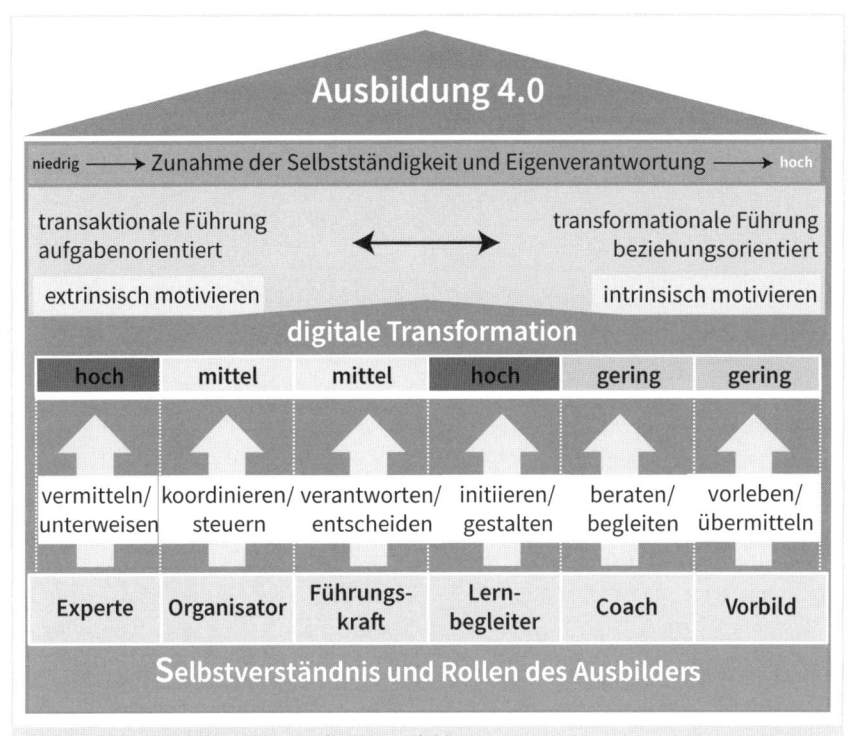

8.4 Konsequenzen für das Selbstverständnis und die Rolle der Ausbilder

Ausbildung 4.0

niedrig ⟶ Zunahme der Selbstständigkeit und Eigenverantwortung ⟶ hoch

transaktionale Führung	transformationale Führung
aufgabenorientiert	beziehungsorientiert
extrinsisch motivieren	intrinsisch motivieren

digitale Transformation

hoch	mittel	mittel	hoch	gering	gering
vermitteln/ unterweisen	koordinieren/ steuern	verantworten/ entscheiden	initiieren/ gestalten	beraten/ begleiten	vorleben/ übermitteln
Experte	Organisator	Führungskraft	Lernbegleiter	Coach	Vorbild

Selbstverständnis und Rollen des Ausbilders

Ausbilderrolle und Führungsimpulse für eine Ausbildung 4.0

Zwischenfazit: Insgesamt wird deutlich, dass die Rollenerwartungen an die Ausbilder und Ausbilderinnen in Zeiten der digitalen Transformation vielseitiger werden (vgl. Ruschel/Jüttemann, 2019, S. 62 f.). So muss sich auch das **S**elbstverständnis vom fachlichen Experten zum beratenden Coach und methodischen Lernprozessbegleiter weiterentwickeln (siehe Abbildung »Ausbilderrolle und Führungsimpulse für eine Ausbildung 4.0«).

Wenn man das Selbstverständnis der Ausbilderinnen und Ausbilder mit den modernen Führungsansätzen in einen Zusammenhang bringt, so werden die Möglichkeiten und Chancen einer Ausbildung 4.0 deutlich: Die junge Generation

- wird im Rahmen der Ausbildungsgestaltung bei ihren Erwartungen (siehe Abbildung »S-Modell der Ausbildung«) abgeholt,
- situativ durch den Ausbilder sowohl aufgaben- als auch beziehungsorientiert unterstützt und beraten,
- erlebt eine wertschätzende und fördernde Ausbildungsatmosphäre,
- erfährt im Zuge einer transaktionalen bzw. transformationalen Führung eine motivierende, ganzheitliche Kompetenzentwicklung,
- wird somit – in Form der Ausbildung 4.0 – auf die digitale Welt bzw. digitale Transformation vorbereitet.

8.5 Zusammenfassung und Fazit

In diesem Artikel wurden verschiedene Impulse zum Führen, Fordern und Fördern der Auszubildenden gegeben. Dazu wurden mehrere Fragestellungen betrachtet:
- Welche Einflussfaktoren wirken sich auf die Ausbildung aus?
- Welche Erwartungen und Merkmale haben die jungen Menschen heute?
- Welche Impulse aus der modernen Führungslehre können für die moderne Ausbildung genutzt werden?
- Welche Aspekte wirken sich damit auf die Rolle der Ausbilderinnen und Ausbilder aus?

Insgesamt können damit wichtige Grundlagen und Merkmale für eine Ausbildung 4.0 aufgezeigt werden und zu neuen Impulsen für die digitale Transformation führen.

Es wurde gezeigt, dass jungen Menschen Spaß, Sicherheit und Sinnhaftigkeit wichtiger als materielle Aspekte und Karriereversprechen sind. Gratifikationen und Sonderleistungen – wie eine leistungsorientierte Bezahlung, gute Karriere-/Aufstiegsmöglichkeiten oder ein hohes Einkommen – stehen nicht an der Spitze ihrer beruflichen Erwartungen. Auszubildende möchten vielmehr von den Mitarbeitern und Ausbildern respektiert werden, Wertschätzung erleben und auf Augenhöhe ernst genommen werden. Sie suchen ein gutes Betriebsklima, nette Kollegen und einen sicheren Arbeitsplatz mit Perspektiven zur persönlichen Weiterentwicklung. Zudem finden sie geregelte Arbeitszeiten gut und lehnen Schichtarbeit und harte körperliche Arbeit eher ab. Freizeit ist für sie wichtiger als eine persönliche Karriereperspektive. Flexible Arbeitszeiten oder Vertrauensarbeitszeiten empfinden sie eher als Ausbeutung statt als Beitrag zur Flexibilität. Die Vermischung von Arbeiten und Freizeit verliert an Attraktivität (vgl. Riederle, 2013, S. 154 ff.).

Trotz vergleichbarer Rahmenbedingungen hat sich die neue Generation Z anders entwickelt als ihre Vorgängergeneration. Sie passt oft in keine Kategorie, ist in sich widersprüchlich und bezieht sich noch stärker auf sich selbst. Frühere Generationen entwickelten eine Bindung zum Arbeitgeber. Die junge Generation hingegen identifiziert sich stärker über Aufgaben, Inhalte und Sinnhaftigkeit der Tätigkeiten. Sie will Selbst- und Eigenständigkeit, aber gleichzeitig Geborgenheit und kein Risiko. Für Ausbilder und Ausbilderinnen heißt das, die verschiedenen Generationen zu kennen und ihre Erwartungen im Rahmen der Führung und Motivation zu nutzen.

Dabei helfen die aufgezeigten Impulse aus der modernen Führungsdiskussion. Insbesondere die Aspekte der salutogenen oder transformationalen Führung bieten gute Ansätze. Sie zahlen vor allem auf die herausfordernde Ausbildungsgestaltung, die intrinsische Motivation und einen wertschätzenden bzw. beziehungsorientierten Umgang mit den Auszubildenden ein. Die Unternehmen müssen sich überlegen, welchen aufgezeigten Impulsen sie folgen können und welchen nicht. Durch Berücksichtigung der Erwartungen erhalten die Unternehmen neue Möglichkeiten und in der Folge gut motivierte Mitarbeiterinnen und Mitarbeiter.

Dafür ist es wichtig, die Ausbilderrolle vom Experten zum beratenden Coach oder methodischen Lern(prozess)begleiter weiterzuentwickeln. Ausbilderinnen und Ausbilder werden von Auszubildenden vor allem als »Freund und Helfer« betrachtet. Neben der fachlichen Kompetenz spielt daher künftig die Beziehungsebene eine noch größere Rolle. Es ist wichtig, dass Ausbilder und Ausbilderinnen als Vorbilder für ihre Auszubildenden fungieren. Nur wenn sie selbst das gewünschte Verhalten vorleben, wird dies glaubwürdig erlebt und akzeptiert.

Und ein letzter Gedanke: Die heutige Generation der Auszubildenden soll zu Selbstständigkeit und Eigenverantwortung in einer digitalen Arbeitswelt ausgebildet werden. Dies setzt die Initiierung von handlungsorientierten Ausbildungsformaten bzw. digitalen Lernprozessen voraus und fordert den Ausbilder verstärkt in seiner Rolle als Coach und Lernprozessbegleiter. Die besondere Beziehungsqualität zwischen Ausbilder und Auszubildenden wird dabei einen hohen Einfluss haben (vgl. Buckert/Kluge, 2001, S. 16). Das kostet nicht weniger, sondern mehr Zeit. Daher müssen Ausbildungsverantwortliche akzeptieren, dass eine Ausbildung 4.0 nicht irgendwie nebenbei funktioniert und die Qualifizierung eines Ausbilders – gerade in Bezug auf die wichtigen sozialen Betreuungs- und Beratungskompetenzen – nicht vom Himmel fallen wird (vgl. Winterhoff/Thielen, 2010, S. 60). Ausbildung 4.0 in einer digitalen Transformation ist anspruchsvoller für die Beteiligten, aber auch interessanter geworden. Darin liegen viele Chancen für alle!

Literatur

azubi-report 2016. Online verfügbar unter: https://www.ausbildung.de/azubi-report (abgerufen am 20.04.2019).

Bandura, A. (1997): Self-efficacy: The exercise of control. New York.

Bass, B.; Avolio, B. (1994): Improving Organizational Effectiveness Through Transformational Leadership. California/London.

Bauer, H. G.; Brater, M. (2007): Lern(prozess)begleitung in der Ausbildung: Wie man Lernende begleiten und Lernprozesse gestalten kann. Ein Handbuch (Beiträge zu Arbeit – Lernen – Persönlichkeitsentwicklung). Bielefeld.

Bauer, J. (2013): Arbeit. Warum unser Glück von ihr abhängt und wie sie uns krank macht. München.

Bolz, N. (1997): Die Sinngesellschaft. Düsseldorf.

Bonner, St.; Weiss, A. (2008): Generation Doof. Wie blöd sind wir eigentlich? Köln.

Buckert, A.; Kluge, M. (2001): Der Ausbilder als Coach. Motivierte Auszubildende am Arbeitsplatz. Köln.

Bund, K. (2014): Glück schlägt Geld. Generation Y: Was wir wirklich wollen. Hamburg.

Burfeind, S. (2018): Erst das Vergnügen, dann die Arbeit – Die Generation Z wird die Wirtschaft verändern. Online verfügbar unter: https://www.brandeins.de/magazine/brand-eins-wirtschaftsmagazin/2018/ personal/ Generation-z-erst-das-vergnuegen-dann-die-arbeit (abgerufen am 25.04.2019).

Burkhart, St. (2016). Die spinnen, die Jungen. Eine Gebrauchsanweisung für die Generation Y. Offenbach.

Burow, O.-A. (2018): Führung mit Wertschätzung. Weinheim.

Calmbach, M.; Borgstedt, S.; Borchard, I.; Thomas, P. M.; Flaig, B. B. (Hrsg.) (2016): Wie ticken Jugendliche 2016? Lebenswelten von Jugendlichen im Alter von 14 bis 17 Jahren in Deutschland. Sinus Jugendstudie 2016. Berlin.

Csikszentmihalyi, M. (1992): Das Flow-Erlebnis. Jenseits von Angst und Langeweile im Tun aufgehen. 4. Aufl. Stuttgart.

von Cube, F. (1998): Lust an Leistung. Die Naturgesetze der Führung. München.

Deitering, F. G. (2001): Selbstgesteuertes Lernen. 2. unv. Aufl., Göttingen.

DELL: Jugendstudie 2018. Online verfügbar unter: https://www.delltechnologies.com/genz (abgerufen am 26.04.2019).

Dimbath, O. (2007): Spaß als Paravent? Analysen zur Handlungsbegründung in der Berufswahl. In: Göttlich, U.; Müller, R.; Rhein, St.; Calmbach, M. (Hrsg.) (2007): Arbeit, Politik und Religion in Jugendkulturen. Engagement und Vergnügen. Weinheim, S. 225–238.

Eberhardt, D. (2017): Generationen zusammen führen. Mit Millennials, Generation X und Babyboomern die Arbeitswelt gestalten. Freiburg.

Finckler, P. (2017): Transformationale Führung. Wegweiser für nachhaltigen Führungs- und Unternehmenserfolg. Heidelberg.

Focus Online: Schlimmer als Helikopter-Eltern? Achtung, Rasenmäher-Eltern: Experten warnen vor schlimmen Folgen für Kinder. Online verfügbar unter: https://www.focus.de/familie/erziehung/familie-rasenmaeher-eltern-experten-warnen-vor-den-folgen-des-neuen-erziehungsstils_id_9663538.html (abgerufen am 14.05.2019).

Friebe, H.; Lobo, S. (2008): Wir nennen es Arbeit. Die digitale Bohème oder Intelligentes Leben jenseits der Festanstellung. 2. Aufl. München.

Goleman, D. (1997): Emotionale Intelligenz. München.

Gross, P. (1994): Die Multioptionsgesellschaft. Frankfurt a. M.

Hanisch, H. (2018): Die flotte Generation Z im 21. Jahrhundert. Bonn.

Hartmann, D. (2017): Leitfaden für Ausbildungsbeauftragte in der betrieblichen Praxis. 3. neu bearbeitete Aufl., Renningen.

Heckhausen, H. (1989): Motivation und Handeln. 2. Aufl. Berlin.

Hennecke, M. (2006): Kompetenzentwicklung in der Ausbildung bei BHW. In: Grote, S.; Kauffeld, S.; Frieling, E. (Hrsg.): Kompetenzmanagement. Grundlagen und Praxisbeispiele. Stuttgart, S. 75–110.

Hennecke, M. (2008a): Standortbestimmung Ausbildung als persönliches Erleben von Kompetenzen. In: Dietl, Stefan F. (Hrsg.): Ausbildung und Erlebnisse. Köln, S. 115–135.

Hennecke, M. (2008b): Kompetenzentwicklung in der Ausbildung: Mode oder Methode? In: Schwuchow, K.; Gutmann, J. (Hrsg.): Jahrbuch Personalentwicklung 2008. Köln, S. 108–119.

Hennecke, M. (2010): Ausbildung und Erlebnisorientierung. In: Schwuchow, K.; Gutmann, J. (Hrsg.): Jahrbuch Personalentwicklung 2010. Köln, S. 199–211.

Hennecke, M. (2013): Auszubildende zeitgemäß führen und motivieren. In: HR Performance, Sonderheft Azubi-Management, Frechen, S. 30–37.

Hertz, N. (2015): Generation K: Who are they, and what we know about them. Online verfügbar unter: https://womenintheworld.com/2015/04/21/generation-k-who-are-they-and-what-do-we-know-about-them/ (abgerufen am 20.04.2019).

Hiltmann, H. (2017). Die »4S« der Ausbildung. In: wir AUSBILDER, Sonderheft 1/2017, S. 4–7.

Hofert, S. (2017): Agiler führen. Einfache Maßnahmen für bessere Teamarbeit, mehr Leistung und höhere Kreativität. 2. aktual. Aufl. Wiesbaden.

Hurrelmann, K.; Albrecht, E. (2014): Die heimlichen Revolutionäre. Wie die Generation Y unsere Welt verändert. Weinheim.

Hüther, G. (2016): Mit Freude lernen ein Leben lang. Göttingen.

Jeges, O. (2014): Generation Maybe. Die Signaturen einer Epoche. Berlin.

Jungclaussen, J. F. (2017): Generation K. Jetzt kommen die Ängstlichen. In: Zeit Online, Ausgabe 9/2017. Online verfügbar unter: https://www.zeit.de/2017/09/generation-k-jugendliche-zukunft-angst-grossbritannien-us (abgerufen am 20.04.2019).

Kluge, M.; Buckert, A. (2017): Der Ausbilder als Coach. Auszubildende motivieren, beurteilen und gezielt fördern. 6. aktualisierte Auflage. Köln.

Kortmann, O. (2016): Transformationales Führen. Offenbach.

Lorenz, M. (2019): Generation Why. Wie sie denkt. Wie sie arbeitet. Göttingen.

Lorenz, M. (2019): Young Generation. Göttingen.

Mangelsdorf, M. (2015): Von Babyboomer bis Generation Z. Der richtige Umgang mit Generationen im Unternehmen. Offenbach.

McDonald's Deutschland: Ausbildungsstudie 2017 – Job von morgen! Schule von gestern. Ein Fehler im System? Online verfügbar unter: https://karriere.mcdonalds.de/docroot/jobboerse-mcd-career-blossom/assets/documents/McD_Ausbildungsstudie_2017.pdf (abgerufen am 03.06.2019).

McDonald's Deutschland: Ausbildungsstudie 2015 – Entschlossen unentschlossen. Azubis im Land der (zu vielen) Möglichkeiten. Online verfügbar unter: https://www.ifd-allensbach.de/fileadmin/IfD/sonstige_pdfs/McDonald_s_Ausbildungsstudie_2015.pdf (abgerufen am 03.06.2019).

McDonald's Deutschland: Ausbildungsstudie 2013 – Pragmatisch glücklich. Azubis zwischen Coach und Karriere. Online verfügbar unter: https://karriere.mcdonalds.de/docroot/jobboerse-mcd-career-blossom/assets/documents/McD_Ausbildungsstudie_2013.pdf (abgerufen 03.06.2019).

Medienpädagogischer Forschungsverbund Südwest (2018): JIM-Studie 2018. Jugend, Information, Medien. Online verfügbar unter: https://www.mpfs.de/fileadmin/files/Studien/JIM/2018/Studie/JIM_2018_Gesamt.pdf (abgerufen am 24.04.2019).

Müller, W. (2001): Erlebnismarkt und Menschenbild. Rahmenbedingungen von Erlebnismärkten und Konsequenzen für die Führungskultur in Unternehmen. Düsseldorf.

Neefe, St. (2018): Onboarding: Neue Azubis willkommen. Online verfügbar unter: https://www.haufe.de/personal/hr-management/azubis-finden-integrieren-binden/neue-azubis-onboarding-erfolgreich-gestalten_80_418432.html (aufgerufen am 24.04.2019)

Niemeyer, R. (2007): Motivation – Instrumente zur Führung und Verführung. 2. Aufl. München.

Parment, A. (2013): Die Generation Y. Mitarbeiter der Zukunft motivieren, integrieren, führen. 2. Aufl. Wiesbaden.

Pawelke, R. (1995): Das Traumfabrik-Konzept. Die Seele zum Klingen bringen – Plädoyer für einen »Sportkultur-Pädagogen« an der Schule. In: Pawelke, R. (Hrsg.): Sportkultur. Neue Wege in Sport, Spiel, Tanz und Bewegung. Lichtenau, S. 422–434.

Petry, Th.; Jäger, W. (Hrsg.) (2018): Digital HR. Smarte und agile Systeme, Prozesse und Strukturen im Personalmanagement. Stuttgart.

Pfromm, H.-A. (1997): Zurück zur Leistungskultur. Stuttgart.

Popp, R.; Reinhardt, U. (2019): Schöne neue Arbeitswelt. Hamburg.

Postman, Neil (1988): Wir amüsieren uns zu Tode: Urteilsbildung im Zeitalter der Unterhaltungsindustrie. Hamburg.

Rall, B. (2019): So einfach wie WhatsApp, aber (Datenschutz)sicher. In: WirAusbilder, Heft 2/2019, S. 6–9.

Reinhard, U. (2005): Edutainment – Bildung macht Spass (Zukunft. Bildung. Lebensqualität). Hamburg.

Rentz, I. (2019): So tickt die Generation Z wirklich. In: Horizont vom 21.02.2019. Online verfügbar unter: https://www.horizont.net/marketing/nachrichten/mediacom-studie-so-tickt-die-generation-z-wirklich-173073 (abgerufen am 28.04.2019).

Riederle, Ph. (2013): Wer wir sind und was wir wollen. München.

Rieger, J. (1999). Der Spaßfaktor. Warum Arbeit und Spaß zusammengehören. Offenbach.

Rittner, V. (1998): Sport in der Erlebnisgesellschaft. In: Allmer, H.; Schulz, N. (Hrsg.): Erlebnissport – Erlebnis Sport. Sankt Augustin, S. 28–45.

Rose, N.; Steger, M. F. (2017): Führung, die Sinn macht. In: Organisation Entwicklung, Heft 4/2017, S. 41–45.

Rudolph, U. (2003): Motivationspsychologie kompakt. 2. überarb. Aufl. Weinheim.

Ruschel, A.; Jüttemann, S. (2019): Arbeits- und Berufspädagogik für Ausbilder in vier Handlungsfelder. 3. überarb. Auflage. Herne.

Schmidt, E. (2014): Niemals allein, für immer einsam. Generation Y. München.

Scholz, Ch. (2014): Generation Z. Wie sie tickt, was sie verändert und warum sie uns alle ansteckt. Weinheim.

Scholz, Ch. (2018): Generation Z: Change, Agilität, Dynamik – ja, aber anders! In: Changement!, Heft 1–2/2018, S. 4–6.

Schrader, H. (2016): Generation Z – bitte übernehmen. In: Zeit Campus vom 16.10.2016. Online verfügbar unter: https://www.zeit.de/campus/2016-10/ verantwortung-generationen-klischees-generation-z-digital-natives (abgerufen am 24.04.2019).

Schulmeister, R. (2012): Vom Mythos der Digital Natives und der Net Generation. In: Berufsbildung in Wissenschaft und Praxis (BWP), Heft 3/2012, S. 42–46.

Schulze, G. (1992). Die Erlebnisgesellschaft. Kultursoziologie der Gegenwart. Frankfurt a. M.

Shell Deutschland (2000): Jugend 2000. 13. Shell Jugendstudie. Berlin.

Shell Deutschland (2015): Jugend 2015. 17. Shell Jugendstudie. Berlin.

Sprenger, R. K. (2006): 30 Minuten für mehr Motivation. 9. Aufl. Offenbach.

Thirsch, H. (2006). Leben lernen, Bildungskonzepte und sozialpädagogische Aufgaben. In: Otto, H.-U.; Oelkers, J. (Hrsg.): Zeitgemäße Bildung. Herausforderung für Erziehungswissenschaft und Bildungspolitik. München, S. 21–36.

Tully, C. (2018): Jugend – Konsum – Digitalisierung. Über das Aufwachsen in digitalen Konsumwelten. Wiesbaden.

Twenge, J. M. (2018a): Me, my Selfie und I. München.

Twenge, J. M. (2018b): Unsere Jugendlichen lesen immer weniger. Studie zeigt negative Folgen auf. In: Epoche Time vom 18.09.2018. Online verfügbar unter: https://www.epochtimes.de/wissen/unsere-jugendlichen-lesen-immer-weniger-studie-zeigt-die-negativen-folgen-auf-a2642588.html (abgerufen am 20.04.2019).

u-formTestsysteme (2017): Azubi-Recruiting Trends 2017. Summary online verfügbar unter: https://www.testsysteme.de/studie2017 (abgerufen am 26.04.2019).

u-formTestsysteme (2018): Azubi-Recruiting Trends 2018. Summary online verfügbar unter: https://www.testsysteme.de/studie2018 (abgerufen am 26.04.2019).

Weinberg, P. (1992): Erlebnismarketing. München.

Weißer, M. (2017): Erfolgreich ausbilden. Offenbach.

Winterhoff, M.; Thielen, I. (2010): Persönlichkeiten statt Tyrannen. Oder: Wie junge Menschen in Leben und Beruf ankommen. Gütersloh.

Zimmermann, P. (2016): Generation Smartphone. Wie die Digitalisierung das Leben von Kindern und Jugendlichen verändert. Munderfing.

Zinke, G. (2018): Digitale Transformation: Hype um digitale Kompetenzen in der Berufsausbildung? In: Auf dem Weg zur digitalen Aus- und Weiterbildung von morgen: Ergebnisse des Berliner Modells »Zusatzqualifikationen für digitale Kompetenzen«. Bielefeld, S. 49–57. Online verfügbar unter: https://www.wbv.de/de/download/shop/download/0/_/0/0/listview/file/direct%406004656w/area/shop.html?cHash=05c04f996a04755475c019ef c1d46647 (abgerufen am 28.04.2019).

Zum Goldenen Hirschen: »Hauptsache ihr habt Spaß«. Kommunikative Neuausrichtung der Marke MediaMarkt. Online verfügbar unter: https://www.hirschen.de/agentur/arbeiten/hauptsache-ihr-habt-spass.html (abgerufen am 03.06.2019).

9 Digitale Transformation – Implementierung und Einbindung einer Online-Lernplattform

Martin Thum und Vanessa Schmidt

9.1 Rahmenbedingungen der Ausbildung

Die Firma MAHLE, ein international tätiger Automobilzulieferer, bildet derzeit 478 Lernende in Deutschland aus. Knapp 60 Prozent davon absolvieren eine Ausbildung in gewerblich-technischen Berufen, wobei die Ausbildungsberufe Industriemechaniker und Mechatroniker am häufigsten vertreten sind. Etwa 10 Prozent der Lernenden werden in kaufmännischen Berufen ausgebildet. Hier wiederum sind die Industriekaufleute und die Kaufleute für Büromanagement am häufigsten vertreten. Über 30 Prozent der Lernenden sind Studierende. Die meisten von ihnen studieren an der Dualen Hochschule Baden-Württemberg. Hinzu kommen kooperativ Studierende, die eine gewerbliche Ausbildung und einen Abschluss zum Bachelor of Engineering erwerben.

In Deutschland wird an 20 Standorten ausgebildet.

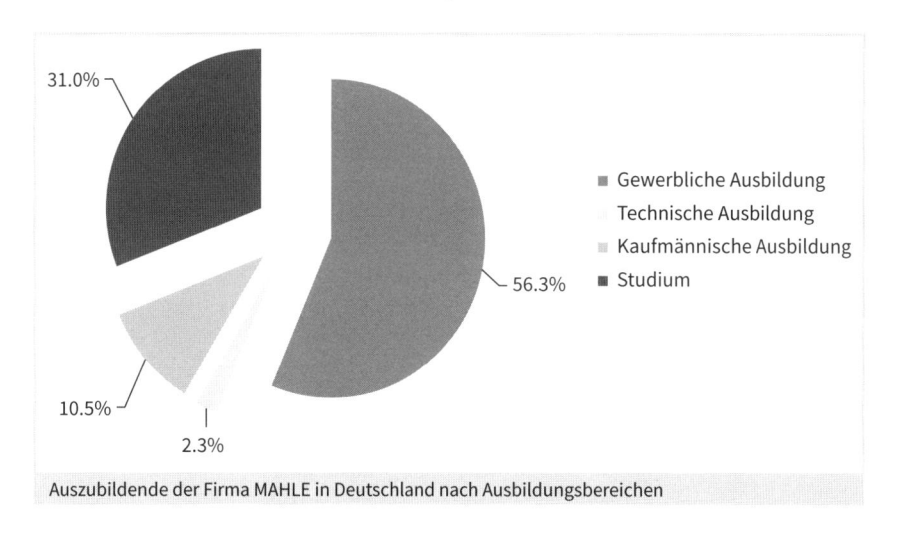

Auszubildende der Firma MAHLE in Deutschland nach Ausbildungsbereichen

- Gewerbliche Ausbildung: 56,3%
- Technische Ausbildung: 2,3%
- Kaufmännische Ausbildung: 10,5%
- Studium: 31,0%

Die Firmenzentrale – und gleichzeitig auch die Ausbildungsleitung für Deutschland – befindet sich in Stuttgart. Von den insgesamt 478 Lernenden in Deutschland werden über 200 in der Zentrale in Stuttgart ausgebildet. Die Ausbildungsstruktur richtet sich nach den Anforderungen der Zentrale und umfasst somit große Entwicklungsbereiche und Zentralfunktionen, die europaweit bzw. weltweit ausgerichtet sind. Über 60 Prozent der Lernenden absolvieren hier eine Ausbildung in akademischen Berufen.

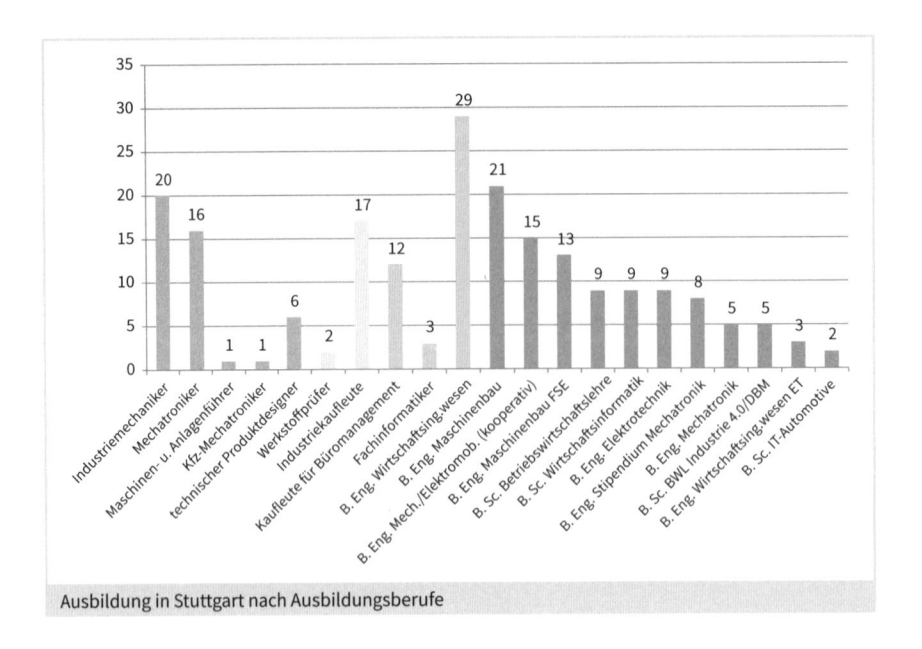

9 Digitale Transformation – Implementierung und Einbindung einer Online-Lernplattform

Ausbildung in Stuttgart nach Ausbildungsberufe

9.2 Neuerungen in der Ausbildung

Die Ausbildung bei MAHLE soll in den kommenden Jahren weiterentwickelt werden. Dabei werden derzeit drei Ziele verfolgt:
- Digitalisierung der Ausbildung
- Weiterentwicklung der Akademisierung
    - vertiefende Masterprogramme z. B. für Elektromobilität, mechatronische Systeme etc.
    - Bachelorstipendien für ausgesuchte gewerbliche und technische Jungfacharbeiter
- Umsetzung eines erweiterten Ausbildungsauftrags
    - Weiterbildungsangebote für Mitarbeiter und Lernende im Bereich der Elektromobilität, Hochvolttechnik etc.
    - Umschulungsangebote zum Mechatroniker für ehemalige Facharbeiter
    - Einstiegsqualifizierungen für Geflüchtete und heterogene Bewerbergruppen (z. B. ältere Menschen, lernschwache Jugendliche etc.)

Im Rahmen dieses Beitrags wird näher auf die digitale Transformation in der Berufsausbildung eingegangen. Folgende Projekte sind hierzu in Arbeit:
- Umsetzung der Änderungsverordnung »Digitalisierung der Arbeit, Datenschutz und Informationssicherheit« in den Metall-, Elektro- und Mechatronikerberufen
- Einführung einer Lernplattform für die gewerbliche Ausbildung
- Ausweitung des Ausbildungsverwaltungssystems auf weitere Standorte mit Einführung neuer Inhalte (Berichtsheft, Beurteilungs- und Fördersystem)

9.2 Neuerungen in der Ausbildung

- Teilnahme an einem Forschungsprojekt »Kontextbezogene Lernumgebung«
- Einführung von digitalem Lernen in der Ausbildung

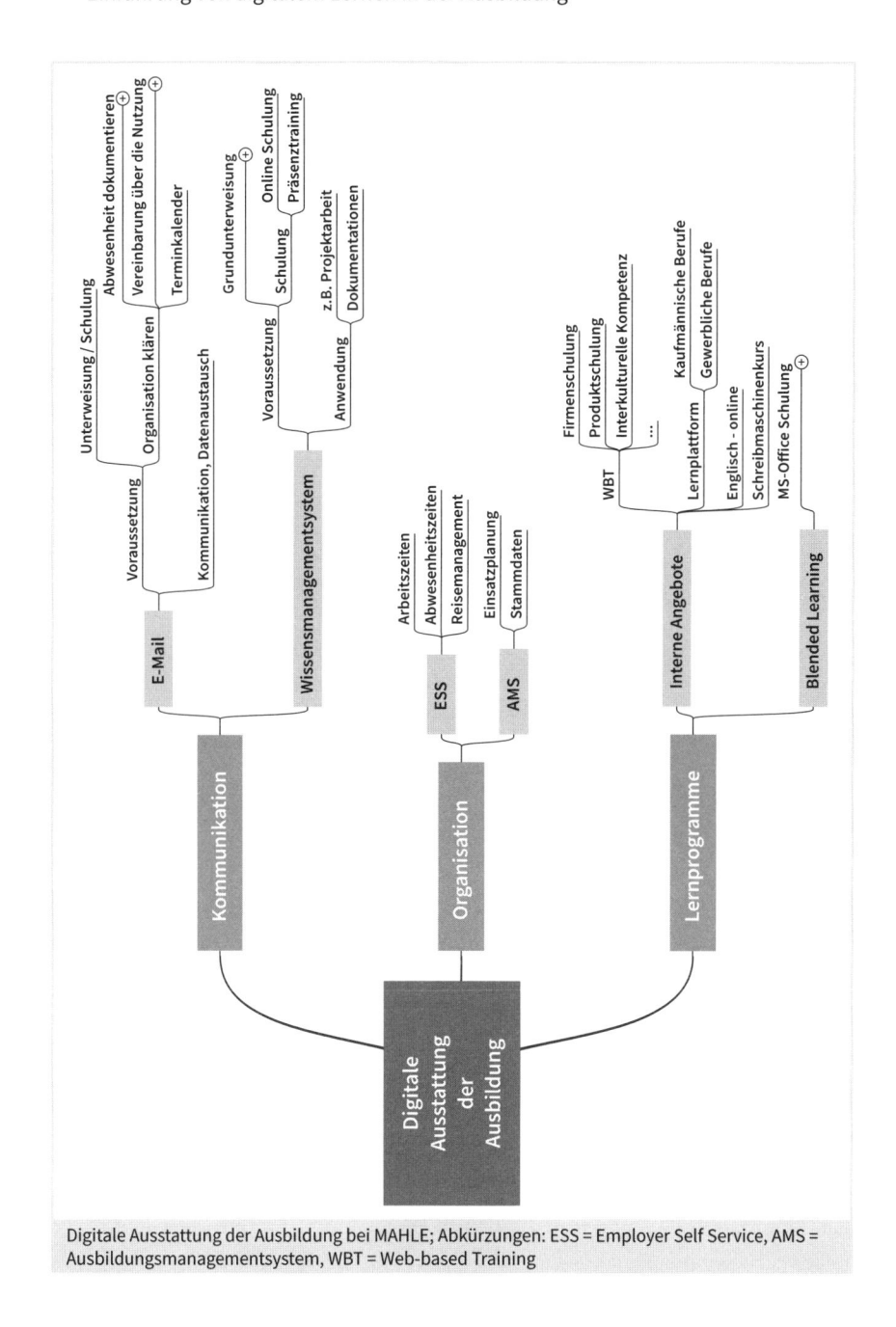

Digitale Ausstattung der Ausbildung

- **Kommunikation**
  - E-Mail
    - Voraussetzung: Unterweisung / Schulung
      - Abwesenheit dokumentieren
      - Vereinbarung über die Nutzung
    - Organisation klären
      - Terminkalender
  - Wissensmanagementsystem
    - Kommunikation, Datenaustausch
    - Voraussetzung: Grundunterweisung
      - Schulung
        - Online Schulung
        - Präsenztraining
    - Anwendung: z.B. Projektarbeit, Dokumentationen

- **Organisation**
  - ESS
    - Arbeitszeiten
    - Abwesenheitszeiten
    - Reisemanagement
  - AMS
    - Einsatzplanung
    - Stammdaten

- **Lernprogramme**
  - Interne Angebote
    - WBT
      - Firmenschulung
      - Produktschulung
      - Interkulturelle Kompetenz
      - ...
    - Lernplattform
      - Kaufmännische Berufe
      - Gewerbliche Berufe
  - Blended Learning
    - Englisch - online
    - Schreibmaschinenkurs
    - MS-Office Schulung

Digitale Ausstattung der Ausbildung bei MAHLE; Abkürzungen: ESS = Employer Self Service, AMS = Ausbildungsmanagementsystem, WBT = Web-based Training

Digitales Lernen soll das Lernen unterstützen. Es ersetzt weder den Lehrer oder Ausbilder noch die Kommunikation und Kooperation der Lernenden. Bildung bleibt ein individueller Prozess. Alle daran Beteiligten müssen ihre Medienkompetenz erwerben und lernen, reflektiert mit den Medien umzugehen.

Vor der Auswahl digitaler Lernmedien ist es sinnvoll, sich einen Überblick über die Rahmenbedingungen und die Voraussetzungen im Betrieb zu verschaffen. Ferner muss festgelegt werden, welche Inhalte für den Betrieb bzw. für die Prüfungen im jeweiligen Berufsbild wichtig sind und welches System/welche Software sich für die Anforderungen am besten eignet. Die Abbildung »Digitale Ausstattung der Ausbildung bei MAHLE« bietet einen Überblick über den aktuellen Digitalisierungsstand der Ausbildung bei MAHLE.

9.3 Vorgehensweise bei der Einführung einer Lernplattform für die kaufmännische Ausbildung

9.3.1 Beschreibung der ausgewählten Lernplattform

Eine Lernplattform ist ein System oder eine Anwendung, die Wissen und Lerninhalte für bestimmte Zielgruppen bereitstellt. Bei MAHLE wurde eine Lernplattform für die kaufmännischen Auszubildenden eingeführt und auch eine Betriebsvereinbarung dazu geschlossen.

Die Lernplattform sollte erst einmal bewusst nur von einem Teil der Auszubildenden (kaufmännische Auszubildende) genutzt werden, um erste Erfahrungen mit einem digitalen Lernmedium zu sammeln. Es handelte sich somit um ein Pilotprojekt, da im Unternehmen bislang noch keine digitalen Lernplattformen im Einsatz waren. Das Interesse der Auszubildenden an der Lernplattform war sehr groß und ihre Einführung wurde von der Jugend- und Auszubildendenvertretung unterstützt und befürwortet.

Bei der Lernplattform handelte es sich um eine cloudbasierte Plattform, auf die auch von mobilen Endgeräten aus zugegriffen werden konnte. Dies war sowohl über den Webbrowser als auch über eine App möglich.

Die Lernplattform beinhaltete verschiedene Themen des Berufsschulunterrichts, die in animierten Präsentationen mit Text, Ton und Bildern aufbereitet wurden. Die Präsentationen konnten auch als Skript ausgedruckt werden. Des Weiteren wurden Anwendungsaufgaben und Multiple-Choice-Fragen eingebaut und auch schriftliche Prüfungen konnten simuliert und unter einer Zeitvorgabe bearbeitet werden. Die Lernplattform stellte außerdem E-Books und ein Glossar bereit. Alle Inhalte der Lernplattform wurden vom Anbieter in gängigen Dateiformaten bereitgesellt.

9.3.2 Umsetzung und Ausgestaltung einer Betriebsvereinbarung

Bei der Einführung einer Lernplattform in einem Betrieb kann es sinnvoll sein, die Regeln in Bezug auf den Einsatz und die Nutzung der Lernplattform – je nach Größe und Organisation des Betriebs – in einer Betriebsvereinbarung festzuhalten.

Folgende Fragen können als Grundlage einer solchen Betriebsvereinbarung dienen und ihr einen Rahmen geben:
- **Zielsetzung**
  - Wofür wird die Lernplattform eingesetzt?
  - Welche Kenntnisse sollen durch die Lernplattform vermittelt werden?
- **Geltungsbereich**
  - Für wen soll die Vereinbarung gelten (Zielgruppe, Bereiche, Standorte etc.)?
- **Systeminhalt**
  - Was beinhaltet die Lernplattform (fachliche Themen, Lernmodule etc.)?
- **Rollen- und Rechtebeschreibung**
  - Welche Zielgruppe erhält welche Ansicht (Nutzer, Administratoren, Vorgesetzte, Betriebsrat)?
  - Welche Zielgruppe kann welche Aktivitäten auf der Lernplattform ausführen (Module bearbeiten, Verwaltung von Lizenzen und Usern, Lernfortschritte kontrollieren und einsehen)?
- **Nutzung**
  - Wie kann man auf die Lernplattform zugreifen (über welche Geräte, welche Anmeldedaten sind erforderlich – privat/geschäftlich)?
  - Wird zur Nutzung verpflichtet oder ist die Nutzung freiwillig?
  - Gibt es Schulungen zur Einführung in die Lernplattform?
- **Datenverwendung**
  - Ist die Nutzung der Daten DSGVO-konform?
  - Welche Daten werden verarbeitet und wie/wo werden die Daten verarbeitet?
- **Inkrafttreten**
  - Wann tritt die Vereinbarung in Kraft?
  - Wie lange ist sie gültig oder wie ist die Kündigungsfrist?

Die Verhandlung der Vereinbarung dauerte mehr als ein Jahr an, da sich die Anforderungen der beteiligten Verhandlungspartner (Betriebsrat und Arbeitgeber) nicht immer deckten und auch Fragen auftauchten, die einer eingehenderen und längeren Betrachtung bedurften. Dabei handelte es sich um folgende Fragestellungen:
- **Nutzung der Lernplattform durch die Auszubildenden**
  - Abgrenzung der privaten Nutzung in der Freizeit und der Nutzung im Betrieb: Wird die Zeit vergütet/gutgeschrieben, in der die Auszubildenden in ihrer Freizeit auf der Lernplattform aktiv sind?

- Dürfen die Auszubildenden zur Nutzung verpflichtet werden? Oder wird die Lernplattform nur zur Nutzung auf freiwilliger Basis bereitgestellt?
- Werden die privaten Kosten für die Nutzung der Lernplattform erstattet (Internetzugang zu Hause)?
- **Rolle der Ausbilderinnen und Ausbilder**
  - Ersetzt die Lernplattform die fachliche Einweisung/Lehrgespräche durch die Ausbilder und Ausbilderinnen?
  - Findet durch die Lernplattform eine Verhaltens- und Leistungskontrolle statt?

Zum Nutzungsverhalten der Auszubildenden wurde beschlossen, dass die Nutzung sowohl privat in der Freizeit als auch geschäftlich im Betrieb erfolgen kann. Hierzu wurde vereinbart, dass die private Lernzeit auf der Lernplattform (Freizeit) nicht als Arbeitszeit angerechnet oder vergütet wird. Argument hierfür war, dass die Auszubildenden auch bislang schon zu Hause für die Klassenarbeiten in der Berufsschule und auch die Prüfungen an der IHK lernen, ohne dass dies als Arbeitszeit angerechnet oder vergütet wird. Im betroffenen Unternehmen kam als Argument hinzu, dass für Berufsschultage immer ein ganzer Arbeitstag gutgeschrieben wird, auch wenn der Schultag stundenmäßig nicht einem ganzen Arbeitstag entspricht. Des Weiteren beträgt die Wochenarbeitszeit in diesem Unternehmen nur 35 Stunden, was weniger ist als in anderen Betrieben. Außerdem wurde es durchaus als zumutbar erachtet, dass Auszubildende auch in ihrer Freizeit ein gewisses und angemessenes Arbeitspensum erbringen.

Zum Thema »Verpflichtende und freiwillige Nutzung« wurde beschlossen, dass beide Varianten infrage kommen. Allerdings wurden zur verpflichtenden Nutzung genaue Regelungen getroffen, in welchen Fällen man Auszubildende zur Nutzung verpflichten durfte. Unter diese Fälle fielen zum Beispiel Leerzeiten in einer Einsatzabteilung, Unterrichtsausfall in der Berufsschule oder auch Lernlücken, die im Rahmen einer Klassenarbeit oder IHK-Prüfung aufgedeckt und sichtbar wurden.

Bezüglich der Kosten für den privaten Internetanschluss wurde vereinbart, dass die Firma hier keinen Kostenanteil übernimmt. Da heutzutage so gut wie jeder Haushalt einen Internetanschluss besitzt, konnte dies als gegeben vorausgesetzt werden. Sollte tatsächlich ein Haushalt ohne Internetzugang vertreten sein, so sollte den Auszubildenden die Möglichkeit eingeräumt werden, sich über ein Gerät in der Firma einzuloggen (nach Absprache in Ausnahmefällen auch in der Freizeit, z. B. nach der Berufsschule).

Darüber, dass die Lernplattform keinesfalls die Lehrgespräche und die fachliche Einweisung der Ausbilderinnen und Ausbilder ablösen und ersetzen kann, waren sich Betriebsräte und Ausbildungsleitung sofort einig. Der persönliche Kontakt der Ausbilder und Ausbilderinnen zu den Lernenden und die persönliche Unterweisung wurden

9.3 Vorgehensweise bei der Einführung einer Lernplattform für die kaufmännische Ausbildung

weiterhin als äußerst wichtiger Bestandteil der betrieblichen Ausbildung betrachtet. Den persönlichen Kontakt kann und darf eine digitale Lernplattform in keinem Fall ersetzen: zum einen, weil eine Lernplattform niemals die unter Umständen komplexe Realität jedes einzelnen Betriebs abbilden kann, und zum anderen, weil für die Umsetzung der Lerninhalte in der Praxis Ausbilderinnen und Ausbilder als Ansprechpersonen, Schlüsselfiguren und Vorbilder, die auch unmittelbares Feedback geben und Fragen beantworten können, für Auszubildende unerlässlich sind.

Die letzte Frage, ob eine Verhaltens- und Leistungskontrolle durch die Lernplattform möglich sein sollte, war deutlich schwerer zu beantworten. Hierfür mussten die technischen Auswertungsmöglichkeiten der Lernplattform näher betrachtet werden. Die Plattform erlaubte es nachzuvollziehen, wann sich welche Auszubildenden zuletzt auf der Lernplattform angemeldet, welche Module sie bearbeitet (Bearbeitungsstand) und wie sie die jeweiligen Module abgeschlossen hatten (Ergebnis in Prozent). Dies allein ermöglichte schon eine gewisse Leistungskontrolle. Jedoch ging es bei dieser Frage eher darum, wie man mit den Auswertungsmöglichkeiten umgeht und wann man von ihnen Gebrauch macht.

Konsens bestand darüber, dass die Ausbilder und Ausbilderinnen genau dann den Bearbeitungs- und Leistungsstand auf der Lernplattform einsehen bzw. »kontrollieren« dürfen, wenn Auszubildende zuvor zu einer Bearbeitung verpflichtet worden waren. Was jedoch nicht erfolgen sollte, war eine willkürliche Kontrolle. Willkürlich wäre es beispielsweise gewesen, Leistungsergebnisse in einer Klassenarbeit oder IHK-Prüfung mit dem Bearbeitungsstand auf der Lernplattform abzugleichen und dadurch Rückschlüsse auf die Lernmotivation und das Lernverhalten zu ziehen oder am Ende der Ausbildung denjenigen Auszubildenden eine schlechte Beurteilung im betrieblichen Ausbildungszeugnis zu erteilen, die die Lernplattform wenig oder nicht genutzt hatten. Schließlich stellt die digitale Lernplattform nicht das einzige von den Auszubildenden genutzte Lernmedium dar. Daneben bestehen nach wie vor vielfältige Möglichkeiten, derer sich Auszubildende bedienen können: Da wären die Aufzeichnungen und Arbeitsblätter aus der Berufsschule, die Schulbücher, öffentliche Videos im Internet, Suchmaschinen, Fachbücher etc. Deshalb wäre es keinesfalls gerechtfertigt, allein von der Nutzung der Lernplattform auf das Lernverhalten und die -motivation von Auszubildenden zu schließen.

Da eine Auswertung technisch möglich ist, ist gegenseitiges Vertrauen dahin gehend notwendig, dass keiner die technischen Möglichkeiten und seine Rolle missbraucht. Auch wurde beschlossen, dass die Auszubildenden vorab anhand von Schulungsunterlagen nicht nur informiert werden, wie die Lernplattform funktioniert und aufgebaut ist, sondern auch darüber, welche Auswertungsmöglichkeiten und Ansichten Ausbildern, Betriebsräten etc. zur Verfügung stehen. Vonseiten der Auszubildenden wurde dies nicht als kritisch erachtet und es bestand laut Umfragen auch keine Angst, dass die Ergebnisse auf der Lernplattform die Ausbilderinnen und Ausbilder negativ in der Beurteilung der Auszubildenden beeinflussen könnten.

Wie die Betriebsvereinbarung konkret ausgestaltet und formuliert wurde, ist der Anlage zu entnehmen.

9.4 Evaluation und Ausblick

Nach Einführung der Lernplattform erfolgte die Evaluation durch die Auszubildenden zweier verschiedener Jahrgänge. Hierfür wurden ihnen folgende Fragen gestellt:

- Haben Sie die Lernplattform genutzt und, falls ja, wie würden Sie diese bewerten?
- Falls Sie sie nicht genutzt haben, warum haben Sie sich entschieden, die Lernplattform nicht zu nutzen?
- War die Lernplattform hilfreich/hat sie Ihnen etwas gebracht?
- Was war gut, was war schlecht?
- Würden Sie Ihren Nachfolger-Jahrgängen die Nutzung weiterempfehlen?
- Sollten wir als Ausbildungsabteilung weiterhin Lizenzen zur Nutzung der Lernplattform erwerben?

Ergebnis dieser Evaluation war, dass es sowohl Auszubildende gab, die die Lernplattform genutzt haben, als auch Auszubildende, die sie nicht genutzt haben. Gründe für die Nichtnutzung waren beispielsweise, dass die Lernplattform als zu unübersichtlich empfunden wurde, die Lerninhalte nicht exakt zum Berufsbild passten und nicht »maßgeschneidert« waren oder auch, dass die Lernplattform schlichtweg in Vergessenheit geraten war. Demzufolge ergaben sich zwei »Lager« unter den Auszubildenden: Die einen empfanden die Lernplattform als hilfreich, die anderen eher nicht.

Als positiv wurde erachtet, dass auf der Lernplattform frei und im eigenen Tempo gearbeitet werden konnte und die Inhalte eine gute Wiederholung und Zusammenfassung der Themen des Berufsschulunterrichts waren. Als negativ hingegen wurde angeführt, dass die Themen nur sehr oberflächlich behandelt wurden, die direkte Verbindung zum Berufsschulunterricht gefehlt hat und die Inhalte teilweise auch nicht dem Lehrplan entsprachen. Dies sorgte bisweilen für Verwirrung, weil die Lehrer andere Themen behandelt oder auch bestimmte Themen inhaltlich anders aufbereitet und erklärt haben, als dies in der Lernplattform der Fall war. Einige Auszubildende gaben auch die Rückmeldung, dass sie doch mehr und lieber mit Büchern gelernt, sich im Internet informiert und sich dort auch frei zugängliche Lernvideos angesehen hätten. Diejenigen unter den Auszubildenden, die die Lernplattform positiv bewerteten, empfahlen dem Ausbildungsbetrieb am Ende, auch weiterhin Lizenzen zu erwerben, und erachteten dies auch als sinnvoll und hilfreich für nachfolgende Ausbildungsjahrgänge.

Im Moment kann als Fazit festgehalten werden, dass eine Lernplattform eine gute Ergänzung zu den bisher bestehenden Lernmitteln ist, aber vermutlich nie alleiniges Lernmittel sein wird, das von Auszubildenden genutzt wird. Vielmehr ist ein guter und sinnvoller Mix an Lernmitteln für die Auszubildenden relevant. Dieser Mix kann auch von Person zu Person verschieden sein, da unter den Auszubildenden immer unterschiedliche Lerntypen vorzufinden sind. Des Weiteren sollte eine Lernplattform immer auch individuell an die Bedürfnisse der Lernenden angepasst sein (Berufsbild, Lehrplan etc.) oder Möglichkeiten bieten, Inhalte selbst anzupassen (z. B. durch Lehrkräfte).

9.5 Anlage: Betriebsvereinbarung zur Einführung einer Lernplattform

Betriebsvereinbarung zur Einführung einer Lernplattform

Zwischen den Gesellschaften des Konzerns und den zuständigen Betriebsratsgremien wird folgende

Betriebsvereinbarung

über die

Lernplattform XYZ für Auszubildende

abgeschlossen:

1. Zielsetzung

Die Lernplattform XYZ dient den Auszubildenden als zusätzliches Lernmedium, indem sie die Themen des Berufsschulunterrichts zielgruppengerecht aufbereitet. Die Nutzung der Lernplattform unterstützt die Auszubildenden dabei, die Themen des Berufsschulunterrichts aufzuarbeiten, zu wiederholen und zu ergänzen, individuelle Lernlücken zu schließen und sich optimal auf ihre Prüfungen vorzubereiten.

2. Geltungsbereich

Diese Betriebsvereinbarung gilt am Standort XYZ der o. g. Gesellschaften für kaufmännische Auszubildende ab dem Ausbildungsjahrgang XYZ.

3. Systeminhalt

Die Lernplattform vermittelt das theoretische Grundlagenwissen des jeweiligen Ausbildungsberufs, indem es verschiedene Lernmodule mit Informationen und Übungen bereitstellt. Die Auszubildenden können sich mit ihrer Firmen-E-Mail-Adresse auf der Online-Lernplattform über private Geräte (PC, Tablet, Smartphone etc.) oder Firmengeräte anmelden. Betriebliche Inhalte werden weiterhin durch Ausbilder/Ausbilderinnen und Ausbildungsbeauftragte in der betrieblichen Praxis und über Lehrgespräche vermittelt.

4. Rollen- und Rechtebeschreibung
Die Berechtigungen für die Lernplattform bestimmen sich nach den unterschiedlichen Rollen und gestalten sich wie folgt:

Auszubildende:
Sie nutzen das System als Lernhilfe zur Bearbeitung der einzelnen Lernmodule und zur Unterstützung bei der Prüfungsvorbereitung.

Ausbilder/Ausbilderinnen:
Sie verfügen über Leserechte zur Lernfortschrittskontrolle.

Anbieter der Lernplattform:
Der Anbieter der Lernplattform besitzt umfassende Administratorenrechte zur Verwaltung der erworbenen Lizenzen und User.

Betriebsrat:
Auf Anfrage erhalten die Betriebsräte pro Gremium einen Zugang mit Leserechten zur Lernfortschrittskontrolle.

5. Nutzung durch die Auszubildenden
Die Nutzung der Lernplattform kann verpflichtend und auf freiwilliger Basis erfolgen. Bei Bedarf erhalten die Auszubildenden eine Einweisung in die Lernplattform durch ihre Ausbilderinnen und Ausbilder.

5.1 Verpflichtende Nutzung
Die verpflichtende Nutzung erfolgt auf Anweisung der Ausbilder während der Anwesenheit im Ausbildungsbetrieb.

Anwendungsfälle für die verpflichtende Nutzung:
- Anwesenheit im Ausbildungsbetrieb bei Unterrichtsausfall
- Leerzeiten in einer Einsatzabteilung
- Prüfungsvorbereitung
- Feststellung von Lernlücken und Nachholbedarf bei einem Auszubildenden

Die Feststellung von Lernlücken und Nachholbedarf erfolgt anhand der Rückmeldung von den Auszubildenden selbst sowie anhand der von der Berufsschule ermittelten Leistungen in den Klassenarbeiten.
Die Lernmodule, zu deren Bearbeitung die Auszubildenden verpflichtet wurden, werden von den Ausbildern kontrolliert (Lernziel- und Lernerfolgskontrolle). Die Lernziel- und Lernerfolgskontrolle aller bearbeiteten Module darf nicht zur Grundlage einer Leistungsbeurteilung gemacht werden und geht nicht in die Bewertung der Auszubildenden mit ein. Räumlichkeiten, in denen die Auszubildenden die verpflichtenden Module ungestört bearbeiten können, werden bei Bedarf und Verfügbarkeit von der Ausbildungsabteilung bereitgestellt.
Werden Auszubildende zur Bearbeitung von Lernmodulen aufgrund der Feststellung von Lernlücken und Nachholbedarf verpflichtet, wird das zuständige Betriebsratsgremium informiert.

5.2 Freiwillige Nutzung

Die Auszubildenden können die Lernplattform freiwillig in ihrer Freizeit nutzen. Eine Vergütung der Lernzeit sowie der anfallenden Kosten für die Nutzung des privaten Internetanschlusses erfolgt nicht.

Die freiwillige Nutzung der Lernplattform unterliegt nicht der inhaltlichen Kontrolle durch die Ausbilder und darf somit auch nicht ausgewertet werden. Eine Leistungs- und Verhaltenskontrolle darf nicht stattfinden.

Sollte es bei der freiwilligen Nutzung zu Unstimmigkeiten kommen, ist der örtliche Betriebsrat hinzuzuziehen.

6. Datenverwendung

Personenbezogene Daten (Name, Vorname, Firmen-E-Mail-Adresse und Berufsbild) werden ausschließlich für Zwecke des Ausbildungsverhältnisses wie der Nutzung der Lernplattform und im Rahmen der geltenden Gesetze erhoben, verarbeitet oder genutzt.

Die Auszubildenden werden von ihren Ausbildern vor der Nutzung der Lernplattform darauf hingewiesen, dass die Ausbilder Informationen von der Lernplattform abrufen können (Bearbeitungsstatus und Lernerfolg).

Die Auszubildenden melden sich mit ihrer geschäftlichen Firmen-E-Mail-Adresse im Lernportal an.

Zugriff auf die Daten der Auszubildenden im Lernportal haben ausschließlich die Ausbilderinnen und Ausbilder sowie der Anbieter der Lernplattform.

Nach Zweckerfüllung (Ausbildungsende) werden die Daten der Auszubildenden gelöscht.

7. Inkrafttreten

Diese Betriebsvereinbarung tritt mit Unterzeichnung in Kraft. Sie kann mit einer Frist von drei Monaten gekündigt werden.

10 »db next gen« – eine Online-Lern-, Informations- und Kommunikationsumgebung in einem modernen, technologiegeprägten Arbeitsumfeld

Katja Hain und Evi Zielinski

Lernen. Erleben. Wachsen.

Eine zukunftsorientierte Berufsausbildung, die junge Menschen auf ein erfolgreiches Berufsleben in einem modernen, technologiegeprägten Arbeitsumfeld vorbereitet, lebt auch vom Austausch und von der Kommunikation.

Den Nachwuchskräften der Deutschen Bank steht deshalb eine eigene Online-Lernumgebung zur Verfügung: »db next gen« ist der zentrale Anlaufpunkt rund um das Thema Berufsausbildung. Hier sind alle Lernmedien und Unterlagen eingestellt, Informationen über Einsatzplanung, Projekte und Termine werden bereitgestellt. Sukzessive werden bedarfsgerecht weitere Optionen – Chat, Lernforen etc. – ergänzt.

- »db next gen« ist der persönliche Dreh- und Angelpunkt während der Berufsausbildung bei der Deutschen Bank.
- »db next gen« ist eine zentrale Plattform für alle an der Berufsausbildung Beteiligten: Auszubildende, dual Studierende, Ausbilder, Ausbildungsbeauftragte, Filial- und Abteilungsleiter, Dozenten und Trainer sowie zentrale Organisations- und Verwaltungsbereiche.

Alle Beteiligten haben einen individualisierten und maßgeschneiderten Zugriff auf die Online-Umgebung. Durch das Berechtigungskonzept können die einzelnen Zugänge bedarfsgerecht gesteuert werden: Jeder sieht nur die für ihn relevanten Daten – nicht mehr und nicht weniger.

Hinter »db next gen« steht eine webbasierte Anwendung, die rund um die Uhr über jedes internetfähige Gerät erreichbar ist. Für die Plattform wurde das Campus-Learning-Managementsystem (clm) der Frankfurt School of Finance & Management an die Bedürfnisse der Deutschen Bank angepasst und weiterentwickelt.

10.1 Daten und Fakten zum Campus-Learning-Managementsystem der Frankfurt School

10.1.1 Intuitives und mobiles Lernen

Die Lernumgebung bietet den Lernenden und Trainern einen klar strukturierten und zielführenden Rahmen. Alle notwendigen Inhalte werden den Nutzerinnen und Nutzern in der personalisierten Lernumgebung – dem Front-End – individuell und intuitiv zur Verfügung gestellt. Das im Responsive Design gestaltete Front-End ermöglicht die optimale Darstellung auf allen Endgeräten, da sich das Layout dadurch an das jeweilige Endgerät des Nutzers anpasst. Somit wird die mobile Nutzung unterstützt.

Mit dem modular aufgebauten System können die Lernenden individuell die für sie passenden Lernpfade gestalten und ihre eigenen Zeitpläne erstellen.

Mithilfe der gespeicherten Daten und der kundenspezifischen Reports wird der Stand der vorab definierten Bildungsziele kontinuierlich und systematisch erfasst.

10.1.2 Modul »Bildungsmanagement«

Im Modul »Bildungsmanagement« werden alle Arten von Präsenz- und Online-Maßnahmen dargestellt und verwaltet. Bestehende Produktbausteine (z. B. Module, Kurse, Lernprogramme, Dokumente) können beliebig wiederverwendet oder mit neuen Bausteinen verknüpft werden. Dies erspart doppelte Pflege und schafft Effizienz. Lernpfade werden durch Lernlogiken und Ereignisse, die beim Produkt hinterlegt sind, gesteuert. Diese steuern, neben den Lernpfaden, auch die Freigabe von Lernbausteinen und den Versand automatischer E-Mails. Auf der Grundlage eines eingerichteten Produkts werden beliebig viele Veranstaltungen erstellt, die dann mit konkreten Teilnehmern, Trainern, Terminen, Räumen, Abrechnungspositionen, Noten etc. ergänzt werden.

10.1.3 Modul »Reportverwaltung«

Bei der Reportverwaltung werden eigene E-Mail-, Word- und Excel-Vorlagen erstellt. Diese Vorlagen erhöhen die Qualität und Effizienz bei sich wiederholenden Standardprozessen deutlich.

10.1.4 Modul »Rechnungswesen«

Über das Modul »Rechnungswesen« kann sowohl die Rechnungstellung für die Teilnehmer als auch die Honorarabrechnungen der Trainer verwaltet werden. Eine Schnittstelle zur Finanzbuchhaltung zur automatischen Übergabe von relevanten Daten an das Rechnungswesen kann zusätzlich eingerichtet werden.

10.1.5 Modul »Online-Prüfungen«

Im Modul »Online-Prüfungen« werden intuitive Online-Tests, Prüfungen und Umfragen dargestellt. Anhand anpassbarer Einstellungen (Durchführungsdauer, Bestehensgrenze, Gewichtung, Aufgabentypen, Start und Endzeitpunkt) gestalten die Lehrenden individuelle Online-Tests, Prüfungen und Umfragen. Das Modul kann z. B. auch für die Erstellung von (anonymen) Umfragen mit verschiedenen Beurteilungskriterien und -skalen genutzt werden, beispielsweise zur Bewertung von Veranstaltungen.

10.1.6 Modul »Raumverwaltung«

Mit der Raumverwaltung kann eine intelligente und effiziente Raumausnutzung sichergestellt werden. Anhand der Anfrageparameter (Anzahl der Teilnehmer, Datum, Zeit und evtl. auch Ort, Materialien und Medieneinsatz) schlägt das Modul die optimalen freien Räume vor. Es kann sowohl ein Tages- als auch ein Wochenüberblick angezeigt werden.

10.1.7 Modul »Trainer-/Dozentenmanagement«

Mit dem Dozentenmanagement werden alle notwendigen Dozentendaten, die Zuordnung von Dozenten zu Veranstaltungen und Prüfungen und (in Verbindung mit dem Modul »Rechnungswesen«) die Honorarabrechnungen abgebildet. Trainer/Dozenten erhalten in ihrer Benutzeroberfläche Zugang zu allen relevanten Informationen – z. B. Veranstaltungsort, Teilnehmerlisten, Abrechnungen usw.

10.2 Daten und Fakten zur Deutschen Bank

Die Deutsche Bank ist Deutschlands führende Bank. Sie hat in Europa eine starke Marktposition und ist in Amerika und der Region Asien-Pazifik maßgeblich vertreten. In 59 Ländern arbeiten Mitarbeiterinnen und Mitarbeiter aus 146 Nationen.

10 »db next gen«

Die Deutsche Bank gestaltet die Bankenwelt der Zukunft und investiert in großem Umfang in digitale Technologien. Gut ausgebildete, talentierte Nachwuchskräfte sind ein wichtiger Baustein im Zukunftskonzept der Deutschen Bank. Die Vielfalt der Bank bietet ihren Mitarbeiterinnen und Mitarbeitern eine Fülle von Chancen und Entwicklungsmöglichkeiten.

Ausbildungsstandorte der Deutschen Bank

Einstiegsmöglichkeiten bei der Deutschen Bank gibt es in jedem deutschen Bundesland. Jedes Jahr starten mehr als 400 Nachwuchskräfte in der Deutschen Bank in Deutschland in verschiedenen Ausbildungsgängen, dualen Studiengängen und Nachwuchsprogrammen.

10.3 Die Online-Lernumgebung »db next gen« in der Ausbildung der Deutschen Bank

Viele Menschen – individuelle Bedürfnisse – maßgeschneiderte Konzepte. »db next gen« bringt alle in der Online-Lernumgebung zusammen: zielgerichtet und effizient.

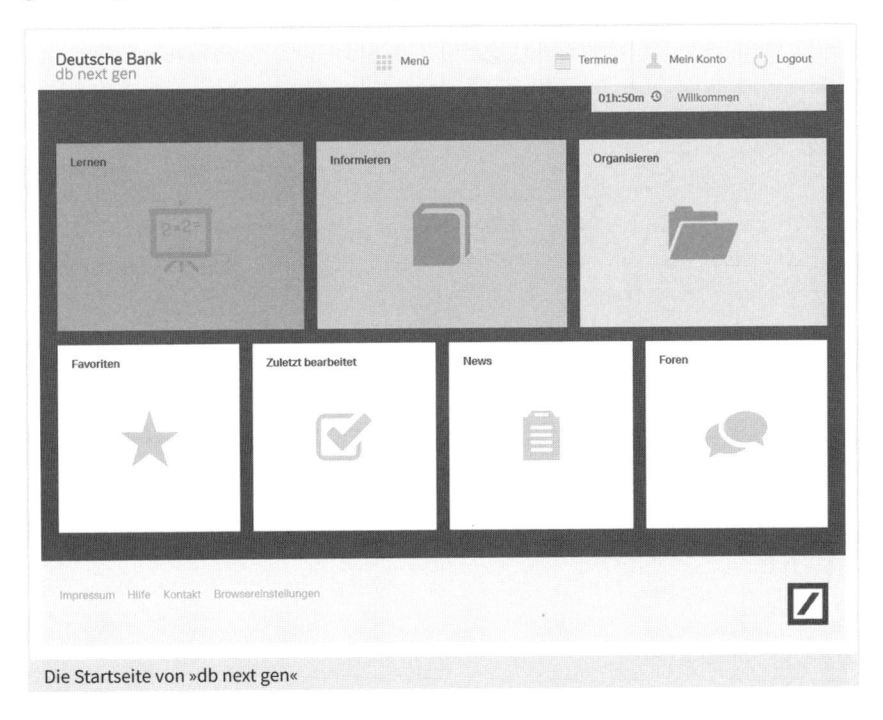

Die Startseite von »db next gen«

Die persönliche Startseite, wie sie dem Nutzer nach der Anmeldung erscheint, ist in der Abbildung »Die Startseite von db next gen« zu sehen. Im Mittelpunkt stehen die drei Kategorien (Kacheln): Lernen, Informieren und Organisieren.

In der Kopfzeile stehen individuelle, ausbildungsorganisatorische Hinweise sowie Informationen bereit. Persönlichen Daten können hier geändert werden.

Im unteren Bereich befindet sich das Newsboard, das in »db next gen« so etwas wie eine Schwarze-Brett-Funktion erfüllt. Hier sind immer aktuelle Informationen rund um die Ausbildung »angepinnt« bzw. hinterlegt.

Unter »Lernen« befinden sich alle Informationen und Bausteine zur theoretischen Ausbildung mit der Frankfurt School und der regionalen Qualifizierung der Deutschen Bank. Diese Informationen bereiten die Nachwuchskräfte kontinuierlich auf eine Tätigkeit in der Kundenberatung vor: E-Learning, Online-Tests/Online-Simulationen, Trainingsunterlagen, Praxis-Guides/Checklisten und Studienbriefe.

Im Bereich »Informieren« erhalten die Anwenderinnen und Anwender Informationen über Ausbildungskonzepte, »BOLT« (die Leistungsbeurteilung für Auszubildende und dual Studierende), Einschätzungsbögen für die Praxisphasen, Handbücher und noch vieles mehr.

Unter »Organisieren« kann auf die persönliche Durchlaufplanung (Report mit Filial-/Abteilungseinsätzen, Berufsschul-/Hochschulzeiten und Seminarterminen), die Ergebnisübersicht (Überblick über die erzielten Leistungen während der Ausbildung zur Unterstützung der eigenen Einschätzung zum individuellen Leistungsstand) und das Mail-Archiv zugegriffen werden. Ausbilder und Ausbildungsbeauftragte finden hier ergänzende Informationen und Übersichten zu den Abteilungen und den ihnen zugeordneten Nachwuchskräften. Zudem können hier die Informationen zu einzelnen Standorten (Eingabe der Verplanungen und Zuordnung von Ausbildungsbeauftragten zu Abteilungen/Filialen) werden.

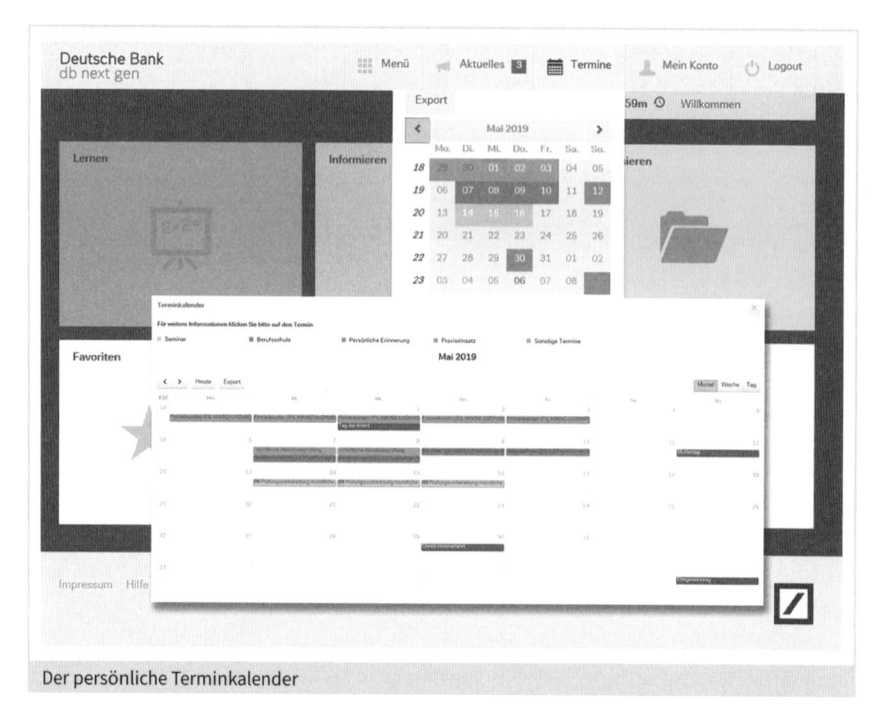

Der persönliche Terminkalender

Der Menüpunkt »Termine« hilft den Nachwuchskräften dabei, ihren Lern- und Ausbildungsalltag zu organisieren. In der folgenden Abbildung wird der persönliche Terminkalender angezeigt. Durch einen Mausklick auf die gebuchte Veranstaltung gelangt der Nutzer direkt zu den Seminarunterlagen, Teilnehmerlisten etc. Er kann sich diese Unterlagen und Informationen bei Bedarf ausdrucken.

Termine können wahlweise nach Microsoft Outlook oder iCalender exportiert werden. Durch das Kalenderabo aktualisieren sich die Termine automatisch in der Kalenderanwendung.

10.4 Rückblick – die Entwicklung von »db next gen«

2011: Im Rahmen des Projekts »New Generation« des Bereichs »Berufsausbildung« wurde die Ausbildung der Deutschen Bank neu strukturiert und an die Anforderungen der zukünftigen Zielgruppen (Generationen Y und Z) angepasst.

Eine Umstrukturierung der Ausbildung war aus folgenden Gründen sinnvoll: Die bisherige Qualifizierung der Nachwuchskräfte entsprach nicht mehr den Anforderungen der Zielgruppen und der Aufwand für die Produktion und Umsetzung der einzelnen Trainingsbausteine band zu viele Kapazitäten. Zudem war die IT-Plattform nicht mehr zeitgemäß.

Um die Neustrukturierung zu organisieren, wurden konkrete Handlungsfelder unter der Berücksichtigung der Ausbildungsordnung und der Ziele der Deutschen Bank definiert, die mithilfe von starken Partnern in einem modularen Aufbau verwirklicht wurden. Das Ergebnis: drei Ziele – starke Partner – modularer Aufbau.

In enger Zusammenarbeit zwischen Deutscher Bank und Frankfurt School wurde eine Online-Lernumgebung für die Nachwuchskräfte geschaffen, die am 1. August 2011 mit dem Start des neuen Ausbildungsjahrgangs live geschaltet wurde. Damals hieß die Lernumgebung noch »Azubi-Portal« und war in Anlehnung an die drei Säulen der Berufsausbildung (Theorie – Praxis – Verantwortung), die in der Abbildung oben zu sehen sind, aufgebaut.

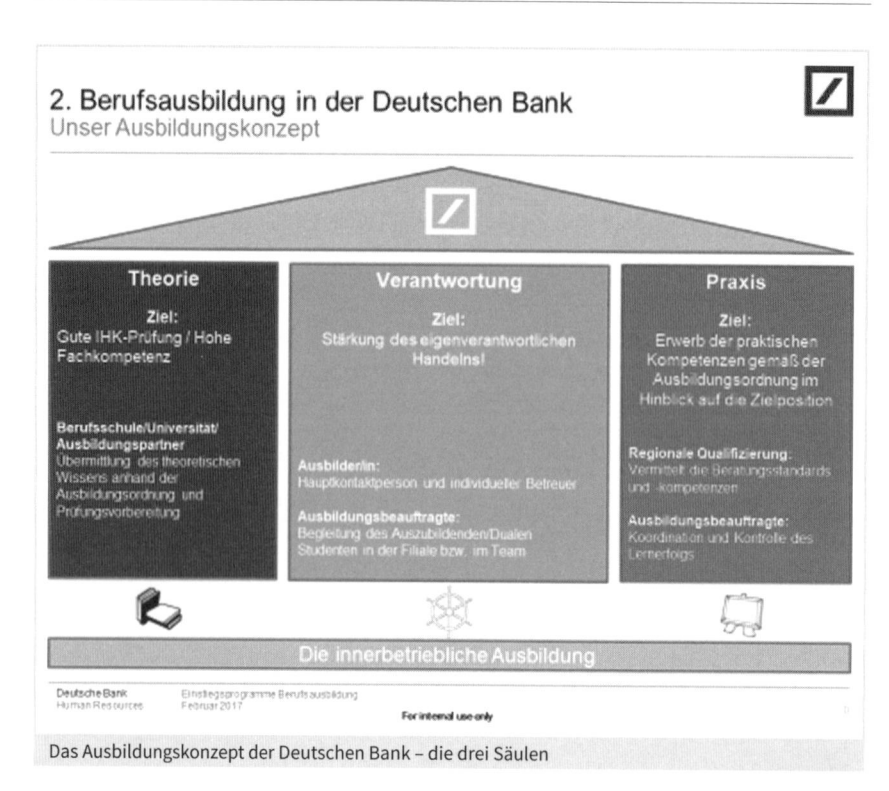

Das Ausbildungskonzept der Deutschen Bank – die drei Säulen

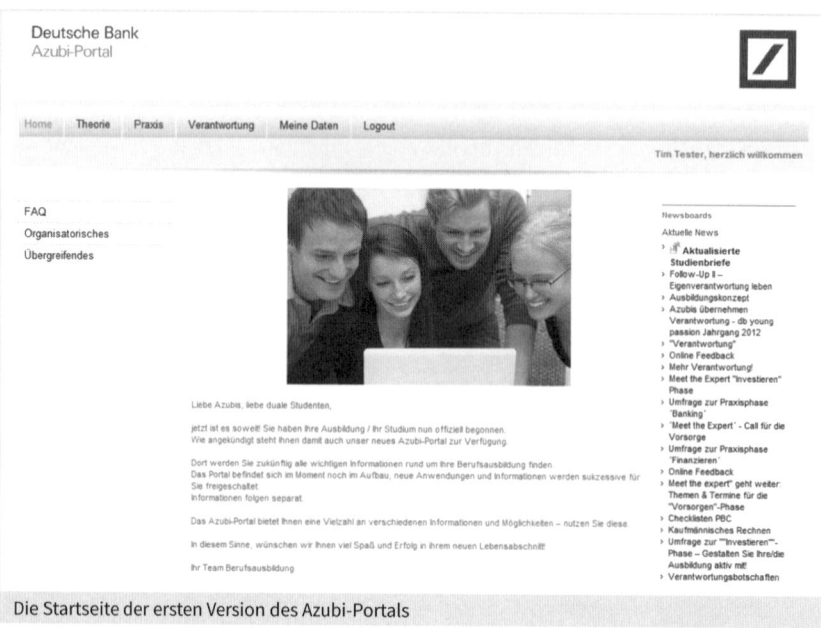

Die Startseite der ersten Version des Azubi-Portals

Der Fokus dieser Startversion lag darin,
- den Nachwuchskräften einen strukturierten Zugriff auf ihre Lernmedien (Seminarunterlagen, E-Learnings, Online-Tests, Studienbriefe etc.) und
- den Ausbildern einen transparenten Betreuungsüberblick

zu ermöglichen. Parallel hierzu erfolgte die komplette Seminarorganisation (Termine, Buchungen, Unterlagen, Historisierungen) inkl. Trainer- und Dozentenzuordnung über das Portal.

2014: Im Projekt »BOLT« wurde dann 2014 das neue Beurteilungssystem für Auszubildende und dual Studierende gestartet. Im Nachgang zu »New Generation«, der Neukonzeption des Ausbildungssystems, waren weitere Anpassungen notwendig geworden. Ein Themenfeld mit Handlungsbedarf war die Beurteilungssystematik und der Übernahmeprozess der Nachwuchskräfte.

Um diesen Bereich neu zu gestalten, wurden die folgenden übernahmerelevanten Leistungskriterien für alle Bereiche definiert:
- Theorie: Schulnoten, Zwischenprüfung (IHK), Online-Tests
- Praxis: Beurteilungen in den Ausbildungsabteilungen
- Verantwortung: Eigenverantwortung, Verhalten in Trainings, Engagement

Die Einzelergebnisse werden durch mathematische Formeln zu Teilergebnissen zusammengeführt, die dann in einem finalen Ergebnisdokument zusammenfließen. Durch die Möglichkeit, alle Bewertungen auf der Online-Lernplattform einzusehen, ergibt sich mehr Kontinuität und Transparenz.

Die zielgerichteten Reportings helfen dabei, Übernahmekandidaten frühzeitig zu identifizieren und über die Übernahme zu informieren. Die Nachwuchskräfte können jederzeit ihre Leistungen im Übernahmekontext einsehen und ihre eigenen Positionierungen nachvollziehen. Die Vergleichswerte werden ihnen anonymisiert angezeigt.

2015: 2015 begann das Onboarding der Ausbildungsbeauftragten (ABB). Alle 1.303 Ausbildungsbeauftragten, die bundesweit auf 734 Ausbildungsstandorte verteilt sind, benötigen für eine einheitliche Ausbildungsbegleitung der Nachwuchskräfte zeitnahe und vollständige Informationen. Durch einen individualisierten Zugriff auf das Azubi-Portal für alle Ausbildungsbeauftragten ist für eine transparente Kommunikation und eine zielgerichtete Informationsweitergabe gesorgt.

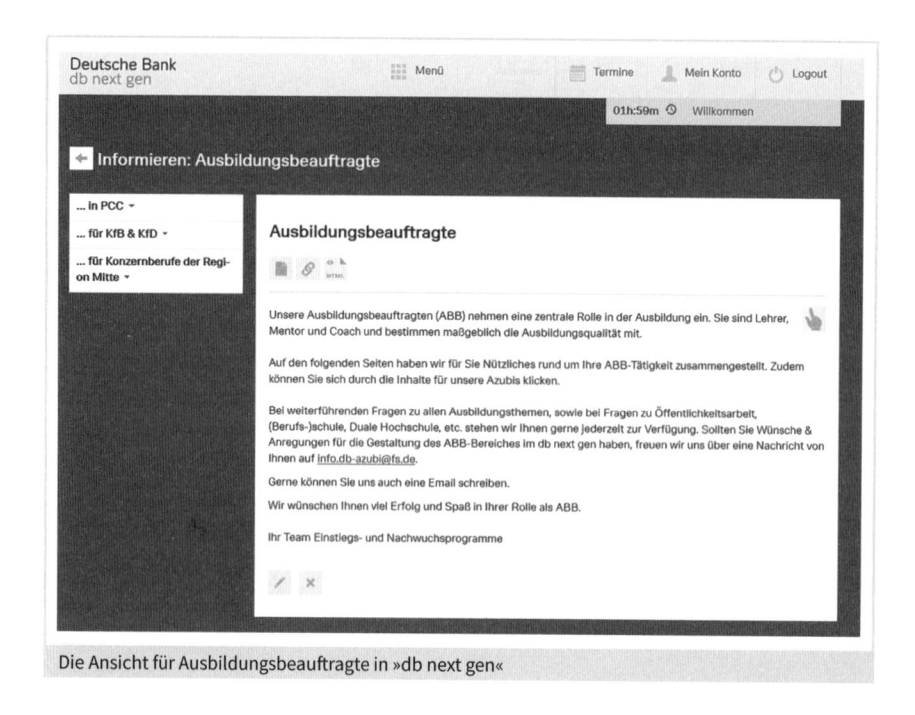

Die Ansicht für Ausbildungsbeauftragte in »db next gen«

2016: Das Onboarding der Ausbildungsabteilungen und das Abbilden der Durchlaufplanung wurde 2016 umgesetzt. Da das bisherige Versetzungsplanungstool den Vorstellungen von einer übersichtlichen und transparenten Darstellung nicht mehr gerecht wurde, wurden ab 2016 die individuellen Durchlaufpläne aller Nachwuchskräfte auf der Online-Plattform abgebildet.

Das Ergebnis sind strukturierte Durchlaufpläne mit allen relevanten Daten:
- die persönlichen Stammdaten (Ausbildungsberuf, -jahrgang, -dauer, Region, Berufs-/Hochschule, zuständiger Ausbilder)
- alle bisherigen und derzeitigen Praxiseinsätze mit Zeitraum, Ausbildungsort (z. B. Filiale), Abteilung, Praxisblock und zuständigem Ausbildungsbeauftragten
- Berufs-/Hochschultermine
- Trainings mit Angabe des Ortes, des Dozenten/Trainers sowie des Status

Die Durchlaufpläne stehen den jeweils beteiligten Personen bedarfsgerecht zur Verfügung. Die Nachwuchskraft kann nur auf den eigenen Durchlaufplan zugreifen, der Ausbildungsbeauftragte auf die Durchlaufpläne der ihm in seiner Abteilung zugeordneten Nachwuchskräfte und der Ausbilder auf die Durchlaufpläne aller von ihm betreuten Nachwuchskräfte.

10.4 Rückblick – die Entwicklung von »db next gen«

Durchlauf-/Rotationsplan für Herrn Max Mustermann

Ausbildungsberuf:	Bank
Ausbildungsjahrgang:	201x
Ausbildungsdauer:	2,0
Region:	
Berufsschule/Duale Hochschule:	Musterstadt
zuständige/r Ausbilder(in):	Sven Spezialist (sven.spezialist@db.com)

Praxiseinsätze (abzgl. Schulblöcke/DH-Zeiten und Trainings):

Zeitraum	Ausbildungsort	Abteilung	Praxisblock	Ausbildungsbeauftragte/r
22.10.2018 - 03.05.2019	FIL MUSTERSTADT	Private Banking	Investieren	Ausbildungsbeauftragter, Anton (anton.abb@db.com)

Berufs-/Hochschule und Trainings:

Zeitraum	Ausbildungsmaßnahme	Ort	Ansprechpartner/in	Status
12.04.2019 - 30.04.2019	Berufsschule (BK) 2,0	Musterstadt		
02.05.2019 - 03.05.2019	Berufsschule (BK) 2,0	Musterstadt		
06.05.2019 - 10.05.2019	Berufsschule (BK) 2,0	Musterstadt		
14.05.2019 - 16.05.2019	Prüfungsvorbereitung mündliche Abschlussprüfung (Bank)	Musterstadt	Spezialist, Sven; Trainer-RQ, Tina;	teilgenommen

Weitere Termine:

Zeitraum	Art	Bemerkung
07.05.2019 - 08.05.2019	schriftliche Abschlussprüfung	

Beispiel eines Durchlaufplanes für Nachwuchskräfte

2018: Neuer Look für die Online-Lernumgebung: aus dem Azubi-Portal wird »db next gen«. Zusätzlich werden 2018 noch die neuen Lernmethoden (»FS-Wallet«) aufgenommen.

Die Anwenderfreundlichkeit der Lernumgebung entsprach nicht mehr den Anforderungen einer modernen Lernumgebung. Ein mobiles Lernen über unterschiedliche Endgeräte (Laptop, Tablet, Smartphone) erforderte eine Lernoberfläche, die sich individuell anpasst und intuitiv bedienbar ist. Auch der Wunsch der Nachwuchskräfte nach individuellem Lernen – jederzeit und überall – erforderte eine Ausweitung der Lernmodule.

Um eine modernere Lernumgebung zu schaffen, wurden die Daten des Azubi-Portals in eine neue Lernoberfläche im Responsive Webdesign überführt. Diese Lernoberfläche hat den Vorteil, dass sie direkt über eine Web-App angesteuert werden kann. Parallel hierzu wurde – in enger Zusammenarbeit mit den Auszubildenden – mit »FS-Wallet« (Frankfurt-School-Wallet) eine neue Lernform entwickelt, die über ihre modularen Komponenten (Videos, Foren, Online-Lernkarteikästen, Prüfungsvorbereitungsbücher und Online-Tests) jedem Lerntyp gerecht wird.

Daraus ergab sich die moderne Lernumgebung »db next gen« mit intuitiv zu bedienenden Kacheln und dem neuen Lernmedium »FS-Wallet – Fit in die Prüfung«.

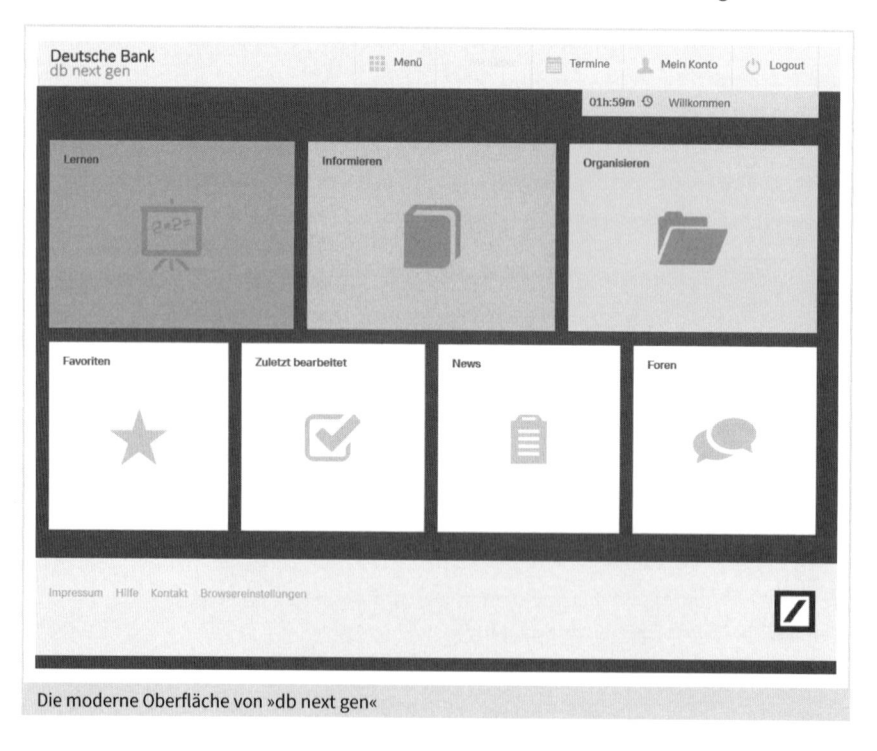

Die moderne Oberfläche von »db next gen«

Die Systematik der drei bewährten Säulen Theorie, Praxis und Verantwortung wird innerhalb der Kacheln weiterhin fortgeführt.

Das FS-Wallet

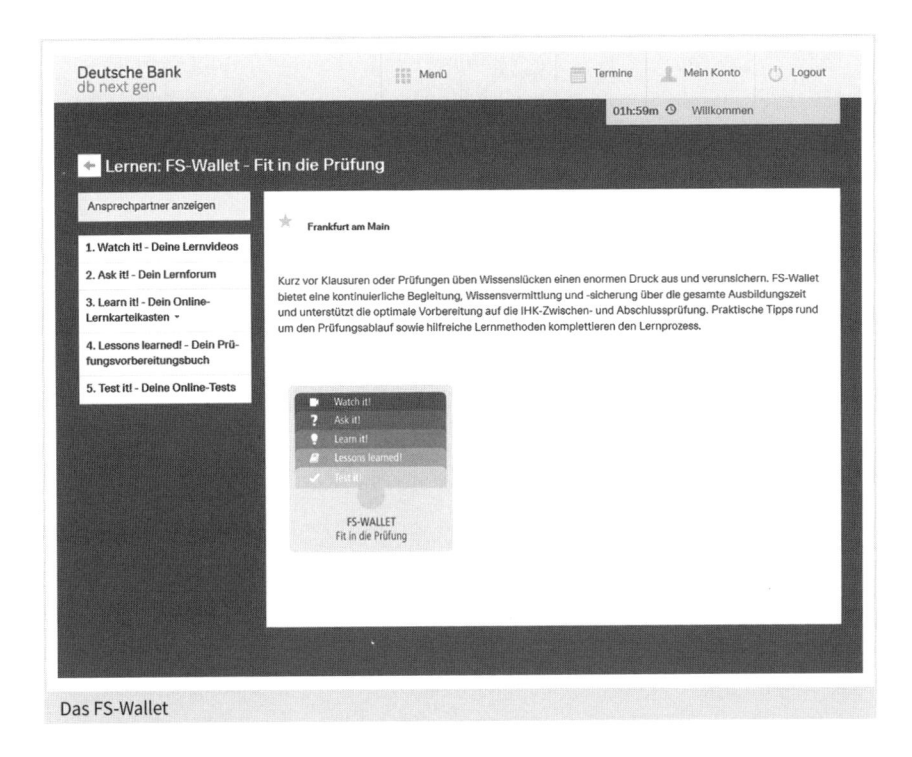

Das »FS-Wallet« wurde von Beginn an sehr gut angenommen. Hier einige Rückmeldungen der Nachwuchskräfte zu »FS-Wallet – Fit in die Prüfung«:

- Pascal: »Die Lernhefte mit den Aufgaben waren sehr effektiv und auch die dazugehörigen Lösungen haben sehr geholfen. Besonders gut hierbei war die Ausführlichkeit. Die Videos waren sehr gut und auch ausführlich. Ich möchte mich nochmals bei Ihnen bedanken für die Bereitstellung von so qualitativ hochwertigen Prüfungsvorbereitungsunterlagen.«
- Yannic: »Das Wallet war mir auf jeden Fall eine sehr große Hilfe beim Lernen! Ich habe sehr viele Videos gesehen, aber auch den Lernkarteikasten und die Übungsaufgaben genutzt. Im Großen und Ganzen hat es mir viel Spaß bereitet, damit zu lernen, eben weil ich mir die Arbeit, die ganzen wichtigen Informationen zusammenzusuchen, nicht selber machen musste.«
- Franziska: »Ich kann mich nur bedanken, dass wir das Programm für unsere Vorbereitung verwenden durften, und hoffe, dass die nachfolgenden Jahrgänge auch die Möglichkeit bekommen. Besonders bemerkenswert finde ich auch, dass man bei Fragen jederzeit einen Ansprechpartner hätte haben können, der einem im Forum noch mal alles genau erklärte!«
- Simon: »FS-Wallet war spitze! Habe den Hauptteil meiner Vorbereitung damit absolviert. Vielen Dank! Alles top!«

2019: Durch das Onboarding weiterer Berufsgruppen (Kaufleute für Dialogmarketing, Kaufleute für Büromanagement, weitere Studierendengruppen und Trainees) haben nun alle Nachwuchskräfte Zugriff auf die Online-Lernumgebung.

In den einzelnen Ausbildungsabteilungen sind neben den Bankazubis und dual Studierenden auch Nachwuchskräfte anderer Berufsgruppen eingesetzt, die bisher keinen Zugriff auf »db next gen« hatten. Somit konnten die bisherigen Abteilungsdurchlaufpläne nur einen Teil der dort tatsächlich verplanten Nachwuchskräfte abbilden und der Ausbildungsbeauftragte musste aus unterschiedlichen Medien alle relevanten Informationen zusammensuchen. Um dieses Problem zu beheben, wurden alle Nachwuchskräfte mit den ausbildungsrelevanten Daten auf der Online-Lernumgebung abgebildet. Jetzt können dort alle auf ihre Durchlaufpläne und alle weiteren für die Ausbildung erforderlichen Informationen und Module zugreifen.

Ausblick: Für die Zukunft ist die Abbildung des Krankmeldeprozess für Nachwuchskräfte auf »db next gen« geplant. Der aktuelle Krankmeldeprozess beinhaltet viele individuelle Schnittstellen und dadurch kommt es immer wieder zur zeitverzögerten Informationsweiterleitung an die relevanten Stellen (Ausbilder, Berufsschule, Seminarleiter). Um den Prozess schneller und zielgerichteter zu gestalten, sollen auf »db next gen« alle für den Krankmeldeprozess erforderlichen Daten hinterlegt werden, damit nach einer Krankmeldung alle relevanten Parteien mit automatisierten Nachrichten umgehend informiert werden.

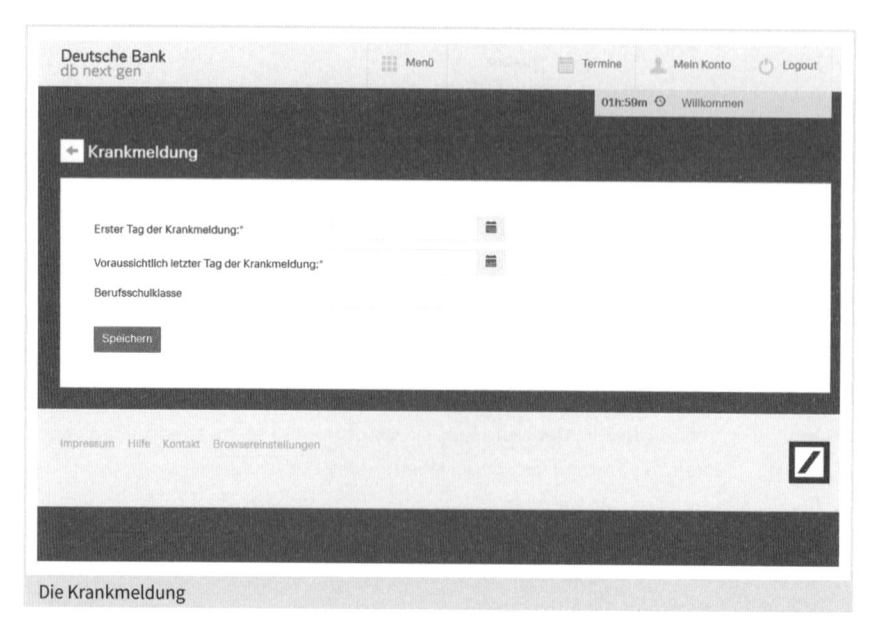

Die Krankmeldung

10.5 »db next gen«: Zahlen – Daten – Fakten

- Seit 2011 wurde das Onboarding durchgeführt für:
    - 2.851 Nachwuchskräfte
    - 13 unterschiedliche Ausbildungsberufe
    - 14 Berechtigungsgruppen
    - 2.188 Ausbildungsbeauftragte
    - 1.544 Filialen/Ausbildungsabteilungen
    - 312 Trainer/Dozenten
- Seit 2011 wurden 4.495 administrierte Seminar- und Trainingsveranstaltungen über das Portal durchgeführt.
- Die jährlichen Penetrationstests wurden erfolgreich bestanden.
- Die Administration des Online-Portals und das Trainingsmanagement werden durch die Frankfurt School durchgeführt.
- Das Hosting des Online-Portals »db next gen« erfolgt durch die efiport GmbH (Tochterunternehmen der Frankfurt School).

10.5.1 Rückmeldungen der Beteiligten zu »db next gen«

Die Rückmeldungen der Beteiligten zu »db next gen« waren sehr positiv. Daraus lässt sich schließen, dass die Plattform von den Nutzerinnen und Nutzern gut zur Unterstützung der Ausbildung und zum Einstieg in das Unternehmen angenommen wird.

Der Auszubildende Phillipp sagt zu dem Programm: »db next gen ist meiner Kenntnis nach die umfassendste und nutzerorientierteste Lern- oder Ausbildungsplattform auf dem Markt. Sie bietet uns Auszubildenden, was wir auch unseren Kunden bieten wollen: Kompliziertes einfach machen.«

Vanessa, dual Studierende bei der Deutsche Bank, findet: »Das neue Layout ist modern und übersichtlich gestaltet. Durch die optimierte Webansicht behalte ich jetzt auch unterwegs jederzeit den Überblick.«

Kerstin, Ausbilderin bei der Deutschen Bank, stellt fest: »Besonders mag ich an db next gen, dass es die Möglichkeit gibt, allen zum gleichen Zeitpunkt eine einheitliche Information zur Verfügung zu stellen. Das Beste daran ist, dass diese Information dort auch noch für jeden zu jeder Zeit im Nachhinein auffindbar ist.«

Werner, ein Ausbildungsbeauftragter, sagt: »Der übersichtliche Aufbau der Plattform hilft mir, alle wichtigen Infos und Unterlagen, die ich als Ausbildungsbeauftragter benötige, schnell zu finden. Es ist toll, an einem Ort all dies gebündelt zu haben. Der Zugriff funktioniert zu jeder Zeit schnell und zuverlässig.«

10.6 Zusammenfassung

Insgesamt ist zu sagen, dass mit der Einführung und laufenden Weiterentwicklung der zentralen Plattform »db next gen« eine moderne Lern-, Informations- und Kommunikationsumgebung geschaffen wurde, die den vielen unterschiedlichen Bedürfnissen der einzelnen Zielgruppen gerecht wird, maßgeschneiderte Konzepte umsetzt und damit eine individuell nutzbare Plattform ist.

Viele Menschen – individuelle Bedürfnisse – maßgeschneiderte Konzepte.

11 Das digitale Zeitalter hat für Auszubildende bei Volkswagen schon längst begonnen – der VWN Campus Digitalisierung

Volker Löbe

11.1 Ausgangslage und Zielsetzung

»Das Internet ist fester Bestandteil gesellschaftlich-kultureller, aber auch arbeitsplatzbezogener Informations- und Kommunikationsinfrastrukturen geworden [...] Diesen Veränderungen tragen auch neue Lernformen Rechnung, die mit diesen technologischen Entwicklungen einhergehen«, so Prof. Dr. Claudia de Witt der FernUni Hagen (Witt, 2012, S. 6).

Neue Lernformen in die Ausbildung zu integrieren – darum geht es im Ausbildungsprojekt »Digital Campus«. Das Projekt ist nicht nur für die Auszubildenden von Relevanz, sondern auch für alle anderen Mitarbeiterinnen und Mitarbeiter. Im Vordergrund steht nicht die Anpassung an den digitalen Wandel, sondern die Vorbereitung auf die Selbstanpassungen an digitale Transformationen – bereits mit Ausbildungsbeginn (vgl. Arnold/Schüßler, 1998, S. 108). Lernen findet bei Volkswagen sehr häufig noch konservativ statt. Das Besuchen eines Seminars, Workshops oder einer Konferenz dominiert wie bei vielen Unternehmen. Die Anzahl dieser formalen Qualifizierungen, die die Mitarbeiterinnen und Mitarbeiter jährlich durchlaufen, ist damit überschaubar. Die Kosten für das konservative Lernen sind aber relativ hoch. Das Erfahrungslernen und ein Lernen am realen Produktionsprozess sind begrenzt. Unsere polarisierenden Zielsetzungen lauten darum:

- Integration des Lernens in den täglichen Arbeitsprozess (informelles Lernen) und dadurch weitestgehender Ersatz des Seminarlernen (formelles Lernen)
- 20- bis 30-minütige tägliche Lernphasen
- praktiziertes Wissensmanagement[29]
- keine Vorträge, keine enge zeitliche Taktung
- informelles Lernen für jeden Beteiligten jederzeit möglich

---

29 Unter »Wissensmanagement« verstehen wir die methodische Einflussnahme auf die Wissensbasis unseres Unternehmens bzw. unserer Mitarbeiter.

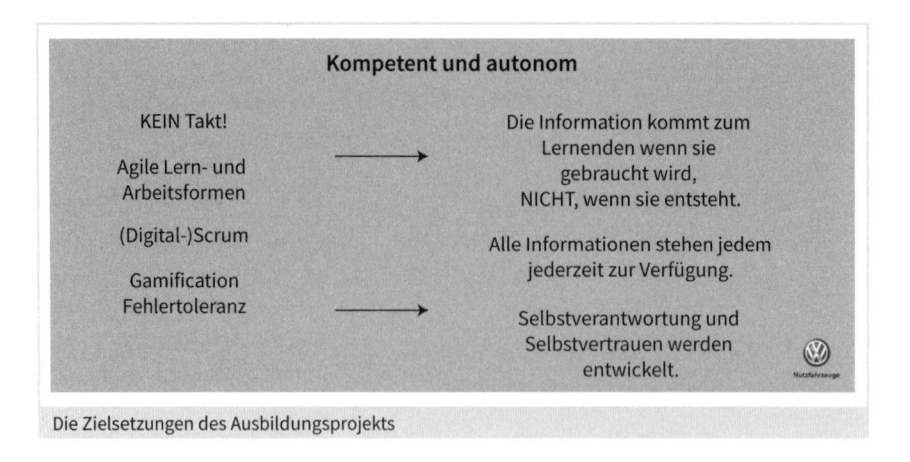

11 Das digitale Zeitalter hat für Auszubildende bei

Kompetent und autonom

KEIN Takt!

Agile Lern- und Arbeitsformen

(Digital-)Scrum

Gamification
Fehlertoleranz

→ Die Information kommt zum Lernenden wenn sie gebraucht wird, NICHT, wenn sie entsteht.

Alle Informationen stehen jedem jederzeit zur Verfügung.

→ Selbstverantwortung und Selbstvertrauen werden entwickelt.

Die Zielsetzungen des Ausbildungsprojekts

Das beiläufige Lernen (informell) unterscheidet sich vom organisierten Lernen (formal) (vgl. Arnold/Schüßler 1998, S. 60; u. a. Dehnbostel, 2007, S. 60):

Formelles Lernen	Informelles Lernen
• organisiert und strukturiert • Lernorte Schule, Bildungszentren, Hochschulen • Vermittlung vorgegebener und auf Ergebnis ausgerichteter Lerninhalte • Vermittlung von Theoriewissen als reduziertes, wissenschaftliches Wissen • professionelle pädagogische Begleitung der Lernprozesse durch Lehrer, Ausbilder, Ausbildungsbeauftragte • eingeschränkte Vermittlung von sozialen und persönlichen Kompetenzen	• flexibel • Lernen in Arbeits- und Lebenswelten • beiläufiges und zufälliges Lernen, Lernergebnis wird unbewusst angesteuert und erzielt • Erwerb von Erfahrungswissen und Handlungskompetenz durch Reflexion der erfahrenen Handlungen • bei Bedarf Moderation von Reflexionsprozessen durch den Lernbegleiter • gleichzeitige Entwicklung von fachlich-methodischen, sozialen und persönlichen Kompetenzen

Das informelle Lernen – im Gegensatz zum formalen Lernen – wurde im Zuge der Diskussion um die Kompetenzentwicklung in den 1990er-Jahren für die Ausbildung ausführlich diskutiert.

In der Ausbildung wird das informelle Lernen über Erfahrungen, die in und über Arbeitshandlungen gemacht werden, angestoßen. Wichtige Voraussetzungen sind: Informelles Lernen
- ergibt sich aus der Arbeits- und Handlungserfordernis der Auszubildenden und ist nicht institutionell organisiert,
- bewirkt immer ein Lernergebnis, das aus der Situationsbewältigung und Problemlösung resultiert,

- wird weniger professionell, pädagogisch oder ausbildungstechnisch begleitet, sofern es nicht in formale Lernprozesse integriert ist (vgl. Dehnbostel, 2007, S. 49).

Für die Initiierung informeller Rahmenbedingungen gelten folgende Erfolgsfaktoren:
- Auszubildende müssen genügend Zeit eingeräumt bekommen – insbesondere für das Suchen, Entdecken und Ausprobieren ihrer Projektinhalte und Zielsetzungen.
- Der Lernprozess soll Trial and Error zulassen. Auch über Umwege können Ziele erreicht werden, aus Fehlern soll gelernt und Erfahrung soll ausgetauscht bzw. weitergegeben werden (fehlertolerante Ausbildungskultur).
- Auszubildende sollten Kompetenzen, wie Selbstständigkeit, Eigenverantwortung, Initiative, Mut und Entdeckerfreude mitbringen und vor allem auch ihre Selbstkompetenz weiterentwickeln, d. h. Auszubildende sollen dazu befähigt werden, dass sie auf fremde Anforderungssituationen situativ mit Lernen und Handlungsaktivitäten reagieren.
- Ein Lernbegleiter oder Coach wählt Aufgaben aus, steht für Fragen zur Verfügung und hilft den Auszubildenden bei größeren Störungen oder Hindernissen. Die Lernbegleiter/Coaches müssen Vertrauen und Zutrauen in die Auszubildenden entwickeln und sich mit (fachlichen) Unterweisungen zurückhalten (vgl. Bauer/Brater, 2008; Buchert/Kluge, 2016).
- Überprüfung, welche Inhalte des Rahmenlehrplans, die nicht prozessorientiert vermittelt werden können, in einem Projekt intensiviert und – dann allerdings handlungsorientiert bzw. entdeckender – entwickelt werden könnten (Bauer et al., 2007, S. 83 f.).

Mit dem Ziel, informelles Lernen im Ausbildungsprozess zu ermöglichen, stellten wir uns folgende Fragen:
- Was muss das Ausbildungsunternehmen dafür tun, um diese informellen Lernprozesse zu ermöglichen?
- Was müssen Ausbildungsverantwortliche dafür können?
- Welche Szenarien sind hilfreich, um bei unterschiedlichen Zielgruppen gut anzukommen?

Zu Beginn wurde eine Lernumgebung entwickelt und geschaffen, in der ausreichend anspruchsvolle Lerninhalte für die definierte Zielgruppen der Auszubildenden integriert waren. Mit den hierfür angepassten didaktischen Methoden wurde ein Lernszenario etabliert, das auf selbstbestimmtes, asynchrones Lernen mithilfe neuer digitaler Lernformen basiert. Die Rolle des Ausbilders bzw. der Ausbilderin wurde in Richtung einer Lernbegleitung weiterentwickelt. Damit sollte das sogenannte selbstgesteuerte Lernen (SL) ermöglicht werden – das ist aus unserer Sicht im Zeitalter der digitalen Transformation auch für den Ausbildungsbereich die richtige Weichenstellung in Richtung Zukunft. Unter »selbstgesteuertem Lernen« verstehen wir die verstärkte Selbstbestimmung hinsichtlich der Lernziele und -inhalte, Flexibilität in der

11 Das digitale Zeitalter hat für Auszubildende bei

Auswahl von Zeit und Ort sowie der Lernmethoden und Lernpartner (vgl. Deitering, 2001, S. 18). Insgesamt sollten die Eigenverantwortung und Selbstständigkeit der Auszubildenden entwickelt und gefördert werden, was insbesondere folgende Ziele des »autonomen selbstgesteuerten Lernens« in der Ausbildung stärkt (vgl. Deitering, 2001, S. 104 f.):

- stärkere Identifikation mit dem Ausbildungsberuf, dem Unternehmen und dem Ausbildungsbereich sowie mit der konkreten Arbeitstätigkeit
- Förderung der Eigenverantwortung und Selbstorganisation
- Erhöhung der Lernmotivation auf intrinsischem Weg
- Erhöhung der Lern- und Arbeitszufriedenheit
- Förderung der Autonomie und Selbstständigkeit
- Verbesserung der Kritik- und Reflexionsfähigkeit
- Fördern und Fordern der Lernfähigkeit und -bereitschaft
- verstärkte Berücksichtigung der individuellen Entwicklung und Lernbedürfnisse der Auszubildenden im Sinne einer ganzheitlichen Kompetenzentwicklung

Wie sollten diese pädagogischen und ausbildungsrelevanten Zielsetzungen nun in digitale Arbeitsbedingungen und einen selbstgesteuerten Lernprozesse umgesetzt werden? Dazu wurden Erfolgsfaktoren für Selbstorganisation identifiziert:

1. ein gemeinsames Problem
2. ein gemeinsames Ziel
3. gemeinsame Werte
4. Identifikation mit der Aufgabe und der Organisation
5. eigener Antrieb und Energie für das Thema
6. hohe Qualifikation der Teammitglieder mit verschiedenen Expertisen
7. stärken- und ressourcenorientierte Aufgabenverteilung
8. hohe Transparenz von Informationen
9. persönliche Akzeptanz der Personen
10. Offenheit für Perspektivenwechsel: Unterschiede als Bereicherung, nicht Hindernis
11. Zeit und Raum für Reflexion

11.2 Zielgruppe und Teilnehmerzahl

Unsere Zielgruppe sind grundsätzlich alle Mitarbeiterinnen und Mitarbeiter, wobei wir mit der Zielgruppe der Auszubildenden – den »Digital Natives« – erste grundlegende Erfahrungen sammeln wollten (vgl. Schulmeister, 2012, S. 42). Unser Projekt startete mit der ersten Zielgruppe »Auszubildende und dual Studierende« am Standort Hannover. Diese kamen aus den Berufsbildern Elektroniker/Elektronikerin für Automatisierungstechnik, Mechatroniker/Mechatronikerin, Industriemechaniker/Industriemechanikerin und der Studienrichtung Mechatronik. Zeitweise waren auch junge Lernende aus Polen (VWP) und Portugal (Autoeuropa) involviert. Insgesamt waren ca. 180 Teilnehmerinnen und Teilnehmer im ersten Jahr des Ausbildungsprojekts beteiligt. Ein besonderes Vorwissen ist und war seitens der Zielgruppe nicht erforderlich.

Die Ergebnisse des Projekts können nun auch konzern- und weltweit angewendet werden. Dazu sind Hospitationen von Trainern und Ausbildern auf unserem Digital Campus jederzeit möglich.

11.3 Didaktisches Konzept

Das praxisorientierte Lernprojekt findet über die Simulation einer Fahrzeugfertigung statt, von uns »das Werkmodell« genannt. An zurzeit zehn Stationen sollen dabei die Fertigungsabläufe dargestellt werden. Hierzu wurde auch ein Produktionsprozess eines T1-VW-Busses im Maßstab 1:18 modellhaft integriert. Die einzelnen Produktionsabschnitte wurden von den Auszubildenden und dual Studierenden übernommen und dort im Rahmen des Projekts fachlich verantwortet.

Blick auf die modellhafte Produktionsstrecke im VWN Digital Campus

11 Das digitale Zeitalter hat für Auszubildende bei

Produktionsprozess »Dachmontage« im Projektmodell

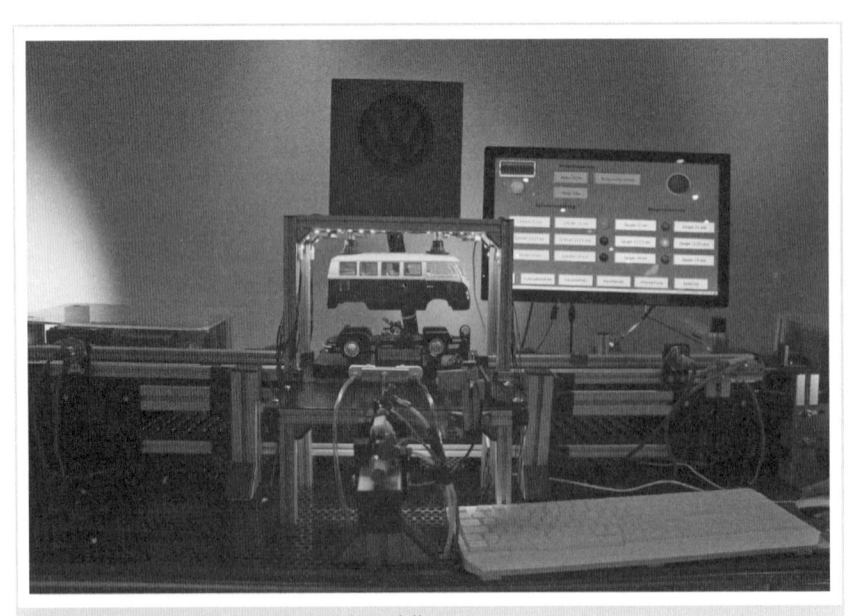

Produktionsprozess »Hochzeit« im Projektmodell

Produktionsprozess »Geo Frame« im Projektmodell

Das didaktische Konzept für das Ausbildungsprojekt umfasst dabei folgende methodische Eckpfeiler:
- **Projektförmiges Lernen**
  Hier wird anhand von praxisnahen Aufgabenstellungen und in Anlehnung an die spätere Berufspraxis gelehrt und gelernt. Die Auszubildenden und dual Studierenden erarbeiten bzw. erteilen sich selbst Aufgabenstellungen, die sie als Team bearbeiten. Fachliche Fragen werden selbstständig gelöst und eigenverantwortlich bearbeitet. Die Lernbegleitung unterstützt beratend.
- **Problemorientiertes Lernen**
  Die Beteiligten suchen zumeist selbstständig eine Lösung für ein vorgegebenes Problem. Problemorientiertes Lernen steht für selbstbestimmtes und entdeckendes Lernen mit handlungsorientierten Ansätzen. Die Auszubildenden lernen, ein Thema oder eine Frage zu analysieren, geeignete Informationsquellen zu finden und zu nutzen und schließlich Lösungen zu vergleichen, auszuwählen und umzusetzen.
- **Forschendes Lernen**
  Die Auszubildenden bearbeiten einen Auftrag bzw. eine Ausbildungsfrage in verschiedenen Phasen:
  a) Entwicklung der Fragen und Hypothesen
  b) Wahl und Ausführung der Methoden
  c) Prüfung und Darstellung der Ergebnisse

Sie gestalten, erfahren und reflektieren das Thema in selbstständiger Arbeit bzw. in einem übergreifenden Projekt. Die Ergebnisse können auch Dritten zugänglich gemacht werden.
- **Lernen durch Erfahrung**
Eine aktive und reflexive Auseinandersetzung mit konkreten Erlebnissen ist hierfür Voraussetzung. Herausfordernde Situationen kennzeichnen den Lernprozess. Aus den reflektierten Handlungen entstehen Erfahrungen, die wiederum zur Wissenserweiterung beitragen. Dieser Ansatz unterstreicht, dass im Ausbildungsprojekt eigene Handlungen und Erfahrungen ermöglicht werden müssen, die erst durch regelmäßige Reflexionsprozesse (in der Gruppe oder allein) zu neuem Wissen führen. Die unmittelbare, praktische Auseinandersetzung mit dem Ausbildungsgegenstand ermöglicht bei dem Beteiligten ein sinnstiftendes Lernen und setzt demnach eine konkrete und selbst gemachte Erfahrung voraus.

Wie werden nun die o. g. Lernansätze in unserem Ausbildungsprojekt berücksichtigt und erlebbar gemacht? Zu Beginn definieren die Auszubildenden und dual Studierenden selbstständig über eine Werkserkundung das technische Projektziel – also welche Funktionalität erstellt werden soll. Dies kann beispielsweise der Aufbau eines neuen Fertigungsabschnitts oder die Erweiterung eines vorhandenen Abschnitts sein. Die Lernbegleitung bestätigt dieses Ziel und wechselt damit in die Rolle des Kunden. An dieser Stelle können »kundenseitig« Spezifikationen gefordert werden, um Lerninhalte gezielt einzubringen. Das kann z. B. die Anforderung sein, eine bestimmte Technologie (z. B. RFID) zu verwenden. Diese Vorgehensweise führt zu einer starken intrinsischen Motivation der Lernenden.

Zusätzlich werden bestimmte Rollen und Verantwortlichkeiten übertragen: zum Beispiel Fertigungsleitung, Optimierungsteam, Materialwirtschaft usw. In diesen Rollen findet ein »shadowing« mit den »echten« Rolleninhabern statt, eine Art Mentorenansatz, was von den Beteiligten sehr gut angenommen wird.

Vor Beginn des Lernabschnitts erfolgt ein Onboarding-Prozess, in dem die zukünftigen Lernenden Wissen über den bevorstehenden Lernabschnitt erhalten. Damit verbunden ist eine Basisinformation über Projektmanagementmethoden (klassisch und Scrum). Die agilen Arbeitsformen (Daily Scrum, Shopfloor-Management) werden durch die digitalen Räume (virtueller Teamraum) unterstützt. Der Lernprozess findet eigenverantwortlich mit größtmöglicher zeitlicher Flexibilität statt. Den Lernenden werden im Rahmen des Wissensmanagements folgende Informationsquellen und Unterstützungsmöglichkeiten zur Einarbeitung bzw. Vertiefung zur Verfügung gestellt:
- elektronische Lernmodule und Internet
- Fachexperten (intern und extern und ehemalige Lernende) für die jeweiligen Themen
- Ausbildungs- und Lernteam
- Lernbegleitung

Das Erreichen der Lernziele wird durch tägliche »Digital Scrums« im virtuellen Gruppenraum dokumentiert. Hier werden die Status- und Entwicklungsaspekte in der Gruppe besprochen:
- Was habe ich erreicht?
- Was fiel mir leicht? Wo hatte ich Erfolge?
- Wo benötige ich Unterstützung?
- Was nehme ich mir vor?

Es ist das Ziel, für alle Lernthemen einen digitalen »Badge«, also ein elektronisches Abzeichen, das den Lernerfolg symbolisiert, anzubieten und dessen Einfluss auf die Lernmotivation zu bewerten (zurzeit gibt es ca. zehn Stück davon). Die Lernziele gliedern sich in folgende Fachthemen:
- SPS-Programmierung
- Inbetriebnahme und Programmierung von Antrieben (Frequenzumrichter, Servo, Schrittmotoren)
- 3-D-Design
- Anlagenvisualisierung
- Programmierung von Kleinrobotern und industriellen kollaborativen Robotern
- eigene Konstruktion von 3-D-gedruckten Greifern
- 3-D-Druck
- RFID
- Sensorik/Sensornetze
- zentrale Anlagenüberwachung
- Programmierung von Kleincomputern (Raspberry Pi, Arduino …)
- Elektronik (analoge Schaltungen und digitale Baugruppen in Verbindung mit Kleincomputern)

Die Lernenden erstellen und erweitern so vorhandene Lernmodule. Hierbei bauen sie ihre Medien- und Digitalkompetenz aus und sind in der Lage, aus dem selbstbestimmten Lernprozess geeignete elektronische Medien herzustellen und der Community zur Verfügung zu stellen. Die Qualitätssicherung erfolgt u. a. durch die Begleitung durch eine Universität.

11.4 Messbare Erfolgskriterien und qualitativer Nutzen

Besonderer Wert wurde auf die nahtlose Integration in den vorhandenen Entwicklungs- und Förderprozess (EEFA) gelegt. So legen die Lernenden Lernzielkontrollen (analog zur Abschlussprüfung) ab und es erfolgt eine Beurteilung über die gesamte Einsatzdauer. Für diese Beurteilungen werden konkrete Kriterien zusammen mit den Lernenden festgelegt, um gezielt die gewünschte Kompetenzentwicklung zu fördern. Damit soll gemeinsam mit den Lernenden ein »Zielvereinbarungsprozess« entwickelt werden.

Auf einer Ebene unter den Lernzielkontrollen werden die erreichten Fachkompetenzen durch unterschiedliche »Badges« (Auszeichnungen) nachgewiesen.

Die Evaluierung des pädagogischen Konzepts erfolgt zweimal im Jahr. Neben dem Lernprozess der Zielgruppe legen wir auch einen Schwerpunkt auf unseren eigenen Lernprozess als Lernbegleitung. Typische Fragen dafür sind:
- Was müssen wir ändern?
- Was müssen wir dafür können/lernen?
- Welche Technologien sind zielführend?

Mit internen und externen Partnern wurden im Rahmen des Projekts bisher verschiedene konkrete Handlungsempfehlungen erarbeitet, z. B.:
- Entwurf von elektronisch gestützten Lernszenarien
- Make or buy? Erstellen und/oder Einkaufen von elektronischen Lernmaterialien
- Medienkompetenz (insb. Medienrecht)
- wirtschaftlich effiziente Lernmedien erstellen
- »handwerkliche« Skills: z. B. Erklärvideos erstellen
- Betreiben von Lernmanagementsystemen (LMS)
- Lehrmethoden (Flipped Classroom) usw.

Die Auszubildenden und dual Studierenden haben mit der Tätigkeit an diesem Projekt in kurzer Zeit andere und zukunftsweisende Kompetenzen entwickeln können – zumindest im Vergleich zur zuvor stärker favorisierten und gelebten prozessorientierten Lernkultur. Trotz der anfänglichen Skepsis, ob wir den jungen Menschen zu viel zumuten, sie eventuell sogar überfordern, zeigt die Praxis, dass sie zumeist prima mit den projekthaften Arbeiten, den Freiräumen, den digitalisierten Anforderungen und mit der notwendigen Eigenverantwortung und Selbstständigkeit zurechtkommen.

11.5 Das Werkmodell

An dieser Stelle erst einmal ein großes Danke an die Kolleginnen und Kollegen aus der Berufsausbildung im Volkswagenwerk Emden, die mit der Idee »Werkmodell« bereits vor einigen Jahren mit einem Laborkonzept gestartet sind und ihre Erfahrungen immer offen geteilt haben.

Viele Schlagworte prägen das innovative Werkmodell für die Ausbildung:
- Lernen in Projekten
- handlungsorientierte Methoden
- Kreativität/Kommunikation/Kollaboration
- digitale Lernformen
- selbstgesteuertes Lernen am Projekt

11.5 Das Werkmodell

- ganzheitliche Kompetenzentwicklung
- Rolle des Ausbilders als Coach und Lernbegleiter
- digitale Projektmethoden
- Eigenverantwortung und Selbstständigkeit

Das sind alles die Schlagworte, die auf dem digitalen Campus diskutiert, umgesetzt und weiterentwickelt werden. Auszubildende und dual Studierende finden hier einen Lernort, an dem sie durch selbstbestimmtes zielorientiertes Lernen ihre gesteckten Ziele erreichen.

Dazu entwickelt Volkswagen ein eigenes Trainingssystem – das »Werkmodell«. Hier können digitale Themen, wie z. B. Datenaustausch zwischen Maschine und mobilem Endgerät, 3-D-Druck oder kollaborierende Roboter, angewendet und verstanden werden.

Auszug der simulierten Prozessschritte der Fahrzeugfertigung im Rahmen des Ausbildungsprojekts					
Produktionsschritt Ausbildungsprojekt	1. Geoframe (erstes Fügen der Karosserieteile)	2. Lackiererei	3. Radmontage	4. Hochzeit (Zusammenfügen von Karosserie und Antrieb)	5. Waschanlage
Ausbildungsinhalte und typische Fragestellungen	<ul><li>3-D-Design, 3-D-Druck</li><li>Programmieren von SPS-Systemen</li><li>Inbetriebnahme von Automatisierungsnetzwerken</li><li>Robotik</li><li>industrielle Sensorik und Identsysteme</li><li>»IoT«-Geräte (IoT = Internet of Things) programmieren und mit dem industriellen Umfeld verbinden</li><li>Übertragen von realen Prozesskenntnissen auf das Modell</li><li>professionelle Kommunikation mit Fachexperten (intern und extern)</li><li>Erstellen von Lernmodulen zu den behandelten Fachthemen</li><li>…</li></ul>				
Eingesetzte Berufsbilder (Fokus)	<ul><li>Mechatroniker/in</li><li>Elektroniker/in für Automatisierungstechnik</li><li>Industriemechaniker/in</li></ul>				
Bemerkung/ Hinweise	Lernende aus IT-Berufen, der Logistik und kaufmännischen Berufen sind in Querschnittsfunktionen (Eventmanagement, Materialbeschaffung, IT-Service usw. ebenfalls eingebunden.				

Neben der zukunftsorientierten Technik sind neue Lernformen ebenfalls ein Schwerpunkt des Digital Campus. Das Campusumfeld unterstützt dabei den durch Lernarchitekten geförderten selbstbestimmten Lernprozess. Ansätze wie »Gamification« und »Serious Game« sind integriert. In Zukunft haben auch Fachleute des Unternehmens die Möglichkeit, sich neue Technologien mithilfe neuer Medien zu erschließen. Der Transfer der Erkenntnisse aus dem Betrieb des Campus auf weitere Bereiche soll bald erfolgen. Hierzu werden Hospitationen und Workshops angeboten. Und auch hier können die Auszubildenden eine wichtige Funktion als digitale »Botschafter« und »Expeditionsteilnehmer« übernehmen.

11.6 Fazit und Ausblick

Die Entwicklung des Projekts sehen wir sehr positiv. Das selbstständige Lernen und die damit verbundene Lernaktivierung funktionieren sehr gut. Die Ankopplung der realen Prozesse bzw. das damit verbundene Prozesswissen können wir noch verbessern. Besonders hervorzuheben sind die Chancen, die sich aus der persönlichen Entwicklung der Lernenden ergeben: Verantwortungsübernahme, Verlässlichkeit, die professionelle Kommunikation mit externen Projektpartnern und anderen Unternehmen sind Kompetenzen, die mindestens gleichwertig mit den fachlichen Kompetenzen sind.

Das Feedback der Lernenden sowie das Interesse anderer Bildungseinrichtungen bestärken uns darin, den eingeschlagenen Weg konsequent weiterzugehen. Das lebenslange Lernen auch im Erwachsenenbereich mit »digitalen Mitteln« zu unterstützen und zu etablieren, ist unser nächstes Ziel. Spannend wird sein, wie sich hier die Rollenverteilung und die Rollenschwerpunkte zwischen Lernarchitekten, Community-Management und Lernbegleitung entwickeln.

Literatur
Arnold, R.; Schüßler, I. (1998): Wandel der Lernkulturen. Ideen und Bausteine für ein lebendiges Lernen. Darmstadt.
Bauer, H. G.; Brater, M. (2007): Lern(prozess)begleitung in der Ausbildung: Wie man Lernende begleiten und Lernprozesse gestalten kann. Ein Handbuch (Beiträge zu Arbeit – Lernen – Persönlichkeitsentwicklung). Bielefeld.
Bauer, H. G.; Brater, M.; Büchele, U.; Dehlem, H.; Maurus, A.; Munz, C. (2007): Lernen im Arbeitsalltag. Wie sich informelle Lernprozesse organisieren lassen. 2. unveränd. Aufl. Bielefeld.
Buchert, A.; Kluge, M. (2016): Der Ausbilder als Coach: Auszubildende motivieren, beurteilen und gezielt fördern. Köln.
Dehnbostel, P. (2007): Lernen im Prozess der Arbeit. Münster.
Deitering, F. G. (2001): Selbstgesteuertes Lernen. 2. unveränd. Aufl. Göttingen.
Schulmeister, R (2012).: Vom Mythos der Digital Natives und der Net Generation. In: Berufsbildung in Wissenschaft und Praxis (BWP), Heft 3/2012, S. 42–46.
Witt, C. de (2012): Neue Lernformen für die berufliche Bildung: Mobile Games – Social Learning – Game Base. In: Berufsbildung in Wissenschaft und Praxis (BWP), Heft 3/2012, S. 6–9.

12 Förderung des selbstgesteuerten Lernens durch den Einsatz von Lernvideos am Beispiel des dualen Studiums

Florian Schimanke, Bettina Sophie Huck und André von Zobeltitz

Moderne Lernkonzepte umfassen inzwischen auch den Einsatz multimedialer Inhalte, die sich an den Bedürfnissen und Anforderungen der Lernenden orientieren. So hat sich das Lernen in den vergangenen Jahren weg von den traditionellen Vermittlungsmethoden über Frontalvorlesungen und -unterricht zum Zwecke der reinen Wissensvermittlung hin zu neuen Wegen entwickelt, die sowohl dem technologischen Fortschritt als auch den veränderten Gewohnheiten der Lernenden Rechnung tragen. Wichtig ist in diesem Zusammenhang, dass diese neuen Wege der Wissensvermittlung nicht nur als Selbstzweck beschritten werden, sondern dabei auch einer Gesamtstrategie folgen, die vor allem durch die Umsetzung moderner Konzepte geprägt ist. Ebenfalls notwendig ist in diesem Zusammenhang ein kontinuierlicher Verbesserungsprozess (KVP), in dem die Anwendung der neuen Konzepte durch fortlaufende Evaluationen überprüft und gegebenenfalls nachjustiert werden.

Die Hochschule Weserbergland (HSW) bietet verschiedene Studiengänge im Bereich Betriebswirtschaftslehre und Wirtschaftsinformatik an. Dabei kommen auch unterschiedliche Studienformen zum Einsatz, z. B. das duale Studium und das berufsbegleitende Studium. Letzteres richtet sich an bereits im Arbeitsleben stehende Teilnehmerinnen und Teilnehmer. Deshalb finden die Präsenzphasen jeweils freitags und samstags statt. Durch die vergleichsweise wenigen und kurzen Präsenzphasen ergibt sich die Notwendigkeit, dass diese Phasen möglichst effizient genutzt werden und die Teilnehmerinnen und Teilnehmer einen hohen Anteil der Inhalte selbstorganisiert lernen. Das duale Studium besteht hingegen – ähnlich wie bei der dualen Ausbildung – aus einer Praxisphase, die in einem kooperierenden Unternehmen stattfindet, und einer Theoriephase, die an der Hochschule absolviert wird. Beide Phasen finden jeweils blockweise im Wechsel statt, wobei ein Semester aus jeweils einer Theorie- und einer Praxisphase besteht. Das duale Studium kann dabei auf Wunsch auch mit einer integrierten Ausbildung einhergehen, wobei die Studierenden in diesem Fall nach dem vierten Semester eine Abschlussprüfung in einem zugehörigen Ausbildungsberuf (z. B. Fachinformatiker, Industriekaufmann oder Bankkaufmann) ablegen.

In beiden genannten Studienformen setzt die Hochschule Weserbergland auf ein Blended-Learning-Konzept. Hierunter versteht man eine Kombination aus verschiedenen Lehr-/Lernmethoden, was im Falle der HSW vor allem die Präsenzlehre und das E-Learning umfasst. Das Besondere an diesem Konzept ist, dass die drei Lernorte des dualen Studiums (die Hochschule, der Arbeitsplatz und der private Bereich) durch das Online-Lernmanagement-System ILIAS (Integriertes Lern-, Informations- und Arbeitskooperationssystem[30]) verbunden werden. Die Lernorte werden dadurch verknüpft, dass die Studieninhalte über das Internet (durch ILIAS) von überall erreicht werden können.

Verknüpfung der Lernorte über ILIAS

In ILIAS finden die Studierenden nicht nur ihre aktuellen Studienpläne und die Bewertungen der Leistungsnachweise, sondern auch ihre Studienunterlagen. Diese umfassen neben klassischen Studienbriefen und Skripten auch Kommunikationsmöglichkeiten wie Foren und Chaträume sowie onlinegestützte Selbsttests.

Speziell in den beiden Studienformen »duales Studium« und »berufsbegleitendes Studium« kommt es auf eine möglichst effektive Nutzung der Präsenzzeiten in der Hochschule an. Je nach unterrichtetem Modul und Inhalt ist eine klassische Frontalvorlesung dabei nicht immer die sinnvollste Methode. Vor allem in den praxisorientierten Phasen und in Grundlagenmodulen bietet es sich an, die Vorlesungszeiten für eine Vertiefung der Inhalte – unter anderem durch praktische Übungen – zu nutzen. Als duale Hochschule verfolgt die HSW vor allem das Ziel, ihre Studierenden mit Kenntnissen und Fertigkeiten auszustatten, die vor allem praxisorientiert sind und sich im

---

30 https://www.ilias.de

Unternehmensumfeld unmittelbar einsetzen lassen. Aus diesem Grund wird während der Präsenzzeiten in der Hochschule großer Wert vor allem auf die Vermittlung dieser praktischen Fähigkeiten gelegt. Dies erfordert jedoch auch eine effiziente Nutzung der zur Verfügung stehenden Zeit sowohl zur Vermittlung theoretischen Wissens als auch für praktische Übungen.

Im Grundlagenmodul »Vernetzte IT-Systeme« des dualen Studiengangs Wirtschaftsinformatik setzt die Hochschule Weserbergland zu diesem Zweck bereits seit einigen Jahren auf das Konzept des »Flipped Classroom«. Hierbei werden bewusst die Rollen von Lernenden und Lehrenden getauscht (»flipped«), wodurch die Lernenden angeregt werden sollen, sich selbst Inhalte anzueignen und diese dann in der Gruppe mit den Kommilitonen zu diskutieren (vgl. Baker, 2000). An der HSW werden den Studierenden des Moduls dabei bereits vier Wochen vor Semesterbeginn sämtliche Unterlagen zur Verfügung gestellt und sie bekommen dazu die Aufgabe, sich bis zum Veranstaltungsbeginn mit mindestens den ersten beiden Kapiteln auseinanderzusetzen. Diese werden dann während der ersten Veranstaltung vertieft und in der Gruppe diskutiert. Ebenso verhält es sich mit den weiteren Kapiteln des Moduls. Auf diese Weise wird das selbstbestimmte und selbstgesteuerte Lernen der Studierenden gefördert. Es wird von ihnen damit auch eine gewisse Selbstorganisation und Zeitplanung verlangt.

Die Wahl für die Erprobung des neuen didaktischen Ansatzes fiel vor einigen Jahren auf das Grundlagenmodul »Vernetzte IT-Systeme«, weil daran auf der einen Seite Dozenten beteiligt sind, die auch der Forschungsgruppe E-Learning der HSW angehören, zum anderen weil im theoretischen Teil dieses Moduls vor allem Faktenwissen vermittelt wird, das sich für den Einsatz des »Flipped Classroom« besonders gut eignet. Bei diesem Wissen handelt es sich um Definitionen und Standards, die von den Studierenden sehr gut selbstgesteuert erlernt werden können. Da sich die Inhalte zudem über Jahre hinweg nicht ändern, entsteht eine hohe Nachhaltigkeit der einmal erstellten Lernvideos. Das Modul ist Teil des dualen Bachelor-Studiengangs Wirtschaftsinformatik, der an der HSW sechs Semester dauert.

Neben der Umstellung der Vermittlungsform wurde auch der Leistungsnachweis an das neue Konzept angepasst: Statt einer Klausur bearbeiten die Studierenden nun in Kleingruppen eine semesterbegleitende Fallstudie zur Erstellung eines Netzwerkkonzepts für ein fiktives Unternehmen, die sie nach und nach auf der Basis des neu gewonnenen Wissens vervollständigen. Der Dozent tritt in diesem Zusammenhang sowohl als Auftraggeber als auch als Ansprechpartner und Coach für die Kleingruppen auf. Die Fallstudie macht abschließend 70 Prozent des Leistungsnachweises in diesem Modul aus. Die restlichen 30 Prozent erzielen die Studierenden durch das Absolvieren eines Testats in Form eines Online-Tests über das Lernmanagementsystem ILIAS. Dieses wird innerhalb der HSW und unter Aufsicht der beteiligten Dozentinnen und

Dozenten durchgeführt. Abgedeckt werden von dem Online-Test Themen aus allen sechs Kapiteln des Moduls. Für jedes Kapitel wurde ein Fragenkatalog, bestehend aus durchschnittlich 20 Fragen erstellt. Aus den sich hieraus ergebenden ca. 120 Fragen werden für den Abschlusstest für jeden Teilnehmer individuell zufällig je 30 ausgewählt.

Seit der ersten Durchführung des Moduls auf der Basis des neuen didaktischen Konzepts des »Flipped Classroom« und mit der neuen Form der Leistungsnachweise durchlief es bis heute drei Iterationsstufen. In diesen drei Stufen wurden jeweils Veränderungen und Verbesserungen eingeführt, die aus den Evaluationsergebnissen der jeweils vorangegangenen Iterationen abgeleitet wurden. Im Zentrum stehen dabei vor allem kurze Videos, in denen die Inhalte des Moduls von den daran beteiligten Dozenten und Dozentinnen in Ton und Bild unter Zuhilfenahme von PowerPoint-Präsentationen erklärt werden. Da die Videos auch öffentlich zugänglich auf YouTube verfügbar gemacht werden sollten, wurden diese Präsentationen vor dem Einsatz in den Videos an die Anforderungen für Open Educational Resources (OER) angepasst. Hierbei handelt es sich nach der Definition durch die UNESCO um »jegliche Arten von Lehr-Lern-Materialien, die gemeinfrei oder mit einer freien Lizenz bereitgestellt werden. Das Wesen dieser offenen Materialien liegt darin, dass jedermann sie legal und kostenfrei vervielfältigen, verwenden, verändern und verbreiten kann. OER umfassen Lehrbücher, Lehrpläne, Lehrveranstaltungskonzepte, Skripte, Aufgaben, Tests, Projekte, Audio-, Video- und Animationsformate.«[31]

12.1 Nutzung von Lernvideos im Rahmen des »Flipped Classroom«-Konzepts für das Grundlagenmodul »Vernetzte IT-Systeme«

Bei der ersten Durchführung des »Flipped Classroom« im Jahr 2012 wurde die Idee verfolgt, den teilnehmenden Studierenden die Lernvideos mit den wesentlichen Inhalten bereits vor dem Beginn der Präsenzveranstaltung zur Verfügung zu stellen. Die Inhalte der Videos folgten dabei den Kapiteln der Semesterplanung, wodurch im ersten Durchlauf etwa 40 Lernvideos entstanden. Innerhalb dieser Videos erklärten die beteiligten Dozentinnen und Dozenten in Wort und Bild das jeweilige Thema. Zudem wurden Präsentationsfolien eingeblendet, auf denen die Inhalte ebenfalls dargestellt waren.

Als weitere Maßnahme zur Erzeugung von Dynamik und Interaktivität kamen in den Videos teilweise auch leere Folien zum Einsatz, die erst während der Videoaufzeich-

---

31 https://open-educational-resources.de/unesco-definition-zu-oer-deutsch/

nung mit Inhalten gefüllt wurden. Hierfür wurde ein Zeichentablet genutzt, das von den Lehrenden während der Erläuterung der Inhalte bedient wurde. Im Gegensatz zu Vorlesungsaufzeichnungen, bei denen in der Regel eine komplette Veranstaltung am Stück gezeigt wird, sollten die Lernvideos eine Dauer von 10 bis 15 Minuten haben (vgl. Loviscach, 2013). Denn: Für die Zusehenden ist es leichter, sich für eine kürzere Zeit zu konzentrieren, und sie schenken damit dem Video mehr Aufmerksamkeit. Da es sich deshalb um relativ kleinteilige Wissenshäppchen handelt, wird in diesem Zusammenhang auch von »Nuggets« gesprochen. Ein weiterer Vorteil dieser »Video-Nuggets« besteht darin, dass sich die Studierenden (oder bei öffentlicher Bereitstellung auch die interessierten Nutzer) die für sie relevanten Videos zu einem bestimmten Thema heraussuchen können und nicht erst in einem längeren Video suchen müssen. Parallel zu den Videonuggets wurden den Studierenden vor Beginn der ersten Präsenzveranstaltung sowohl die darin verwendeten Powerpoint-Präsentationen als auch Hinweise zu vertiefender Literatur zur Verfügung gestellt.

In einem Einführungsvideo und einer erklärenden E-Mail wurden die Studierenden auf das veränderte Konzept vorbereitet. Die Studierenden sollten sich selbstständig mithilfe der bereitgestellten Videos, Präsentationen und Literaturhinweise inhaltlich auf die erste Präsenzveranstaltung des Moduls vorbereiten. Die Präsenzveranstaltung selbst sollte dann zur Vertiefung bestimmter Themen, zur Klärung offener Fragen sowie für Übungsaufgaben und praktische Übungen zum jeweiligen Themenkomplex genutzt werden. Auf diese Weise sollte eine effizientere Nutzung der zur Verfügung stehenden Präsenzzeit erzielt werden. Dieses Vorgehen wurde auch auf die nachfolgenden Kapitel übertragen. Die Inhalte wurden jeweils in den Präsenzzeiten in einem »Aktivseminar« (vgl. Spannagel, 2013), in dem die Möglichkeit zur Diskussion und Klärung von Fragen bestand, und einem »Praktikum im Netzwerklabor« vertieft.

Die erste Version der erstellten Lernvideos wurde nach dem Prinzip der »Rapid Production« mit einem wenig professionellen Equipment erstellt, das im Wesentlichen aus einer Webcam auf einem Stativ, einem Tischmikrofon, einem Zeichentablet und einem PC zur Nachbearbeitung bestand. Die Aufnahme und Bearbeitung der Videos erfolgte über die Software Camtasia Studio. Die Dozentinnen und Dozenten wurden in den Videos an einem Tisch sitzend gezeigt, auf dem auch das Tischmikrofon platziert war. Es wurde darauf Wert gelegt, dass jeweils zwei Dozenten die Präsentation der Videos übernahmen, um auf diese Weise eine lebendige Diskussion zum jeweiligen Thema zu erzielen. Die Kamera war dabei während der Aufzeichnung statisch auf die Redner gerichtet, wodurch sich nur wenig Dynamik im Bild ergab und der Fokus auf die Präsentationsfolien gelegt wurde. Kleinere Versprecher oder ein Räuspern wurden im Sinne der »Rapid Production« toleriert und zogen keine Neuaufzeichnung der Videos nach sich.

12 Förderung des selbstgesteuerten Lernens

Insgesamt konnte bereits nach der ersten Iteration mit dem neuen Lehr-/Lernkonzept unter Einsatz der Lernvideos ein positives Fazit gezogen werden: 69 Prozent der Studierenden antworteten bei der Bewertung der neuen Lernmethode, dass sie das neue Konzept bevorzugten, während 31 Prozent das Modul lieber nach dem traditionellen Konzept vermittelt bekommen hätten. Das Selbststudium mit den Lernvideos wurde von 14 Prozent der Studierenden mit »sehr gut«, von 42 Prozent als »gut« und von 25 Prozent als »befriedigend« bewertet. In der ersten Iteration der Videos wurden vor allem die verbesserungswürdige Tonqualität und die wenig professionelle Videoqualität bemängelt. Im Endeffekt standen diese beiden technischen Aspekte jedoch in dieser Iteration noch nicht im Fokus – ganz im Sinne von »Rapid Production«. Vielmehr ging es um eine erste Erprobung des Konzepts. Die Semesterevaluation (Bewertung der Lehrenden sowie der Lernmethoden) wurde für die neuen Lernmethoden um Fragen zum neuen Konzept und zu den Lernvideos erweitert. So wird unter anderem gefragt, ob das neue Lehr-/Lernkonzept sinnvoll ist, wie das Konzept insgesamt bewertetet wird, wie man sich zwischen dem traditionellen und dem neuen Konzept entscheiden würde oder wie der Einsatz der Videos zum Zwecke des selbstgesteuerten Lernens bewertet wird.

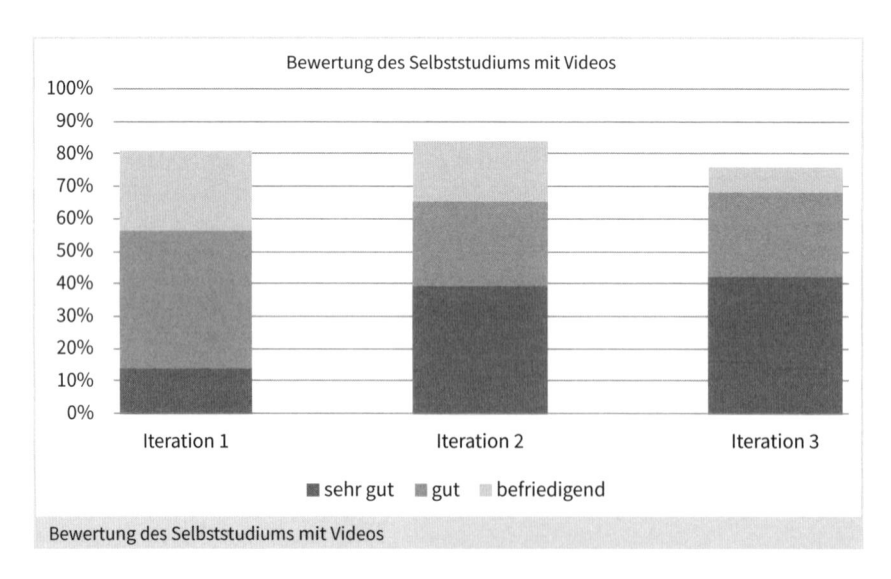

Bewertung des Selbststudiums mit Videos

Die Ergebnisse aus dieser Evaluation wurden als Verbesserungspotenzial mit in die zweite Iteration des neuen Lehr-/Lernkonzepts übernommen. Vor allem wünschten sich die Studierenden, dass die Videos künftig deutlich professioneller erstellt und nachbereitet werden sollten. Für diesen Zweck wurde in der Hochschule Weserbergland ein Videostudio in Form eines Greenrooms mit Schalloptimierung, Studiobeleuchtung und professionellem Video- und Ton-Equipment eingerichtet. Sämtliche bereits bestehende Videos wurden in dem neuen Studio erneut aufgezeichnet. Vor allem die Verbesserungen beim Ton waren durch die neue Ausstattung spürbar, jedoch

12.1 Nutzung von Lernvideos im Rahmen des »Flipped Classroom«

in dieser Phase noch nicht auf dem erhofften Niveau. Durch den Greenroom war es nun möglich, die beiden Dozenten frei im Raum stehend zu filmen und anschließend in das Video, das als Hauptbild die zugehörige Präsentation zeigte, hineinzuschneiden. Auf diese Weise wirkten die Redner deutlich aktiver und das gesamte Video dynamischer. Wie bei der ersten Iteration kamen in den meisten Videos beide Dozenten zum Einsatz, um die Diskussion lebendiger zu gestalten.

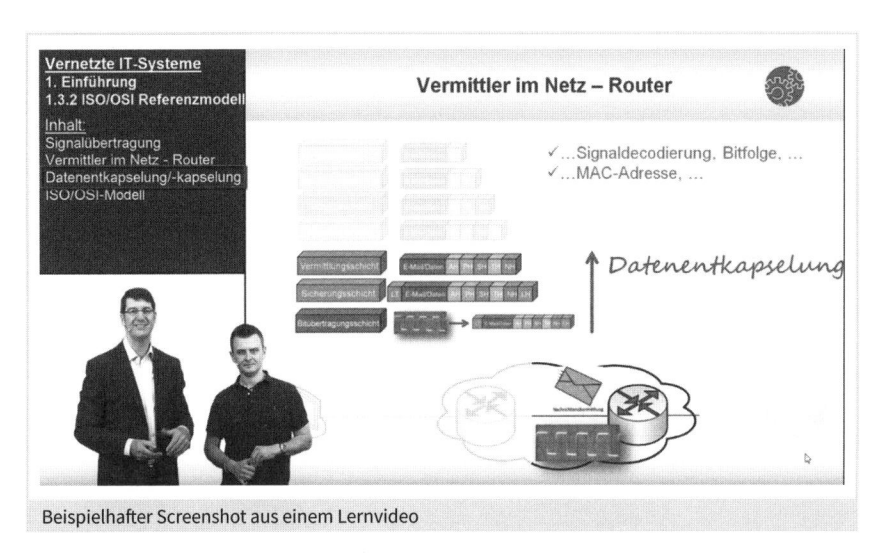

Beispielhafter Screenshot aus einem Lernvideo

Im Gegensatz zur ersten Phase wurde nun auf den Einsatz leerer Präsentationsfolien verzichtet. Es hatte sich herausgestellt, dass die Bedienung des Zeichentablets oftmals dazu führte, dass der Dozent entweder den Blick von der Kamera abwendete oder die Zeichnungen auf dem Tablet unsauber, schief und unleserlich wurden. Stattdessen wurde verstärkt auf Animationen in den PowerPoint-Präsentationen gesetzt, durch die zunächst fehlende Elemente eingeblendet oder per Schreibschrift (Segoe Script) auf Knopfdruck ergänzt wurden. Um die Inhalte der Folien möglichst synchron mit den Erklärungen der Dozenten und Dozentinnen zu gestalten, wurde im Studio ein großer mobiler Monitor installiert, auf dem während der Aufzeichnung die aktuelle Folie zu sehen war. Dieser Monitor wurde so hinter der Kamera positioniert, dass die Akteure ihren Blick nicht von der Kamera abwenden mussten, um sich an der Folie zu orientieren. Durch eine leichte Umstellung der Inhalte und teilweise auch eine Aufsplittung längerer Videos entstanden 44 neue Lernvideos.

In der aktuellen dritten Iteration (seit 2017) wurden erneut sämtliche Videos neu aufgezeichnet. Dabei kam ein abermals aktualisiertes Ton- und Videoequipment zum Einsatz, das vor allem zu einer deutlich besseren Tonqualität führte. Hierdurch liegen die Videonuggets nun in einer professionellen Fassung vor, die von der HSW auch öffentlich auf der Videoplattform YouTube bereitgestellt wurden und dort von jedem interessierten Nutzer abgerufen werden können. Zurzeit stehen in der zugehörigen Playlist 44 Videos zur Verfügung, die bislang ca. 175.000-mal aufgerufen wurden.[32] Am häufigsten wurden bisher die Themen »Einführung TCP/IP«, »ISO/OSI Referenzmodell« und »Organisatorisches« aufgerufen. Das letztgenannte Video behandelt dabei das didaktische Konzept des Moduls und erklärt den Teilnehmerinnen und Teilnehmern das selbstgesteuerte Lernen mit den Videos.

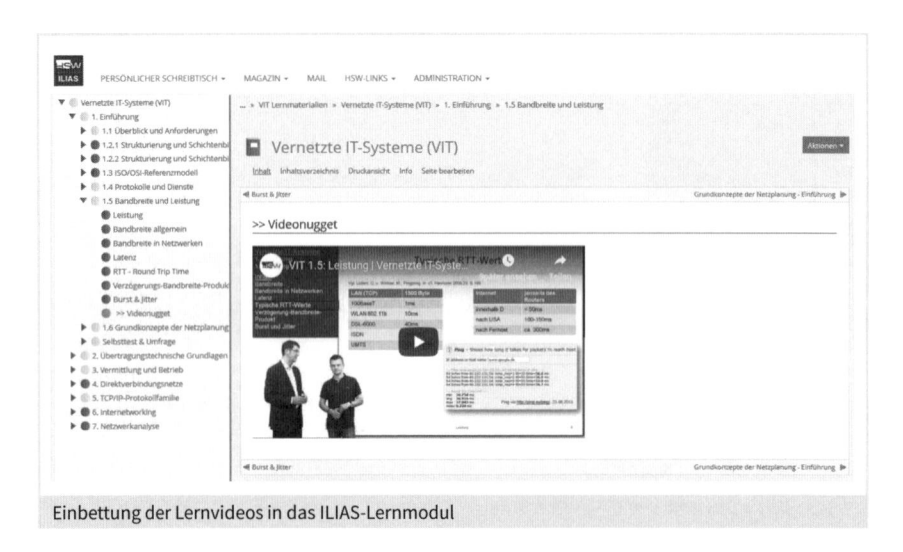

Einbettung der Lernvideos in das ILIAS-Lernmodul

Für den Einsatz im Studium werden die Videos im Rahmen eines Kurses im Lernmanagementsystem ILIAS der HSW bereitgestellt. Ebenso wie die Videos wurde auch die Gestaltung des Kurses seit der ersten Iteration des neuen Konzepts fortlaufend überarbeitet und auf der Basis der Ergebnisse aus den Evaluationen angepasst. In den früheren Fassungen enthielt der Kurs lediglich Präsentationen in Form von PowerPoint-Dateien, Übungsblätter mit den Transferaufgaben und die eingebetteten Videos. Für die aktuelle Fassung wurde stattdessen ein komplettes E-Learning-Modul erstellt, das von den Studierenden sequenziell – abgeleitet von der Semesterplanung – durchgearbeitet werden kann. Zudem können Lesezeichen gesetzt und persönliche Notizen hinterlassen werden. Parallel dazu können Fragen gestellt und Diskussionen unter den Studierenden oder auch mit den beteiligten Dozentinnen und Dozenten über verschiedene Foren oder per E-Mail angestoßen werden. Im Gegensatz zur bisherigen Bereitstellung konnten die Inhalte auf diese Weise mit interaktiven Elementen, weiterführenden Links und weiteren Themen angereichert werden. Die jeweiligen Lernvideos wurden an den entsprechenden Stellen in das Lernmodul eingebettet. Jedes Kapitel schließt nun mit einem integrierten Selbsttest ab. Mit diesen Maßnahmen

---

32   https://www.youtube.com/playlist?list=PLUmJBq0_Gyrj2Bgnx_MoL37oFTj3KlQpR

reagierte die HSW auf den oftmals von den Studierenden des Moduls in den Evaluationen vorgetragenen Wunsch, über die Videos und die Präsentationsfolien hinausgehende Inhalte zu bekommen.

12.2 Verknüpfung mit der Präsenzveranstaltung

Die Idee hinter der Einführung des »Flipped Classroom«-Konzepts bestand, wie eingangs erwähnt, darin, eine bessere und effektivere Nutzung der Präsenzveranstaltungen zu erreichen. Während sich die Studierenden mithilfe der Videos und Literaturempfehlungen selbstständig und selbstgesteuert die Inhalte des Moduls aneigneten, konnten die Präsenzveranstaltungen zur Inhaltsvertiefung, Diskussion und für praktische Übungen genutzt werden.

In Anlehnung an die Evaluationsergebnisse wurde auch der Aufbau dieser Präsenzveranstaltungen kontinuierlich an die Wünsche und die Kritik der Studierenden angepasst. Des Öfteren wurde von den Studierenden bemängelt, dass in den Präsenzveranstaltungen zu wenig auf bestimmte Inhalte der Videos eingegangen wurde. Aus diesem Grund enden die einzelnen Kapitel des Online-Moduls nun mit einer Umfrage, zu welchen Themen des jeweiligen Kapitels sich die Studierenden in der Präsenzveranstaltung eine Vertiefung wünschen. Die drei meistgewählten Themen aus jedem Kapitel werden dann von den Dozentinnen und Dozenten für die Präsenzveranstaltung aufgearbeitet und vertieft.

Die Präsenzveranstaltungen selbst wurden in der dritten Iteration des neuen Konzepts auch organisatorisch verändert. Um eine bessere zeitliche Taktung zu erzielen, wurden die bislang verstreuten Veranstaltungsteile nun zu acht jeweils sechsstündigen Blöcken zusammengefasst. Dabei stehen aus diesen sechs Stunden pro Veranstaltung jeweils ein Anteil für die Vertiefung der Inhalte aus den Videos und dem ILIAS-Lernmodul, ein Anteil für das Praktikum im Netzwerklabor und ein Anteil für die Bearbeitung der semesterbegleitenden Fallstudie zur Verfügung. Die Stundenverteilung auf die drei Bereiche ist in jeder Veranstaltung variabel und hängt von den Inhalten des jeweiligen Kapitels ab.

Der Leistungsnachweis besteht aus einer semesterbegleitenden Fallstudie mit einer abschließenden schriftlichen wissenschaftlichen Ausarbeitung und einem Testat in Form eines Online-Tests. Beide Ergebnisse zusammen ergeben die Abschlussnote, wobei die Fallstudie 70 Prozent und das Testat 30 Prozent Anteil an der Note ausmachen.

12.3 Fazit und Ausblick

Der Einsatz von Lernvideos im »Flipped Classroom«-Konzept des Grundlagenmoduls »Vernetzte IT-Systeme« an der Hochschule Weserbergland hat sich in den vergangenen Jahren bewährt. Sowohl für die Studierenden als auch für die Lehrenden und die Hochschule selbst ergeben sich verschiedene Vorteile. So haben die Studierenden einen zeit- und ortsunabhängigen Zugriff auf die Inhalte und können diese selbstgesteuert und selbstorganisiert erarbeiten. Aufgrund der Einteilung in kurze, themenbezogene Nuggets von nicht mehr als 15 Minuten Länge können sich die Studierenden die für sie interessanten Themen heraussuchen und aufgrund der aufmerksamkeitsoptimierten Kürze konzentriert ansehen. Die Lehrenden profitieren von der Nachhaltigkeit und Wiederverwertbarkeit der einmal erstellten Inhalte, die Hochschule von einem modernen und an die aktuellen Anforderungen angepassten Lehr-/Lernkonzept und gegebenenfalls auch von einer entsprechenden Außendarstellung für den Fall der Veröffentlichung.

Wie bei anderen Lehr-/Lernkonzepten auch kommt es beim Einsatz von Lernvideos darauf an, sie in ein stimmiges Gesamtkonzept einzubetten, das zudem einem kontinuierlichen Evaluations- und Verbesserungsprozess unterliegt. Aus diesem Grund lässt die HSW die gewonnenen Erkenntnisse, die sowohl auf den Erfahrungen der beteiligten Dozenten als auch auf den Semesterevaluationen der teilnehmenden Studierenden beruhen, stets in die Verbesserung des Konzepts einfließen. Bereits in den frühen Evaluationen zeigte sich, dass die Studierenden höhere Ansprüche an die Ton- und Bildqualität der Videos haben als zunächst vermutet. Um diese Qualität erreichen zu können, ist der Einsatz von hochwertigem Equipment für die Aufzeichnung notwendig. Da sich die Studierenden weniger an Versprechern, Räusperern und kleineren Hängern der Dozenten stören, kann weiterhin das »Rapid Recording« genutzt werden. Auch beim »Rapid Recording« ist der Aufwand für die Erstellung der Videos nicht zu vernachlässigen. Die durchschnittliche Zeit für die komplette Produktion von einer Minute Video betrug etwa zehn bis zwölf Minuten. Hinzu kommt die Zeit für das eventuell benötigte Rendering und den Upload der Videos auf die gewünschte Plattform. Beide Faktoren sind dabei stark abhängig von der zur Verfügung stehenden Infrastruktur, bestehend aus Rechenkapazität und Netzwerkanbindung. Während dieser zeitliche Aufwand zunächst hoch erscheinen mag, so ergibt sich langfristig der Vorteil, dass die Videos wiederverwendbar und daher sehr nachhaltig sind. Wenn die Videos öffentlich zur Verfügung gestellt werden, ist das für die Hochschule zudem eine gute Möglichkeit der Außendarstellung. In diesem Fall muss darauf geachtet werden, dass die verwendeten Präsentationen den OER-Richtlinien entsprechen.

Aus den Evaluationen zum Einsatz von Lernvideos an der HSW ging außerdem hervor, dass sich die Studierenden in den Präsenzveranstaltungen gerne eine Vertiefung und Diskussion der in den Videos behandelten Inhalte wünschen. Um dies möglichst zielgerichtet zu gestalten, empfiehlt sich der Einsatz von Umfragen, mit deren Hilfe die zu vertiefenden Inhalte der Videos ermittelt werden können. Videos allein reichen für die Wissensvermittlung mit dem Anspruch einer Vorlesung an einer Hochschule nicht aus. Die Vertiefung der Inhalte mithilfe praktischer Übungen im Netzwerklabor ist dabei ebenfalls ein wichtiger Baustein. Die Verwendung der Video-Nuggets im Rahmen eines »Flipped Classroom«-Konzepts hat sich hier als guter Ansatz erwiesen. Wichtig ist, dass die beteiligten Dozentinnen und Dozenten mit dem Konzept vertraut sind und dieses auch mittragen und leben. Für die stetige Weiterentwicklung dieses digitalen Lernkonzepts sollte es einem kontinuierlichen Verbesserungsprozess unterliegen, in den immer wieder auch die Rückmeldungen der Studierenden aus den Semesterevaluationen einfließen. Auf diese Weise können nicht nur die knappen Präsenzzeiten an der Hochschule effektiver genutzt werden, die Studierenden erhalten zudem – neben dem reinen Kompetenzerwerb im jeweiligen Modul – auch eine Möglichkeit des selbstgesteuerten und selbstorganisierten Lernens.

Allerdings eignet sich der Einsatz von Videos nicht uneingeschränkt für jedes Modul, vor allem nicht für solche, die einem hohen Grad an häufigen inhaltlichen Veränderungen aufweisen. Am besten eignen sich die Videos für Grundlagenmodule, deren Inhalte sich über einen längeren Zeitraum nicht stark verändern. Neben dem beschriebenen Bereich »Computernetzwerke« sind beispielsweise auch Themen wie »Mathematik« oder »Grundlagen der Informatik« denkbare Einsatzgebiete für Videos. Bei Veränderungen, neuen Entwicklungen oder Umgestaltungen der Modulinhalte können die bestehenden Videos durch weitere Clips ergänzt werden. Ebenfalls denkbar wäre bei Grundlagenthemen auch der Einsatz von Vorlesungsaufzeichnungen, bei denen jedoch neue Anforderungen an die Technik gestellt werden – vor allem das Sicherstellen einer guten Tonqualität ist eine große Herausforderung.

Aufgrund der guten Erfahrungen, die die HSW mit dem Einsatz von Lernvideos im Modul »Vernetzte IT-Systeme« gemacht hat, ist für die Zukunft eine Ausweitung dieses Angebots auch auf andere Module geplant. Im Fokus stehen dabei zunächst weitere Grundlagenmodule wie beispielsweise »Mathematik« oder »Grundlagen der Informatik«. Speziell bei diesen beiden Modulen ließen sich Lernvideos auch zu einem leicht veränderten Zweck einsetzen. So existieren bei den Studierenden in diesen Bereichen erfahrungsgemäß diverse Unterschiede im Vorwissen, die durch die Bereitstellung von Lernvideos inklusive passender Selbsttests im Vorfeld der eigentlichen Präsenzveranstaltung ein Stück weit ausgeglichen werden können.

Literatur

Baker, J. W. (2000): The classroom flip. Using web course management tools to become the guide on the side. In: Chambers J. A. (Hg.). Selected papers from the 11th International Conference on College Teaching and Learning. Jacksonville, Florida, S. 9–17

Loviscach, J. (2013): Videoerstellung für und Erfahrungen mit dem ICM. In: Handke, J.; Sperl, A. (Hg.). Das Inverted Classroom Model – Begleitband zur ersten deutschen ICM-Konferenz. München: Oldenbourg, S. 25–37

Spannagel, C.; Spannagel, J. (2013): Designing In-Class Activities in the Inverted Classroom Model. In: Handke, J. et al. (Hg.). The Inverted Classroom Model. The 2nd German ICM-Conference. München: Oldenbourg, S. 113–121

13 VIA4all – inklusive berufliche Bildung 4.0 unter Nutzung digitaler Lernmedien

Stefan Wagner-Vandamme

Das vom Bundesministerium für Bildung und Forschung geförderte Projekt »VIA4all« bestand vom 01.01.2015 bis zum 31.12.2017 und wurde mit drei Projektpartnern und einer koordinierenden Universität durchgeführt. »VIA4all« bedeutet wörtlich: »video interactive augmented for all«. Bei der Methode VIA4all werden Arbeitsprozesse als Videos abgebildet und mit zusätzlichen Informationen angereichert, d.h. wichtige Aspekte im Kontext hinzugefügt.

In den folgenden Praxisbericht fließen in erster Linie meine Erfahrungen aus einer »Werkstatt für behinderte Menschen« (WfbM) ein – der Aufbau der Lernszenarien der WfbM unterscheidet sich von denen der anderen Partner.

13.1 Verortung

Die Kooperationspartner sind Einrichtungen der beruflichen Qualifizierung und die koordinierende Technische Universität Dortmund (TU) – Fakultät Rehabilitationswissenschaften und Rehabilitationstechnologien in den Forschungsschwerpunkten Berufspädagogik und berufliche Rehabilitation –, die dieses inklusive Ausbildungskonzept für eine heterogene Gruppe initiierte.

Die Klientel der Praxispartner umfasst sowohl Menschen mit als auch ohne Handicap. Deshalb wurde ein Teilprojekt bei der Hannoversche Werkstätten gem. GmbH verortet, einer Einrichtung für berufliche und soziale Teilhabe (Werkstatt für behinderte Menschen).

Im Rahmen des Projekts »VIA4all« war ich hier für den Berufszweig Hauswirtschaft zuständig. Es wurden acht Lernvideos (VIAs) gedreht und entsprechende Lernszenarien entwickelt.

Der Projektpartner Ausbildung und Service gGmbH Mariaberg e.V. bietet Dienstleistungen für überwiegend junge Menschen mit Behinderungen und sozialen Benachteiligungen an. Er war für die Berufszweige Landschafts- und Gartenbau sowie Metalltechnik mit je vier VIAs zuständig.

Der dritte Projektpartner, ein sozialer Berufshilfebetrieb – Grünbau GmbH mit den Betriebsteilen Arbeitsmarktdienstleistungen und Jugendhilfe in der Stadterneuerung

– drehte für den Berufszweig Bau mit Haupt- und Nebengewerbe ebenfalls acht VIAs (weitere Informationen zu den Kooperationspartnern unter http://via4all.de/).

13.2 Ausgangslage

Im Rahmen der beruflichen Bildung der WfbM wird im Berufsfeld Hauswirtschaft u. a. anhand von zertifizierten Qualifizierungsbausteinen gearbeitet. Dazu wurden in der Regionalen Arbeitsgemeinschaft der Werkstätten für den Bereich Hauswirtschaft (RAG WfbM) Unterrichtsmaterialien entwickelt. Die gewählten Methoden des Lernens bestehen aus

- der Leittextmethode (Anleitung durch schriftliche Unterlagen),
- der Vier-Stufen-Methode (Vorbereiten, Vormachen, Nachmachen, selbstständig anwenden),
- dem gemeinsamen Erarbeiten in der Gruppe und
- der Projektmethode (selbstständiges Erarbeiten einer Aufgabe).

VIA4all sollte hierfür eine weitere Methode werden.

Die Praxis zeigte für mich deutlich, dass die Lernkanäle der jungen Teilnehmenden jenseits des Frontalunterrichts liegen. In der Regel mussten Teilnehmende auf ihrem Spaßsektor eingefangen, abgeholt und motiviert werden – dazu gehören eindeutig digitale Medien. Viele Teilnehmende machen in den Pausen vom Internetcafé oder ihrem eigenen internetfähigen Ausgabegeräten Gebrauch. Die Affinität zu den Geräten mit Touchoberflächen war selbst in den Gruppen erkennbar, in denen die Teilnehmenden hauptsächlich arbeitsplatz- und tätigkeitsorientiert[33] begleitet wurden. Auch nutzten die Teilnehmenden ganz intuitiv und unbeschwert die Handlungspläne zum Erstellen eines Werkstücks, welche vorher in einer App gemeinsam vorbereitet wurden.

Diese Beobachtung war der Anstoß zur aktiven Beschäftigung mit dem Thema »Digitale Medien in der beruflichen Bildung«. Durch eine Ausschreibung der TU Dortmund konnte sich die WfbM an einem Projekt beteiligen.

13.3 Projektbeschreibung

Die TU Dortmund kreierte ein webbasiertes Portal auf dem Lernmanagementsystem Moodle, einer Lernplattform, die kostenfrei Lerninhalte bereitstellt und Lernvorgänge organisiert. Die Lernvideos werden per Touchscreen aufgerufen und bieten viele interaktive Möglichkeiten. Sie sind in ein Lernszenario (eine kontextbezogene

---

33 Erläuterungen zur Binnendifferenzierung siehe unter https://www.bagwfbm.de/page/bildung_hBRP

Lernumgebung mit weiteren Lerninhalten, Wissenstests, Austauschmöglichkeiten, Links etc.) eingebunden und können von Menschen mit und ohne Handicap genutzt werden. Die Videos sind in jeder Stufe der Binnendifferenzierung (eine festgelegte Eingruppierung nach kognitiven und körperlichen Fähigkeiten zu einem Ausbildungsrahmenplan) nutzbar. Für die höchste Stufe der Binnendifferenzierung »Berufsbildorientiert« gelten die Kriterien der Vollausbildung. Durch die Einbindung der Videos in ein Lernszenario entsteht ein ganzheitliches, umfangreiches Medium, das die Lernenden in ihrem Lernprozess unterstützt und durch den personalisierten Login mit orts- und zeitungebundenem Zugang lebenslanges Lernen ermöglicht.

Das Besondere in diesem Projekt war der Erstellungsprozess der VIAs. Es wurden nicht nur fachlich korrekte Aufnahmen für die Lernvideos, sondern auch Aufnahmen mit einem mobilen Eye Tracker erstellt. Diese Aufnahmen zeichneten Blickbewegungen auf, sodass durch die nachgeschaltete Analyse z. B. schwierige oder aufmerksamkeitsrelevante Arbeitsprozesse identifiziert werden konnten. Hier spielte beispielsweise die Länge der Aufmerksamkeit auf eine Handlung oder eine routinierte Handlung ohne Blickverfolgung (z. B. das Schalten beim Fahren eines Fahrzeugs, ohne hinzusehen) für die Ausübung einer Tätigkeit eine wichtige Rolle. Dafür wurden Experten und Lernende während der Ausführung der gleichen Tätigkeit aufgenommen. Bei der anschließenden didaktischen Aufbereitung und Informationsanreicherung der Lernvideos wurde auf diese Vergleichspunkte, die sich in erster Linie aus großen Abweichungen in der Ausführung der Tätigkeit ergaben, ein besonderer Schwerpunkt gelegt.

> **Beispiel**
>
> In einem Lernvideo, in dem Aufbau und Einstellung einer Bügelstation erklärt wird (ein Aufgabenbereich der Lernenden ist, für ein Bistro zu bügeln), taucht beispielsweise bei der Aufnahme der Hände des Experten ein Hinweis zur richtigen Bedienreihenfolge oder aber auch zur Arbeitssicherheit auf. In den Trackingaufnahmen der Lernenden hatte sich nämlich im Vorfeld gezeigt, dass Handlungsabläufe nicht richtig ausgeführt wurden oder dass die Aufmerksamkeit der Lernenden bei einer Handlung einem nicht relevanten Punkt zugewandt war.

13.4 Aufbau VIA4all

13.4.1 Barrierefreiheit

Die Inhalte der VIAs sowie die gesamte Nutzeroberfläche VIA4all wurden weitestgehend didaktisch und technisch barrierefrei gestaltet. Im Bereich Hauswirtschaft wurden die Lerninhalte zusätzlich zu den Grundvideos visuell und auditiv unterstützt. In einem

Wörterbuch werden zudem Fachbegriffe in einfacher Sprache erklärt. Außerdem wurden bekannte Grafiken eingesetzt und die Farbkontraste ausreichend angepasst.

13.4.2 Lernvideo

Das VIA ist immer entlang einer vollständigen Handlung (Arbeitsprozess) aufgebaut. Diese wurde in einem Storyboard festgehalten. Im Laufe des Projekts wurden die VIAs vermehrt aus der Ich-Perspektive gefilmt. Damit kann der Lernende den Prozess »mit den Augen der Experten«, also aus deren Perspektive, verfolgen.

Ausgehend von den Anforderungen eines Qualifizierungsbausteins umfasst das VIA Informationen zu
- Sicherheit und Gesundheitsschutz bei der Arbeit,
- Hygiene,
- Umweltschutz,
- Arbeitsorganisation sowie
- Einsatz und Pflege von Maschinen, Geräten und Gebrauchsgütern und
- den fachlichen Anforderungen.

Per VIA können auch nur strukturierten Teilarbeiten angeschaut werden. Hintergrundinformationen werden in einer zweiten Ebene abgebildet. Diese Ebene erreicht der Lernende über zwei verschiedene Hinweisbuttons – den Informationsbutton und den Gefahrenbutton.

13.4.3 Das VIA

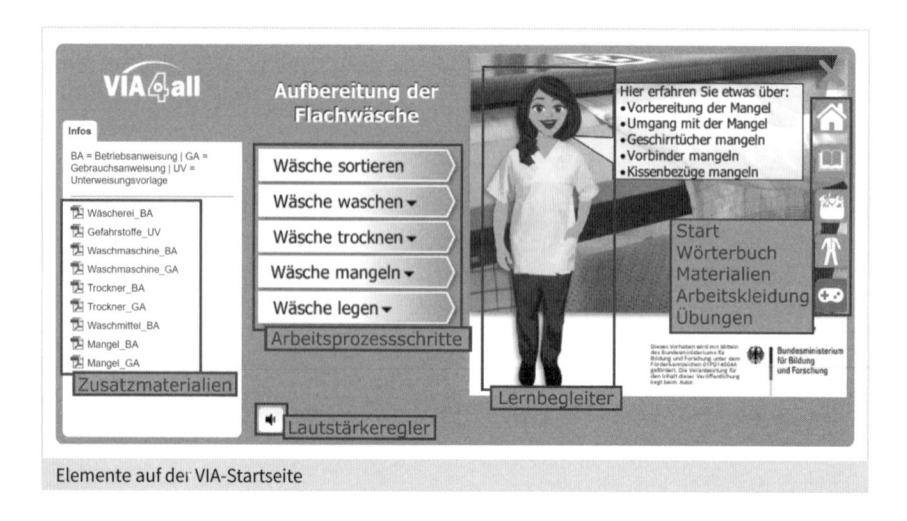

Elemente auf der VIA-Startseite

Über ein Drop-down-Menü gelangt der Teilnehmer in den separierten Arbeitsschritt. Während des Betrachtens tauchen Hinweis-Buttons auf. Wird der Button angeklickt, stoppt der Film. Es erscheint die Zusatzinformation auf dem Bildschirm. Erst nach Beenden der Zusatzinformation wird der Film fortgesetzt. Somit kann der Teilnehmende eigenständig seinen Lernstoff und sein Lerntempo bestimmen.

Außerdem wurden gängige betriebsinterne (binnendifferenziert angepasste) Materialien zusammengetragen. Ein Lernbegleiter weist auf weitere Optionen mit Text und Ton hin. Ein Wörterbuch ist direkt oder über die Kontexthilfe erreichbar. Ein Lautstärkeregler sorgt für die individuelle Anpassung der Audioausgabe. Das VIA kann über die Steuerungsleiste gestoppt, »vorgespult« und »zurückgespult« werden.

Elemente im VIA

13 VIA4all – inklusive berufliche Bildung 4.0 unter Nutzung digitaler Lernmedien

13.4.4 Struktur der Lernszenarien

Die Startseite

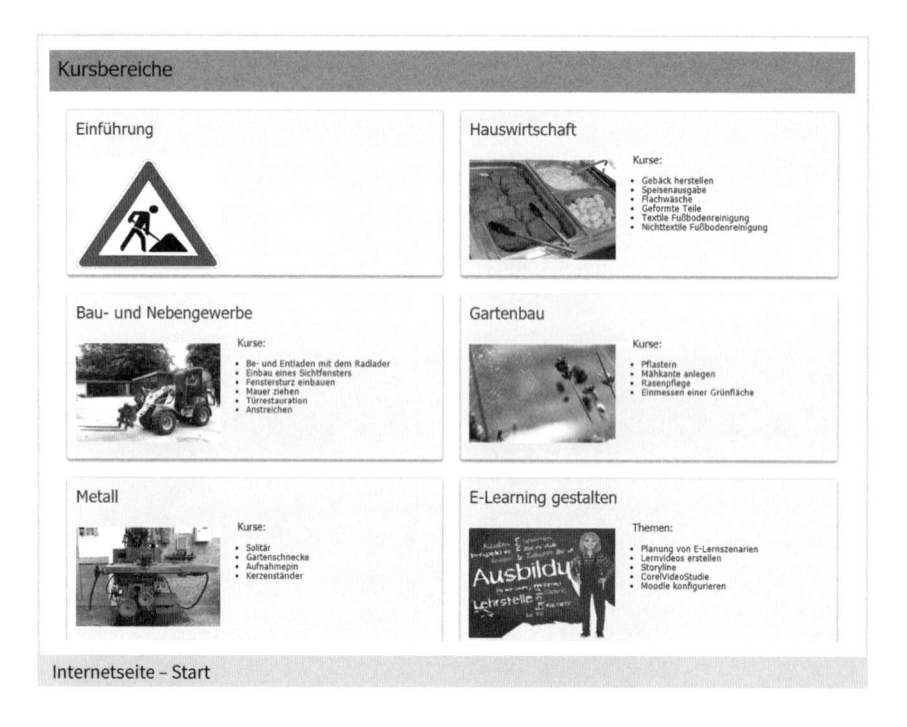

Internetseite – Start

Das Design des Layouts reagiert auf verschiedene Endgeräte (responsives Design) und passt sich an Tablets, Smartphones, Touch-Monitore und PCs an.

Login
Die Oberfläche konnte gemäß den Bedürfnissen der Teilnehmenden gestaltet und mit einem adäquaten Login ausgestattet werden – wahlweise per Mustererkennung oder per Zahleneingabe. Die persönliche Registrierung erfolgt über die jeweilige Einrichtung und unterliegt dem Datenschutzgesetz.[34]

---

34 Siehe Datenschutzerklärung auf https://moodle.via4all.de/

Mustererkennung als Login

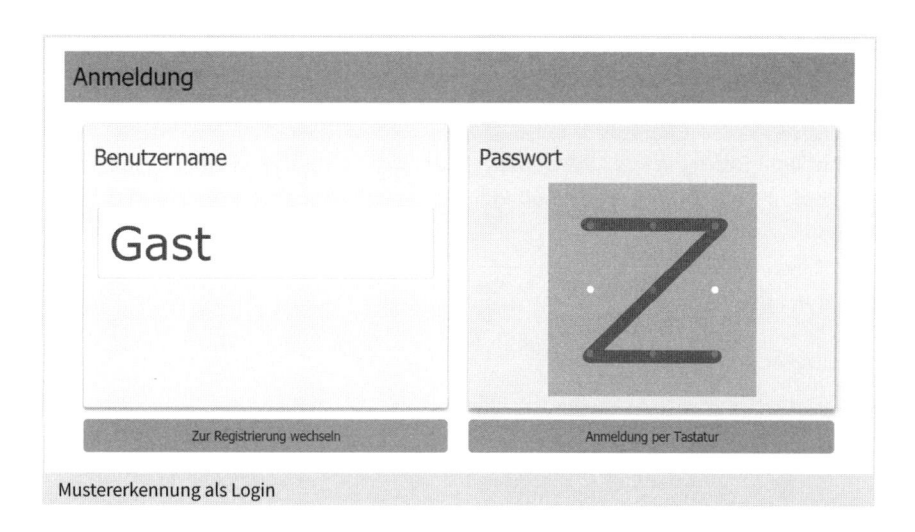

Persönliche Startseite

Individuelle Übersicht über die freigegebenen VIAs

Nach der Anmeldung erhält der Teilnehmende einen Überblick über die für ihn freigegebenen VIAs:

Eine Kopfzeile ermöglicht jederzeit die Navigation zur Startseite und zu den eigenen Einstellungen. Auch ein asynchroner Chat ist hier möglich.

Das Lernszenario
Jedes Szenario ist dreiteilig aufgebaut. Im oberen Drittel steht eine Kurzbeschreibung mit Inhalten, die Teilnehmende lernen können. Zusätzlich kann durch die Nutzung von

Piktogrammen und der Vorlesefunktionen für die Hauswirtschaft ein breites Spektrum von Teilnehmenden erreicht werden.

Im mittleren Bereich ist das VIA platziert, das sich beim Klicken in einem separaten Player öffnet. Im unteren Drittel befinden sich verschiedene Optionen. Immer gleich angeordnet sind:
- Arbeitsaufträge und -berichte
- interaktive Übungen
- weiterführende Informationen zum Kurs mit Druckvorlagen und entsprechende Links
- Austausch mit einem virtuellen Klassenzimmer, einem Blog oder Wiki

13.5 Einsatz in der Praxis

13.5.1 Implementierung

Vor der Einführung von VIA4all musste erst einmal eine Reihe von Rahmenbedingungen geschaffen werden. Im Praxisalltag erwies sich die Umsetzung als komplexe Herausforderung. Die Beteiligung der Fachkräfte mit ihrem Expertenwissen war für die praktische Umsetzung genauso bedeutend wie für die inhaltliche Entwicklung der VIAs. Denn erst die Experten vermittelten in der Einrichtung den Mehrwert des Projekts. Dadurch stellte sich auch in der Einrichtung die Akzeptanz gegenüber dem Projekt ein. Unterstützt wurde dies durch die begleitenden Schulungen der TU Dortmund. Der Praxiseinsatz wurde durch das von der TU Dortmund neu zur Verfügung gestellte technische Equipment – unter anderem Tablets und Computer mit Touch-Oberflächen – optimiert. Da die technische Infrastruktur der einzelnen Projektpartner keine oder nur wenige PC-Arbeitsplätze und Tablets für Teilnehmende bereitstellen konnte, war die Leihgabe der entsprechenden Geräte notwendig. E-Learning wurde bislang bei den Projektpartnern selten genutzt und das Internet war – bedingt durch die hohen Sicherheitsbestimmungen in sozialen Einrichtungen – nur schwer zu erreichen. Um überhaupt erstmals ein WLAN nutzen zu können, insbesondere mit einer akzeptablen Qualität in Bezug auf Bandbreite und Geschwindigkeit, wurden Access Points eingerichtet. Auch Zugänge für notwendige Serverzugriffe wurden freigestellt. Die Fachkräfte mussten zudem vorrangig erforderliche methodische und digitale Kompetenzen im eigenen Umgang mit E-Learning aufbauen – ihnen war z. B. die Nutzung von und die Teilnahme an Videokonferenzen bislang unbekannt.

13.5.2 Erprobungen

Die einzelnen VIAs wurden in den jeweiligen Einrichtungen kontinuierlich erprobt. Durch die Universität wurde dafür ein Verfahren erarbeitet, das die Akzeptanz und

Bedienbarkeit der VIAs testete: Die Teilnehmenden sahen sich die Videos in Kombination mit Arbeitsaufträgen und Übungen an. Dabei wurde beobachtet, wie sie während der Bearbeitung navigieren, Inhalte filtern und welche Fragen sie stellen.

Anschließend wurden sie befragt, ob Texte, Bilder, Videos und Audios verständlich waren, ob die Teilnehmenden die Fachinhalte verstanden haben, ob sie gut navigieren sowie ob sie das Lerntempo und die Reihenfolge beeinflussen konnten. Es wurde auch nach der Akzeptanz – also ob sie Spaß an den Inhalten hatten – der zukünftigen Nutzung und nach Verbesserungsvorschlägen gefragt.

Die TU Dortmund wertete die Beobachtungsergebnisse aus. Es zeigte sich deutlich, dass die Anmeldung sowie die Nutzung der Infobuttons den Teilnehmenden keine Schwierigkeiten bereiteten. Das kontextbezogene Wörterbuch wurde hingegen eher selten benutzt. Die Bearbeitungszeiten und die Intensität der Bearbeitung einer Aufgabe waren sehr unterschiedlich. Die Akzeptanz der Teilnehmenden war generell hoch. Selbst vereinzelte anfängliche Widerstände legten sich, nachdem Sicherheit im Umgang mit dem Medium aufgebaut und die Sinnhaftigkeit erkannt worden war.

Die TU Dortmund stellte fest, dass die Teilnehmenden im Umgang mit Android-Geräten vertrauter waren als mit iOS-Geräten. Dort gab es Bedienungsschwierigkeiten.

Ein positiver Effekt: Das Lernen veränderte sich ganz selbstverständlich. Die Fachkräfte wechselten unkompliziert von der Rolle des Lehrenden in die Rolle des Lernbegleiters. Und die Teilnehmenden fanden sich ebenso schnell in das selbstgesteuerte Lernen ein.

Bei der Befragung äußerten die Teilnehmenden den Wunsch, eine Einweisung in die Navigation mit den verschiedenen Ausgabegeräten zu erhalten. Das flexible und individuelle Lernen nahmen sie positiv wahr, da die Art des Lernens auf mobilen Geräten wesentlich mehr Spaß machte und die Teilnehmenden aktiver dabei waren. Den vermittelten Inhalt bewerteten sie als effektiv und kompakt. Die Lernenden waren der Meinung, dass sie das Gelernte im Arbeitsalltag umsetzen könnten. Zusammenfassend bewerteten sie Via4all als unterstützendes und ergänzendes Medium positiv.

13.5.3 Praktikabilität – Einsatzmöglichkeiten im Arbeitsalltag

Da das Konzept als webbasiertes Angebot konstruiert wurde, ist die Nutzung von VIA4all jederzeit und überall möglich. Dies kann während der Arbeitszeit am Arbeitsort, in der Berufsschule, im Praktikumsbetrieb, bei Unterweisungen, zu Hause oder auch in der Straßenbahn sein. Durch einen persönlichen Zugang gelangen die Nutzer auf eine für sie zugeschnittene Oberfläche.

Im Alltag der WfbM bewährte es sich, die Oberfläche auf die individuell genutzten VIAs zu begrenzen, auch um eine Reizüberflutung zu verhindern. Nach Einweisung in den Umgang mit dem Login und der Navigation bekommen die Teilnehmenden auf sie abgestimmte Instruktionen: In der Hauswirtschaft bekamen sie zum Beispiel den konkreten Auftrag, einen Rührkuchen herzustellen. Durch die einfachen Instruktionen konnten sich die Teilnehmenden den Prozess der Herstellung selbst, im Team oder in Begleitung der Fachkraft erarbeiten. Das Tablet wird somit bei Bedarf auch direkt am Arbeitsplatz beim Arbeitsprozess genutzt und nicht nur für die Vorbereitung des Arbeitsprozesses.

Aber auch im Berufsschulunterricht oder im Theorieunterricht zum Qualifizierungsbaustein wird VIA4all bereichernd eingesetzt. Im Bereich Hauswirtschaft habe ich in verschiedenen Settings (Einzel-, Partner- und Gruppenarbeit) eine durchweg positive Resonanz zu den einzelnen Lernszenarien erhalten.

Auch eineinhalb Jahre nach Abschluss des Projekts wird in der Hauswirtschaft durchgehend mit dem Medium gearbeitet. Die Teilnehmenden nutzen das Angebot sehr unterschiedlich. Einige möchten sich Fertigkeiten und Kenntnisse anhand der VIAs selbst erarbeiten. Teilnehmende aus dem Formenkreis der Autismus-Spektrum-Störung ziehen VIA4all einer persönlichen Arbeitsanleitung vor und können sich somit barrierefrei berufliche Inhalte aneignen.

Besonders beliebt sind die spielerischen Übungen zur Wissensüberprüfung, die sowohl einzeln als auch in Gruppen durchgeführt werden können. Durch den spielerische Umgang mit dem Fachwissen vertiefen die Teilnehmenden nicht nur ihre Kenntnisse, sondern entdecken auch den Spaß am Lernen (wieder). Eine neue Gruppendynamik entwickelt sich.

Weitere Anwendungserfahrungen sind, dass gelerntes Halbwissen korrigiert und vervollständigt wird. Zum Beispiel wurden Hintergrundinformationen transparenter wie Wartungsarbeiten an einer Waschmaschine (wann und wie muss das Sieb oder das Einspülfach gereinigt werden). Die Teilnehmenden übernahmen vermehrt Verantwortung und wurden in der Ausführung ihrer Tätigkeiten durch die Hilfe des Videos selbstsicherer: »Ich kann das schon, das war doch im Video«, waren dabei positive Rückmeldungen der Teilnehmenden.

Alle Teilnehmenden in der Hauswirtschaft bekommen die Möglichkeit, sich über dieses Medium umfangreiches Wissen anzueignen. Aufgrund ihrer fachlichen Tiefe können die Videos nicht nur von Menschen mit Handicap, sondern auch von Fachkräften der jeweiligen Bereiche genutzt werden. So können Fachkräfte, die u. a. zu Vertretungszwecken einen Bereich übernehmen, den Standard halten. In der Hauswirtschaft werden auch Lernende von Berufsfachschulen (Ergotherapie, Heil- und Erziehungspflege) oder Bundesfreiwilligendienstleistende eingesetzt. Hier können die betreffenden Personen ebenfalls durch gezieltes Nutzen von VIA4all fachliche Informationen in ihr Behandlungskonzept und in den Berufsalltag übernehmen.

Die anderen Verbundpartner heben hervor, dass die Vorbereitung für Führerscheine zum Bedienen von Baufahrzeugen und der Einsatz der Überprüfungsfragen für das Bestehen einer Erfolgskontrolle gut angenommen werden. Im Rahmen der Regionalen Arbeitsgemeinschaft der Werkstätten für die Entwicklung von Qualifizierungsbausteinen in der Hauswirtschaft (RAG WfbM QB) soll auch der allgemeine Teil der theoretischen Fragen zu den Erfolgskontrollen von Qualifizierungsbausteinen, einer Teilqualifizierung aus dem Vollausbildungsrahmenplan, auf der Plattform VIA4all eingebettet werden. Eine Testphase mit weiteren fünf Einrichtungen wurde dazu bereits eingeleitet.

Im Praxisalltag zeigte sich im letzten Jahr deutlich, dass der Einsatz bestimmter VIA4all-Elemente in der WfbM keine Rolle spielte. Dazu gehörte z. B. das virtuelle Klassenzimmer, eine spezielle E-Learning-Form, bei der sich mehrere Personen an unterschiedlichen Standorten zeitgleich einloggen und an einem bestimmten Thema arbeiten oder unterrichtet werden. Hier ist die zeitliche und infrastrukurelle Organisation zu aufwendig. Auch wurden nie Fragen nach Mahara, eine Präsentationsmöglichkeit der eigenen Leistungen, oder nach einem Chat-Forum formuliert. Der asynchrone, zeitversetzte Austausch über Nachrichtenversand und der synchrone Austausch im virtuellen Klassenzimmer wurde seitens der Lehrenden und Lernenden aus Zeitgründen also nicht genutzt.

Die umfangreiche Vorbereitung der Features »Arbeitsaufträge« und »Berichtswesen« führte ebenso zu deren geringer Benutzung.

Die beteiligten Fachkräfte in der WfbM setzen an den Arbeits- und Lehrplätzen oft das Tablet oder den fahrbaren Touchmonitor ein. Die Begründung der Fachkräfte: »Hier ist alles drin, was man braucht. Dadurch kann ich mir die anderen Bücher, Kopien und Informationsblätter sparen. Und es macht sogar noch Spaß, die Teilnehmenden beim Lernen zu begleiten. In den Zeiten, in denen die Teilnehmenden selbstständig lernen, habe ich Zeit für andere Dinge: Dokumentation, individuelle 1 : 1-Betreuung oder anderes.«

Über die Zusammenarbeit in der RAG WfbM QB bekam ich die Rückmeldung, dass die Inhalte auch in den anderen Einrichtungen nutzbar sind. Zwar sind einige Unterschiede vorhanden, jedoch können die VIAs gut dazu verwendet werden, um genau diese Punkte zu thematisieren und zu besprechen. Die Basics sind jedoch identisch und können auch in anderen Einrichtungen zu Unterrichtszwecken eingesetzt werden.

Nach Aussagen der Teilnehmenden sehen sich nur die wenigsten zu Hause oder außerhalb der Arbeitszeit die Lernvideos an. Einige beteuerten, wenn die Erfolgskontrolle zum Qualifizierungsbaustein anstehe, würden sie sich zu Hause mithilfe der Videos vorbereiten.

Über verschiedene Präsentationen auf internen und externen Veranstaltungen gab es Rückmeldungen (auch vom Bildungsausschuss der IHK), dass das entwickelte System durchaus Potenzial für den Transfer in die reguläre Ausbildung hat.

Interessierte Gastronomiebetriebe fanden es für ihre Auszubildenden ebenfalls interessant. VIA4all könnte zum Beispiel als Medium für die Umsetzung der Unterweisungspflicht eingesetzt werden. Die Wissensüberprüfungen dazu könnten die Nachweispflicht unterstützen.

13.6 Auszeichnungen

Das Projekt erhielt 2017 den »exzellent-Preis« im Bereich Kooperation der BAG WfbM. Die Bundesministerin Frau Prof. Dr. Wanka zeichnete VIA4all als Projekt des Monats 04/2017 aus.

13.7 Danksagung

Für die vielen tollen Erfahrungen möchte ich mich herzlich bei der TU Dortmund bedanken, insbesondere bei Martina Kunzendorf, Denise Materna und Miriam Padberg. Den Hannoversche Werkstätten gem. GmbH möchte ich für die Einstellung als Projektkoordinator danken. Den Kollegen in der Werkstatt sei Dank für die tatkräftige Unterstützung in der Umsetzung. Außerdem möchte ich mich für die freundliche Genehmigung von A. Kitzinger (metacom) für das Benutzen ihrer Piktogramme bedanken.

Quellen und Hinweise
Abb. 1 bis Abb. 5: Screenshots von http://moodle.via4all.de/ (16.03.2019)
Abb. 1, 2 und 4 Bearbeitung Stefan Wagner-Vandamme

14 Auszubildende digital für das Thema Gesundheit begeistern

Bastian Schmidtbleicher und Marina Kühnpast

Bereits vor dem Eintritt der Generation Z in den Arbeitsmarkt begann sich der Arbeitgebermarkt in einen Arbeitnehmermarkt zu wandeln. Damit ist auch der »War for Talents« weiter vorangeschritten. Unternehmen sehen sich zunehmend dem Druck ausgesetzt, diesen »Krieg« zumindest in einigen Bereichen zu gewinnen, um die Wettbewerbsfähigkeit weiter halten bzw. ausbauen zu können.

Marketingabteilungen und HR-Bereiche vernetzen sich zunehmend, um die Bildung der Arbeitgebermarke als Teil der Unternehmensmarke positiv zu gestalten und die richtigen Stakeholder – in diesem Fall potenzielle Auszubildende – für sich zu gewinnen. Ziel ist hier die Gestaltung eines generationenspezifischen Employer Branding, das u.a. die Werte eines Unternehmens authentisch kommuniziert. Passen diese Werte zu den Ansprüchen, die die Generation Z an ihren zukünftigen Arbeitgeber stellt, ist ein weiterer Schritt zu einem neuen Arbeitsverhältnis geschafft.

Junge Arbeitnehmerinnen und Arbeitnehmer legen Wert auf eine kollegiale Arbeitsatmosphäre, hohe Arbeitsplatzsicherheit und ausreichend Weiterbildungsmöglichkeiten (Jansen, 2018). Weiterhin stehen für sie die Vereinbarkeit von Beruf und Familie sowie eine klare Trennung von »Work« und »Life« im Vordergrund. »Me, myself and I« – so wird diese Generation im Arbeitskontext mit ihrer Fokussierung auf das Individuum oft beschrieben. Flexibilität, Autonomie und Weiterbildungsmöglichkeiten nehmen einen hohen Stellenwert ein. Aspekte wie Nachhaltigkeit, sich für andere einzusetzen und die Erledigung (subjektiv wahrgenommen) sinnvoller Aufgaben sind jedoch ebenso entscheidungsrelevante Pro- oder Contra-Faktoren für einen Arbeitgeber.

14.1 Betriebliches Gesundheitsmanagement

Vor diesem Hintergrund gewinnt die Investition in die jüngsten Arbeitnehmerinnen und Arbeitnehmer für Unternehmen eine immer größere Bedeutung. Sie müssen, um die Generation Z für sich zu gewinnen, für Werte, wie z.B. Nachhaltigkeit, Transparenz, Förderung, Weiterbildungen und Vereinbarkeit von Beruf und Familie, stehen. Der Arbeitgeber soll nicht Teil des Privatlebens werden wollen, jedoch seinen Mitarbeitern während der Arbeitszeit ein angenehmes Arbeitsumfeld mit möglichst vielen Benefits bieten, die sich jenseits materieller Güter bewegen.

Einen Beitrag hierzu kann das Betriebliche Gesundheitsmanagement (BGM) bieten, das in eine nachhaltige Unternehmensstrategie integriert ist. Bietet der Arbeitgeber ein möglichst gesundheitsförderliches Arbeitsumfeld und gewährt er seinen Mitarbeiterinnen und Mitarbeitern einen umfangreichen Zugang hierzu, kann die Arbeitgebermarke unter dem Label »Gesundheit« weiter positiv beeinflusst werden (Employer Branding).

Betriebliches Gesundheitsmanagement kann dabei als Entwicklung und Steuerung möglichst individueller Strukturen und Prozesse zur gesundheitsförderlichen Gestaltung von Arbeit, Organisation und Arbeitsplatz betrachtet werden. Es verfolgt natürlich nicht nur das Ziel, die Arbeitgeberattraktivität zu steigern, sondern auch, die Gesundheit der Mitarbeiterinnen und Mitarbeiter sicherzustellen. Auszubildende sind hier eine besondere Zielgruppe. Die positive Beeinflussung ihrer Gesundheit über das Setting »Betrieb« kann dabei an drei Punkten ansetzen:

14.1.1 Gesundheitsbildung

Die permanente Verfügbarkeit einer Flut von Informationen stellt den Konsumenten vor die Herausforderung, die Qualität und den Wahrheitsgehalt dieser Informationen schlüssig und fundiert zu beurteilen – was nicht immer gelingt. Ein amerikanischer Influencer stellt die neueste Trendsportart vor, die zeitgleich von einem norwegischen Extremsportler schon wieder als »out« bezeichnet werden kann. Abhängig davon, auf welches Posting der Konsument trifft, wird er sich entweder morgen direkt zu einem Schnupperkurs anmelden oder sein gesamtes Umfeld davon überzeugen, auf diesen Trend nicht aufzuspringen. Der Auszubildende ist gar nicht in der Lage, die Posts zu überschauen oder auch fachlich einzuordnen. Das Gleiche gilt auch für den Bereich Gesundheit: Grundlegendes Wissen, zielgruppenspezifisch vermittelt, kann hier einen entscheidenden Impuls dafür geben, wie reflektiert mit gesundheitsrelevanten Informationen umgegangen wird. Programme, die hier sehr niederschwellig ansetzen, können so einen wichtigen Beitrag zur individuellen Weitereinwicklung leisten.

14.1.2 VUCA-Welt

Für über 50 Prozent der Kinder, die im Jahr 2019 geboren werden, wird ihr zukünftiger Job erst noch geschaffen. Viele Berufe, in denen diese Generation arbeiten wird, gibt es heute schlicht noch nicht – dieser Umstand steht beispielhaft für die rasante Weiterentwicklung unserer Arbeitswelt. Ein lebenslanges Beschäftigungsverhältnis bei einem Arbeitgeber zeugt nicht mehr von Stabilität und Verlässlichkeit des Arbeitnehmers, sondern kann für mangelnde Flexibilität und eine fehlende Bereitschaft zur Weiterentwicklung stehen. Unbeständigkeit, Unsicherheit, Komplexität und Mehrdeutigkeit (Englisch: volatility, uncertainty, complexity, ambiguity = »VUCA«-Welt) prägen den Arbeitskontext der Generation Z (siehe auch » Auszubildende im Zeitalter digitaler Transformation führen, fordern und fördern – Impulse für eine Ausbildung 4.0« von Marcus Hennecke). Sie reagiert hierauf mit sehr spezifischen Anforderungen, wie z. B. die klare Trennung von Arbeit und Freizeit, hohe erkennbare Sinnhaftigkeit der Tätigkeit, schnellstmöglich verfügbare Informationen und klare Aufgabenstellungen. Hier gilt es, eine Möglichkeit der Annäherung zu finden. Die jungen Arbeitnehmerinnen und Arbeitnehmer müssen sich auf die Anforderungen der Arbeitswelt einlassen – und die Arbeitswelt muss versuchen, wieder etwas stärker auf die Anforderungen der jungen Generation eingehen.

14.1.3 FOMO und Gesundheitstrojaner

Als eine der ersten, offiziellen Erkrankungen aus der »4.0-Welt« darf das »Fear of missing out(FOMO)«-Phänomen, also die teilweise krank machende Angst, etwas zu verpassen, verstanden werden. Neben dieser Erkrankung sind allerdings auch die grundsätzlich gestiegene Beanspruchung und Belastung in Kombination mit ständiger Erreichbarkeit zu benennen, die in zahlreichen Gesundheitsberichten in einen Anstieg psychischer Erkrankungen und Belastungssymptome gerader junger Menschen münden.

Man muss zugeben, dass die Verwendung von eigentlich pathologischen, also als Krankheit zu definierenden Umschreibungen und Wörtern im Kontext eines Beitrags zum Thema Gesundheit ungewöhnlich erscheinen mag. Es lohnt jedoch der Blick auf die Mechanismen, die zur Entstehung dieser eigentlich pathologischen Phänomene führen und den Gedanken darüber, diese Mechanismen für positive Entwicklungen zu nutzen.

Betroffen vom FOMO-Phänomen sind maßgeblich junge Zielgruppen und der Effekt wird durch die Nutzung von Social Media erheblich gestärkt. Der dahinterliegende Mechanismus ist eine Kombination verschiedener Effekte, wie sie auch aus gruppendynamischen Prozessen bekannt sein dürften: Die jungen Menschen verspüren den Drang, Teil verschiedener in ihrer Umwelt wirkender Communitys zu sein. Durch die modernen Medien (vor allem Social Media) wird den Jugendlichen das vermeintlich »Verpasste« realistisch und ständig vor Augen geführt. Hierdurch entstehen verstärkte Ausschlussgefühle und Neid gegenüber den innerhalb der Communitys wirkenden Mitgliedern. Das Zugehörigkeitsbedürfnis zu Gruppen und Communitys und das dabei entstehende Gruppenkohärenzgefühl ist hier die Basis und die vermeintlich realistischere Darstellung des »Verpassten« durch die modernen Medien ist ein zusätzlicher Trigger, also Verstärker, für die entstehende Trauer über das »Verpasste«.

Dieser motivationspsychologische Mechanismus kann allerdings auch ins Positive gewendet und dazu genutzt werden, Auszubildenden zu ihrem Wertekonstrukt passende Inhalte anzubieten. Ausgehend von dieser These müssen folgende Grundbausteine für die Zielgruppe etabliert werden.
- Einrichtung einer Plattform/Community/Gruppe
- Ausreichende Anzahl von Mitgliedern verschiedenen Grades für die Plattform/Community/Gruppe
    - 1. Grad – mindestens fünf direkte Bezugspersonen mit mehrmaligem Kontakt in verschiedenen Settings pro Woche
    - 2. Grad – jeweils mindestens drei bis sechs weitere Bezugspersonen, die jeweils mit den Mitgliedern des 1. Grades in Kontakt stehen
    - 3. Grad – jeweils mindestens acht bis zehn weitere Bezugspersonen, die jeweils mit den Mitgliedern des 2. Grades in Kontakt stehen

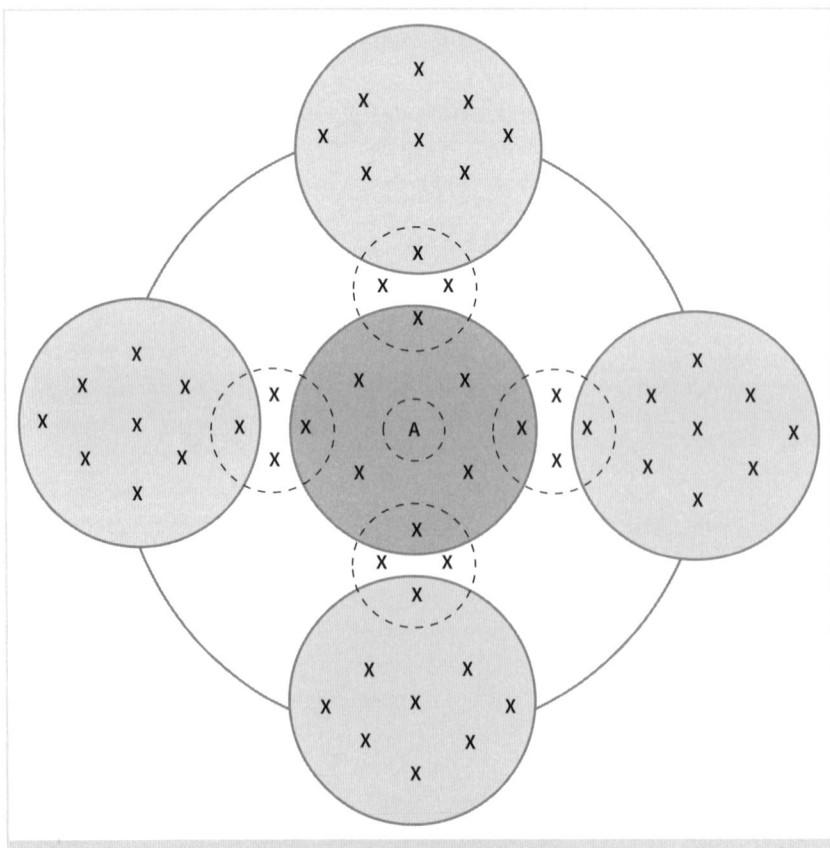

Modell der Community: Ausgangspunkt ist der Auszubildende (A), der wiederum mit den Kontakten 1. Grades (dunkelgrau), 2. Grades (weiß) und 3. Grades (hellgrau) interagiert

Durch diesen Aufbau ergibt sich eine sehr große, trotzdem interaktive Community, die durch verschiedene weitere Querbeziehungen geprägt sein kann. Es entsteht ein Kreislauf an Informationen, die unterschiedlich – insbesondere bezogen auf die Attraktivität der Informationen – wahrgenommen werden. Trotzdem bleiben alle in der Community entstehenden Informationen grundsätzlich relevant, da sie durch verschiedene Beziehungsmuster Abhängigkeiten schaffen. Die Beziehungsmuster, kombiniert mit der Tonalität, Ausdrucks- und Erlebbarkeitsstärke, also den »Verstärkern« einer Information, sind als »Prämissen der Community« zu verstehen, da das Verhalten der gesamten Gruppe/Community auf das Verhalten des einzelnen Gruppenmitglieds wirkt. Die o. g. Verstärker prägen damit den Charakter der Community. Dies kann zum Beispiel eine einheitliche Anredeform, auch in jugendlicher Sprache (Alder, Digger, Brudi, Bro usw.) sein ebenso wie generelle Verhaltensweisen (Antworten in Abkürzungen, Antworten mit Bildern, Emoticons) oder direkte und indirekte Sprachformen.

Betrachtet man nun den Mechanismus des FOMO-Phänomens, lässt sich dieser in der Kombination Information (Thema) + Community (Plattform oder Gruppe) + Prämissen (Beziehungsmuster und Verhalten) positiv gestalten.

Im konkreten Beispiel werden aus fachlicher Sicht relevante Gesundheitsinformationen gezielt in der Community und damit in den Dialog gebracht und mit verschiedenen Verhaltensmustern (Tonalität, Ausdrucks- und Erlebbarkeitsstärke) versehen. Die Gruppe bildet aufgrund ihres grundsätzlichen Themas »Gesundheit« und der vorliegenden Beziehungsmuster so einen durchgehenden Informationskreislauf, der das Thema Gesundheit immer weiter antreibt und es positiv wahrnehmen lässt.

Damit wird das Thema Gesundheit unter dem »Label« der Gruppenzugehörigkeit in der jüngeren Zielgruppe relevant und nimmt Einfluss auf das einzelne Gruppenmitglied. Die eben beschriebene Methode wird als »Gesundheitstrojaner« bezeichnet.

Wie in jedem System ist auch hier das Thema Risikomanagement relevant. Aus diesem Grund kommt dem (zumeist) externen Moderator der Gruppe die wichtige Aufgabe zu, die Informationskreisläufe und die Aktivität der einzelnen Mitglieder entsprechend zu kultivieren und damit das Risiko eines FOMO-Phänomens zu reduzieren. Paradoxerweise kann dies schon allein dadurch gelingen, dass in der Social-Media-Gruppe das Thema »strukturierte Abwesenheit von Social Media« und »Objektivierung des eigenen Erlebens in den Social Media« immer wieder eingesteuert wird (siehe Kapitel »Gesundheitsbildung«). Beispiele hierfür können vorgeschlagene Offlinezeiten sein oder aber auch Methoden, die eigene Situation und Wahrnehmung von Postings oder wahrgenommenen »Lifestyles« kritisch und aus der Perspektive außerhalb der Social-Media-Welt zu beleuchten. Eine schöne Aussage eines Auszubildenden hierzu fasst das Konzept der Objektivierung gut zusammen: »Komm mal klar – die echte Welt läuft ohne Filter!«

14.2 Arbeitgeberattraktivität

Nachdem dargestellt wurde, wie den Auszubildenden unter Einbezug verschiedener Modelle und Mechanismen das Thema Gesundheit vermittelt werden kann, muss auch der Aspekt der Optimierung der Arbeitgeberattraktivität bedacht werden. Das betriebliche Gesundheitsmanagement kann hier als ein Instrument zur Verbesserung bzw. Festigung der Arbeitgeberattraktivität eingesetzt werden. Die verbesserte Arbeitgeberattraktivität ist nicht nur für das Erreichen der HR-Ziele wichtig, sondern kann auch den Krankenstand reduzieren, da sich Arbeitnehmerinnen und Arbeitnehmer stärker mit ihrem Unternehmen identifizieren.

Aus unseren Erfahrungen ist die Arbeitgeberattraktivität einem stetigen Wechselspiel von aktuellen, positiven wie negativen Wahrnehmungen unterworfen, die sich – auch in Zukunft – immer wieder verändern. Die zusätzlichen Kommunikationsebene, die durch das betriebliche Gesundheitsmanagement mit den Auszubildenden geschaffen wird, ist hier der Schlüssel zum Erfolg: Durch gezielte Kommunikation und Intervention kann Einfluss auf die wahrgenommene Attraktivität des Arbeitgebers genommen werden.

Grundvoraussetzung für die gezielte Intervention ist eine genauere Analyse der vorliegenden Zielgruppe. Aus der Erfahrung in der Betreuung von über 8.500 Auszubildenden in über 100 Betrieben stellt eine Fokussierung auf folgende Faktoren die größten Erfolgsaussichten dar:
- Wertekonstrukt
- Umweltfaktoren
- Sinnhaftigkeit

Es ist allerdings zu bedenken, dass eine Vielzahl von Faktoren auf die Arbeitgeberattraktivität einwirkt. Die genannten Faktoren sollen im Folgenden näher beleuchtet werden.

14.2.1 Wertekonstrukt

In der Literatur wird die Generation Z mit bestimmten Werten assoziiert, nach denen eine grobe Einordnung passender Interventionen zur Steuerung, Begleitung und zum grundlegenden Bedarfsverständnis vorgenommen werden kann (vgl. Scholz, 2014). Die nachfolgenden Werte haben demnach einen hohen Stellenwert im Bedarfsprofil der Zielgruppe:
- geregelte Arbeitszeiten (geregelte Arbeitszeit und geregelte Freizeit, ganz klare Privatsphäre)
- klare Perspektiven

- Homeoffice nicht unbedingt
- klare Aufgabenstellungen, enge Leitplanken
- Selbstbestimmung, Ordnung und Struktur
- am liebsten laufend nur positives Feedback
- eigener Arbeitsplatz, keine Shared Desks o. Ä.
- auf hohem Austauschverhältnis und auf Kleinteiligkeit basierende Führung

14.2.2 Umweltfaktoren

Es gilt zu bedenken, dass Werte zwar langfristig ent- und bestehen, jedoch einer erheblichen Anzahl von Einflüssen unterliegen. Wir nennen diese Einflüsse »Umweltfaktoren«. Auch hier scheint der Zusammenhang aus einer Basis (dem Wertekonstrukt) und diversen verstärkenden, abschwächenden oder sogar verändernden Triggern (Umweltfaktoren) zu bestehen. So konnten die Autoren feststellen, dass Umweltfaktoren wie

- Regionalität,
- Bildungsstand,
- Vergütung und Vergütungsperspektive,
- Kultur der Organisation bzw. des Arbeitgebers,
- urbanes oder ländliches Umfeld,
- privates Umfeld und
- eigener Lebenslauf

einen direkten Einfluss auf das Wertekonstrukt von Auszubildenden nehmen. Wir haben das Wertekonstrukt bei einem Kundenunternehmen mit über 1.000 Auszubildenden aus dem Jahrgang 2018 erfasst. Folgende Werte mit absteigender Signifikanz wurden genannt:

1. Geld
2. Freizeit
3. Respekt
4. Spaß
5. Kollegialität

Wie ersichtlich wird, decken sich unsere Erkenntnisse nur teilweise mit den in der Literatur beschriebenen Werten (siehe »Auszubildende im Zeitalter digitaler Transformation führen, fordern und fördern – Impulse für eine Ausbildung 4.0« von Marcus Hennecke). Die Antwort auf die Ursache dieses veränderten Wertekonstrukts könnte über folgende These herausgestellt werden.

> **These**
>
> »Der Faktor ›Arbeitgeber/Organisation‹ ist ein starker, sich verändernder und steuerbarer Umweltfaktor, der aufgrund seiner Intensität (tägliche Arbeitszeit) und durch die Integration mehrerer, weiterer Umweltfaktoren (Regionalität, Vergütung, Kultur und Standort) maßgeblichen Einfluss auf das Wertekonstrukt von Auszubildenden nehmen kann.«

Unter der Annahme, dass diese These zutreffend ist, wäre ein Erklärungsansatz zur direkten Beeinflussung der wahrgenommenen Arbeitgeberattraktivität von Auszubildenden möglich. Hierzu muss allerdings eine relevante und funktionale Verbindung zwischen Wertekonstrukt und Umweltfaktoren hergestellt werden.

14.2.3 Sinnhaftigkeit

Wir sehen aus der Erfahrung im Umgang mit Führungskonstrukten, die auch für Ausbilderinnen und Ausbilder von Bedeutung sind, aber auch unter Einbezug der sich immer schneller verändernden Umwelt den Faktor »Sinnhaftigkeit« als die relevante und funktionale Verbindung zwischen Wertekonstrukt und Umweltfaktoren an.

Demnach wird die Erhöhung der Arbeitgeberattraktivität bei Auszubildenden dann wirksam, wenn Sinnhaftigkeit gegeben ist. Wir vertreten die These, dass Sinnhaftigkeit dann eintritt, wenn

- ein für den Auszubildenden direkter Nutzen kontinuierlich erkennbar ist,
- das Wertekonstrukt des Auszubildenden sich mindestens in Grundzügen im Wertekonstrukt des Arbeitgebers wiederfindet oder die Werte des Arbeitgebers für das Wertekonstrukt des Auszubildenden entsprechend »übersetzt« wurden und
- die vorliegenden, weiteren Umweltfaktoren zum Arbeitgeber passen.

Der Faktor »Sinnhaftigkeit« unterliegt nach dieser Annahme also bestimmten Faktoren, die vielfach eher ein Verhalten des Arbeitgebers (direkter Nutzen für Auszubildende, Übersetzung des Wertekonstrukte) beschreiben. Im Gegenzug dazu stünde ein Verhältnis, das nicht oder nur schwer veränderbar wäre (Umweltfaktoren).

Die Interaktion über das – grundsätzlich positiv besetzte – Thema Gesundheit zwischen Auszubildenden und Arbeitgeber ermöglicht es, dass das oben genannte Verhalten des Arbeitgebers kontinuierlich gefördert bzw. entsprechend in der direkten Kommunikation angepasst wird. Gleichzeitig können die (schwer veränderbaren) Umweltfaktoren im Rahmen des betrieblichen Gesundheitsmanagements individuell verstärkt oder abgeschwächt werden. Dies geschieht über gezielte Eingriffe und über die Förderung von Ressourcen, die helfen, negative Umweltfaktoren zu kompensieren und positive Umweltfaktoren in ihrer Wirkung zu verstärken.

Mit dem Aufsetzen einer gezielten Kommunikationsstrategie im BGM für Auszubildende kann hier der erste Schritt gemacht werden. Zum Beispiel könnte immer wieder die Sinnhaftigkeit der Tätigkeit des Auszubildenden herausgestellt werden. Der Transfer auf die umgebenden Umweltfaktoren ist hier der erste Schritt. Dies kann beispielsweise dazu führen, dass Auszubildende in ihrem Freundeskreis verändert positiv über ihre Tätigkeiten während der Arbeit und damit übergreifend auch über den Arbeitgeber berichten.

In den folgenden Abschnitten wird die Beachtung der Sinnhaftigkeit, die Analyse der Umweltfaktoren und die Ausarbeitung des Wertekonstruktes im Umgang mit Auszubildenden immer wieder auftauchen.

14.3 Modell aus der Praxis

Gesundheitsförderliche Programme für die Zielgruppe der Auszubildenden sollten sowohl die Werte der Generation Z aufgreifen als auch die Anforderungen des Arbeitgebers erfüllen. Gesundheitsrelevantes Wissen muss methodisch und didaktisch innovativ vermittelt werden. Außerdem sollte ein Transfer auf die Freizeit hergestellt und natürlich ein Schwerpunkt auf das Setting »Arbeit« gelegt werden. Wie in so vielen Bereichen gibt es auch hier (zum Glück) keine Standardlösung. Denn so heterogen die Arbeitgeber und deren Auszubildende in ihren Ansprüchen, Tätigkeiten und Bildungsniveaus aufgestellt sind, so individuell muss auch das Thema Gesundheit aufbereitet sein.

Der »War for Talents« wird oft im Zusammenhang mit den »High Potentials« – den zukünftigen Führungskräften – genannt. Ebenso wichtig ist es jedoch, die Auszubildenden in den Blick zu nehmen, die kein Abitur als Abschluss vorweisen und in Berufen mit Belastungen fernab des klassischen Büroarbeitsplatzes ausgebildet werden. Um alle Auszubildenden abzuholen, gilt es, Inhalte, Medien und Kommunikationskanäle aufeinander abzustimmen und die Projekte immer unter der Berücksichtigung der Werte und Umweltfaktoren aufzusetzen.

> **Beispiele**
> Bei der Konzeptentwicklung für Auszubildende in der Logistikbranche liegt der Fokus auf einer äußerst niederschwelligen Inhaltsvermittlung. Wenn möglich, werden keine Zeiten in Seminarräumen eingeplant, sondern alles anhand praktischer Beispiele aus dem Arbeitsalltag vermittelt. Typische Arbeitsabläufe werden miteinander nachgestellt, körperliche Belastungen direkt identifiziert und gemeinsam Lösungen erarbeitet, die sowohl ergonomischen Ansprüchen genügen als auch unter hohem Zeitdruck umsetzbar sind. Berücksichtigung findet hier zudem das im Schnitt etwas geringere Bildungsniveau der Teilnehmer.

> Konzepte für Auszubildende in kaufmännischen Berufen (z. B. Bankkaufmann/-frau) legen den Schwerpunkt ebenfalls auf die direkte Greifbarkeit und gemeinsame Entwicklung von Maßnahmen, vermitteln jedoch komplexeres Grundlagenwissen in den Bereichen Bewegung, Ernährung, Entspannung und Sucht. Trainingssteuerung und selbstständiges Einordnen und Bewerten von Ernährungstrends werden z. B. mit den Auszubildenden der Postbank in umfangreichem Maße durchgeführt.

Zunächst sollte jedoch die Frage der Nachhaltigkeit geklärt werden. Natürlich nicht, ob, sondern wie diese umgesetzt wird. Jedes Wie muss vor dem Hintergrund geprüft werden, ob es einen nachhaltigen Dialog mit den Teilnehmern ermöglicht (aber nicht erzwingt). Hier bietet sich ein Mix verschiedenster Kommunikationskanäle an.

Präsenzworkshops haben sich als unverzichtbares Kick-off-Tool zu Beginn der Ausbildungszeit erwiesen. Ohne einen ersten persönlichen Austausch, ein persönliches Kennenlernen zwischen Auszubildenden und den Projektgestaltern verlaufen gesundheitsförderliche Maßnahmen oft im Sande bzw. verfehlen ihre Wirkung. Ebenso unverzichtbar ist die Unterstützung des Arbeitgebers. Die richtigen internen Informationen vorab sowie eine klare, positive Position zum Thema »Gesundheit« und dem »Gesundheitsprojekt« unterstreichen dessen Relevanz.

Die inhaltliche Ausgestaltung erfolgt im Austausch mit dem Auftraggeber. Unverzichtbar dabei ist, eine direkte Erlebbarkeit der Inhalte für die Teilnehmer zu ermöglichen. Erlebbarkeit meint hier, typische Berufssituationen direkt am Arbeitsplatz durchzugehen, gemeinsam Lösungen finden und diese direkt anwenden. Der persönliche Ansprechpartner ist sowohl auf den Präsenzveranstaltungen als auch im Nachgang präsent und für die Teilnehmerinnen und Teilnehmer erreichbar – zwar nicht immer Face-to-Face, online aber in jedem Fall. Dieser persönliche Kontakt darf über den Projektzeitraum nicht abreißen. Es müssen immer wieder kleine, aber vor allem beeindruckende Impulse gesetzt werden, um den Teilnehmerinnen und Teilnehmern die richtige Richtung zu weisen. Um dies zu gewährleisten und parallel das Projekt innerhalb seiner Budgetgrenzen zu halten, wird auf verschiedene Kommunikationskanäle zurückgegriffen.

Von den Präsenzveranstaltungen als Kick-off werden die Teilnehmer in die Community überführt. Hierunter verstehen wir die teilweise nach Region, Jahrgang oder Arbeitsprofil aufgeteilten Auszubildendengruppen. Die permanente Online-Verfügbarkeit von Informationen und Inhalten ist für die junge Generation selbstverständlich. Sie konsumiert Online-Inhalte bedarfsgerecht – »just in time« – und erwartet zu diesen Zeitpunkten die entsprechende Verfügbarkeit. Die Hintergründe (Verfasser, Auftraggeber, fachliche Richtigkeit) werden oft unzureichend bis gar nicht infrage gestellt. Durch den gesundheitsbildenden Aspekt des Projekts werden die Auszubildenden dazu befähigt, Content, also den Inhalt und Zusammenhang, zu bewerten und einzuordnen. Mit kleinen Schritten und mit immer neuen Ideen und Anreizen wird das Thema Gesundheit so nachhaltig in den Alltag der Azubis integriert werden.

Die Zusammenstellung der Kommunikationskanäle innerhalb der Community erfolgt individuell und basiert auf den Vorgaben des Unternehmens und dem Input der Teilnehmer während der Präsenzveranstaltungen sowie schlicht der technischen Machbarkeit. Die Integration von Social Media sowie eigens ausgewählten exklusiven Apps in die Kommunikationsstruktur der Community hat sich in der Praxis sehr bewährt. So können die Auszubildenden z. B. der Postbank über eine Ansprechpartnerin in einem eigenen geschlossenen Social-Media-Kanal im Austausch mit ihr die Themen bestimmen, über die in der Gruppe als Nächstes diskutiert werden soll. Unterstützt wird diese Kommunikation über das firmeneigene Intranet. So ergibt sich eine Kommunikation im Push-pull-Mix, die effizient über einen individuellen Redaktionsplan und den Moderator gesteuert wird (siehe Kapitel »FOMO und Gesundheitstrojaner«).

Flankiert wird die Community von der persönlichsten Art, Wissen zu vermitteln und erlebbar zu machen: von klassischen, praktischen Workshops. Ohne diesen Kontakt funktioniert keine Online-Maßnahme über den Zeitraum der gesamten Ausbildung. In den Workshops werden Community-Inhalte aufgegriffen und durch die Auszubildenden ergänzt. Die Themen der Workshops werden anhand des Arbeitsalltags der Auszubildenden erarbeitet, um sie so als Experten für ihren Beruf zu positionieren und die Wertschätzung zu vermitteln, die sie einfordern. Hierbei wird auch die Beziehung zwischen Teilnehmern und Moderatoren gestärkt. Der Aufbau der Workshops berücksichtigt immer die individuellen Umweltfaktoren der Auszubildenden:

- In welcher Region findet der Workshop statt?
- Wie hoch ist das Bildungsniveau?
- Welche Tätigkeiten werden sie in Zukunft ausführen?
- Wie hoch wird der Verdienst sein (siehe Kapitel »Wertekonstrukt«)?

Während der ersten Präsenzworkshops findet eine Vereinbarung (Commitment) zwischen Teilnehmern und Moderator statt, sich nun gemeinsam der eigenen Gesundheit zu widmen – jeder in dem für sich passenden Maß. Dieses Commitment transferiert in die Community fördert die Akzeptanz des Projekts und die Nutzungsrate der Teilnehmerinnen und Teilnehmer. So wird ein direkter Nutzen für die Teilnehmer erkennbar und das Wertekonstrukt sowie die vorliegenden Umweltfaktoren werden auf allen Ebenen berücksichtigt. Dadurch ist eine Sinnhaftigkeit für die Teilnehmer gegeben.

In jedem Projekt steht ein eigenes Team aus Ansprechpartnerinnen und Ansprechpartnern aus dem Gesundheitsmanagement zur Verfügung, das die Auszubildenden über ihre gesamte Ausbildungszeit begleitet. Die Moderatoren der Community und Experten aus verschiedenen Fachbereichen in Kombination mit den Referenten vor

Ort bilden dieses Team. Informationen werden gesammelt, Handlungsanleitungen entwickelt und das Projekt in Abstimmung mit dem Unternehmen vorangetrieben.

Um den Benefit für die Organisation möglichst hoch zu gestalten, werden während der Präsenzveranstaltungen und in der Community zukünftige Multiplikatorinnen und Multiplikatoren identifiziert und anschließend ausgebildet. Vorgebildet durch das Projekt erhalten sie ergänzende Schulungen und können so Maßnahmen selbst umsetzen, in Teilen mit planen oder begleitend betreuen. Verantwortung wird also übertragen, das Thema Gesundheit fest im gesamten Unternehmen verankert und ein direkter Beitrag zum erfolgreichen Retention-Management geleistet.

14.4 Fazit und Diskussion

Die kontinuierliche und langjährige Weiterentwicklung generationenspezifischer Projekte im Bereich des BGM gemeinsam mit Partnern wie der Postbank zeigt, dass sich die Zielgruppe der jungen Mitarbeiterinnen und Mitarbeiter kontinuierlich und sehr schnell weiterentwickelt. Maßnahmen und Methoden, die vor drei Jahren noch sehr gute bis gute Wirkungen erzielt haben, rufen heute nur noch ein »müdes Lächeln« hervor.

Die Generation Z stellt sehr spezielle Anforderungen an ihre Arbeitgeber und es kann die Erwartungshaltung bestehen, dass diese Anforderungen vom Arbeitgeber identifiziert werden und nicht durch die Generationsangehörigen extra benannt werden müssen. Möchten die Unternehmen qualifizierte Mitglieder der Generation für sich gewinnen und an sich binden, ist es von besonderer Relevanz, ihnen über verschiedene Kanäle genau zuzuhören und ihre Bedürfnisse aufzunehmen.

Mit vielfältigen Projekten zum Thema Gesundheit, die genau diese Bedürfnisse aufgreifen und den Auszubildenden die Möglichkeit der Partizipation geben, können Arbeitgeber den Ansprüchen der jungen Generation an ihren zukünftigen Arbeitsplatz gerechter werden und im »War für Talents« einen Schritt schneller im Vergleich zu anderen Arbeitgebern sein.

Zudem investieren Arbeitgeber in gesunde, junge Mitarbeiterinnen und Mitarbeiter, die sich aufgrund dieser attraktivitätsfördernden Maßnahmen entscheiden, nach der Ausbildung im Unternehmen zu bleiben und so das Thema Gesundheit weiter in die Belegschaft tragen.

Es ist und bleibt eine Forschungsfrage, wie Angebote an Auszubildende im ökonomischen Dreieck – Zeit, Qualität, Kosten – adäquat betreut werden können und wie trotzdem auf die sich stetig verändernden Anforderungen schnell und adäquat reagiert werden kann.

Das betriebliche Gesundheitsmanagement, vermittelt durch spezifische Dienstleister, bietet hier zumindest den derzeit wirksamsten Antritt. Diese Dienstleister sind fachlich geeignet und können über das 2016 verabschiedete Präventionsgesetz zumindest teilweise finanziert werden. Mit derzeit über 8.500 betreuten Auszubildenden kann hier z. B. sowohl die MOOVE GmbH genannt werden, als Referenzkasse auch die BARMER. Beide Spieler haben den Fokus auf eine spezifische und tief greifende Form des BGM für Auszubildende gelegt.

Literatur

Jansen, A.; Odoni, M.; Wombacher, J. (2018): Wie lassen sich die besten ehemaligen Auszubildenden im Unternehmen halten? Ansatzpunkte für ein erfolgreiches Retention Management der Generation Z. In: Zeitschrift für Arbeitswissenschaft, 2/2019, S. 193–202.

Hefner, D.; Knop, K.; Vorderer, P. (2018): »I wanna be in the loop!«. The role of fear of missing out (FoMo) for the quantity and quality of young adolescents' mobile phone use. In: Kuehne, R.; Baumgartner, S. E.; Koch, Th.; Hofer, M. (Hrsg.): Youth and media: current perspectives on media use and effects. Baden-Baden, S. 39–53.

Grosse Holtforth, M.; Grawe, K. (2004). Konfliktdiagnostik aus der Perspektive der Konsistenztheorie. In: Dahlbender, R. W.; Buchheim, P.; Schüssler, G. (Hrsg.): Lernen an der Praxis. OPD und Qualitätssicherung in der Psychodynamischen Psychotherapie. Bern.

Scholz, Ch. (2014): Generation Z: Wie sie tickt, was sie verändert und warum sie uns alle ansteckt. Weinheim.

15 Das individuelle Lehr- und Lernerlebnis

Dirk Pensky

Was prasselt gegenwärtig nicht alles auf dich als Ausbilder oder Ausbilderin ein:
- **Du sollst die neuen Technologien in der Ausbildung berücksichtigen.**
  Wie vermittelst du neue Ausbildungsinhalte, obwohl du diese selbst noch nicht kennst?
- **Die Differenzierung sollst du endlich konsequent umsetzen.**
  Wie kannst du deine Auszubildenden individuell fördern, obwohl du eigentlich immer weniger Zeit dafür zur Verfügung hast?
- **Die Digitalisierung soll dich unterstützen.**
  Wie nutzt du die digitale Transformation, obwohl du wenig darüber weißt und deine IT-Systeme nicht gerade verlässlich sind?

Anhand eines exemplarischen Beispiels für den technologischen Wandel erhältst du Antworten auf diese Fragen.[35]

15.1 Beherrsche den zunehmenden technologischen Wandel

Das ist deine Aufgabe: In deinem Unternehmen soll die Mensch-Roboter-Kollaboration (MRK) eingeführt werden. Neben dem Kollegen aus der Personalentwicklung bist du als Ausbilder gefragt, Qualifizierungsmaßnahmen für die Mitarbeiterinnen und Mitarbeiter von heute und morgen zu definieren, damit diese sich die erforderlichen Kompetenzen aneignen können.

Eure gemeinsame Analyse der relevanten Rollen und Handlungen in eurem Unternehmen ergibt, dass eine Vielzahl von Mitarbeitern davon betroffen ist, wenn diese neue Technologie zum Einsatz kommt. Um das Ergebnis der Analyse überschaubar darzustellen, ordnet ihr die verschiedenen Rollen den in der folgenden Tabelle aufgeführten drei Hauptzielgruppen zu.

Direkte Produktionsmitarbeiter	Indirekte Produktionsmitarbeiter	Führungskräfte
Werker	Arbeitsplaner	Teamleiter
Anlagenbediener	Betriebsmittelplaner	Schichtleiter

---

35 Der Beitrag enthält Ergebnisse aus dem Projekt ARIZ – Arbeit in der Industrie der Zukunft, das vom Bundesministerium für Bildung und Forschung gefördert und vom Projektträger Karlsruhe betreut wird.

Direkte Produktionsmitarbeiter	Indirekte Produktionsmitarbeiter	Führungskräfte
Logistiker	Qualitätsingenieure	Produktionsleiter
Instandhalter	Arbeitssicherheitsfachkräfte	Werkleiter
Wartungstechniker	Produktionsplaner	oberes Management

Hauptzielgruppen für die Qualifizierungsmaßnahmen mit relevanten Rollen

Im nächsten Schritt leitet ihr die Handlungen der Rollen ab, die von der MRK-Einführung betroffen sind oder die dabei neu entstehen. Auch hier findet ihr zahlreiche verschiedenartige Handlungen, für die die entsprechenden Mitarbeiter und Mitarbeiterinnen neues Wissen und Können benötigen. Zusätzlich plant ihr ein, alle Mitarbeiter zu sensibilisieren und zu motivieren. Die entsprechenden Kompetenzen klassifiziert ihr in:

> **Wichtig**
> 1. **Allgemeine Kompetenzen**, die übergreifend relevant sind.
>   Die hierfür zu entwickelnden Maßnahmen beinhalten das technologische Grundlagenwissen, aber auch die Fähigkeit, weitere Einsatzfelder der neuen Technologie im Unternehmen zu identifizieren und deren Anwendung an bestehenden Einsatzorten zu optimieren.
> 2. **Rollenspezifische Kompetenzen**, die sich auf konkrete Handlungen beziehen.
>   Die neue Technologie erfordert sowohl Anpassungen an bestehenden als auch gänzlich neue Handlungen und verändert somit die Kompetenzprofile der Rollen in deinem Unternehmen.
> 3. **Unternehmensspezifische Kompetenzen**, die Strategie und Ziele der Einführung der neuen Technologie betreffen.
>   Deine Kollegen lehnen die neue Technologie zum Teil ab und haben sogar Angst davor, die vielen Änderungen im Arbeitsalltag nicht meistern zu können oder ihren Arbeitsplatz zu verlieren. Das Wissen um Sinn und Zweck, warum die neuen Methoden und Werkzeuge genutzt werden sollen, sowie über die strategischen Pläne eures Unternehmens sollen die Kollegen motivieren und binden.

Welche Auswirkungen haben die geänderten Kompetenzprofile auf die Ausbildung zum Beispiel in den Berufen Mechatroniker oder Industriemechaniker? Das ist für dich von besonderem Interesse und du strebst an, ausgewählte Inhalte der Qualifizierungsmaßnahmen für die entsprechenden Rollen auch für deine Ausbildung wiederzuverwenden. Aber wie soll das funktionieren?

15.2 Nutze kompetenzorientierte adaptive Lernpfade

Du findest einen Lösungsansatz: Die Personalentwicklung hat mit deiner Unterstützung die Kompetenzprofile der relevanten Rollen in deinem Unternehmen angepasst

15.2 Nutze kompetenzorientierte adaptive Lernpfade

und plant nun die erforderlichen Qualifizierungsmaßnahmen. Da du von Beginn an dabei bist und deinen Bedarf für die Ausbildungsabteilung nachdrücklich geäußert hast, habt ihr euch dafür entschieden, adaptive Lernpfade für die Qualifizierung zu nutzen, die an die rollenspezifischen Maßnahmen und auch an deine Anforderungen aus der Perspektive der Ausbildung angepasst werden können.

Die adaptiven Lernpfade setzen sich aus Lernnuggets zusammen. Das Lernnugget ist demnach das kleinste wiederverwendbare Lernelement in einem Lernpfad. Der Begriff »Lernnugget« entstammt dem sogenannten Mikrolernen, also dem Lernen in kleinen Schritten. Dabei liegt die Lernzeit eines Lernnuggets im Bereich von wenigen Sekunden bis Minuten. In eurem Fall plant ihr allerdings auch umfassendere Lernnuggets, die beispielsweise beinhalten, dass der Mitarbeiter oder Auszubildende eine praktische Aufgabe absolviert oder an einem Seminar teilnimmt.

Auf Grundlage der Lernnuggets könnt ihr die Lernpfade an die jeweiligen Rahmenbedingungen anpassen und diverse Medien didaktisch klug in einem Lernpfad einsetzen. Das geht so weit, dass du einen Lernpfad später an die individuellen Bedürfnisse eines einzelnen Auszubildenden anpassen wirst (siehe Abbildung »Konzept adaptiver Lernpfade«).

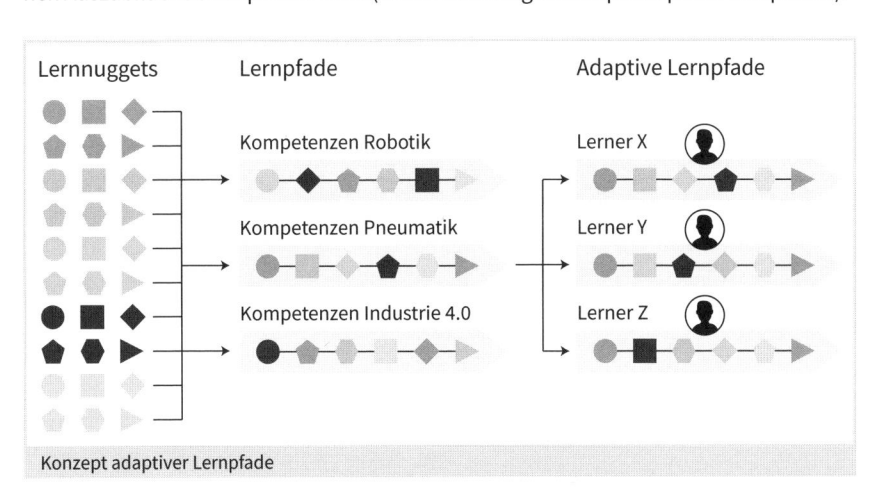

Konzept adaptiver Lernpfade

Um abzugrenzen, wie die Lernnuggets verwendet werden, unterscheidet ihr drei Typen von Lernnuggets: Das Info-Nugget nutzt ihr, um theoretisches Wissen zu vermitteln. Dabei setzt ihr Medien wie klassische E-Learning-Formate, aber auch AR-/VR-Technologien ein. Über die Task-Nuggets integriert ihr eine Vielzahl von Medien, die eure Lerner dazu nutzen, praktische Aufgaben zu bearbeiten. Hierzu zählen Planspiele, Hands-on Trainings, Seminare, Projektaufgaben mit Programmiersystemen und Simulationen. Die Question-Nuggets erstellt ihr für Lernerfolgskontrollen und Kompetenzüberprüfungen und verwendet diese als Verständnisfragen innerhalb von Info- und Task-Nuggets wieder.

15   Das individuelle Lehr- und Lernerlebnis

> **Wichtig**
>
> | Typ I | Typ T | Typ Q |
> |---|---|---|
> | Info-Nugget | Task-Nugget | Question-Nugget |
> | vermittelt theoretisches Wissen | behandelt eine praktische Aufgabe | überprüft Kompetenzen |
>
> Typen von Lernnuggets

Mit den verschiedenen Typen von Lernnuggets seid ihr nun in der Lage, Lerneinheiten aufzubauen. Die Lerneinheiten wiederum setzt ihr später zu Kursen zusammen, die eure Lerner in einem Curriculum sequenziell oder parallel bearbeiten werden. Die in der Abbildung »Aufbau verschiedenartiger Lernpfade aus Lernnuggets« dargestellte beispielhafte Lerneinheit stellt eine Sequenz von Info-, Question- und Task-Nuggets dar. In diesem Fall nutzen die Lerner physische oder simulierte Lernsysteme, um die Task-Nuggets zu bearbeiten. Davor erhalten sie entsprechendes Wissen, das sie für die erfolgreiche Bearbeitung benötigen. Zur Lernerfolgskontrolle enthält die Lerneinheit geeignete Question-Nuggets.

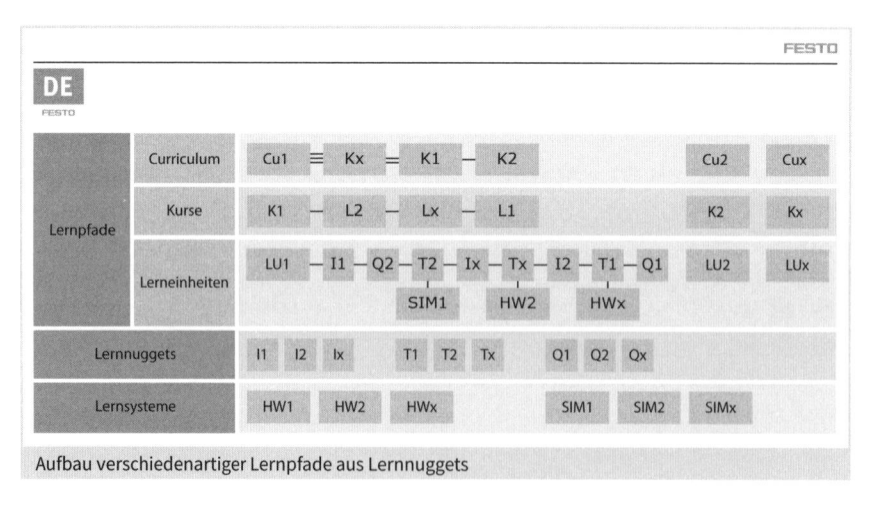

Aufbau verschiedenartiger Lernpfade aus Lernnuggets

Zur Vermittlung der Kompetenzen für rollenspezifische Handlungen wählt ihr einen handlungsorientierten didaktischen Ansatz (siehe Abbildung »Lerneinheit mit handlungsorientiertem didaktischen Ansatz«). Dabei erweitern eure Lerner ihr Wissen innerhalb einer Lerneinheit anhand realitätsnaher Arbeitsaufträge. Das für die jeweiligen Teilaufgaben erforderliche Wissen stellt ihr in Form von Info-Nuggets bereit. Diese Nuggets baut ihr allerdings nicht direkt in den Lernpfad ein, sondern verweist von den Task-Nuggets der Teilaufgaben auf die entsprechenden Info-Nuggets. Somit sind eure Lerner selbst dafür verantwortlich, sich das Wissen anzueignen, wenn sie dieses benötigen sollten.

Lerneinheit mit handlungsorientiertem didaktischen Ansatz

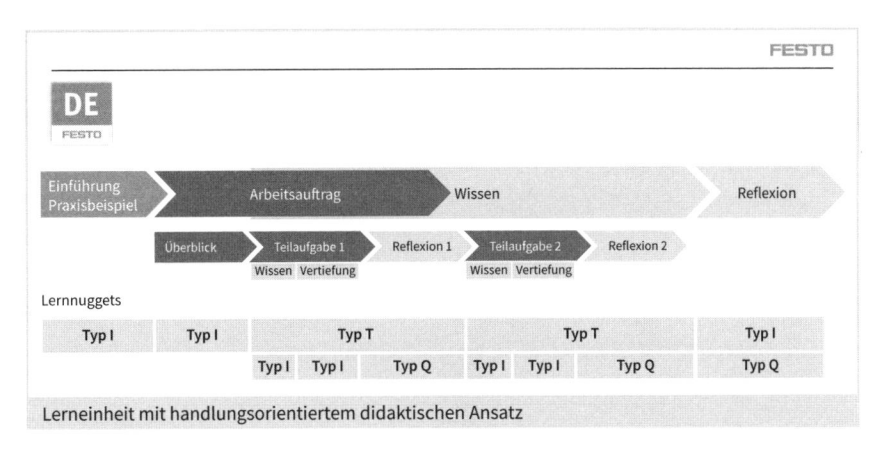

Die Struktur der Lerneinheiten in den beiden letzten Abbildungen repräsentiert demnach verschiedene didaktische Ansätze und verdeutlicht, dass ihr auf Basis der Lernnuggets fundamental unterschiedliche Ansätze in den Lerneinheiten und Lernpfaden gestalten könnt.

15.3 Adaptiere die Lernpfade und erreiche Differenzierung

Du löst die Herausforderung: Da dir in der Ausbildungsabteilung nicht die gleiche Ausstattung wie im Produktionsbereich zur Verfügung steht, werden die Task-Nuggets, die dein Kollege aus der Personalentwicklung mit deiner Unterstützung für die Produktionsmitarbeiter gestaltet hat, nicht immer für deine Auszubildenden geeignet sein. Hier bist du jetzt gefragt und passt die Task-Nuggets inhaltlich an. Im besten Fall kannst du die Struktur der Task-Nuggets erhalten und die Arbeitsaufträge ausschließlich dahin gehend ändern, dass die dir zur Verfügung stehenden Lernsysteme integriert werden. Konkret bedeutet das beispielsweise, dass du den Text der Aufgabenstellung anpasst und Bilder der Arbeitsplätze und Ausstattungsgegenstände aus der Produktion durch Bilder deiner Arbeitsplätze in der Ausbildungsabteilung und deiner Lernsysteme austauschst.

Den Lernpfad, der die Task-Nuggets umgibt, überprüfst du daraufhin, ob die Voraussetzungen hinsichtlich der erforderlichen Eingangskompetenzen dem Lernstand deiner Auszubildenden entsprechen. Ist das nicht der Fall, fügst du weitere Info-Nuggets oder Task-Nuggets hinzu. Im Einzelfall sind sogar vorgeschaltete Lerneinheiten notwendig. Abschließend planst du die adaptierten Lerneinheiten in den Ausbildungsplan deiner Auszubildenden ein.

Während deine Auszubildenden die Lerneinheiten bearbeiten, erhältst du kontinuierlich Rückmeldung darüber, wie deine Auszubildenden ihre Lernpfade bearbeiten. Falls ein Auszubildender bei einem Nugget ein Problem hat, meldet er sich direkt bei dir oder du erhältst einen entsprechenden Alarm, der ausgelöst wird, wenn der Auszubildende die empfohlene Lernzeit für das Nugget deutlich überschritten hat. Benötigt der Auszubildende zusätzlichen Lernstoff, um seinen Lernpfad erfolgreich abschließen zu können? Was fehlt ihm, um seine Lernziele zu erreichen? Das erfragst du und baust ihm weitere Lernnuggets oder ganze Lerneinheiten in seinen Lernpfad ein. Denjenigen Auszubildenden, die ihre Lernpfade deutlich vor dem geplanten Endtermin erfolgreich abgeschlossen haben, weist du weiterführende Lerneinheiten zu.

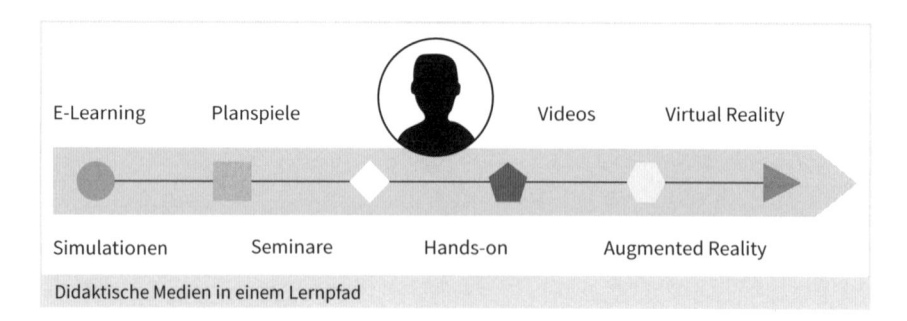

Didaktische Medien in einem Lernpfad

Deine Auszubildenden sind nicht alle gleich und haben verschiedene Präferenzen, welche didaktischen Medien sie bevorzugen? Dann ersetzt du Info- und Task-Nuggets gezielt durch alternative Nuggets, die solche Medien nutzen, die sowohl die Lernergebnisse als auch die Lerngeschwindigkeit deines einzelnen Auszubildenden verbessern (siehe Abbildung »Didaktische Medien in einem Lernpfad«).

15.4 Verwalte, gestalte und nutze deine Lernpfade

Die digitale Transformation unterstützt dich: Die modernen IT-Technologien ermöglichen es dir, das Konzept der Lernnuggets und Lernpfade effizient umzusetzen. Zur Anwendung kommen dazu ein cloudbasiertes Learning-Content-Management-System (LCMS), das mittels eines Datenspeichers verbunden mit einer Datenbanklösung die Vielzahl an Lernobjekten in einem Learning Object Repository (LOR) verwaltet. Um ein Lernobjekt später wiederzufinden, ist es erforderlich, dass du deine selbst erstellten Lernnuggets und Lernpfade entsprechend klassifizierst. Dann kannst du die – zum Beispiel auf einer Volltextsuche basierenden – Ergebnisse filtern, ähnlich wie du in einem Einkaufsportal mit Angaben zu Farbe, Größe und Marke eines Kleidungsstücks deine Suche eingrenzt.

15.4 Verwalte, gestalte und nutze deine Lernpfade

Eigenschaften eines Lernnuggets

Um ein Lernnugget anzulegen, nutzt du ein webbasiertes Bearbeitungswerkzeug, mit dem du deinem Lernnugget einen Titel und die betreffende Technologie zuweist und es anhand weiterer Kriterien beschreibst. Diese Angaben werden als Metadaten mit dem Lernnugget gesichert (siehe folgende Tabelle).

Typ	Lernort	Kompetenzstufe	Schwierigkeitsgrad
Info-Nugget	beliebig	Wissen	unbekannt
Task-Nugget	Klassenraum	Verstehen	Einsteiger
Question-Nugget	Labor	Anwenden	Fortgeschrittene
	Seminar	Analysieren	Erfahrene
		Zusammenführen	
		Beurteilen	

Metadaten von Lernnuggets

Der Typ des Lernnuggets entspricht einem der drei definierten Nuggettypen. Über den Lernort legst du fest, ob deine Auszubildenden das Lernnugget an einem beliebigen oder einem festgelegten Ort bearbeiten. Die Kompetenzstufen basieren auf den sechs Niveaus der Lernziele nach der Bloomschen Taxonomie (Bloom, 1972). Den Schwierigkeitsgrad gibst du in drei Stufen vor.

Mit dem Bearbeitungswerkzeug für Lernnuggets erzeugst du ein Format, das deine Auszubildenden in jedem Webbrowser und auf jedem Endgerät (PC, Tablet, Smartphone) nutzen können. Die Bedienoberfläche des Bearbeitungswerkzeugs ist dabei so ausgelegt, dass du Lernnuggets auch mit allen Endgeräten erzeugen kannst. Ein typischer Anwendungsfall ist beispielsweise, dass du eine praktische Aufgabe für deine Auszubildenden erstellst, indem du in deiner Ausbildungswerkstatt Fotos und Videos eines Lernsystems mit deinem Smartphone oder Tablet direkt in eine neue Seite deines Lernnuggets einfügst und dazu auf den Platzhalter für das Bild tippst (siehe Abbildung »Erste Seite eines neuen Lernnuggets«). Hiermit öffnet sich auf deinem Smartphone oder Tablet automatisch die Kameraanwendung.

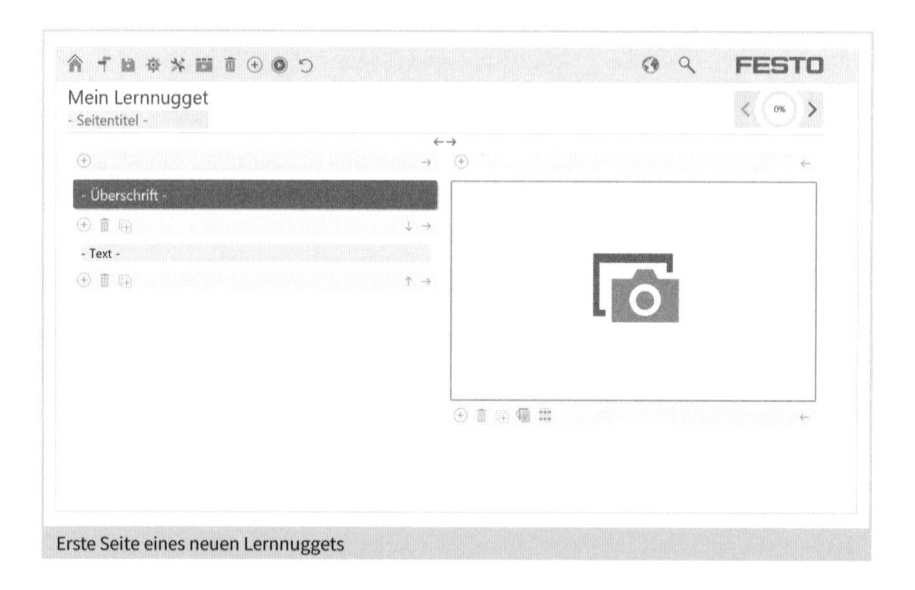

Erste Seite eines neuen Lernnuggets

Die weitere Beschreibung der Aufgabe mit Motivation und Arbeitsauftrag erstellst du anschließend an deinem PC in deinem Büro. Um dein Lernnugget weiter auszugestalten, stehen dir verschiedene Elementtypen zur Verfügung, die du an beliebigen Positionen auf der Seite einfügen und bearbeiten kannst (siehe Abbildung »Elemente für den Aufbau von Lernnuggets«).

Im vorliegenden Fall nutzt du ein Element vom Typ »Auftrag« dafür, den Arbeitsauftrag für deine Auszubildenden zu formulieren. Zusätzlich passt du den Seitentitel, die Überschrift und den Einleitungstext an. Das Format für die Darstellung der einzelnen Elementtypen ist vordefiniert, sodass du dich darum nicht kümmern musst. Die erste Seite deines Lernnuggets ist in der Abbildung »Beschreibung eines Auftrags in einem Lernnugget« dargestellt.

15.4 Verwalte, gestalte und nutze deine Lernpfade

Elemente für den Aufbau von Lernnuggets

Beschreibung eines Auftrags in einem Lernnugget

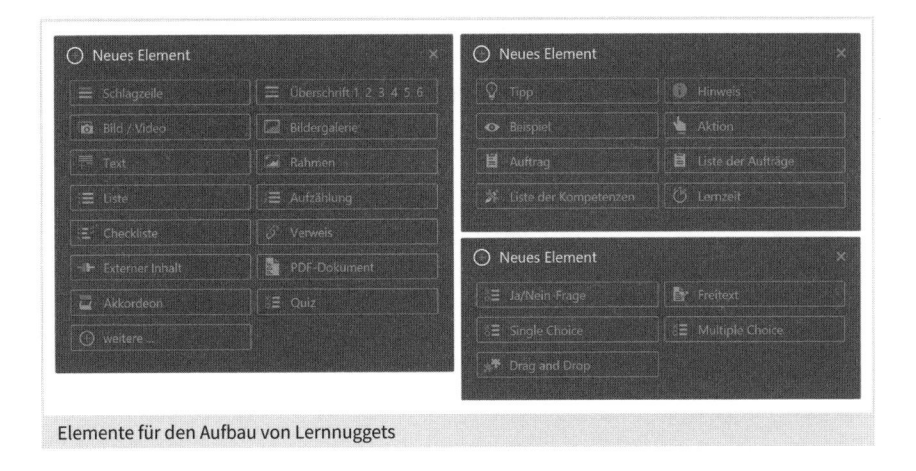

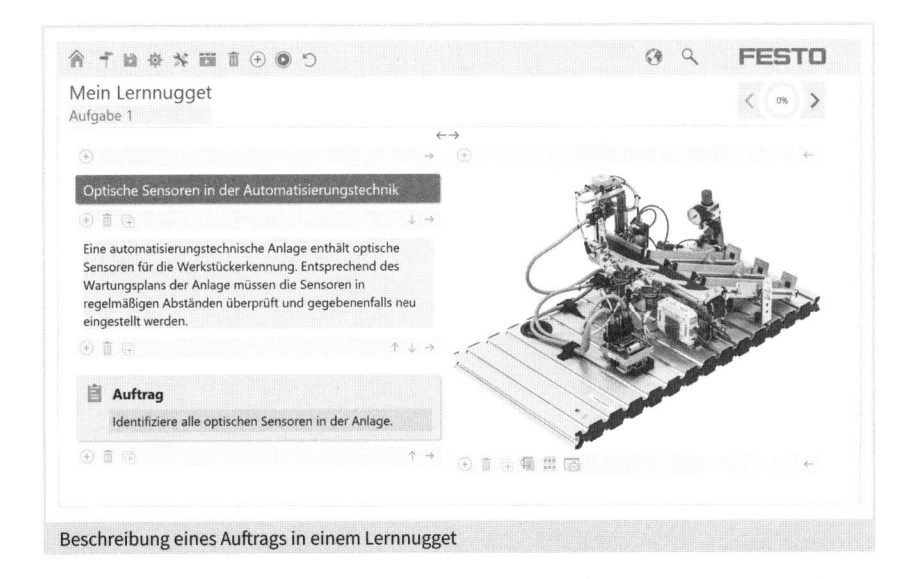

Anschließend legst du eine neue Seite an, um das Ergebnis des Arbeitsauftrags mit einer Multiple-Choice-Aufgabe abzufragen (siehe Abbildung »Bearbeitung einer Multiple-Choice-Aufgabe in einem Lernnugget«). Da fällt dir ein, dass du für diese Seite ein anderes Bild oder ein Video deines Lernsystems verwenden möchtest. Also speicherst du das Lernnugget, gehst in die Ausbildungswerkstatt, öffnest das Bearbeitungswerkzeug für das Lernnugget auf deinem Smartphone und nimmst das neue Foto oder Video für die Multiple-Choice-Aufgabe direkt für dein Lernnugget auf.

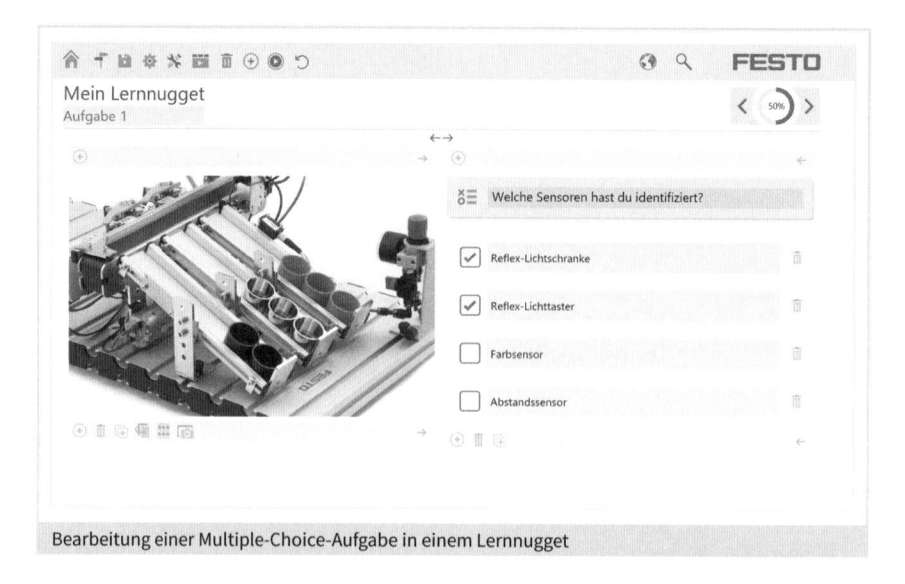

15 Das individuelle Lehr- und Lernerlebnis

Bearbeitung einer Multiple-Choice-Aufgabe in einem Lernnugget

Wieder zurück in deinem Büro weist du der Aufgabenseite deines Lernnuggets eine frei zu formulierende Kompetenz zu, nach der du später suchen oder die du im Rahmen des Kompetenzmanagements nutzen kannst. In deinem Fall wählst du die Formulierung:

»Du kannst optische Sensoren in einer automatisierungstechnischen Anlage identifizieren.«

Abschließend schätzt du die Lernzeiten für die zwei Seiten des Lernnuggets ab, gibst diese in das Bearbeitungswerkzeug ein und sicherst dein Lernnugget.

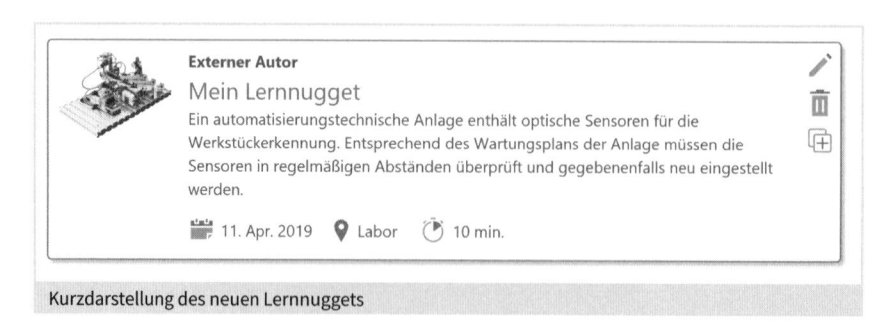

Kurzdarstellung des neuen Lernnuggets

Nun baust du dein Lernnugget in einen Lernpfad ein. Du entscheidest dich dafür, vor der praktischen Aufgabe Info-Nuggets zu den verschiedenen Typen optischer Sensoren zu nutzen und im Anschluss an dein Lernnugget einen Abschlusstest mit zehn Fragen zum Funktionsprinzip und zur Anwendung der verschiedenen Sensoren bearbeiten zu lassen. Per Drag-and-drop fügst du dein Lernnugget an die vorgesehene

15.4 Verwalte, gestalte und nutze deine Lernpfade

Position ein und ordnest die anderen Lernnuggets des Lernpfads deinen Vorstellungen entsprechend an.

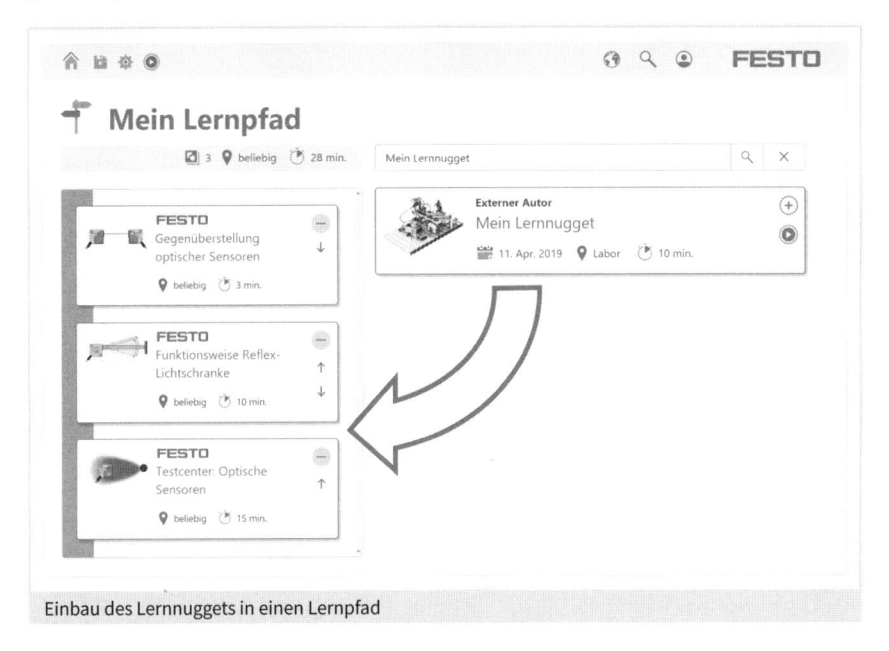

Einbau des Lernnuggets in einen Lernpfad

Nachdem du deinen Lernpfad klassifiziert und damit fertiggestellt hast, weist du ihn deinen Auszubildenden mit einem Endtermin für die Bearbeitung zu. Die Auszubildenden erhalten über ihren Zugang zur Lernplattform eine Benachrichtigung und beginnen zu einem für sie geeigneten Zeitpunkt damit, den Lernpfad zu bearbeiten.

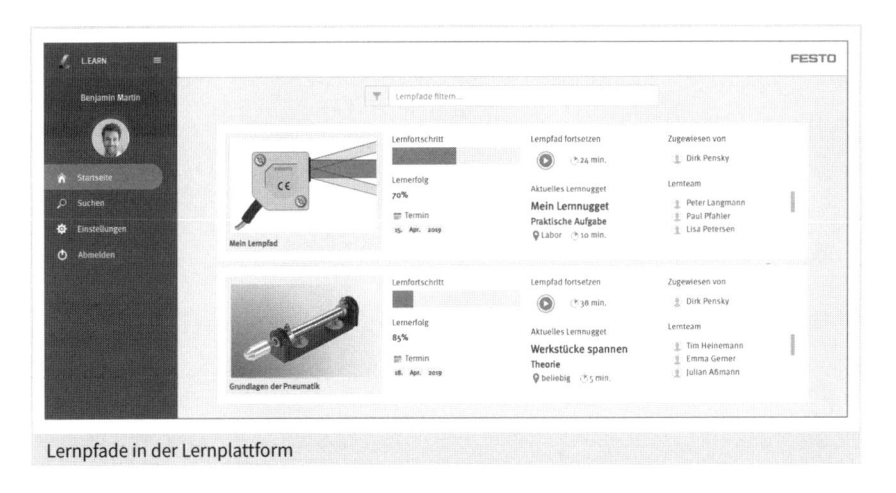

Lernpfade in der Lernplattform

Während deine Auszubildenden ihre Lernpfade bearbeiten, können sie ihrer Startseite in der Lernplattform Details zu den ihnen zugewiesenen Lernpfaden entnehmen (siehe Abbildung »Lernpfade in der Lernplattform«). Neben dem Lernfortschritt und dem bisherigen Lernerfolg ist auch das aktuell zu bearbeitende Nugget aufgeführt. Der Auszubildende kann damit sofort erkennen, welchen Lernpfad er abhängig von seiner aktuellen Situation weiterbearbeiten kann. Deine Auszubildenden erkennen darüber hinaus, welchen anderen Auszubildenden du die Lernpfade ebenfalls zugewiesen hast. Somit können sie sich mit anderen Mitgliedern ihrer Lerngruppe austauschen und nach Unterstützung fragen, falls sie Probleme bei der Bearbeitung ihres Lernpfads haben. Auch dich können deine Auszubildenden jederzeit über die Lernplattform kontaktieren. Du erhältst dann eine entsprechende Benachrichtigung, die dir je nach Einstellung als E-Mail oder an den von dir genutzten Messenger (z. B. WhatsApp) gesendet wird.

Zur gleichen Zeit hast du als Ausbilder jederzeit Zugriff darauf, wie weit deine einzelnen Auszubildenden in ihren Lernpfaden fortgeschritten sind. Außerdem erhältst du automatisch einen Alarm, wenn einer deiner Auszubildenden länger als geplant dafür benötigt, ein Lernnugget zu bearbeiten. In diesem Fall sprichst du ihn an und unterstützt ihn, indem du ihm beispielsweise zusätzliche Lernnuggets mit Hintergrundwissen in seinen individuellen Lernpfad einfügst. Auszubildende, die bereits vor dem geplanten Ende ihre Lernpfade abgeschlossen haben, förderst du dadurch, dass sie zusätzliche Aufgaben und Lerninhalte ebenfalls in Form von Lernnuggets erhalten, die das bereits Erlernte vertiefen.

Da dich interessiert, wie deinen Auszubildenden die von dir gestalteten Lernnuggets und Lernpfade gefallen, motivierst du sie dazu, die Lernobjekte in der Lernplattform zu kommentieren und mit ein bis fünf Sternen zu bewerten. Diese Rückmeldungen nutzt du dazu, deine Lernnuggets und Lernpfade zu optimieren.

15.5   Verwerte deine Lernnuggets in der Zukunft

Du fragst dich: Welche Möglichkeiten bestehen, deine Lernnuggets, die du für deine Ausbildungsabteilung erstellt hast, in deinem Unternehmen oder darüber hinaus zusätzlich zu nutzen?

Du förderst das lebenslange Lernen: Wenn für deine Kollegen Soll- und Ist-Kompetenzprofile für die verschiedenen Rollen in deinem Unternehmen vorliegen, können sie die Differenzen in den Kompetenzbereichen selbst ermitteln und ihre individuellen Lernpfade für ihre Weiterbildung eigenständig aufbauen. Hierzu ist allerdings eine systematische Zuordnung von Kompetenzen zu den Lernnuggets und Teillernpfaden erforderlich, die deine Ausbildungsabteilung und die Personalentwickler erstellen. Der Aufwand für das Kompetenzmanagement wiegt dabei in der Regel den Aufwand dafür auf, die Kolleginnen und Kollegen durch die Personalentwickler individuell zu

15.5 Verwerte deine Lernnuggets in der Zukunft

betreuen. Wenn euer Unternehmen es ermöglicht, könnte sich der Kollege aus der Instandhaltung jederzeit selbst darüber informieren, welche Kompetenzen ihm fehlen, um beispielsweise in der Arbeitsplanung eingesetzt zu werden.

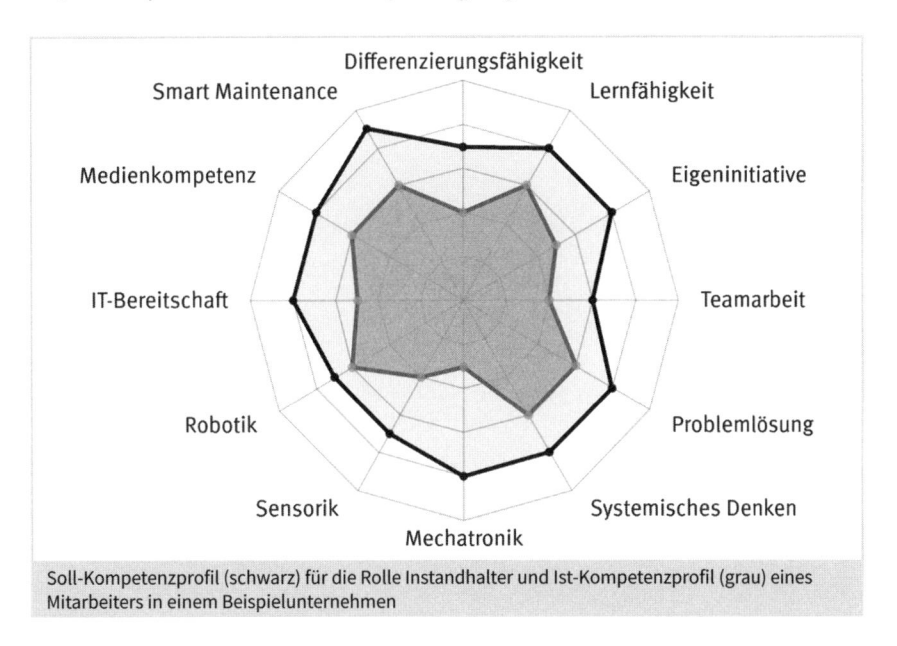

Soll-Kompetenzprofil (schwarz) für die Rolle Instandhalter und Ist-Kompetenzprofil (grau) eines Mitarbeiters in einem Beispielunternehmen

Die Differenzen in den Kompetenzbereichen lassen sich beispielsweise in Form klassischer Netzdiagramme darstellen (siehe Abbildung »Soll-Kompetenzprofil«). Über die Kompetenzbereiche kann der Kollege auf die Kompetenzfelder und auf konkrete Kompetenzen zugreifen, für die geeignete Lernnuggets oder ganze Lernpfade hinterlegt sind. Mit der Auswahl der fehlenden Kompetenzen baut er sich dann seinen individuellen Lernpfad mit den passenden Lernnuggets auf und kann sich somit in die gewünschte Richtung, also hin zu seiner ausgewählten Zielrolle weiterbilden. Analog gilt dies auch für den Fall, dass sich die Anforderungen an die aktuelle Rolle des Kollegen aufgrund des technologischen Wandels verändern.

Du erreichst Adaptive Learning: Mit den Lernnuggets als Basis für individuelle Lernpfade ist dein Unternehmen darauf vorbereitet, Methoden des Adaptive Learning zu nutzen. Dabei übernimmt ein automatisiertes System die Aufgabe, den einzelnen Lerner auf der Grundlage seiner individuellen Lernziele und der interpretierten Erfahrungen und Erfolge vergleichbarer Lerner durch seinen Lernpfad zu steuern.

Du vernetzt dich: Da die Lernplattform auch von anderen Unternehmen genutzt wird, bist du in der Lage, Lernnuggets und Lernpfade mit den Ausbildungsabteilungen oder der Personalentwicklung anderer Unternehmen zu teilen. Zusätzlich kannst du Lerninhalte der Ausbildungsabteilungen anderer Unternehmen nutzen, wenn diese für dein Unternehmen freigegeben sind.

Du siehst, es lohnt sich, kompetenzorientierte Lernobjekte in Form von Lernnuggets zu entwickeln und in einer Lernplattform zu verwalten. Dabei steht immer im Vordergrund, die Wiederverwendbarkeit der Lernobjekte zu erreichen und dies über Unternehmensgrenzen hinaus.

Literatur
Bloom, B. S. (Hrsg.) (1972): Taxonomie von Lernzielen im kognitiven Bereich. 4. Aufl. Weinheim und Basel

16 Microlearning: Wissen effektiv verinnerlichen, Mitarbeiter motivieren und dabei Kosten sparen

Norma Demuro

Ganz egal, wie unterschiedlich Unternehmen sind, in Sachen Personal stehen sie vor ähnlichen Herausforderungen: Der demografische Wandel erfordert Flexibilität bei der Mitarbeiterwahl. Quereinsteiger sind gefragt, ein sorgfältiger Wissenstransfer ist notwendig. Insbesondere in Feldern, in denen zunehmend technologie- und wissensintensive Tätigkeiten im Vordergrund stehen, kann fehlendes bzw. verlorenes Know-how ein echter Nachteil auf dem Markt sein. Oder um es positiv zu sagen: Wer seinen Wissenstransfer den veränderten Umständen entsprechend anpasst, der kann sich hierdurch einen entscheidenden Wettbewerbsvorteil verschaffen.

Die Nachfrage nach flexiblem und allgegenwärtigem Lernen ist in der Aus- und Weiterbildung ein großes Thema. Dank Microlearning und moderner Technik kann das Lernen in kleinen Häppchen sehr kosteneffizient gestaltet werden. Erlerntes wird nachweislich tief verinnerlicht und die Skills damit auch im Arbeitsalltag angewendet.

16.1 Das Ziel: Wissen nachhaltig vermitteln

Das Thema Lerntransfer wird in zahlreichen Studien behandelt. So beschäftigt sich beispielsweise der Trendmonitor 2018/2019 des mmb Instituts mit der Weiterbildung und dem digitalen Lernen heute sowie in den kommenden Jahren. Welche Aspekte sind es, die das zeitgemäße Lernen ausmachen? Wie die Studie zeigt, liegen im Trend:
- Blended Learning (97 %)
- Videos (94 %)
- Microlearning (91 %)
- mobile Anwendungen (89 %)

Dabei bedeutet **Blended Learning** die Verknüpfung von digitalen und analogen Lernwelten. Durch einen Mix der Methoden sollen Lernende bereits vor einem Seminar oder einer Schulung auf denselben Wissensstand gebracht werden. Hinterher kann das Know-how mithilfe digitaler Technik individuell vertieft werden.

Microlearning (Mikrolernen) meint das Aneignen von Inhalten in kleinen Lerneinheiten – und das gilt als nachweislich effektiv. Innerhalb weniger Minuten (ca. 2 bis 15) und in kleinen Etappen werden konkrete Lernziele erreicht, die auf ein übergeordnetes Ziel ausgerichtet sind. Durch das regelmäßige Lernen in kurzen Einheiten und durch die zielgerichteten Wiederholungen werden Inhalte besser verinnerlicht, wodurch auch der Transfer in die Praxis gestärkt wird.

Weitere Untersuchungen zeigen, dass klassische Weiterbildungskonzepte nicht immer effektiv sind, sprich: nach einer Schulung in der Praxis kaum Anwendung finden. Die Studie »Gebrauchsanweisung fürs lebenslange Lernen« der Hochschule für angewandtes Management, gefördert von der Vodafone Stiftung Deutschland und unter Beratung des Bundesinstituts für Berufsbildung (BIBB) zeigt auf, dass für zwei Drittel der Befragten (63 Prozent) das Lernen zwar ein elementarer Bestandteil ihrer Arbeit ist, aber nur 27 Prozent glauben, dass sie eine hohe Fähigkeit für den Transfer in die Praxis besitzen.

Der Mix aus lernbegleitenden, digitalen Impulsen erscheint folglich nicht nur ein Trend, sondern auch nachweislich notwendig und effektiv. Wie lässt sich das in der Praxis also umsetzen?

16.2 Microlearning in der Praxis

Microlearning kommt in verschiedenen Formen in der Praxis zum Einsatz. Beispielsweise durch:
- kurze Lernvideos
- spielerische Elemente wie ein Quiz (Stichwort: Gamification)
- übersichtliche Infografiken
- digitale Karteikarten
- interaktive Elemente

Wichtig ist vor allem, dass Multimedialität dazu genutzt wird, um eine große Vielfalt und Abwechslung zu generieren. Auch innerhalb einzelner Elemente sind verschiedene Formate möglich, so beispielsweise innerhalb des Quiz: Ja-/Nein-Fragen, Auswahl aus verschiedenen Antwortmöglichkeiten (Multiple Choice), Fragen mit/ohne Bild etc.

Die Lerneinheiten können in den Berufsalltag praktisch eingebunden werden: Sowohl auf dem Weg zur Arbeit, während einer Dienstreise oder in der Kaffeepause kann auf die Microlearning-Einheiten zugegriffen werden. Auch kleinere Leerläufe lassen sich so effektiv überbrücken. Mithilfe einer App kann Microlearning zeit- und ortsunabhängig in den Tag integriert werden. Der Gamification-Ansatz steigert dabei die Motivation und Interaktion.

16.3 Cases: Hier tragen Microlearning-Produkte bereits Früchte

Zahlreiche Unternehmen und Ausbildungsbetriebe haben Microlearning-Produkte erfolgreich im Einsatz, wie die folgenden drei Beispiele zeigen.

16.3.1 Deutschkurs Medizin mit der Karteikarten-App beim Springer Verlag

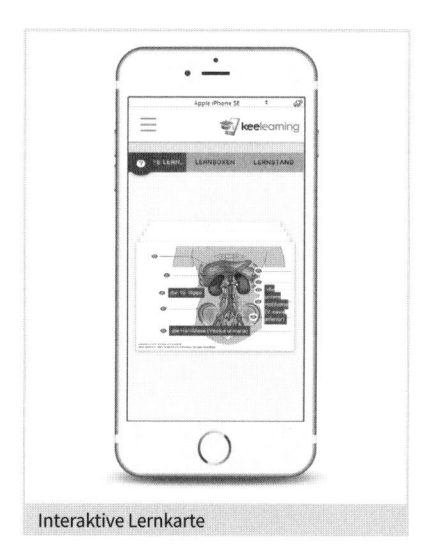

Beim Springer Verlag kommt eine Karteikarten-App zum Einsatz, die Medizinern, deren Muttersprache nicht Deutsch ist, dabei hilft, Fachbegriffe zu lernen – egal wann und wo. Mithilfe einer Audio-Funktion können die Begriffe auch angehört werden – dadurch wird das Hörverständnis trainiert. Im Anschluss daran werden die Karten in fünf verschiedene Boxen einsortiert. So kann festgelegt werden, welche Karten noch einmal wiederholt werden sollen und welche nicht.

Interaktive Lernkarte

16.3.2 Spielerisch lernen dank Quiz in der GenoAkademie

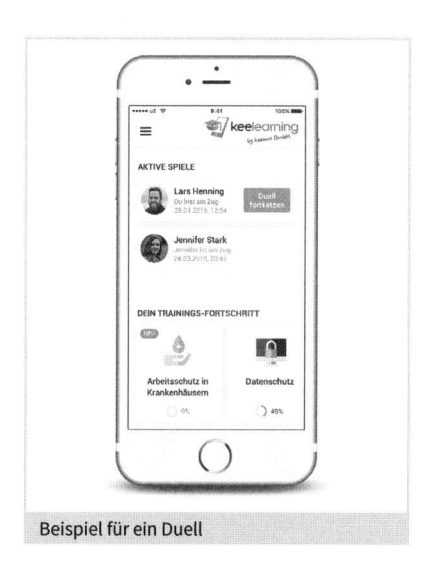

Die GenoAkademie ist Deutschlands größte genossenschaftliche Bildungseinrichtung in Deutschland für Banken und Genossenschaften in den Bereichen Personalentwicklung, Jobtrainings, Seminare, Inhouse, E-Learning und Webinare. Um insbesondere Quereinsteigern und dual Studierenden die Ausbildung zur Bankkauffrau bzw. zum Bankkaufmann zu erleichtern, wird eine mobile Lernlösung eingesetzt. Diese steigert die Nachhaltigkeit des Wissens mit einer seminarbegleitenden App für die Azubis. Im Quiz können Teilnehmer andere zum Duell herausfordern und sich so spielerisch Fachthemen widmen.

Beispiel für ein Duell

16 Microlearning

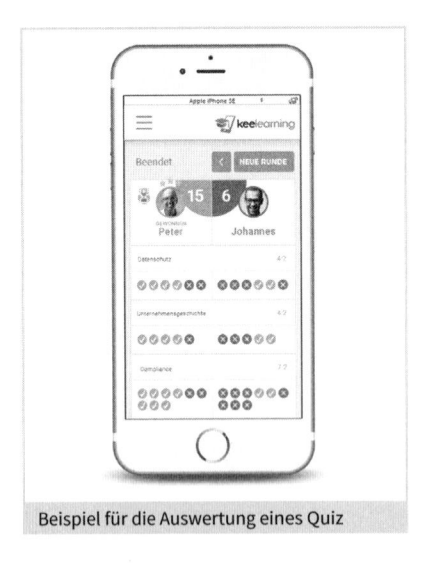

Im »Selbstlernen-Training« kann das erlernte Wissen überprüft werden. Die Lernstatistik zeigt Wissenslücken zu den verschiedenen Themenfeldern auf. Ein schöner Nebeneffekt: Die Seminarteilnehmerinnen und -teilnehmer lernen sich bereits vor den Präsenzseminaren in der digitalen Welt ein Stück weit kennen.

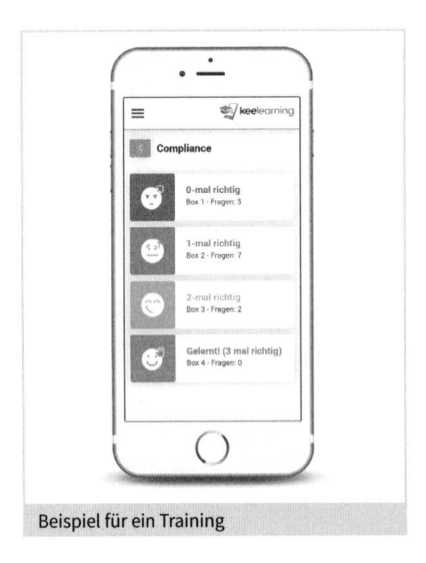

Beispiel für die Auswertung eines Quiz

Beispiel für ein Training

16.3.3 Lernmotivation unter Studierenden erhöhen – per App

Wenn Studierende in den Pausen lernen, ist das ein gutes Signal, denn das zeigt: Lernen macht Spaß. 20.000 richtig beantwortete Fragen innerhalb weniger Wochen sprechen für den Erfolg der Lern-App, die die Bauhaus-Universität Weimar für das Seminar »Siedlungswasserwirtschaft« von Prof. Dr. Jörg Londong implementiert hat. Die

App ist bereits über die Grenzen des Seminars hinaus beliebt und sie motiviert auch andere Studierende, sich mit fachfremden Inhalten auseinanderzusetzen.

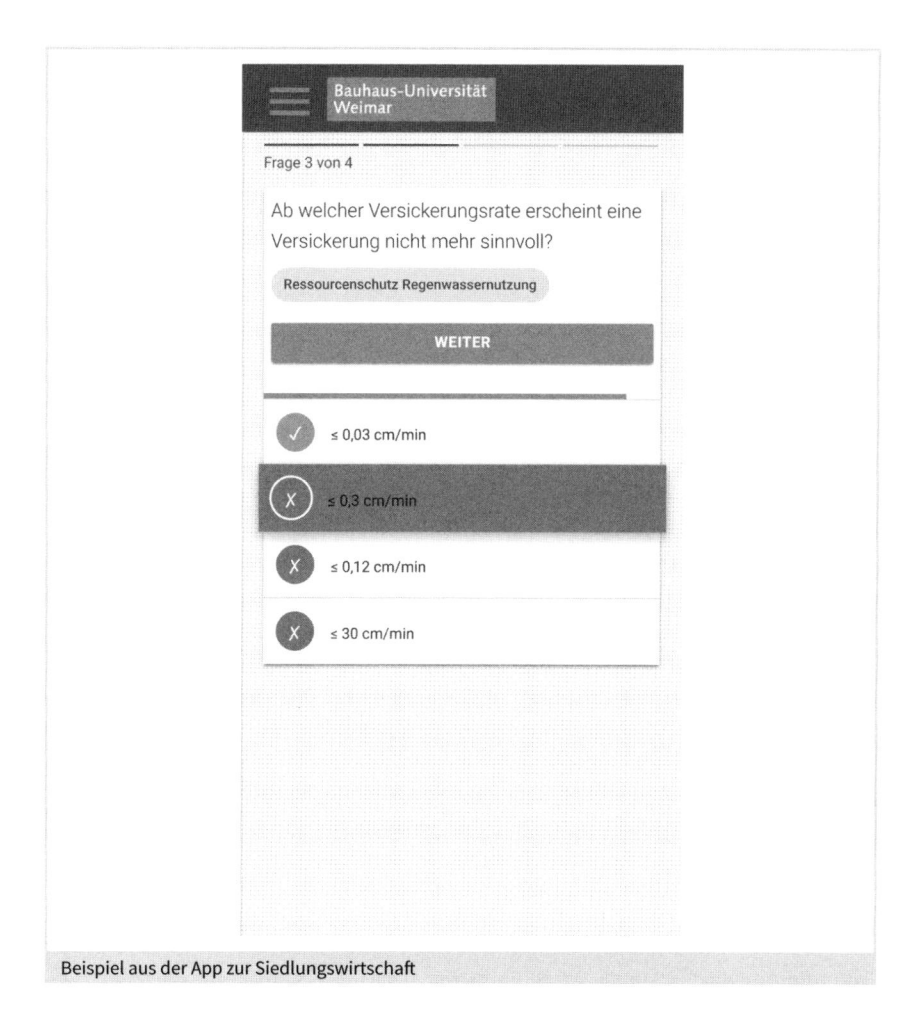

Beispiel aus der App zur Siedlungswirtschaft

16.4 Auf einen Blick: Vorteile von Microlearning

Microlearning hat für Mitarbeiterinnen und Mitarbeiter folgende Vorteile:
- nachhaltige Wissensvermittlung durch kurze Lernabschnitte
- orts- und zeitunabhängige Nutzung möglich
- schnelle Rückkopplung: Kontrolle des Lernerfolgs und aktives Handeln
- Wissensziele eingebettet in Gesamtkontext (Blended Learning)
- leichte Verinnerlichung – keine Überforderung – Individualität

Microlearning hat für Unternehmen folgende Vorteile:
- kostengünstige Ergänzung oder Alternative im Weiterbildungssektor
- kurze Entwicklungszyklen – innerhalb weniger Wochen einsatzbereit
- Updates von Lerninhalten und Aktualisierungen schnell und einfach möglich
- vielseitige Lerninhalte auf unkompliziertem Weg
- nachhaltige Wissensvermittlung für nachhaltigen Unternehmenserfolg

16.5 Technische Fragen und Voraussetzungen für Microlearning

Microlearning – klingt gut? Wer sich dafür entschieden hat, Microlearning in seinem Unternehmen zu implementieren, der steht im nächsten Schritt vor folgenden Fragen rund um die Infrastruktur:

Was benötige ich? In der Regel reichen ein Internetzugang und ein (mobiles) Endgerät aus, um die App zu bedienen. Dies ist von einem PC/Desktop oder von einem Tablet/Smartphone aus möglich.

Wie erhalten Nutzer Zugang? Eine einfache Registrierung mit der persönlichen E-Mail-Adresse reicht aus, um auf die jeweiligen Lerninhalte zuzugreifen. Es sind keine komplexen Installationen nötig. Vouchers, also kurze Codes für den Login, stellen sicher, dass auch nur diejenigen auf die Lerninhalte zugreifen, die hierzu berechtigt sind. Eine anonyme Nutzung ist auf Wunsch ebenfalls möglich.

Wie kommen die Quizfragen bzw. Lerninhalte in die App? Über einen Administrationsbereich. Der Administrator im Unternehmen kann die Quizfragen eintippen oder aus einer anderen Datei kopieren und einfügen. Wenn es zum Start viele Hunderte von Fragen gibt, die in einer Excel-Datei vorliegen, übernimmt das Unternehmen keeunit das automatische Einspielen. Der E-Learning-Dienstleister unterstützt Unternehmen außerdem bei der Erstellung von Lerninhalten.

Wie steht es um den Datenschutz? Dies ist von Anbieter zu Anbieter unterschiedlich. keeunit setzt beispielsweise ausschließlich auf ISO-zertifizierte Rechenzentren, bei denen Daten in Deutschland gespeichert und regelmäßig durch Experten geprüft werden. Alle personenbezogenen Daten werden gemäß der Datenschutzgrundverordnung, die seit Mai 2018 in Kraft ist, verarbeitet.

Was passiert im Fall einer technischen Störung? Die Speicherung auf mehreren Servern bei keeunit stellt sicher, dass die Daten auch bei einer Störung stets durchgängig erreichbar sind. Eine SSL-Verschlüsselung kodiert die Daten so, dass sie vor Dritten sicher sind.

16.6 Wie viel kostet eine Lern- oder Quiz-App?

Die Kosten für eine App, mit der Microlearning umgesetzt wird, unterscheiden sich von Anbieter zu Anbieter. Die Gebühr setzt sich in der Regel aus einer einmaligen Einrichtungsgebühr sowie der Nutzeranzahl und dem Umfang der App zusammen. Bei keeunit starten die monatlichen Gebühren bei 290 Euro pro Monat zzgl. Einrichtungspauschale, sodass insgesamt für die Dauer von einem Jahr mit einer vierstelligen Summe im mittleren bis höheren Bereich kalkuliert wird. Hinzu kommen können Kosten für die Erstellung von Lerninhalten. Dem gegenüber stehen die Kosten, die durch Fahrt- und Übernachtungskosten bzw. mehrtägige Inhouse-Seminare entstehen. In der Regel amortisieren sich die Kosten innerhalb kürzester Zeit.

16.7 Fazit: Microlearning – Kleines, das Großes bewirken kann

Wer mit kleinen Dingen Großes bewegen will, der ist mit Microlearning am Puls der Zeit. Unterhaltende Elemente, wenig Zeitaufwand und ein hoher Praxisbezug: Microlearning bietet die besten Voraussetzungen für einen nachhaltigen Lerntransfer. Dabei werden Gelder investiert und zugleich Kosten gespart. Microlearning aktiviert und motiviert Mitarbeiter und Mitarbeiterinnen – eine Win-win-Situation für alle Beteiligten.

17 Die JFK – eine kaufmännische Schule auf dem Weg zur digitalisierten Schule

Katharina Melke-Lingnau

Die John-F.-Kennedy-Schule (JFK-Schule) ist eine kaufmännische Schule mit elf verschiedenen Schularten, 110 Lehrkräften und 1.800 Schülerinnen und Schülern in Esslingen am Neckar. Unter einem Dach bereiten sich die 16- bis 24-jährigen Schülerinnen und Schüler entweder auf ihren angestrebten Schulabschluss vor (Hauptschulabschluss, mittlere Reife, Fachhochschulreife oder das Abitur) oder sie absolvieren den schulischen Teil ihrer kaufmännischen Ausbildung (als Industriekaufmann/-kauffrau, als Kaufmann/Kauffrau im Groß- und Einzelhandel, im Dialogmarketing, im Einzelhandel, im Büromanagement oder in der öffentlichen Verwaltung). Allen gemeinsam ist, dass sie sich mit kaufmännischen Themen und Inhalten aktiv auseinandersetzen und in der Regel einen kaufmännischen Beruf anstreben.

Die Unterrichtsinhalte sind durch Bildungspläne festgelegt. Sie enthalten Gestaltungsbereiche, die die Lehrkräfte nutzen können, um aktuelle berufliche und gesellschaftliche Fragestellungen in den Unterricht zu integrieren.

In der über 200-jährigen Tradition der Handelsschulen – in Esslingen seit 1886 – stellt sich das Kollegium täglich der Aufgabe, die Schülerinnen und Schüler auf ihre berufliche Zukunft vorzubereiten. Dazu gehörte es immer schon, die Veränderungen im kaufmännischen Berufsalltag möglichst schnell und zugleich durchdacht in den Unterricht einfließen zu lassen, und damit die Überlegung, wie das berufliche Handeln unserer Schülerinnen und Schüler in 10 bis 15 Jahren aussehen wird.

Mit der Digitalisierung unserer Berufswelt gehen große Veränderungen einher. Als kaufmännische Schule stellen wir folgende Fragen:
- Wie wird die Zukunft der kaufmännischen Berufe aussehen?
- Wie wird der berufliche Alltag unserer Schülerinnen und Schüler in einer digitalisierten Arbeitswelt aussehen?

Plausibel erscheint die These, dass Teile der heute noch von Menschen erledigten Routinetätigkeiten in allen und auch in den kaufmännischen Prozessen zunehmend durch künstliche Intelligenzen übernommen werden.
- Welche Routinetätigkeiten werden das sein?
- Wer übernimmt die Steuerung der künstlichen Intelligenzen? Werden Maschinen diese auch übernehmen?
- Wie schnell werden diese Veränderungsprozesse voranschreiten und in welcher Intensität?

Was wir beobachten können, sind erste Entwicklungen der digitalisierten kaufmännischen Arbeitswelt: Als Kunden kaufen wir zunehmend bei digitalen Anbietern, wodurch digitale Marktplätze wachsen bei gleichzeitigem Schrumpfen des Einzelhandels in den Innenstädten. Werbung beim Endkunden findet zunehmend über digitale Plattformen statt und ersetzt Fernseh- und Printwerbung. Industrie-4.0-Anlagen ermöglichen es auf ganz neue Art und Weise, Produkte herzustellen, die den individuellen Kundenwünschen gerecht werden. Diese Anlagen wird es zukünftig auch an den gewerblichen Schulen unseres Landkreises geben.

Zugleich beobachten wir, wie sich unsere Schülerinnen und Schüler in ihrem privaten Leben eine zweite, eine digitale Identität zulegen, in der sie nicht nur als Konsumenten auftreten, sondern als weitere Persönlichkeit und sich mitunter in der Anonymität ein anderes »Gesicht« verleihen. Es sieht so aus, als ob sie sich bereits ganz selbstverständlich in dieser digitalen Realität, z. B. in den Social Media bewegen. Eine Realität, von der Erwachsene, Eltern, Lehrkräfte, Ausbilderinnen und Ausbilder oft ausgeschlossen sind. Dadurch fällt es uns zunehmend schwer einzuschätzen, welche digitalen Kompetenzen unsere Schülerinnen und Schüler tatsächlich mitbringen. In der Folge setzen wir Kenntnisse und Fähigkeiten in digitalen Anwendungen voraus und sind dann oftmals erstaunt, wenn unsere Schülerinnen und Schüler darüber zunehmend weniger verfügen, z. B. über Grundkenntnisse in der Verwendung von Office-Programmen.

Zugleich macht es die Geschwindigkeit der technologischen Veränderungen für Lehrkräfte besonders schwer, sich in die künftige Arbeitsrealität der Schülerinnen und Schüler einzudenken.

Orientierung geben die Strategie der Kultusministerkonferenz zur Bildung in der digitalen Welt (Kultusministerkonferenz, 2017), Kongresse und die vielfältigen Lehrkräftefortbildungen, die sich diesen Fragestellungen widmen.

Um darüber hinaus die ganz spezifischen Bedarfe der an unserem Schulleben Beteiligten und der Unternehmen vor Ort kennenzulernen, haben wir an der JFK-Schule 2017 den »Arbeitskreis Digitalisierung« gegründet, in dem wir gemeinsam mit unseren Partnern in der Ausbildung, den Ausbildungsunternehmen, regelmäßig über die durch die Digitalisierung ausgelösten Veränderungen in der Arbeitswelt sprechen.

Hand in Hand mit unseren Ausbildungsunternehmen – der Arbeitskreis Digitalisierung an der JFK-Schule

```
                    JFK-Schule

                 Arbeitskreis Digitalisierung
    Wirtschaft   (2017 an der JFK gegründet)    Auszubildende
(Ausbildungsbetriebe)                           (unserer
                                                Arbeitskreismitglieder)

        Hier arbeiten wir im engen Austausch an
        zielgerichteten Digitalisierungskonzepten für
        unsere Vollzeitschulen und die
        kaufmännische Ausbildung.
```

Seit der Gründung hat sich der Arbeitskreis folgenden Themen gewidmet:
1. Was müssen unsere Schülerinnen und Schüler an digitalem Wissen mitbringen, um in der heutigen Arbeitswelt zurechtzukommen und wie können sie dieses Wissen erwerben?
2. Wie nutzen wir unsere inhaltlichen Gestaltungsbereiche in der Schule heute, um unsere Schülerinnen und Schüler auf die Zukunft vorzubereiten?
3. Wie wird die Arbeitswelt unserer Schülerinnen und Schüler in den nächsten 15 Jahren aussehen und wie wird deren Arbeitsplatz konkret gestaltet sein?

Aus den Antworten auf diese drei Fragen sind Ideen für den Unterricht an der JFK-Schule entstanden, die im Folgenden vorgestellt werden.

17.1 Lernen an einer kaufmännischen Schule im digitalen Kontext

Der Arbeitskreis Digitalisierung hat vier Schritte herausgearbeitet, in denen die Schülerinnen und Schüler für die digitalisierte kaufmännische Arbeitswelt fit gemacht werden können.

Schritt 1	Schritt 2	Schritt 3	Schritt 4
Umgang mit digitalen Werkzeugen und Datenschutz	Nutzung großer Datenmengen für kaufmännische Lernprozesse	kaufmännische Abbildung der Wertschöpfungskette	sozialintelligentes kaufmännisches Handeln
Förderung von Kompetenzen *im Umgang mit* digitalen Werkzeugen			Förderung humaner Kompetenzen unter *Nutzung von* digitalen Möglichkeiten

Vier Schritte auf dem Weg zur Digitalisierung einer kaufmännischen Schule

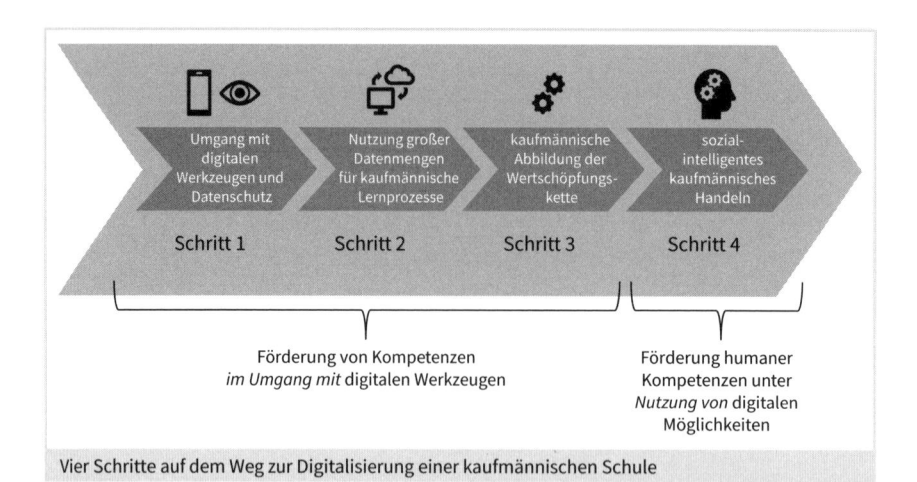

Den ersten drei Schritten ist gemeinsam, dass sie die Schülerinnen und Schüler im Umgang mit digitalen Werkzeugen schulen sollen. Sie sind für den gegenwärtigen Alltag im Unternehmen und für die nahe Zukunft wichtig, auch wenn es perspektivisch sein kann, dass diese Vorgänge in Zukunft ebenso von Maschinen übernommen werden können wie Routinetätigkeiten.

Darauf aufbauend kann dann ein weiterer Entwicklungsschritt erfolgen, der in einer digitalisierten Arbeitswelt für Kaufleute dann relevant wird, wenn es darum geht, die menschlichen Fähigkeiten für Vorgänge zu nutzen, die von künstlicher Intelligenz nicht übernommen werden können: Das sozialintelligente kaufmännische Handeln unter Nutzung der digitalen Möglichkeiten.

17.1.1 Basiswissen: Umgang mit digitalen Werkzeugen und Datenschutz

Schritt 1 ist unseren Ausbilderinnen und Ausbildern im Arbeitskreis Digitalisierung ein besonderes Anliegen: Der Umgang mit zentralen Software-Anwendungen für kaufmännisches Arbeiten ist keine Selbstverständlichkeit und sollte weiterhin an erster Stelle im Lernprozess stehen.

Digitale Grundkenntnisse
Der Erwerb umfassender Kompetenzen im Umgang mit dem Office-Paket, mit einer Unternehmenssoftware wie z. B. Navision und erste Erfahrungen mit Learning-Apps sollen im ersten Jahr an der kaufmännischen Schule systematisch erworben werden.

In den Lehrplänen der kaufmännischen Berufe und der Vollzeitschularten, die an unserer Schule angeboten werden, ist der Erwerb von Grundkenntnissen in den vorgenannten Software-Anwendungen vorgesehen. Zusätzlich bieten wir mit dem Europäischen Computerführerschein (ECDL) eine vertiefte digital gestützte Lernmöglichkeit an. Die Nutzung von Learning-Apps ist – dem entsprechenden Fachunterricht angepasst – bereits Realität und wird zunehmend selbstverständlicher.

Von der privaten zur professionellen Nutzung digitaler Möglichkeiten
Zusätzlich zu diesen Grundlagen in der Softwareanwendung sehen wir es als wesentlich an, unsere Schülerinnen und Schüler während des ersten Jahres im Übergang von der privaten Nutzung digitaler Möglichkeiten hin zu deren professioneller Nutzung zu begleiten. Das kann gut im Rahmen von Projekten geschehen und im Bereich Projektkompetenz in den Unterricht einfließen.

Die Social-Media-Kommunikation unserer Schülerinnen und Schüler ist hier ein geeigneter Themenbereich. Oft haben die Schülerinnen und Schüler in den Anwendungen gegenüber ihren Lehrkräften einen Erfahrungsvorsprung, gleichzeitig beobachten wir zunehmend, wie wenig sensibel sie mitunter mit den eigenen und den Daten anderer umgehen (z. B. indem Personen durch Bilder und deren Speichernamen verunglimpft werden oder Bilder von Personen ungefragt in Online-Netzwerke gestellt werden) – bis hin zu Mobbingsituationen, die Mitschülerinnen und Mitschüler, aber auch Lehrkräfte in Bedrängnis bringen.

Auch unsere Unternehmenspartner kommunizieren intern und zunehmend auch Kunden gegenüber mittels Social Media. Hier sind ein professioneller Umgang im richtigen Verhältnis von Lockerheit und Distanz, Verbindlichkeit, Rollenklarheit und Einhaltung des Datenschutzes gefragt.

Aus all diesen Überlegungen entstand die Idee, im ersten Jahr ein Projekt durchzuführen, in dem das private digitale Wissen mit den Schülerinnen und Schülern gemeinsam geclustert und kritisch durchleuchtet wird (siehe Abbildung »Projektbeispiel im ersten Schritt auf dem Weg in die Digitalisierung«). Dabei werden Fragen des Datenschutzes und des Persönlichkeitsschutzes thematisiert. Anschließend kann das digitale Wissen auf professionelle Kontexte übertragen werden und schließlich ein Produkt z. B. in Form eines Films oder einer kleinen Learning-App entstehen.

17 Die JFK – eine kaufmännische Schule auf dem Weg zur digitalisierten Schule

JFK SCHULE
Landkreis Esslingen

Beispiel eines Arbeitsauftrages im Bereich Projektkompetenz im Lernfeldunterricht - Kaufleute für Büromanagement

Die Zielsetzung der Projektkompetenz im Lernfeldunterricht ist die Förderung der beruflichen Handlungskompetenz. Vorrangig werden die überfachlichen Methoden-, Personal- und Sozialkompetenz gefördert. Die Schüler*innen analysieren Aufgaben, entwickeln Lösungsstrategien, gewinnen und verarbeiten Informationen. In Dokumentationen/Präsentationen werden Arbeitsergebnisse gesichert und anschließend reflektiert. Die Projektkompetenz stärkt das teamorientierte Arbeiten, da eine gemeinsame Planung und Durchführung erfolgt. Die Kontrolle erfolgt über die Lehrkraft. Meist erfolgt eine berufsfachliche Abstimmung der Lehrkräfte.[1]

Projektkompetenz:

Schüler*innen erarbeiten aus den Bereichen Staat, Unternehmen und Privatpersonen in 3er-Teams Themen, welche mit Digitalisierung[2] zu tun haben:

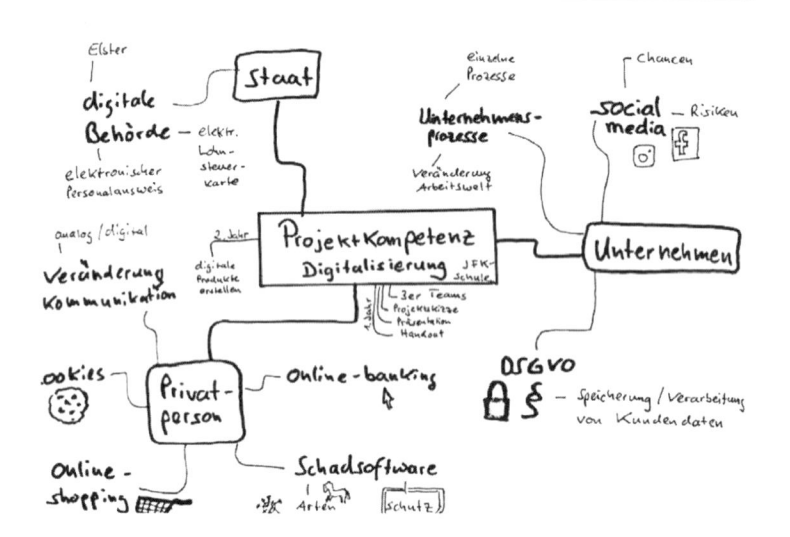

[Mindmap: Projektkompetenz Digitalisierung JFK-Schule mit den Hauptzweigen Staat (Elster, digitale Behörde, elektr. Lohnsteuerkarte, elektronischer Personalausweis), Unternehmen (einzelne Prozesse, Unternehmensprozesse, Veränderung Arbeitswelt, social media – Chancen/Risiken, DSGVO – Speicherung/Verarbeitung von Kundendaten), Privatperson (Cookies, Online-Banking, Online-Shopping, Schadsoftware – Arten/Schutz, Veränderung Kommunikation analog/digital, digitale Produkte erstellen); 2. Jahr: 3er Teams, Projektskizze, Präsentation, Handout]

Arbeitsauftrag 1. Ausbildungsjahr:

Erstellung einer Projektskizze, einer Präsentation und eines Handouts über das zugeteilte Thema.

Arbeitsauftrag 2. Ausbildungsjahr:

Auf Basis der im 1. Ausbildungsjahr erstellte Präsentation entsteht ein digitales Produkt (z. B. Erklärvideo).

---

[1]Quelle: Projektkompetenz im Lernfeldunterricht (Landesinstitut für Schulentwicklung), abgerufen 12.02.2019
[2]Quelle: Mindmap Tobias Hehl (John-F.-Kennedy-Schule), abgerufen 12.02.2019

Projektbeispiel im ersten Schritt auf dem Weg in die Digitalisierung (Autor: Tobias Hehl, Lehrkraft für Informatik und BWL an der JFK-Schule)

Soziale Kompetenzen/Selbstlernkompetenzen

Unsere Schülerinnen und Schüler werden in ihrem Berufsleben die digitalen Möglichkeiten nutzen, um von unterschiedlichen Orten der Welt aus in Teams zusammenzuarbeiten, und dabei Phasen haben, in denen sie sich in Heimarbeit eigenständig mit einem Thema beschäftigen. Unter Umständen arbeiten sie projektbezogen für mehrere Arbeitgeber und sind z. B. für ihre Fortbildung, die vielfach über Online-Kurse erfolgen wird, selbstständig verantwortlich. Das funktioniert mit Disziplin in der Selbststeuerung und -organisation sowie der Einhaltung von Regeln des zuverlässigen Umgangs miteinander und mit lebenslanger Lernbereitschaft.

In der Projektarbeit und in kooperativen Unterrichtsphasen werden solche sozialen Kompetenzen und Selbstlernkompetenzen gefördert. Eine dafür passende Schulkultur kann dabei wichtige Unterstützung leisten.

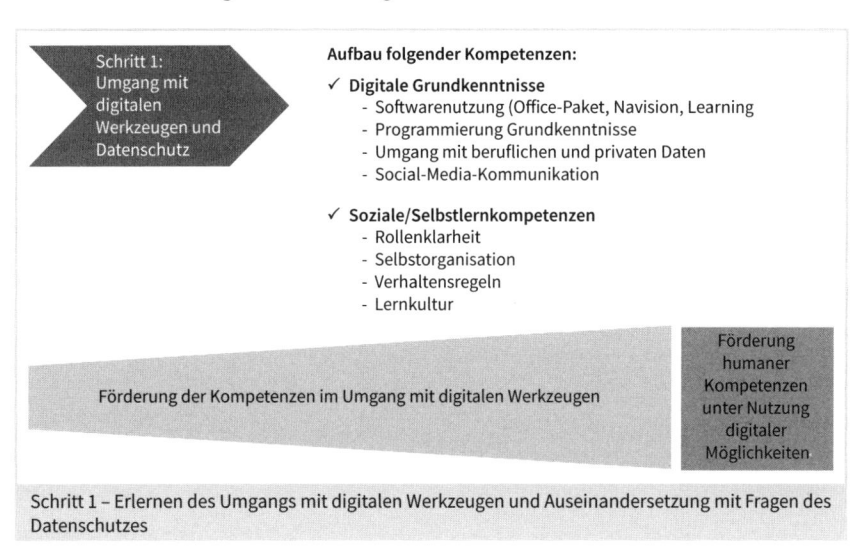

Schritt 1: Umgang mit digitalen Werkzeugen und Datenschutz

Aufbau folgender Kompetenzen:

✓ **Digitale Grundkenntnisse**
 - Softwarenutzung (Office-Paket, Navision, Learning
 - Programmierung Grundkenntnisse
 - Umgang mit beruflichen und privaten Daten
 - Social-Media-Kommunikation

✓ **Soziale/Selbstlernkompetenzen**
 - Rollenklarheit
 - Selbstorganisation
 - Verhaltensregeln
 - Lernkultur

Förderung der Kompetenzen im Umgang mit digitalen Werkzeugen

Förderung humaner Kompetenzen unter Nutzung digitaler Möglichkeiten

Schritt 1 – Erlernen des Umgangs mit digitalen Werkzeugen und Auseinandersetzung mit Fragen des Datenschutzes

17.1.2 Voraussetzungen für die Umsetzung von Schritt 1

Für den Aufbau digitaler Grundkenntnisse bedarf es einer geeigneten technischen Ausstattung in allen Klassenzimmern. Unterricht in den Software-Anwendungen findet derzeit in PC-Räumen statt. Die JFK-Schule ist flächendeckend mit WLAN versorgt, sodass alle Schülerinnen und Schüler und Lehrkräfte mit ihren privaten digitalen Endgeräten für die Lernprozesse darauf zugreifen können.

Die Ausstattung der Lehrkräfte sowie der Schülerinnen und Schüler mit einheitlichen digitalen Endgeräten würde die Präsentationen von Arbeitsergebnissen im Klassenraum, das gemeinsame Arbeiten an einem Dokument, das kollaborative Arbeiten und den Austausch von Erfahrungen und Materialien ermöglichen. Im kaufmännischen Bereich ist es wichtig, dass diese digitalen Endgeräte für die Verwendung von Learning-Apps geeignet sind, zusätzlich die alltägliche Verwendung des Office-Pakets möglich ist und dass sie mit einer guten Tastatur und Maus ausgestattet sind. Außerdem wird eine datensichere Plattform benötigt, die so klar strukturiert ist, dass die Vorgaben für die Dateiablage klar geregelt sind. Außerdem muss die Einhaltung dieser Regeln leicht von Lehrkräften überprüfbar sein können.

Um die Selbstlernkompetenzen zu stärken, wurde kürzlich ein Arbeitsraum für Schülerinnen und Schüler eingerichtet, in dem diese eigenständig Meetings und Präsentationen vor Kleingruppen durchführen, aber auch in Einzelarbeit üben oder in kleinen Teams kreativ zusammenarbeiten können. Dieser Raum kann von bis zu 25 Schülerinnen und Schülern zeitgleich genutzt werden und soll bei klarem Regelwerk zur freien Verfügung stehen. Da nicht allen 1.800 Schülerinnen und Schülern diese Arbeitsmöglichkeit gleichzeitig zur Verfügung stehen kann, sollen freie Bereiche der Schule – bei uns sind das die breiten Flure mit ihren Nischen – so möbliert werden, dass hier allen Schülerinnen und Schülern das kollaborative Arbeiten mit digitalen Endgeräten ermöglicht wird.

Für die Vorbereitung auf die digitale Arbeitswelt braucht es eine passende Lernkultur an der gesamten Schule. Schule bleibt dabei Lern- und Lebenswelt. Dazu wird die Schul- und Hausordnung durch die Gesamtlehrerkonferenz und die Schulkonferenz einhergehend mit der sich verändernden digitalen Ausstattung der Schule schrittweise so angepasst werden müssen, dass der private und der schulische Umgang mit digitalen Endgeräten trainiert wird und deutlich ist, welche Zonen in der Schule der Einzelarbeit oder der Arbeit in Teams oder im Klassenverband dienen und welche Zonen zur Erholung gedacht sind.

17.2 Aufbau kollektiven Wissens (Wissensmanagement) und Veränderung von Lehr-/Lernprozessen (Big Data)

In einem zweiten Schritt auf dem Weg zu einer digitalisierten kaufmännischen Schule sollen dann zwei zentrale Vorteile der Digitalisierung für Lernprozesse genutzt werden:
1. Die kollektive Nutzung digital hinterlegten Wissens in einem kontinuierlichen Verbesserungsprozess
2. Die Nutzung großer Datenmengen bzw. digital erhobener Informationen über den eigenen Lernprozess

Dieser Schritt in Richtung Digitalisierung dockt weniger an konkreten Lehrplaninhalten als an didaktischen Fragen der Wissensvermittlung an.

17.2.1 Kollektive Lernprozesse

Die Einrichtung einer kollaborativen Software zum gemeinsamen Wissensmanagement kann in einem ersten Schritt zum Aufbau einer Wissensdatenbank genutzt werden, in der die Schülerinnen und Schüler ihre Arbeitsergebnisse hinterlegen und für den jeweils nächsten Jahrgang zur Verfügung stellen. Das kann in Form von Texten, Audioaufnahmen oder Filmen geschehen. Diese wiederum sollen Ausgangspunkt für die Lernprozesse des folgenden Jahrgangs sein und überarbeitet werden. Erste Erfahrungen mit einfachen Erklärvideos wurden an unserer Schule bereits gemacht. Dabei zeigt sich, dass die Schülerinnen und Schüler in der Lage sind, sich mit didaktischen und thematischen Fragestellungen parallel zu befassen. Die Auseinandersetzung mit einem Inhalt und der Frage, wie dieser Inhalt am besten dargestellt und erlernt werden kann, kann miteinander einhergehen und von den Lernenden selbst beeinflusst werden.

Im Sinne eines kontinuierlichen Verbesserungsprozesses werden sich verändernde wirtschaftliche Rahmenbedingungen (z. B. Veränderung der Prozentsätze in der Sozialversicherung) von den Schülerinnen und Schülern selbstständig eingearbeitet und die Wissensdatenbank so aktuell gehalten. Die Verantwortung für die Darstellung der zu erarbeitenden Lerninhalte geht schrittweise von der Lehrkraft auf die Lernenden über. Die Lehrkraft hat zunehmend beratende Funktion. Die Anzahl der Personen an einer Schule, die Materialien erstellen, steigt deutlich, wenn diese Aufgabe nicht mehr nur bei den Lehrkräften liegt. Inhalte können mehrfach, für verschiedene Lerntypen bereitgestellt werden.

Dieser Materialpool bietet dann auch die Möglichkeit einer Variante des Flipped Classroom, wenn das Material vom jeweiligen Folgejahrgang zur Vorbereitung auf den Unterricht genutzt und dann mit der Lehrkraft anhand von Anwendungsaufgaben während des Unterrichts gefestigt wird. Der Fundus an Beispielen aus Unternehmenskontexten kann mithilfe unserer Auszubildenden kontinuierlich vergrößert werden, und unsere Schülerinnen und Schüler lernen neben der Verantwortung für die Inhalte zugleich den systematischen Umgang mit größeren Datenmengen.

Grundsätzlich stellt sich die Frage, ob die Nutzung einer professionellen Lernplattform, die heute bereits eine Vielzahl von Lernvideos bereithält, eine eigene, schulbezogene Plattform ersetzen könnte und sie damit überflüssig macht. Damit würde aber der pädagogische Vorteil einer eigenen Wissensdatenbank verloren gehen, der darin liegt, dass die Schülerinnen und Schüler Verantwortung für das eigene Wissensprodukt übernehmen.

Zudem kann mit einer eigenen Lernplattform über die Jahre an der Schule Wissen darüber entstehen, welche themenspezifischen Lernzugänge die Schülerinnen und

Schüler bevorzugen. Die in einer schulspezifischen Wissensdatenbank gespeicherten Daten können also analysiert und Informationen über das Lernverhalten der Schülerinnen und Schüler generiert werden, die wiederum in didaktische Verbesserungen münden könnten.

Auch professionelle Datenbanken können solche Datenanalysen zu verschiedenen Fragestellungen durchführen. Bei einer schulweiten Nutzung solcher Datenbanken gilt es daher, den Schutz der Schülerinnen und Schüler vor der Nutzung von Nutzer-/Lernerdaten für fremde Zwecke im Blick zu behalten.

17.2.2 Individuelle Lernprozesse

Auch für individuelle Lernprozesse gibt es jetzt bereits eine Vielzahl von in Apps programmierten Anwendungen, die in diesem zweiten Schritt zum Einsatz kommen sollen. Hier erscheinen insbesondere die Apps interessant, die nach der Erarbeitungs- und Übungsphase die Erhebung des Wissensstandes zu einem Thema ermöglichen und aufzeigen, bei welchen Themen ein Schüler oder eine Schülerin noch Wissenslücken hat. Die Lehrkraft kann durch die Bereitstellung individuellen Lernmaterials dann gezielt Unterstützung bieten. Für die Schülerinnen und Schüler bedeutet dies, dass sie ihre Selbststeuerungskompetenzen weiter ausbauen müssen, indem sie selbst feststellen, welches Wissen ihnen noch fehlt. Die Lehrkraft steht dann als Expertin für die Frage zur Verfügung, wie dieses fehlende Wissen erworben werden kann.

Schritt 2: Nutzung großer Datenmengen für kaufmännische Lernprozesse

Nutzung digitaler Möglichkeiten für Lernprozesse

✓ **Kollektive Lernprozesse: gemeinsames Wissensmanagement**
Arbeitsergebnisse einer Schulart/eines Jahrgangs werden in Form einer Wissensdatenbank (Filme, Hörspiele, Texte) festgehalten und vom jeweils nächsten Jahrgang im Sinne eines kontinuierlichen Verbesserungsprozesses genutzt und überarbeitet.

✓ **Individuelle Lernprozesse:**
Nutzung der Zugriffsmöglichkeit auf Arbeitsergebnisse der Schülerinnen und Schüler im Lernprozess durch Anpassung der Lernanstöße an diese Zwischenergebnisse

Förderung der Kompetenzen im Umgang mit digitalen Werkzeugen

Förderung humaner Kompetenzen unter Nutzung digitaler Möglichkeiten

Schritt 2 – Nutzung großer Datenmengen für kollektive und individuelle Lernprozesse

17.2.3 Voraussetzungen für die Umsetzung von Schritt 2

Eine zentrale Voraussetzung für den Schritt 2 in Richtung Digitalisierung ist eine Kollaborationssoftware/-plattform und entsprechender Speicherplatz zur gleichzeitigen Bearbeitung von Inhalten und zur gemeinsamen Speicherung. Diese Software muss sichere Speicherbereiche für Lehrkräfte ausweisen und von Lehrkräften einsehbare Speicherbereiche für Schülerinnen und Schüler. Sie muss leicht strukturierbar und aktualisierbar sein. Die üblichen Office-Anwendungen, die Unternehmenssoftware und die Speichersoftware für Filme und Höraufnahmen müssen in den gleichen digitalen Formaten, wie sie auch von Unternehmen genutzt werden, möglich sein. Für eine kaufmännische Schule und deren enge Zusammenarbeit mit unterschiedlichsten Ausbildungsbetrieben ist es von wesentlicher Bedeutung, dass diese Plattform dem von den Unternehmen verwendeten Standard entspricht. Es zeichnet sich derzeit ab, dass Office 365 ein entsprechendes Tool sein wird, da es von den Unternehmen zunehmend genutzt wird und die Betreuung gesichert wäre. Datenschutzrechtliche Bedenken gilt es vonseiten der Schule mit dem jeweiligen Schulträger und Dienstherrn zu klären. Schulintern wird es wichtig sein, durch regelmäßig sich wiederholende Fortbildungen sicherzustellen, dass keine personenbezogenen Daten auf dieser Plattform ausgetauscht werden. Für die Sicherung und den Austausch schülerbezogener Daten stellt die Schule eine gesonderte und lokal gesicherte Plattform zur Verfügung.

17.3 Kaufmännische Abbildung der Wertschöpfungskette: Virtual Learning

Ausgestattet mit Wissen über den professionellen Umgang mit digitalen Endgeräten und dem Office-Paket, mit erstem Programmierungswissen und der Fähigkeit, einzeln und kollaborativ zu arbeiten und Wissen so zu speichern, dass es für unbekannte zukünftige Anwender gewinnbringend nutzbar ist, können die Schülerinnen und Schüler sich in einem dritten Schritt der Anwendung ihrer Kompetenzen für die Gestaltung wirtschaftlicher Prozesse widmen.

17.3.1 Kaufmännische Abbildung von Produktionsprozessen

Unseren Ausbildungsbetrieben ist es dabei ein besonderes Anliegen, dass auch ihre kaufmännischen Mitarbeiterinnen und Mitarbeiter bereits in der Ausbildung ganz selbstverständlich mit technischen Fragestellungen und technischer Sprache in Berührung kommen. An unserer Schule erproben wir die Begegnung von Schülerinnen und Schülern im gewerblichen und kaufmännischen Bereich derzeit in einer unserer

Übungsfirmen[36]. Die Übungsfirma hat die Smart-Home-Produkte unserer Nachbarschule in ihr Portfolio aufgenommen und diese mit Unterstützung von Schülern der Nachbarschule auf einer Übungsfirmenmesse vorgestellt. Uns ist hier in einem ersten Schritt wichtig, kaufmännisch orientierte Jugendliche auch auf technische Produkte neugierig zu machen, das Verständnis für technische Zusammenhänge zu stärken und eine gemeinsame Kommunikation darüber zu ermöglichen.

In einem nächsten Schritt könnten dann die kaufmännischen Prozesse einer Industrie-4.0-Produktion insgesamt in eine Übungsfirma übertragen werden. Dies geschieht, indem sie dort virtuell abgebildet werden. Insbesondere wird es um die Frage gehen, welche Informationen, die die 4.0-Produktion liefert, für Kaufleute direkt ablesbar sein werden und wie sich diese Produktion auf kaufmännisches Handeln über die Wertschöpfungskette – vom Einkauf über die Steuerung von Produktionsstückzahlen und die Kalkulation des Verkaufspreises bis hin zu Marketing und Vertrieb – auswirken wird. Insbesondere wenn mit Industrie 4.0 die Herstellung von individuellen Produkten in der direkten Steuerung durch den Kunden möglich würde, entstünden interessante neue Gestaltungsmöglichkeiten für diese kaufmännischen Bereiche. Um diese besonderen kaufmännischen Gestaltungsmöglichkeiten zu verstehen, brauchen auch unsere Schülerinnen und Schüler die Möglichkeit vertiefter Einblicke in eine solche Produktion. Dazu sind Kooperationen mit den umliegenden gewerblichen Schulen angedacht, bei denen derzeit solche Industrie-4.0-Anlagen entstehen. Virtuelle Zwillinge dieser Anlagen können später durch VR-/AR-Brillen für unsere Schülerinnen und Schüler erlebbar gemacht werden und so zusätzlich eine raumunabhängige kaufmännische Betrachtung ermöglichen.

17.3.2 Simulation eines Online-Shops

Wie die Industrie unterliegt auch der Handel grundlegender struktureller Veränderungen durch die Digitalisierung. Im Bereich des Einzel- und Großhandels wird es zukünftig auch in der kaufmännischen Ausbildung bereits darum gehen, kaufmännische Prozesse eines Online-Vertriebs in einem beispielhaften Online-Shop darzustellen – von der geeigneten Sortimentsauswahl über den Entwurf des Internetauftritts, die Darstellung der Produkte, die passende Ansprache der Kunden, die Lagerhaltung bis zu Bezahl-, Finanzierungs- und Versandoptionen.

---

36 Die Übungsfirma ist ein virtuelles Unternehmen für die kaufmännische Aus- und Weiterbildung. Sie handelt unter Echtbedingungen in verschiedenen Abteilungen – vom Einkauf über die Personalabteilung bis zum Marketing. Mithilfe einer Unternehmenssoftware werden zahlreiche Geschäftstätigkeiten der realen Welt (z. B. Einkauf, Online-Banking, Gehaltszahlung, Verkauf etc.) abgebildet. Die Produkte der Firmen sind fiktiv, die Zahlungsströme real: Auf Übungsfirmenmessen treffen sich die Übungsfirmen (über 7.000 weltweit) verschiedener Schulen und treten in regen Handel ein, der dann in der Folge bearbeitet wird.

17.3 Kaufmännische Abbildung der Wertschöpfungskette: Virtual Learning

Für das Lernen an einem konkreten Online-Shop bieten sich zwei Zugänge an. Zum einen ist dies über eine Übungsfirma möglich, die die Besonderheiten des Online-Vertriebs in die virtuelle Simulation aufnimmt. Soll das Sortiment aus einem realen Produkt bestehen, z. B. aus dem Produkt einer 4.0-Produktion an einer gewerblichen Schule, dann kann der Online-Shop über eine Übungsfirma realisiert werden.

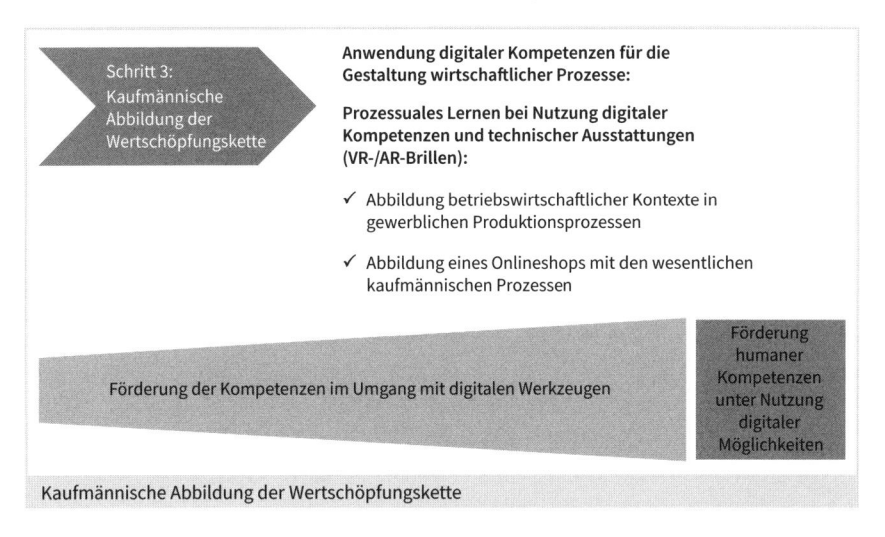

Schritt 3: Kaufmännische Abbildung der Wertschöpfungskette

Anwendung digitaler Kompetenzen für die Gestaltung wirtschaftlicher Prozesse:

Prozessuales Lernen bei Nutzung digitaler Kompetenzen und technischer Ausstattungen (VR-/AR-Brillen):

✓ Abbildung betriebswirtschaftlicher Kontexte in gewerblichen Produktionsprozessen

✓ Abbildung eines Onlineshops mit den wesentlichen kaufmännischen Prozessen

Förderung der Kompetenzen im Umgang mit digitalen Werkzeugen

Förderung humaner Kompetenzen unter Nutzung digitaler Möglichkeiten

Kaufmännische Abbildung der Wertschöpfungskette

17.3.3 Voraussetzungen für die Umsetzung von Schritt 3

Für die kaufmännische Abbildung einer Industrie-4.0-Produktion ist die Kooperation mit einer gewerblichen Schule nötig, die über eine solche Anlage verfügt. Um die Kooperation im Aufwand überschaubar zu halten, wird die Nutzung der VR-/AR-Technologie wertvoll sein. Die Voraussetzungen hierfür werden in der schulübergreifenden Möglichkeit des Datenaustauschs liegen. Dies betrifft die Datenbank genauso wie die Nutzung geeigneter Software und die Fortbildung für Lehrkräfte im Umgang mit dieser Software.

Für die Simulation eines Online-Shops oder die Realisierung eines realen Online-Shops in Form einer Übungsfirma ist die Kooperation mit einer gewerblichen Schule, deren Produkt vertrieben werden könnte, und die Kooperation mit mindestens einem Unternehmen mit Online-Shop sinnvoll, um die schnellen Entwicklungen in diesem Markt in der Schule abbilden zu können. Eine Software zur Programmierung einer Homepage zur Produktdarstellung, eine Unternehmenssoftware zur Abbildung der Finanzströme sowie Zugangsmöglichkeiten zu Social Media für digitales Marketing sind ebenso wichtig.

Die Übungsfirmen verfügen in der JFK-Schule über einen eigenen Bürobereich, der die Arbeit in Abteilungen, Besprechungen und Präsentationen ermöglicht, sowie über Einzelarbeitsplätze. Dieser Bürobereich muss um einen Bereich für die Produktionssimulation erweitert werden. Für die Simulation eines Online-Shops wird ein eigener Bürobereich benötigt, der die Simulation der Organisationsstrukturen eines in diesem Markt tätigen Unternehmens ermöglicht und insbesondere die kreativen Prozesse der Produktdarstellung und der Social-Media-Nutzung unterstützt.

17.4 Stärkung von Kreativität, Empathie und sozialintelligentem Handeln

Mit der Digitalisierung der Arbeitswelt wird eine große Zahl kaufmännischer Tätigkeiten nicht mehr von Menschen erledigt werden, z. B. die Buchung von Reisen, die Zeiterfassung, die Verbuchung von Einkaufs-, Produktions- und Verkaufsvorgängen, das Kassieren im Einzelhandel. Viele Vorgänge werden durch Software automatisiert werden. Was bleibt, sind alle Tätigkeiten, die auf Empathie fußen, Tätigkeiten, die mit zwischenmenschlicher Kommunikation – Begegnung, Vertrauen Fürsorge und Verantwortung – zu tun haben. Was bleibt, sind auch die Tätigkeiten, die auf sprunghaftem, intuitivem Denken beruhen, also auf Kreativität.

Aufbauend auf eine grundständige Ausbildung für die Nutzung digitaler Technologien ist es daher wichtig, unsere Schülerinnen und Schüler in ihrer Kreativität im Umgang mit diesen Technologien und in der zwischenmenschlichen Kommunikation zu stärken.

17.4.1 Gründerschule

Das Wirtschaftsgymnasium der JFK-Schule nimmt seit einigen Jahren am »Deutschen Gründerpreis«-Wettbewerb für Schulen teil. Hier gilt es, eine Produkt- oder Dienstleistungsidee gegenüber Unternehmensvertretungen überzeugend darzustellen und einen passenden Businessplan zu entwerfen. Den beteiligten Lehrkräften schwebt vor, diese Wettbewerbsteilnahme in Form von – über digitale Kommunikation gesteuerten – Arbeitsgemeinschaften zwischen Schülerinnen und Schülern verschiedener Schularten unserer Schule auszuweiten.

Es wird angestrebt, die Attraktivität einer solchen Arbeitsgemeinschaft durch eine Kooperation mit der örtlichen Hochschule zu steigern. Diese hat zum einen das Ziel, sich über Gründerideen auszutauschen (Gründerspirit), zum anderen könnte ein Mentorenprogramm bei Fragen der technischen Umsetzbarkeit der Schülerideen wertvolle Unterstützung leisten.

17.4.2 Interkulturelle Kompetenz

Digitalisierung ermöglicht die Zusammenarbeit von Menschen über Kontinente und Kulturen hinweg. Um diese Möglichkeit im Arbeitsalltag nutzen zu können, ist ein tief greifendes Verständnis für die eigene und die Kultur der professionellen Partner nötig. Neben sprachlichen Grundlagen und dem Wissen um Missverständnisse, die bei unterschiedlicher Sprache schnell entstehen, wird ein Handwerkszeug benötigt, das Kommunikation ermöglicht, beispielsweise das Bewusstsein für kulturell geprägte Haltungen und die Bereitschaft, andere Haltungen anzuerkennen. Insofern ist das Fach »Interkulturelle Kompetenz« neben dem Sprachunterricht auch für ein Bestehen in der digitalisierten Arbeitswelt eine wichtige Voraussetzung.

An der JFK-Schule gibt es bereits einen gut eingeführten Schüleraustausch mit Frankreich, Spanien, England und Polen. Diese Begegnungsmöglichkeiten dürfen im Digitalisierungsprozess unserer Schule nicht ins Hintertreffen geraten. Vielmehr sollen diese Austausche gestärkt werden. Zusätzlich bemühen wir uns um internationale Kontakte mit Schulen, die sich ebenfalls auf den Weg zur Digitalisierung gemacht haben. Von einer Partnerschaft zu Digitalisierungsfragen mit einer beruflichen Schule in Finnland und von der Teilnahme an europaweiten Erasmus+-Programmen in diesem Themenbereich versprechen wir uns weitere Anregungen für die eigene schulische Entwicklung.

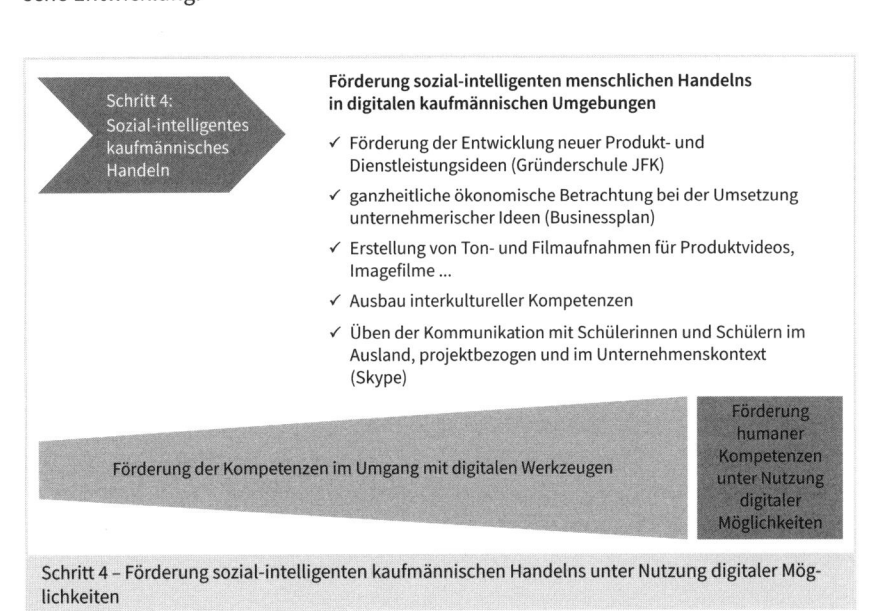

Schritt 4: Sozial-intelligentes kaufmännisches Handeln

Förderung sozial-intelligenten menschlichen Handelns in digitalen kaufmännischen Umgebungen

- ✓ Förderung der Entwicklung neuer Produkt- und Dienstleistungsideen (Gründerschule JFK)
- ✓ ganzheitliche ökonomische Betrachtung bei der Umsetzung unternehmerischer Ideen (Businessplan)
- ✓ Erstellung von Ton- und Filmaufnahmen für Produktvideos, Imagefilme ...
- ✓ Ausbau interkultureller Kompetenzen
- ✓ Üben der Kommunikation mit Schülerinnen und Schülern im Ausland, projektbezogen und im Unternehmenskontext (Skype)

Förderung der Kompetenzen im Umgang mit digitalen Werkzeugen

Förderung humaner Kompetenzen unter Nutzung digitaler Möglichkeiten

Schritt 4 – Förderung sozial-intelligenten kaufmännischen Handelns unter Nutzung digitaler Möglichkeiten

17.4.3 Voraussetzungen für die Umsetzung von Schritt 4

Für die Umsetzung von Schritt 4 ist eine Reihe von Kooperationen nötig, die dem Austausch von Wissen und der gemeinsamen Kreativität (Spirit) dienen sollen, z. B. die Kooperation mit dem Gründerbereich der örtlichen Hochschule und mit Gründern in der Region. Für diese Kooperationen bräuchte die Schule sowohl auf Lehrerseite als auch aufseiten der Schülerinnen und Schüler flexible zeitliche Möglichkeiten und finanzielle Unterstützung. Letzteres beispielsweise, damit Schülerinnen und Schülern die Teilnahme an Fortbildungen, Messen und Kongressen möglich ist. Die Anerkennung von Arbeitszeit, in der eine Lehrkraft die Schülerinnen und Schüler auf digitalem Weg betreut, wäre eine weitere wichtige Grundlage.

In Ergänzung zu den in den vorgenannten Schritten aufgezählten Voraussetzungen in Sachen Software und digitaler Endgeräte kommt nun für die ortsunabhängige Zusammenarbeit zwischen Schülerinnen und Schülern, deren betreuenden Lehrkräften sowie Unternehmenspaten und Studierenden-Coaches die Notwendigkeit hinzu, dass die kollaborative Software auch für diese Kommunikation datengeschützt nutzbar ist.

Eine Kooperation mit einer Marketing-Agentur mit entsprechenden Kompetenzen ist für den professionellen Umgang mit Audio- und Filmaufnahmen wichtig, damit wir auch hier auf der jeweiligen Höhe der Zeit bleiben können und z. B. Einblicke in die 3D-Werbefilm-Entstehung bekommen.

In der Schule ist die technische und räumliche Ausstattung für die digital gestützte Kommunikation mit Unternehmen und Schülergruppen im Ausland notwendig.

17.5 Das digitale Büro – ein Versuch zur kaufmännischen Schule der Zukunft

Überträgt man den an gewerblichen Schulen realisierten Gedanken, anhand überschaubarer Industrie-4.0-Anlagen die Schülerinnen und Schüler an die technologische Arbeitswelt der Zukunft heranzuführen und damit auch denjenigen Ausbildungsbetrieben Einblick in diese Gestaltungsmöglichkeiten zu geben, die diese Anlagen noch nicht realisiert haben, auf kaufmännische Schulen und verbindet man diesen Gedanken mit den in den Schritten 1 bis 4 beschriebenen Anforderungen, entsteht die Idee des digitalen Büros, das wir an der JFK-Schule umzusetzen versuchen.

17.5.1 Wie sollte ein digitales Büro räumlich gestaltet sein?

Die Arbeitswelt unserer jetzigen Schülerinnen und Schüler wird in 10 bis 15 Jahren mit der Digitalisierung einhergehend eine weitere Flexibilisierung erfahren. Der Arbeitsplatz ist nicht mehr nur in einem Büro, an einem bestimmten Schreibtisch. Vielmehr kann er projektbezogen wechseln. Orts- und zeitunabhängige Zusammenarbeit wird zunehmend möglich sein und von dieser Generation auch eingefordert werden. Hierauf reagieren Unternehmen heute bereits, indem sie, insbesondere wo Innovationen erwünscht sind, offene Bürokonzepte mit entsprechend flexiblen Arbeitszeitregelungen umsetzen bzw. sich mit Teams projektbezogen in sogenannten Innovation Working Spaces oder Coworking-Räumen einmieten. Bei Anbietern solcher Räumlichkeiten kann man sich Anregungen holen, wie ein Büro aussehen muss, damit es

- selbstorganisiertes Arbeiten,
- Kreativität durch spontane, ungeplante Begegnung,
- gezielte Besprechungen,
- Konzentration, aber auch
- Erholung

ermöglicht. Diese Büros sind weitläufig und transparent gestaltet, wobei sich die Zonen für die unterschiedlichen Nutzungen deutlich unterscheiden und es durchaus auch abgeschlossene Raumeinheiten gibt.

Zu einem digitalen Büro, in dem die Schritte 1 bis 4 der Digitalisierung einer kaufmännischen Schule umgesetzt werden können, gehört:

- ein Meetingraum mit Skype-Möglichkeit auch für Gruppen bis zu 30 Schülerinnen und Schülern
- kreative Arbeits-/Rückzugsbereiche für Kleingruppen
- flexibel nutzbare Einzelarbeitsplätze
- schallgeschützte Räumlichkeiten für Tonaufnahmen
- ein Greenscreen-Bereich für Filmaufnahmen
- ein Bereich für die VR-/AR-Simulation
- eine Pausen-/Austauschecke
- die entsprechende technische Ausstattung

Hier sollen möglich sein:
- selbstbestimmtes kollektives und individuelles Lernen
- digitales Wissensmanagement
- Datenanalyse
- Erstellung von Homepages
- Social-Media-Kommunikation
- die virtuelle Abbildung des kaufmännischen Handelns von Unternehmen (Übungsfirma)
- die reale Abbildung des kaufmännischen Handelns am Beispiel Online-Shop (Juniorfirma)
- die Entwicklung von Produkt- und Dienstleistungsideen und Businessplan
- interkulturelle Kompetenzentwicklung und Kommunikation mit Schülergruppen im Ausland.

17.5.2 Wie wird ein digitales Büro an einer Schule mit 1.800 Schülerinnen und Schülern genutzt?

Alle Schülerinnen und Schüler sollen für ihr späteres Berufsleben von der digitalen Entwicklung der Schule profitieren. Damit dies möglich ist, müssen große Teile der Schritte 1 und 2 außerhalb des digitalen Büros umgesetzt werden, in Klassenzimmern, in den Fluren mit entsprechenden digitalen Lernbereichen und im Schülerarbeitsraum.

Für die Schritte 3 und 4 der Digitalisierungsentwicklung soll das digitale Büro buchbar sein – ähnlich wie bei Unternehmen, die sich für bestimmte Arbeitsgruppen und Aufgaben in Working Spaces einmieten. Dabei muss der Bereich des digitalen Büros an unserer Schule von Anfang an so groß geplant werden, dass dort der bislang für die Übungsfirmen bereits vorhandene Bürobereich unterkommt sowie 60 Schülerinnen und Schüler (zwei Klassenstärken), weil für das digitale Büro auch zwei Klassenzimmer entfallen werden.

Gebucht werden soll es dann, wenn die Schülerinnen und Schüler in einem der o. g. Themenbereiche arbeiten. Das kann Unterricht (ein Unterrichtsbeispiel zeigen die Abbildungen unten), ein klassenbezogenes Projekt oder eine klassenübergreifende Arbeitsgemeinschaft sein.

In der Folge werden sich in diesem Büro zeitgleich Schülerinnen und Schüler verschiedener Klassen mit unterschiedlichen Arbeitsaufträgen aufhalten – und genau dies ist pädagogisch gewollt.

Sollte sich erweisen, dass die Räumlichkeiten des digitalen Büros für Lernprozesse in der Vorbereitung auf die digitalisierte kaufmännische Arbeit so förderlich sind, wie wir es aufgrund unserer Überlegungen heute vermuten, soll dieser Bereich schrittweise weiter ausgebaut werden. Für diese Ausweitung sollen die vorhandenen PC-Räume umgenutzt werden, sobald Lehrkräfte und Schülerinnen und Schüler mit digitalen Endgeräten, wie in Schritt 1 beschrieben, ausgestattet sind. Später kann stockwerkweise über ein offenes Raumkonzept nachgedacht werden.

Besonders spannend wird die Nutzung des digitalen Büros dann, wenn es eine Größe erreicht hat, die es ermöglicht, dass auch die Schülerinnen und Schüler der gewerblichen Partnerschulen mit deren Lehrkräften zur gemeinsamen Arbeit an Industrie-4.0-Entwicklungen sowie Studierende zur gemeinsamen Arbeit an Gründerideen das Büro nutzen können. Denn dann realisieren wir die kreativitätsfördernden, motivierenden Begegnungen, die wir uns neben dem Erlernen des Umgangs mit Werkzeugen in der digitalisierten Arbeitswelt erhoffen.

17.5 Das digitale Büro – ein Versuch zur kaufmännischen Schule der Zukunft

JFK SCHULE Landkreis Esslingen

© STU

Beispiel eines Lernfeldunterrichts (Lernfeld 02: Zeitmanagement praktizieren – 1. Ausbildungsjahr - Kaufleute für Büromanagement) im Digitalen Büro

Zielerreichung Lernsituation:

Die Schüler*innen besitzen die Kompetenz, ihre Arbeitsprozesse im Büro eigenverantwortlich und effizient zu planen und zu gestalten sowie gesundheitliche und rechtliche Aspekte, auch im Umgang miteinander, zu berücksichtigen. Die Schüler*innen strukturieren ihre Arbeitsprozesse effizient. Dabei identifizieren sie mögliche Störungen, Zeitdiebe und Zeitfallen und schalten diese aus.

Sie erstellen Checklisten für ihre Arbeitsabläufe und nutzen weitere Methoden des Zeitmanagements (ABC-Analyse, Eisenhower-Prinzip) sowie Techniken des Selbstmanagements (Selbstbeobachtung, Zielklärung und -setzung, Selbstkontrolle). Die Schüler* innen strukturieren Informationen und optimieren ihr persönliches Zeitmanagement.

Einstieg – *Zone Erarbeitung:*

Spielerisch werden die Schüler/innen durch ein Ratespiel „Wer bin ich?" in Form einer Sway-Präsentation motiviert. Lösung: die Zeit

Was ist Zeit? Über ein Echtzeit-Feedback (z. B. Mentimeter) wird mit den Schüler*innen eine anonyme Umfrage durchgeführt. Alle Schüler*innen-Eingaben (entweder über mobiles Endgerät/Computer/Laptop) werden in Echtzeit dargestellt. Die z. B. dargestellte Word-Cloud mit den Eingaben der Schüler*innen gibt die Möglichkeit zur anschließenden Diskussion. Die Schüler*innen erkennen dass eine gute Organisation sehr wichtig ist, um die vorhandene Zeit optimal zu nutzen. Zielangabe: Zeitmanagement.

Erarbeitung:

Über die kooperative Lernmethode Think-Group-Share werden die verschiedenen Methoden des Zeitmanagements erarbeitet. Die Schüler*innen erkennen mögliche Störungen und Zeitdiebe. Die Think-Group-Share-Strategie ist eine kooperative Lernmethode , die die individuelle Teilnahme fördert. Die Schüler*innen durchdenken die Fragen in drei verschiedenen Schritten:

- Think-Phase: Die Schüler*innen denken unabhängig über die gestellte Frage nach und bilden eigene Ideen. Diese werden schriftlich festgehalten.

- Group-Phase: Die Schüler*innen werden in Gruppen aufgeteilt, um ihre Gedanken aus der Think-Phase zu besprechen und ggf. zu ergänzen/verbessern. Dieser Schritt ermöglicht es den Schüler*innen, ihre Ideen zu artikulieren und die Ideen anderer zu berücksichtigen.

- Share-Phase: Schülergruppen teilen ihre Ergebnisse mit der ganzen Klasse.

Beispielunterricht im digitalen Büro (Autorin: Andrea Stumm, Lehrkraft für Textverarbeitung an der JFK-Schule)

Think-Phase - Arbeitsauftrag an alle Schüler*innen – *Zone Erarbeitung:*

- Schüler*innen definieren das Ziel des *Zeitmanagement*.
- Schüler*innen erklären den Begriff *Sägeblatteffekt*.
- Schüler*innen zählen *Zeitdiebe* in ihrem beruflichen/schulischen und privaten Leben auf.
- Schüler*innen definieren die *Stille Stunde* im Zeitmanagement.

Group-Phase – Arbeiten in Kleingruppen – *Zonen Kreativität/Tonstudio:*

1. Die Schüler*innen tauschen sich über ihre bisherigen Ergebnisse aus der Think-Phase aus. Gegebenenfalls müssen Ergänzungen/Berichtigungen durch die Schüler* innen erfolgen.

2. Arbeitsauftrag an die Gruppen:

    Zone Kreativität:

    - Schüler*innen erklären den Begriff *Sägeblatteffekt* anhand eines Beispiels und zeigen die Folgen auf.
    - Schüler*innen einigen sich auf eine Definition der *Stillen Stunde* und geben Tipps um Unterbrechungen zu reduzieren und sich zu besser konzentrieren zu können.
    - Schüler*innen erarbeiten in ihrer Gruppe je zwei der unterschiedlichen *Methoden des Zeitmanagements* (SMART-Methode, Pareto-Prinzip, ALPEN-Methode, ABC-Analyse, Eisenhower-Prinzip, GTD-Methode) mit je einem Beispiel aus dem Büroalltag.

    Zone Tonstudio:

    Die Ergebnisse aus den Think- und Group-Phasen werden in einem kurzen Video festgehalten. Die Schüler*innen entscheiden selbst wie das Lern- bzw. Erklärvideo erstellt wird. Im Vorfeld wurden die Schüler*innen über die Verwendung von Internetinhalten, Filmerstellung, Vertonung und Endbearbeitung unterrichtet.

Share-Phase – *Zone Erarbeitung*:

Die jeweiligen Gruppen präsentieren ihre Videoergebnisse der Klasse und stellen diese über eine interne Plattform den anderen Schüler*innen der Klasse zur Verfügung.

Konsolidierung – *Zone Erarbeitung*:

Alle Schüler*innen testen über ein interaktives Dialogsystem (z. B. Learning Snacks) das erlernte Wissen. Es werden Fragen mit Antwortmöglichkeiten gestellt. Die Schüler*innen erhalten sofort eine Rückmeldung. Bei einer falschen Antwort erfolgt eine motivierende Aufforderung (evtl. mit Emoticons) zum Überdenken der Frage.

Beispielunterricht im digitalen Büro (Autorin: Andrea Stumm, Lehrkraft für Textverarbeitung an der JFK-Schule)

17.5.3 Wie geht es im Arbeitskreis Digitalisierung weiter und was sind die nächsten Schritte an der JFK-Schule?

Die Ideen für das digitale Büro sind festgehalten, Pläne für die Umsetzung von Architekten erstellt, die grundsätzliche Bereitschaft des Schulträgers ist zugesichert. Das digitale Büro soll nun, in Abhängigkeit von den finanziellen und organisatorischen Möglichkeiten, schrittweise realisiert werden.

Unsere Arbeit im Arbeitskreis geht währenddessen weiter. Derzeit treffen wir uns nicht mehr in der Schule, sondern besuchen unsere Partnerunternehmen im Arbeitskreis und verbinden die Besuche mit Fragestellungen, die uns eine weitere Konkretisierung unserer Ideen für die Vorbereitung auf und die Ausbildung für digitale kaufmännische Arbeitsrealität ermöglichen:

1. Welche Strategien verfolgen die Unternehmen in Bezug auf die Fortbildung ihrer Mitarbeiterinnen und Mitarbeiter bei der Umstellung auf den Arbeitsplatz in der digitalisierten Arbeitswelt?
2. Welche Wünsche haben Auszubildende in Bezug auf die zukünftige Nutzung des digitalen Büros?

Zusätzlich soll eine Zukunftswerkstatt mit allen Lehrkräften und ggf. anderen am Schulleben Beteiligten im kommenden Schuljahr weitere Fragen stellen.

Mit der vorliegenden Konzeption ist eine Idee beschrieben, wie sich die JFK-Schule schrittweise auf den Weg machen kann, eine digitalisierte Schule zu werden. Das digitale Büro greift die an der Schule vorhandenen Erfahrungen aus dem Unterricht in den Fächern Textverarbeitung und Informatik, dem Unterricht in der Übungsfirma und dem Projektunterricht sowie die Erfahrungen der Seminarkurse mit dem Gründerwettbewerb auf, führt diese zusammen und wendet sie für das Lernen in Vorbereitung auf die digitalisierte Arbeitswelt und in Kooperation mit den gewerblichen Schulen und weiteren Partnern an.

Deutlich wird:
1. Digitalisierung an einer kaufmännischen Schule ist weit mehr, als die Verwendung von Learning-Apps.
2. Digitalisierung ist nur mit einer professionellen technischen und räumlichen Ausstattung möglich.
3. Entscheidungen über die geeignete technische Ausstattung (Welche mobilen Endgeräte? Welche Kollaborationsplattform? Welche Software?) bedürfen einer umfassenden Konzeption für die Anpassung der Schule an eine digitalisierte Arbeitswelt.
4. Kooperationen zwischen der Schule, den Unternehmenspartnern in der dualen Ausbildung und weiteren Unternehmen mit Know-how in der digitalen Entwick-

lung stellen einen wesentlichen Baustein eines solchen Konzepts dar, damit dieses Konzept nicht statisch bleibt, sondern die Schule sich mit den digitalen Entwicklungen der Unternehmen gemeinsam weiterentwickeln kann.

Diese Vernetzung zwischen den beiden Partnern in der dualen Ausbildung – der Schule und den Betrieben – sollte auf Projektebene in Form eines Arbeitskreises beginnen. Ausbilderinnen und Ausbilder, Lehrkräfte und Auszubildende begegnen sich hier regelmäßig (z. B. im dreimonatigen Turnus), um Erfahrungen mit der zunehmend digitalisierten Arbeitswelt und gegenseitige Erwartungen an eine Zusammenarbeit auszutauschen.

Digitalisierung bedeutet einen hohen Ressourcenaufwand, sowohl für die Ausbildung im Betrieb als auch für die Schule. Im Arbeitskreis können Absprachen bezüglich der einzusetzenden digitalen Endgeräte und der Softwareausstattung und hinsichtlich des Beschaffungsweges (Gerätekauf, Geräteleasing…) hilfreich und insgesamt kostensparend sein. Größere Betriebe haben oft eigene Abteilungen, die sich mit Fragen der digitalen Ausstattung beschäftigen. Deren Beratung kann auch für die schulische Ausstattungsentscheidung hilfreich sein. Unterstützungsschreiben der Betriebe helfen der Schule, ihrem Sachaufwandsträger zu erklären, warum welche Ausstattung für eine zukunftsgerichtete Ausbildung vonnöten ist.

Nachdem die Ausstattungsfragen so weit geklärt sind, dass erstes kollaboratives Arbeiten möglich ist, gilt es, zügig erste Erfahrungen in der Zusammenarbeit auf Schülerebene zu machen. Dazu ist die Bereitschaft auf beiden Seiten notwendig, mit kleinen gemeinsamen Projekten zu starten. Eine gemeinsam von Ausbilderinnen und Ausbildern sowie Lehrkräften in digitaler Kommunikation begleitete Schülerprojektarbeit wird schnell erste Hinweise geben, welche Expertise welcher der beiden Partner einbringen kann und welche nicht. Vermutungen über die jeweiligen Kompetenzen werden in dieser Phase korrigiert zugunsten einer zukünftigen Auftragsklärung. Es wird wichtig sein, auch in dieser Phase den Arbeitskreis aufrechtzuerhalten. Denn dieser kann das Gremium sein, in dem die Reflexion der gemeinsamen Arbeit ermöglicht wird und erste Erfahrungen des Erfolgs und des Scheiterns zugunsten einer langfristigen Zusammenarbeit positiv gewendet werden.

Und es wird sich zeigen, dass die direkten dualen Partner – Ausbilder/Ausbilderin und Lehrkraft nicht alle Themen als Experten werden abdecken, nicht alle Fragen der Schülerinnen und Schüler werden beantworten können. In dieser Phase wird es hilfreich sein, externe Experten für die Projektthemen (z. B. eine Werbeagentur, wenn es um Fragen der Produktdarstellung eines Webshops geht) einzubinden. Einen Pool dieser Partner aufzubauen, könnte also ein nächster Arbeitsauftrag für den Arbeitskreis Digitalisierung sein.

> **Tipps zur Vernetzung der dualen Partner**
> 1. Gründung und kontinuierliche Aufrechterhaltung eines gemeinsamen Arbeitskreises zu Digitalisierungsfragen durch die Schule (Leitung durch die Schulleitung)
> 2. Regelmäßige Teilnahme eines Ausbilders/einer Ausbilderin am Arbeitskreis
> 3. Regelmäßige Teilnahme ausgewählter Fachlehrkräfte am Arbeitskreis
> 4. Teilnahme jeweils einer/eines Auszubildenden pro Betrieb im Arbeitskreis (benannt durch den Betrieb)
> 5. Kontinuierlicher Austausch über die Erwartungen hinsichtlich der Entwicklung der Arbeitsplätze, für die man gemeinsam ausbildet
> 6. Ableitung von Szenarien über die gemeinsame Ausbildung in einer digitalisierten Arbeitswelt
> 7. Gegenseitige Unterstützung bei der Klärung und Finanzierung der nötigen digitalen Ausstattung
> 8. Durchführung kleiner Projekte als erste Versuche kollaborativen Arbeitens zwischen Ausbildungsbetrieben, Schule und Auszubildenden.
> 9. Reflexion gemeinsamer kollaborativer Projekterfahrung
> 10. Erweiterung der Expertise durch Aufbau eines Expertenpools

17.6 Fazit

Die Kultusministerkonferenz gibt mit ihrem Strategiepapier zur Bildung in der digitalen Welt den Lehrkräften der beruflichen Schulen bundesweit eine Orientierung hinsichtlich der zukünftigen Anforderungen in einer digitalisierten Arbeitswelt, indem sie folgende Aspekte explizit aufführt (Kultusministerkonferenz, 2017, S. 20 ff.):

- Anwendung und Einsatz von digitalen Geräten und Arbeitstechniken
- personale berufliche Handlungsfähigkeit
- Selbstmanagement und Selbstorganisationsfähigkeit
- internationales Denken und Handeln
- projektorientierte Kommunikationsformen
- Datenschutz und Datensicherheit
- kritischer Umgang mit digital vernetzten Medien und den Folgen der Digitalisierung für die Lebens- und Arbeitswelt

»Angesichts des Umfangs der erforderlichen Veränderungen« so ist es in dem Papier formuliert, »kann die Umsetzung nur gesamtgesellschaftlich mit Unterstützung möglichst aller relevanten Kräfte gelingen« (Kultusministerkonferenz, 2017). Die JFK-Schule legt mit der hier formulierten Konzeption einen Vorschlag für die schrittweise Digitalisierung einer kaufmännischen Schule vor, die sich aus den Überlegungen vor Ort entwickelt hat und den oben genannten Aspekten gerecht wird.

Wir erhoffen uns jetzt den Mut aller Beteiligten, die Ideen schrittweise umzusetzen.

Literatur

Kultusministerkonferenz: Strategie der Kultusministerkonferenz »Bildung in der digitalen Welt«. Beschluss der Kultusministerkonferenz vom 08.12.2016 in der Fassung vom 07.12.2017.

18 Der Einsatz von Podcasts in der Ausbildung am Beispiel von Fachinformatikern bei der ALTE OLDENBURGER Krankenversicherung AG

Stefan Macke

»Was ist denn ein Podcast?« Diese Frage stellen sich im Jahr 2019 vielleicht noch einige Ausbilderinnen und Ausbilder, aber die meisten Azubis dürften die Antwort bereits kennen. Podcasts haben in den letzten Jahren enorm an Bekanntheit gewonnen und sind aus dem Alltag vieler Menschen – einschließlich des Autors – nicht mehr wegzudenken. Und aufgrund der relativ niedrigen technischen Einstiegshürde ist es einfach, mit dem Podcasten zu beginnen. Warum also nicht selbst zum Radiosprecher werden und die eigenen Azubis über das Internet mit dem für die Ausbildung nötigen Wissen versorgen? Dieser Beitrag zeigt, wie es geht und was der Mehrwert für Ausbilder und Auszubildende ist.

18.1 Was ist ein Podcast?

Ein Podcast ist eine Serie von Mediendateien, die sich über das Internet abonnieren und automatisch auf ein Endgerät herunterladen lassen, sobald eine neue Episode erscheint. Der Name setzt sich aus dem englischen Wort »broadcast« (für Rundfunksendung) und »iPod«, dem Namen des bekannten MP3-Players von Apple, zusammen. Podcasts werden üblicherweise kostenfrei im Internet bereitgestellt, aber es gibt auch kommerzielle Anbieter. Viele Radio- und Fernsehsender stellen ihre Beiträge als Podcast zur Verfügung, z. B. die *Tagesschau* oder *Quarks*[37].

Es gibt also auch Videopodcasts, aber in diesem Beitrag soll es um die reinen Audioinhalte gehen, die auch landläufig mit dem Begriff »Podcast« assoziiert werden. Dabei werden MP3-Dateien oder ähnliche Formate bereitgestellt, die sich mit vielen Endgeräten abspielen lassen, z. B. Computer, Handy oder auch Sprachassistenten wie Alexa von Amazon. Auf dem Endgerät wird lediglich eine App benötigt, die die Podcast-Abonnements verwaltet und den Download der Dateien durchführt. Sie wird deswegen auch »Podcatcher« genannt. Es gibt zahlreiche kostenfreie und -pflichtige Podcatcher für alle Plattformen (Android, iPhone, Windows usw.). Wer einen Podcast abonniert,

---

[37] ARD. Die tagesschau.de-Podcasts. http://www.tagesschau.de/download/podcast/; WDR. WDR 5 Quarks – Wissenschaft und mehr. https://www1.wdr.de/mediathek/audio/wdr5/quarks/index.html

wird über neue Episoden mittels eines sogenannten RSS-Feed (Rich Site Summary, ein XML-Format) informiert. Dieses Dateiformat kann der Podcatcher lesen und die darin enthaltenen Links nutzen, um die MP3-Dateien herunterzuladen und abzuspielen.

Der Anwendungsentwickler-Podcast im Podcatcher BeyondPod

Was sich hier sehr technisch anhört, ist in der Praxis relativ einfach umzusetzen. So gibt es z. B. Podcast-Plugins für die verbreitete Blog-Plattform Wordpress, die die Technik komplett übernehmen. Zum Erstellen der eigenen Podcast-Episoden reicht zum Einstieg die Aufnahmefunktion des Smartphones oder ein günstiges USB-Mikrofon für den PC.

18.2 Was habe ich davon?

18.2.1 Vorteile von Podcasts für Ausbilder und Azubis

Viele Inhalte der Ausbildung müssen von Ausbildern und Ausbilderinnen immer wieder gleichartig vermittelt werden. Die Azubis zum »Fachinformatiker Anwendungsentwicklung« des Autors müssen z. B. die gleichen Grundlagen der Programmierung lernen: Sequenzen, Verzweigungen und Schleifen. An diesen Grundlagen hat sich seit Jahren oder gar Jahrzehnten nichts verändert. Trotzdem muss jedem neuen Auszubildenden der gleiche Ablauf erläutert werden. Anstatt jedes Jahr die gleichen Themen zu wiederholen, bietet es sich an, diese zeitlosen Inhalte als Podcast-Episoden aufzunehmen und die Ausbilderinnen und Ausbilder damit langfristig von dieser Routinetätigkeit zu entlasten. Je häufiger das Gleiche erklärt werden muss, desto ermüdender wird es für den Erklärenden, und vermutlich wird früher oder später auch die Qualität der Erklärung darunter leiden. Eine gut vorbereitete und eingesprochene Audioaufnahme kann demgegenüber ohne jeglichen Qualitätsverlust auch in mehreren Jahren noch zur Wissensvermittlung genutzt werden. Der Ausbilder kann sich in der gewonnenen Zeit auf die Ausarbeitung neuer Lerninhalte konzentrieren, anstatt Grundlagenwissen zu vermitteln. Sobald dann ein größeres Archiv mit Podcast-Episoden erarbeitet wurde, können die Ausbildungsinhalte außerdem in beliebiger Reihenfolge vermittelt werden, und zu jeder neuen Ausbildungseinheit liegen schon fertige Inhalte vor, die einfach nur herausgesucht werden müssen.

Eine weitere wichtige Entlastung für Ausbilderinnen und Ausbilder stellt die Möglichkeit zur zeitlichen Entkopplung dar. Die Lehrgespräche müssen nicht mehr vor Ort geführt werden, wenn Azubi und Ausbilder beide anwesend sind, sondern der Azubi kann selbst entscheiden, wann und wo er sich die Inhalte anhören möchte. Das kann z. B. auf dem Weg zur Arbeit sein, aber auch vor dem PC am Arbeitsplatz (dann empfehlen sich allerdings Kopfhörer, um die Bürokollegen nicht zu stören). Der Ausbilder kann dadurch auch mehrere Azubis gleichzeitig mit Inhalten versorgen, ohne selbst anwesend sein zu müssen. Viele Ausbilderinnen und Ausbilder haben parallel zur Ausbildung noch einen Tagesjob, der sie zeitlich in Anspruch nimmt. Diese Doppelbelastung kann mit einem Podcast reduziert werden.

Ein großer Vorteil des Audioformats für die Azubis ist, dass sie selbst bestimmen können, in welcher Geschwindigkeit sie die Inhalte aufnehmen wollen. Viele Podcatcher bieten z. B. die Möglichkeit, die Audiodateien langsamer, aber auch schneller abzuspielen. Kurz vor der Prüfung können die Azubis so z. B. die Inhalte, die sie schon kennen, schnell noch einmal wiederholen, während sie sich beim ersten Hören neuer Inhalte vielleicht eher etwas langsamer mit dem Thema auseinandersetzen wollen. Mit ein wenig Training ist es durchaus möglich, Podcasts auf doppelter oder dreifacher Geschwindigkeit zu hören, ohne Verständnis einzubüßen.

Außerdem gibt es viele unterschiedliche Lerntypen unter den Azubis. Einige lesen gerne ein Buch, andere schauen sich Tutorials auf YouTube an. Und wieder andere lernen am besten, wenn sie unter vier Augen mit dem Ausbilder über ein Thema sprechen. Viele Menschen nehmen Inhalte sehr gut über das Hören auf. Daher können sie beim Lernen durch die Audioinhalte des Ausbilders unterstützt werden. Auszubil-

18   Der Einsatz von Podcasts in der Ausbildung

dende, die nicht so gerne Bücher lesen, haben so eine alternative Möglichkeit, Wissen aufzunehmen.

Auf aktuellen Smartphones sind Podcatcher vorinstalliert und gerade durch die großen Streaming-Plattformen wie iTunes oder Spotify werden Podcasts einem immer größeren Publikum bekannt gemacht. Zu allen erdenklichen Lebensbereichen gibt es bereits kostenfreie Podcasts im Internet. Warum also nicht auch für die Ausbildung in einem spannenden Beruf? Letztlich sollen die Ausbilderinnen und Ausbilder doch die nächste Generation ausbilden. Warum also nicht diese jungen Menschen dort abholen, wo sie sich täglich ohnehin bewegen, und damit sogar noch als fortschrittliches und modernes Ausbildungsunternehmen wahrgenommen werden?

Bei iTunes gibt es Tausende Podcasts kostenfrei

Die Azubis benötigen zum Abspielen der Podcasts kein Smartphone des Ausbildungsunternehmens, sondern können einfach ihr eigenes Gerät verwenden. Da die Audiodateien direkt aus dem Internet geladen werden, muss das Smartphone auch nicht aufwendig ins Firmennetzwerk eingebunden werden. Es ist also auf Konsumentenseite keine besondere Hardware nötig und es entsteht kein organisatorischer Aufwand. Da viele Azubis wahrscheinlich ohnehin ihr Smartphone für den Medienkonsum nutzen, wäre es auch seltsam, den Podcast des Unternehmens über ein separates Gerät empfangen zu müssen. Falls es im Unternehmen ein Smartphoneverbot am Arbeitsplatz gibt, besteht auch die Möglichkeit, sich die Audioinhalte über einen Player im Browser anzuhören.

18.2.2 Vergleich mit Videos

Natürlich lassen sich gewisse Ausbildungsinhalte besser visuell erklären. Insbesondere komplizierte Sachverhalte benötigen wahrscheinlich die Unterstützung von Grafiken, Tabellen, Flussdiagrammen usw. Und manche Inhalte erfordern auch schlicht und ergreifend, dass man sich Dinge anschaut. Für diese Bereiche sind Podcasts dann leider nicht das Mittel der Wahl. Hier ist der Ausbilder in der Pflicht zu entscheiden, welche Inhalte er mit welchem Medium transportieren will.

Im Vergleich zu Videos zur Wissensvermittlung haben Podcasts aber einen zentralen Vorteil: Sie erfordern nicht die hundertprozentige Aufmerksamkeit des Lernenden. Während ein Video nur sinnvoll verfolgt werden kann, wenn sich der Blick auf den Bildschirm richtet, kann eine Audiodatei angehört werden, während nebenbei andere Tätigkeiten durchgeführt werden. Wenn ein Auszubildender eine Routinetätigkeit im Unternehmen durchführen muss, kann er währenddessen durchaus einen Podcast hören. Das Abheften von Akten, Kopieren, Aufräumen des Büros oder andere Aufgaben können somit um die Wissensvermittlung, -vertiefung oder -wiederholung sinnvoll ergänzt werden. Damit werden sogar diese ungeliebten Tätigkeiten ein wenig spannender und der Azubi freut sich am Ende vielleicht sogar darauf. Außerdem stehen die Audiodateien natürlich auch außerhalb der Arbeitszeit zur Verfügung und die Auszubildenden können z. B. während der Hausarbeit oder auf dem Weg zur Arbeit die Inhalte anhören. Jeder mögliche »Leerlauf« kann zum Lernen genutzt werden. Mit Videos wäre das so nicht möglich.

Darüber hinaus reichen für das Aufnehmen eines Podcasts im Zweifel ein Smartphone und eine kostenlose Audioschnittsoftware. Die erzeugten MP3-Dateien sind dank guter Kompression relativ klein und können ohne Probleme per USB-Stick oder eben direkt als Download verteilt werden. Azubis können so durchaus mehrere Hundert Stunden Audioinhalte auf ihren Smartphones mit sich herumtragen. Die Produktion eines Videos ist da schon deutlich aufwendiger und erzeugt auch noch sehr große Dateien, die schwierig zu verteilen und auf kleinen Bildschirmen eher suboptimal zu rezipieren sind.

18.2.3 Technologie ersetzt nicht den persönlichen Kontakt

Podcasts sind eine großartige Technologie, die Ausbilderinnen und Ausbildern viel Arbeit abnehmen kann. Das bedeutet aber nicht, dass der persönliche Kontakt zum

Auszubildenden dadurch überflüssig wird. Im Gegenteil: Lehrgespräche und Diskussionen unter vier Augen gehören weiterhin zum Alltag in der Ausbildung. Aber statt um Grundlagenvermittlung und Routinetätigkeiten kann es nun um die Fragen des Azubis oder gar den Wissenstransfer in die Praxis gehen. Die für den Ausbilder langweilige Wissensvermittlung weicht der Diskussion über tiefergehende Fragestellungen. Die Auszubildenden können sich in ihrer eigenen Geschwindigkeit die Grundlagen aneignen und offen gebliebene Fragen im Anschluss mit dem Ausbilder klären. Das wird sehr wahrscheinlich insgesamt weniger Zeit in Anspruch nehmen und letztlich trotzdem mehr Wissen vermitteln als vorher.

Die Wissensvermittlung über Podcasts stärkt auch die Bindung zwischen Ausbilder und Azubi. Obwohl kein direkter persönlicher Kontakt stattfindet, bauen Podcast-Hörer über die Zeit eine intensive Beziehung zu den Sprechern auf, die sie »in ihr Ohr lassen«. Durch das regelmäßige Wahrnehmen der Stimme mit ihrer Persönlichkeit, Tonlage und Intonation baut sich eine gewisse Vertrautheit auf. Die Technik wirkt hier also nicht entpersonalisierend, sondern sogar unterstützend.

18.3   Welche Ausbildungsinhalte eignen sich für Podcasts?

Gerade in der Softwareentwicklung ist ein häufiges Thema die Automatisierung und Vereinfachung von Arbeitsabläufen. Warum sollte nicht auch die Vermittlung von Wissen in der Ausbildung automatisiert werden können? Und tatsächlich bieten sich viele Inhalte, die im Rahmen einer üblichen Ausbildung den Auszubildenden vermittelt werden müssen, für eine wiederholbare Aufnahme an. Für viele Berufe ist ein gewisses Grundwissen notwendig, das häufig aus auswendig zu lernenden Fakten besteht. Allein für die Prüfung zum Fachinformatiker müssen z. B. viele Akronyme gelernt, Programmiersprachen unterschieden, verschiedenste gesetzliche Grundlagen verstanden oder auch Begriffe aus dem Rechnungswesen erklärt werden. Dieses Wissen muss nicht zwangsläufig in die Praxis umgesetzt, sondern häufig leider durch recht stumpfes Auswendiglernen angeeignet werden. Eine Erklärung der Hintergründe und Zusammenhänge kann allerdings durchaus auch in Audioform angeboten werden. Ausbilder und Ausbilderinnen sprechen ja auch heute schon mit ihren Auszubildenden. Diese Lehrgespräche, wenn sie nicht gerade durch visuelle Hilfen unterstützt werden müssen, lassen sich ohne Weiteres in einen Podcast übertragen, auch wenn Gestik und Mimik dabei verloren gehen.

Als Anregung für den eigenen Podcast hier eine Liste mit Inhalten, die der Autor bereits erfolgreich in Episoden seines Anwendungsentwickler-Podcasts verarbeitet hat.
- **Vermittlung von Grundlagenwissen:** Welche Fakten müssen die Azubis zu ihrem Ausbildungsberuf kennen? Welche Programme/Werkzeuge/Materialien usw. werden eingesetzt?

- **Verhalten im Ausbildungsunternehmen:** Wie sollen die Azubis mit Kollegen umgehen? Welche Rechte und Pflichten haben sie in der Ausbildung?
- **Prüfungsvorbereitung:** Wie bereitet man sich als Prüfling optimal auf die verschiedenen Teile der Abschlussprüfung vor?
- **Buchbesprechungen:** Welche ausbildungsbegleitende Literatur ist zu empfehlen? Wie relevant sind die entsprechenden Inhalte für die betriebliche Praxis? Welche Inhalte bedürfen einer detaillierteren Erklärung?
- **Themen der Azubis:** Welche Projekte haben die Azubis umgesetzt? Was haben sie in der Ausbildung gelernt? Was kann das Ausbildungsunternehmen besser machen?
- **Recruiting:** Wie läuft der Bewerbungsprozess im Unternehmen ab? Welche Tipps gibt es für potenzielle Azubis?
- **Interviews:** Welche Inhalte können im Ausbildungsunternehmen nicht direkt vermittelt werden? Wie können (unternehmensexterne) Expertinnen und Experten die Ausbildung unterstützen?

18.4 Keine Angst vor der Technik!

Wer sich noch nicht damit beschäftigt hat, ist vielleicht der Meinung, dass es viel technisches Know-how erfordert, einen Podcast zu produzieren. Das ist aber gar nicht so. Man könnte theoretisch mit einem Hilfsmittel beginnen, das viele von uns ohnehin in ihrer Tasche haben: das Smartphone. Letztlich besteht ein Podcast nur aus Audiodateien, die online verfügbar gemacht werden. Die zentrale Frage ist aber, wie die Sprache in die Audiodateien gelangt. Dafür wird lediglich ein Aufnahmeprogramm benötigt, das z. B. in Form einer Sprachnotiz-App auf jedem Smartphone vorinstalliert ist. Alternativ schafft man sich ein günstiges Mikrofon für den PC oder Laptop an, das direkt per USB angeschlossen werden kann. Zur Not genügt sogar das heutzutage in jeden Laptop integrierte Mikrofon. Die Aufnahme erfolgt dann mit dem ins Betriebssystem eingebauten Audiorekorder oder mit einer kostenlosen Software aus dem Internet. Die sehr beliebte Audiosoftware *Audacity*[38] bietet sehr viele Funktionen, die eine professionelle Nachbearbeitung der Aufnahme ermöglichen. Basisfunktionen wie das Herausschneiden von »Ähms« oder längeren Sprechpausen sind genauso einfach möglich wie der Einsatz eines Kompressors, der laute und leise Teile der Aufnahme angleicht. Aber auch wenn die ersten Aufnahmen nicht perfekt abgemischt sind, erfüllen sie doch bereits den zentralen Zweck der Wissensvermittlung.

Wer ein wenig Affinität zur Technik mitbringt, kann in wenigen Stunden seine erste Podcast-Episode online stellen. Wenn z. B. bereits eine Website auf der Basis von

---

38 Audacity. Free, open source, cross-platform audio software for multi-track recording and editing. https://www.audacityteam.org/.

Wordpress[39] vorhanden ist, muss lediglich ein Plugin wie z. B. Powerpress[40] installiert werden. Über ein einfaches Formular können dann die selbst gehosteten Episoden mit Blogartikeln verknüpft werden. Auch ein Player für die eigene Website ist schon integriert.

Aber auch für weniger technikbegeisterte Ausbilder und Ausbilderinnen gibt es viele Möglichkeiten, mit wenig Aufwand einen Podcast zu veröffentlichen. Online-Anbieter wie *Libsyn*[41] haben sich auf das Hosting von Podcasts spezialisiert und bieten ihren Kunden intuitiv bedienbare Weboberflächen an. Plattformen wie *Auphonic*[42] übernehmen die komplette Nachbearbeitung der Audiodateien auf Knopfdruck. Und konkrete Hilfe bei Fragen gibt es z. B. in verschiedenen Facebook-Gruppen oder ganz einfach in Podcasts, die das Podcasten erklären[43]. Auch mehrere Bücher zum Einstieg ins Podcasting gibt es inzwischen.

18.5 Muss mein Podcast ins Internet?

Im ersten Schritt müssen die Audiodateien nicht im Internet publiziert werden, sondern können den interessierten Zuhörerinnen und Zuhörern unternehmensintern zugänglich gemacht werden, z. B. über ein Netzlaufwerk. Durch einen öffentlich zugänglichen Podcast ergeben sich aber viele Möglichkeiten, die sich bei interner Verteilung nicht bieten würden. Ein öffentlicher Podcast kann z. B. externen Interviewpartnern als Plattform dienen, um ihr eigenes Wissen zu teilen und bekannter zu werden. Das ist eine Win-win-Situation: Der Experte bekommt kostenlose Reichweite und die Azubis des Ausbilders erhalten exklusives Expertenwissen. Zusätzlich wirbt das Unternehmen durch die öffentliche Plattform für seine Ausbildung und hat es dadurch leichter, neue Azubis zu finden.

18.6 Erfahrungen aus der Ausbildung bei der AO

Hier noch ein paar Erfahrungen zum Einsatz des Anwendungsentwickler-Podcasts in der Ausbildung bei der AO. Seit 2015 wird der Podcast in der Ausbildung der »Fachinformatiker Anwendungsentwicklung« eingesetzt. Im Versicherungsbereich bildet die AO auch aus, aber ein Podcast kommt hier noch nicht zum Einsatz.

---

39 Wordpress. Blog Tool, Publishing Platform, and CMS. https://wordpress.org/.
40 Blubrry. PowerPress. https://create.blubrry.com/resources/powerpress/.
41 Libsyn. Podcast Hosting Services. https://www.libsyn.com/.
42 Auphonic. Automatic audio post production web service for podcasts, broadcasters, radio shows, movies, screencasts and more. https://auphonic.com/.
43 Schönwälder, Gordon. Podcast-Helden. https://podcast-helden.de/.

18.6 Erfahrungen aus der Ausbildung bei der AO

Der Podcast wird vom Autor außerhalb der Arbeitszeit vorbereitet, aufgenommen, nachbearbeitet, veröffentlicht und beworben. Dabei wird zunächst ein Thema festgelegt und ggf. noch recherchiert. Dann wird die Agenda mit stichpunktartigen Inhalten, weiterführenden Links und Literaturempfehlungen vorbereitet, die später auch als *Shownotes* auf der Website veröffentlicht wird. Anhand dieser Agenda wird dann die Episode aufgenommen, mit Intro und Outro versehen und auf die Website hochgeladen. Die Episode wird dabei nicht abgelesen, sondern frei gesprochen. Die Agenda dient nur als Orientierungshilfe. Danach werden Social-Media-Posts und ein Newsletter vorbereitet, um die neue Episode zu bewerben. Das Veröffentlichen der Episode erfolgt dann zeitgesteuert voll automatisiert. Für eine halbstündige Episode fällt insgesamt ein Aufwand von ca. drei Stunden an.

Stefan Macke nimmt den Anwendungsentwickler-Podcast auf

Die Inhalte beziehen sich ausschließlich auf allgemeine Themen der Ausbildung. Es werden keine Betriebsinterna preisgegeben oder datenschutzrelevante Inhalte veröffentlicht. Dennoch wird auch »aus dem wahren Leben« berichtet und die ein oder andere Anekdote aus Prüfungen oder Lernzielkontrollen mit den eigenen Azubis eingestreut. Und es wird auch nicht auf eine perfekte Außendarstellung geachtet und jeder Satz auf die Goldwaage gelegt. Der Podcast wird von einem Praktiker für Azubis und andere Ausbilder aufgenommen. Er soll authentisch sein und keine heile Welt vermitteln.

Die Inhalte werden in loser Reihenfolge nach persönlichem Interesse des Ausbilders aufgenommen und den Azubis zur Verfügung gestellt, wenn es zur aktuellen Ausbildungssituation passt. Zur Vorbereitung auf Lernzielkontrollen werden z. B. die Links zu den passenden Episoden direkt in die Besprechungseinladung im E-Mail-Programm eingetragen. Soll etwa die Modellierung von Datenbanken besprochen werden, können die Azubis die Episoden zum Entity-Relationship-Model und Tabellenmodell nutzen. Die Azubis dürfen die Podcast-Episoden während der Arbeitszeit anhören, so als wenn sie ein Buch zum Thema lesen würden. Dabei können sie ihr eigenes Smartphone oder den Arbeits-PC verwenden. In beiden Fällen sind Kopfhörer Pflicht, um die Kollegen im Büro nicht zu stören.

Wenn Fragen entstehen, können die Azubis den Ausbilder jederzeit ansprechen. Die Azubis werden also nicht einfach mit Audiodateien abgespeist und nur noch digital ausgebildet – die Podcasts sind lediglich ein weiterer Kanal der Ausbildung. Auch beim Lesen eines Grundlagenartikels oder Buches zu Ausbildungsinhalten müssen sich Azubis über längere Zeit allein mit den Inhalten auseinandersetzen. Probleme mit dem Betriebsrat oder der Auszubildendenvertretung gab es daher bislang nicht.

Der Podcast hat sich als wichtiges Medium zur Wissensvermittlung in der IT-Ausbildung der AO etabliert und wird ab dem ersten Ausbildungsjahr eingesetzt. Gerade die Grundlagenthemen lassen sich so sehr gut vermitteln. Auch die Azubis finden den Einsatz der Podcasts sehr gut, da er vom ihnen bekannten Ausbilder aufgenommen wird, der die Inhalte mit seinen eigenen Worten erklärt. Inzwischen suchen sich die Azubis die Episoden zu ihren aktuellen Ausbildungsinhalten schon selbst zusammen. Und in einigen Episoden haben bereits Azubis der AO selbst mitgewirkt und z. B. in Form eines Interviews ihre Abschlussprojekte vorgestellt oder über ihr duales Studium berichtet. Das Format kommt also sehr gut bei der Zielgruppe an.

18.7 Fazit

Podcasts lösen nicht alle Probleme und machen Ausbilderinnen und Ausbilder auch nicht überflüssig. Sie können aber zu einer erfolgreichen und modernen Ausbildung beitragen. Die Vorteile sind:
- Langfristig ergibt sich eine große Zeitersparnis für Ausbilder und Ausbilderinnen.
- Die Wissensvermittlung kann wiederholbar in gleichbleibender Qualität erfolgen.
- Leerlaufphasen der Azubis können durch das Anhören von Podcasts als Lerneinheiten genutzt werden.
- Ein Podcast kann sehr kostengünstig produziert werden, sowohl hinsichtlich des Materials als auch des Zeitaufwandes.
- Die Technik ist leicht erlernbar und ein eigener Podcast ist einfach umzusetzen.
- Ein öffentlicher Podcast im Internet kann zusätzlich als Recruiting-Werkzeug genutzt werden.

Ein Ausbildungsunternehmen kann mit wenig Aufwand und sehr geringen Kosten mit dem Podcasten beginnen. Letztlich muss dem Ausbilder nur die Zeit gegeben werden, die Inhalte aufzubereiten und aufzunehmen. Wobei Ersteres ohnehin schon geschehen sein sollte. Die benötigte Hard- und Software ist wahrscheinlich auch schon im Unternehmen vorhanden. Alternativ gibt es vernünftige USB-Mikrofone schon für ca. 50 Euro.

Also: Legen Sie los und starten Sie mit Ihrer ersten Aufnahme! Ihre Azubis werden es Ihnen danken!

Zum Ausbildungsende hin

19 Selbstverantwortung und Selbstmarketing in der Übernahmephase – das Beratungs- und Begleitprogramm im Deutsche Bank Konzern

Ralf Brümmer

19.1 Das Employability-Programm für Mitarbeiter: selbstbewusst und selbstbestimmt in die Zukunft

»Gemeinsam in die Zukunft investieren!« – das ist einer der Leitgedanken des im Jahr 2006 gemeinsam von Vorstand und Konzernbetriebsrat der Deutschen Bank ins Leben gerufenen beruflichen Fitnessprogramms »in eigener Sache – fit in die berufliche Zukunft«, auch »FitnessCenter Job« genannt. Angesichts der zunehmenden Dynamik, der großen Komplexität des Bankgeschäfts und der Herausforderungen der Digitalisierung legt dieses ganzheitliche Entwicklungsprogramm einen besonderen Fokus auf persönliche Kompetenzen sowie Grundeinstellungen und Haltungen, die jenseits der fachlichen Grundqualifikation immer stärker an Bedeutung gewinnen.

Es geht dabei insbesondere um mehr Eigenverantwortung und bewusstes perspektivisches Denken der Mitarbeiterinnen und Mitarbeiter und um den Erhalt grundsätzlicher beruflicher Fitness in jeder Berufs- und Lebensphase. Dem Unternehmen fällt vor diesem Hintergrund die Verantwortung zu, sich abzeichnende Entwicklungen rechtzeitig zu thematisieren und entsprechende Weichenstellungen für die Belegschaft vorzunehmen. Die Förderung zukunftsfähiger Kompetenzen auch jenseits der akut notwendigen funktionsbezogenen Weiterbildung zeichnen den modernen Employer of Choice aus. Der erfolgreiche Mitarbeiter von morgen denkt perspektivisch, richtet sein Handeln danach aus und ist dementsprechend auf Veränderungen und die vielfältigen komplexen Herausforderungen des beruflichen Alltags besser vorbereitet. Er übernimmt die Verantwortung für die Gestaltung der eigenen beruflichen Entwicklung und investiert so kontinuierlich in die eigene Beschäftigungsfähigkeit (Employability).

Angeboten wird eine Vielzahl hilfreicher Informationen und Tools zur Weiterentwicklung persönlicher Kompetenzen und zu allen Fragen beruflicher Orientierung und Positionierung. Experten im sogenannten FitnessCenter Job unterstützen in Workshops und im individuellen Coaching die Mitarbeiterinnen und Mitarbeiter insbesondere dabei, ihre persönlichen Kompetenzen zu erkennen, berufliche Zielvorstellungen zu konkretisieren und für ihr Umfeld sichtbar zu machen. Dies ermöglicht einen selbstbewussten Umgang mit den vielfältigen Anforderungen und Veränderungen im beruflichen Alltag.

Die oben beschriebenen Leitgedanken formulieren einen »Anspruch an sich selbst« für alle Mitarbeitergruppen und alle Berufsphasen, also auch für Berufseinsteiger. Dementsprechend gilt es bereits während der Ausbildung die Grundlagen für ein entsprechendes Selbstverständnis zu legen und auch im Übernahmeprozess Eigeninitiative und bewusstes Handeln zu fordern und zu fördern.

»Wer seine Fähigkeiten und seine Ziele kennt, kann durchstarten.« So lassen sich Idee und Zielsetzung des speziell für Berufseinsteiger bzw. für die Auszubildenden entwickelten Begleitprogramms zum Ende der Ausbildung treffend beschreiben.

Als Sparringspartner und individuelle Wegbegleiter fungieren auch hier die ausgebildeten Coaches des FitnessCenter Job. Wie bei allen anderen Angeboten des beruflichen Fitnessprogramms unterstützen sie auch den Übernahmeprozess unabhängig von Ausbildungs- und Personalbetreuung aus neutraler Perspektive und garantieren absolute Vertraulichkeit.

19.2 Beratungs- und Begleitprogramm für Berufseinsteiger: Ankommen – Positionieren – Durchstarten

Das modulare Beratungsprogramm richtet sich an alle Berufseinsteiger – Auszubildende und dual Studierende – und startet etwa zur Mitte der Ausbildungs- bzw. Studienzeit. Der recht frühe Start der Begleitung beruht auf der Erfahrung, dass es einige Zeit in Anspruch nimmt, sich mit dem eigenen Profil, den persönlichen Interessen und der Entwicklung alternativer Szenarien für den weiteren beruflichen Weg auseinanderzusetzen. Zielsetzung ist, einen Erkenntnis- und Reifeprozess zu unterstützen und ein im positiven Sinne selbstbewusstes und bewusstes Agieren im Übernahmeprozess vorzubereiten. Es geht um den Anspruch, den Berufsweg aktiv gestalten zu können und zu wollen.

Die Bausteine im Überblick
Der Baustein »Standortbestimmung« dient dazu, sich strukturiert mit den fachlichen und persönlichen Fähigkeiten auseinanderzusetzen. Der »KompetenzTest kompakt« unterstützt bei der Definition persönlicher Stärken und hilft dabei, Antworten auf die Frage »Wer bin ich?« zu formulieren. Im Rahmen des »RessourcenÜberblicks« wird die Frage »Was kann ich?« beleuchtet. Beide Tools unterstützen den Berufseinsteiger dabei zu erkennen, welche Kompetenzen er auf dem bisherigen Weg auf- und ausgebaut hat und welche Stärken und Fähigkeiten ihn dabei unterstützt haben. Dies för-

dert das Selbstbewusstsein, ist hilfreich für die Orientierung und ein solider Grundstein für die nächsten Schritte.

Bausteine	1. Standortbestimmung	2. Zieldefinition	3. Positionierung
Zentrale Fragen	Wer bin ich? Was kann ich?	Was will ich?	Wie überzeuge ich?
Unser Angebot	— KompetenzTest kompakt — Ressourcen-Überblick	— Berufliche Zielfindung — Zielscheibe — Reflexion	— Positionierungsstatement — Gesprächsstrategie — Gesprächssimulation — Bewerbungsunterlagen
	Individuelles, telefonisches Coaching nach Bedarf		

Beratungs- und Begleitprogramm im Überblick

»Was will ich?« – diese Frage steht im Mittelpunkt des Bausteins »Zieldefinition«. Für diejenigen, die noch auf der Suche nach dem nächsten beruflichen Schritt bzw. Ziel sind, hilft die Übung »Zielfindung«, mögliche Optionen zu definieren. Im Rahmen des individuellen telefonischen Coachings können diese Ziele konkretisiert und deren Umsetzung strukturiert angegangen werden.

Schließlich dreht sich bei dem Baustein »Positionierung« alles um die Frage »Wie überzeuge ich?«. Es geht in erster Linie darum, die »(Be-)Werbung in eigener Sache« vorzubereiten, das heißt, die gewonnenen Erkenntnisse in eine überzeugende Form zu gießen, um unterschiedlichste Gesprächssituationen souverän zu meistern bzw. die Türen zur angestrebten Position mit maßgeschneiderten Bewerbungsunterlagen zu öffnen. Egal, ob es sich um eine mündliche oder schriftliche Positionierung handelt – die Fragen »Warum will ich diese Stelle?«, »Was bringe ich dafür mit?« und »Welchen Nutzen kann ich in dieser Rolle stiften?« müssen schließlich adressatengerecht beantwortet werden.

Die Einladung zu den einzelnen Bausteinen erfolgt per E-Mail über das FitnessCenter Job. Die Berater im FitnessCenter Job stehen so intensiv und so lange wie gewünscht zur Verfügung. Sie verfügen über reichhaltige Erfahrung in der beruflichen Orientierungsberatung, agieren stets unabhängig und neutral. Die bereichsspezifischen Rahmenbedingungen sind ihnen genauso vertraut wie die aktuelle Lage an den internen und externen Arbeitsmärkten sowie die typischen Fragestellungen der Orientierungs- und Übernahmephase.

Eine Aktionsplattform im Internet – auch von privaten Endgeräten aus zugänglich – bietet darüber hinaus zusätzliche Informationen rund um die Themen »Berufliche Fitness« und »Orientierung«. So kann sich jeder flexibel und zielgenau sein eigenes Paket individuell zusammenstellen. Wie bei allen anderen Angeboten des Programms »in eigener Sache« gilt: Die Deutsche Bank finanziert die Angebote, die Mitarbeiterinnen und Mitarbeiter bringen Zeit und Energie ein.

19.3 Die Bausteine im Detail

19.3.1 Standortbestimmung I – Wer bin ich?

> »Der Erfolgreiche überprüft seine Begabungen und Fähigkeiten,
> ehe er sein Ziel steckt.«
> (Vera F. Birkenbihl)

»Wer bin ich?« – das ist eine sehr komplexe Frage, die sich nicht so leicht konkret und für Dritte nachvollziehbar beantworten lässt. Sie führt uns zunächst zur grundsätzlichen Betrachtung eines Persönlichkeits-, Kompetenz- und Erfahrungsprofils, wie sie dem beruflichen Fitnessprogramm »in eigener Sache – fit in die berufliche Zukunft« zugrunde liegt:

19.3.2 Überfachliche Kompetenzen machen den Unterschied

In der heutigen Arbeitswelt gelten die persönlichen Kompetenzen sowie die Einstellungen und Haltungen als tragende Säulen der beruflichen Fitness und damit als wesentliche Faktoren, um im Beruf erfolgreich zu sein. Besondere Bedeutung im großen Kanon der Kompetenzen haben diejenigen, die Veränderungsbereitschaft und Flexibilität ermöglichen. Und dies gilt nicht nur für karriereorientierte Menschen, sondern für alle Erwerbstätigen und in jeder Berufsphase.

Der Fokus liegt auf persönlichen und sozialen Kompetenzen wie Teamfähigkeit, Konfliktfähigkeit und kommunikative Fähigkeiten in Kunden-/Lieferantenbeziehungen oder in komplexen Arbeitsbeziehungen. Hinzu kommt ein Kompetenzbündel, das sich unter dem Oberbegriff »Einstellung/Mentalität« zusammenfassen lässt. Neben der Kunden- und Leistungsorientierung zählen hierzu insbesondere Offenheit, Neugierde und der Wille, selbst Verantwortung für das berufliche Tun und den eigenen beruflichen Weg zu übernehmen. Diese Schlüsselkompetenzen sind aufgabenunabhängig bedeutsam, unterliegen keinem so raschen Wandel wie viele Fachkompetenzen und stiften – einmal erworben und kontinuierlich gepflegt – dauerhaft Nutzen.

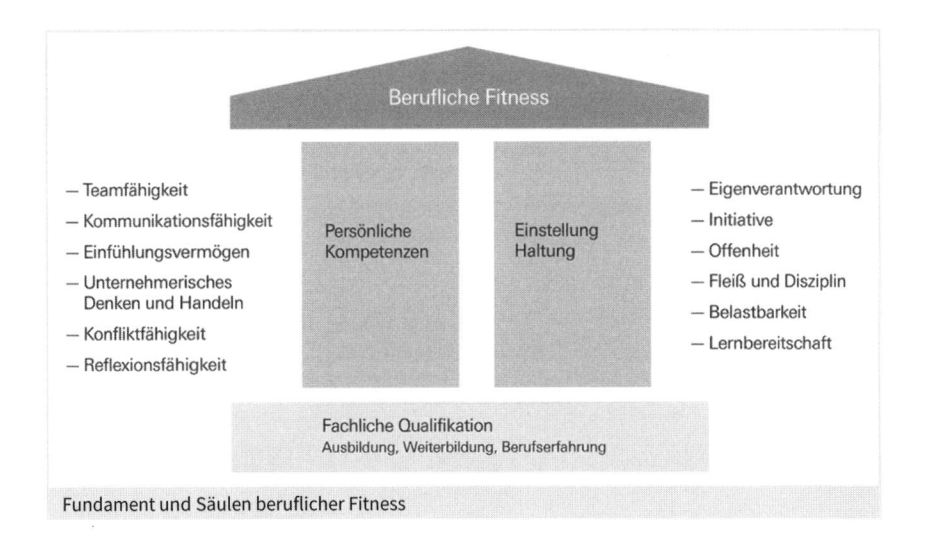

19.3 Die Bausteine im Detail

Berufliche Fitness

Persönliche Kompetenzen:
— Teamfähigkeit
— Kommunikationsfähigkeit
— Einfühlungsvermögen
— Unternehmerisches Denken und Handeln
— Konfliktfähigkeit
— Reflexionsfähigkeit

Einstellung Haltung:
— Eigenverantwortung
— Initiative
— Offenheit
— Fleiß und Disziplin
— Belastbarkeit
— Lernbereitschaft

Fachliche Qualifikation
Ausbildung, Weiterbildung, Berufserfahrung

Fundament und Säulen beruflicher Fitness

Dies gilt sowohl bei der Suche nach einem Ausbildungsplatz als auch für den Berufseinstieg nach Ausbildung oder Studium. Neben den Noten bzw. der fachlichen Grundqualifikation müssen auch hier die Soft Skills stimmen – und man muss sich den Bewerber oder die Bewerberin als engagiertes Teammitglied vorstellen können, der/die gemeinsam mit anderen Zukunft gestalten will.

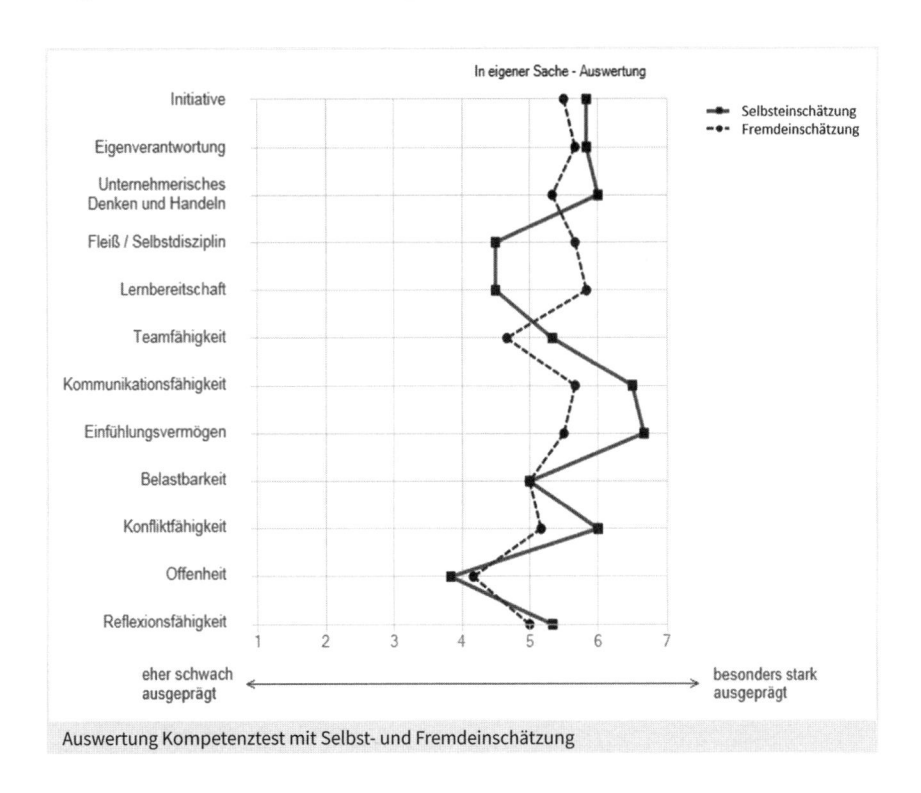

Auswertung Kompetenztest mit Selbst- und Fremdeinschätzung

Der »KompetenzTest kompakt« ermöglicht es, über situative Betrachtungen mehr über die Ausprägung der persönlichen Kompetenzen sowie der eigenen Einstellungen und Haltungen zu erfahren. Die Bearbeitung dauert nur 10 bis 15 Minuten – die Auswertung steht sofort als übersichtliche Grafik zur Verfügung.

Als Ergänzung wird empfohlen, sich von zwei Personen aus dem beruflichen und/oder privaten Umfeld eine Fremdeinschätzung – ebenfalls über ein einfach nutzbares PC-Tool – einzuholen. Diese Fremdeinschätzungen können dann in die Auswertung integriert werden und ermöglichen einen direkten Abgleich zwischen Selbst- und Fremdbild.

19.3.3 Die zwölf Schlüsselkompetenzen – konkret und erlebbar

Der Begriff »Schlüsselqualifikationen« ist zunehmend zu einem Schlagwort geworden, für den recht unterschiedliche Definitionen existieren. Die im Rahmen des Programms thematisierten und im KompetenzTest abgebildeten zwölf Dimensionen finden sich in der einschlägigen Employability-Forschung nahezu durchgängig wieder. Sie sind absolut ausreichend, um Menschen im beruflichen Kontext eine erste Orientierung zu bieten und zu verdeutlichen, welche überfachlichen Kompetenzen zum Aufbau bzw. Erhalt einer nachhaltigen Arbeitsmarktfitness benötigt werden. Dabei handelt es sich ausschließlich um solche Kompetenzen, die im Arbeitsprozess eine positions- oder tätigkeitsunabhängige Relevanz besitzen. Die genutzten Beschreibungen in der Anleitung und Auswertung des Tests sollen die abstrakte Kompetenz fassbar und erlebbar machen und damit auch konkrete »Anpacker« für die Stärkung dieser Kompetenzfelder liefern:

1. **Initiative**
   Ein Mensch, der Initiative zeigt, nimmt Veränderungen in seinem Umfeld als Anstoß, um über seine aktuelle Situation nachzudenken und die sich daraus ergebenden Chancen zu erkennen. Er ist in der Lage, aus Veränderungen Schlussfolgerungen zu ziehen und notwendige Entscheidungen zu treffen, ist motiviert, seine Zukunft selbst zu gestalten und dementsprechend zu handeln, nutzt sich bietende Chancen und setzt die ihm zur Verfügung stehenden Ressourcen optimal ein. Er ist bereit, andere Vorgehensweisen auszuprobieren und etwas Neues zu beginnen.

2. **Eigenverantwortung**
   Ein Mensch, der Eigenverantwortung zeigt, ist bereit, sein Aufgabenfeld bzw. seine berufliche Entwicklung selbst zu verantworten und die daraus resultierenden Konsequenzen zu tragen. Er steckt sich – ohne Druck von außen – konkrete Ziele, plant und verfolgt deren Umsetzung. Er bleibt auch über einen längeren Zeitraum hinweg motiviert und ist in der Lage, innere und äußere Widerstände aufzulösen.

3. **Unternehmerisches Denken und Handeln**
   Ein Mensch, der unternehmerisch denkt und handelt, ist sich über seinen Beitrag zur Erreichung der Unternehmensziele bewusst, kennt das Marktumfeld und die

Kundenwünsche, vertritt die Unternehmensinteressen, trifft Entscheidungen, nutzt den eigenen Handlungsspielraum und stößt Prozesse aus eigener Initiative an.

4. **Fleiß und Selbstdisziplin**

   Ein Mensch, der Fleiß und Selbstdisziplin zeigt, identifiziert sich mit seinem Tätigkeitsfeld bzw. mit einer Aufgabe, ist motiviert und bringt das erforderliche Engagement von sich aus ein. Er arbeitet kontinuierlich an der Bewältigung der übernommenen Aufgaben bis zu ihrer Erledigung und lässt sich dabei auch von Widerständen und Problemen nicht aus seinem Arbeitsrhythmus bringen.

5. **Lernbereitschaft**

   Ein Mensch, der Lernbereitschaft besitzt, kennt seinen Wissensstand und weiß, dass er nie »ausgelernt« hat, ist an aktuellen Entwicklungen und Neuerungen interessiert und bleibt am Ball. Er ist bereit, sich neues Wissen und Erfahrungen auch außerhalb des aktuellen Tätigkeitsbereichs anzueignen.

6. **Teamfähigkeit**

   Ein Mensch, der teamfähig ist, ist in der Lage, mit anderen offen und partnerschaftlich auf ein Ziel oder eine Lösung hin zu kommunizieren und zu kooperieren. Er kann dabei eigene Standpunkte klar vertreten, ohne die Meinung anderer abzuwerten oder zu ignorieren. Ein teamfähiger Mensch übernimmt Verantwortung und ist bereit, von den anderen Teammitgliedern zu lernen, um Synergien und bessere Ergebnisse zu erzielen.

7. **Kommunikationsfähigkeit**

   Ein Mensch, der kommunikationsfähig ist, kann Kontakte knüpfen und gestalten, stellt komplizierte Sachverhalte differenziert, aber verständlich dar, hört zu und knüpft mit der eigenen Argumentation an die Argumente des Gesprächspartners an. Er führt Gespräche zielgerichtet und situationsgerecht.

8. **Einfühlungsvermögen**

   Ein Mensch, der Einfühlungsvermögen besitzt, ist bereit, sich auf andere einzustellen und ihre Bedürfnisse ernst zu nehmen, nimmt Veränderungen in der Stimmung seines Gegenübers oder in der Atmosphäre eines Gesprächs wahr. Er erkennt die Leistungen einer anderen Person an, hilft, wenn jemand Unterstützung braucht und äußert Mitgefühl, wenn einer Person etwas zugestoßen ist.

9. **Belastbarkeit**

   Ein Mensch, der mit Besonnenheit handelt, erkennt Belastungssituationen und kann sich auf diese einstellen. Er bleibt auch unter Stress äußerlich ruhig und gelassen, arbeitet unter Belastung gleichbleibend ruhig und zielorientiert. Er geht mit den eigenen Ressourcen ökonomisch um, kennt Bewältigungsstrategien und weiß diese einzusetzen.

10. **Konfliktfähigkeit**

    Ein Mensch, der konfliktfähig ist, spricht Themen an, die ihn stören – auch dann, wenn er damit möglicherweise negative Reaktionen anderer hervorruft. Er kann Konfliktsituationen erkennen und einschätzen, trägt Konflikte fair und lösungsorientiert aus und betrachtet Konflikte als Anstoß zum Lernen.

11. **Offenheit**
    Ein Mensch, dessen Handeln von Offenheit geprägt ist, ist neugierig und probiert gerne etwas aus, ist bereit, sich auf unbekannte Situationen und Dinge einzulassen. Er stellt Tradiertes infrage und gibt neuen Ideen eine Chance, ist bereit, bewährte Methoden über Bord zu werfen und sich – trotz eines gewissen Risikos – auf eine neue Vorgehensweise einzulassen.
12. **Reflexionsfähigkeit**
    Ein Mensch, der seine berufliche Fitness reflektiert, weiß, was er kann, und ist sich seiner Fähigkeiten bewusst. Er übernimmt für seinen Berufsweg die Verantwortung, macht sich immer wieder über seine berufliche Zukunft Gedanken, plant seine beruflichen Ziele und arbeitet kontinuierlich darauf hin.

Empfohlen wird, sich mit der Auswertung des KompetenzTest kompakt zunächst eigenständig anhand einiger Reflexionsfragen auseinanderzusetzen:

- Was fällt Ihnen spontan auf, wenn Sie Ihr Testergebnis betrachten? Was überrascht Sie?
- An welchen Kompetenzen haben Sie in den vergangenen Monaten bewusst gearbeitet, was haben Sie dafür konkret getan und wie spiegelt sich dies bereits im Testergebnis wider?
- An welchen Stellen gibt es Abweichungen zwischen der Selbsteinschätzung und den Fremdeinschätzungen? Wie erklären Sie sich diese?
- An welcher persönlichen Kompetenz würden Sie gerne arbeiten? Was würden Sie gerne verändern? Was konkret nehmen Sie sich vor?

In einem zweiten Schritt besteht dann die Möglichkeit, die eigenen Erkenntnisse und Überlegungen in einem individuellen, telefonischen Coaching mit einem Coach des FitnessCenter Job zu besprechen.

19.3.4 Standortbestimmung II – was kann ich?

> »Um Erfolg zu haben, muss man die Erfahrungen der Vergangenheit
> in der Gegenwart einsetzen, um die Zukunft zu gestalten.«
> (Björn Schwarz)

Um jenseits einer Auflistung beruflicher Stationen oder Funktionen die Frage »Was kann ich?« zu beantworten, gibt der »RessourcenÜberblick« wertvolle Struktur und Hilfestellung. Mit diesem Reflexionstool entsteht ein Bewusstsein, welche fachlichen und persönlichen Kompetenzen tatsächlich eingesetzt und während des Einstiegsprogramms auf- und ausgebaut wurden. Über dieses Bewusstsein entsteht fast unmerklich auch ein gesundes Selbstbewusstsein als wichtige Voraussetzung für ein erfolgreiches Positionieren – das »Marketing in eigener Sache«.

Die Struktur und Darstellungsform des RessourcenÜberblicks – in einer Kombination aus Bild und Text – fordert sowohl das rationale als auch das emotionale, bildhaft-kreative Denken, wodurch vielfältige neue Gedanken und Ideen entstehen können.

Bewusst offen formulierte Denkanstöße sollen Mut zum unkonventionellen Herangehen machen und motivieren, sich auch Feedback von anderen Azubis, dual Studierenden, Trainees, Kollegen, Führungskräften, Freunden oder in der Familie einzuholen:
- Worauf können Sie bauen, was macht Sie aus?
- Welche Menschen, Situationen oder Dinge stärken Ihnen den Rücken, machen Ihnen Mut oder tun Ihnen gut?
- Über welches fachliche »Handwerkszeug« aus der Ausbildung verfügen Sie? Welche fachlichen und persönlichen Fähigkeiten setzen Sie regelmäßig ein?
- Was machen Sie mit Leichtigkeit, also sprichwörtlich »mit links«?
- Was spornt Sie an?

Die sehr individuellen Antworten auf diese und ähnliche Fragestellungen werden dann stichwortartig zusammengefasst und in ein Gesamtbild – den eigenen RessourcenÜberblick – übertragen.

19.3.5 Zieldefinition – Was will ich?

> *»Der unabdingbare erste Schritt, um im Leben das zu erreichen,*
> *was man möchte, ist zu entscheiden, was es ist.«*
> (Ben Stein)

Gegen Ende der Ausbildung bzw. des Einstiegsprogramms rückt die Frage »Wie geht es danach weiter?« immer mehr in den Vordergrund. Manch einer hat zu diesem Zeitpunkt schon recht genaue Vorstellungen von einem ersten verantwortlichen Einsatz entwickelt, andere wiederum sind noch reichlich vage und unsortiert unterwegs. Mit dem Baustein »Zieldefinition – was will ich?« kann die erste Festlegung validiert und es können alternative Szenarien entwickelt werden.

Dieser Beratungsbaustein besteht aus drei Teilen. Im ersten Teil werden das Einstiegsprogramm und die erlebten unterschiedlichen Tätigkeiten unter die Lupe genommen. Im zweiten Teil gilt es herauszufinden, was besonders gut zu einem passt und welche Motivatoren dahinterliegen. Und die »Zielscheibe« im dritten Teil dient dazu, auf der Basis der fachlichen und persönlichen Kernkompetenzen eine passende Aufgabe zu definieren und sich danach zu überlegen, wo es eine solche Tätigkeit konkret geben könnte. Bei all diesen Fragestellungen geht es nicht um die Bewertung mit »richtig« oder »falsch«, sondern immer um einen Strauß ganz persönlicher Bedürfnisse und

Vorlieben – letztlich um das optimale »Gewässer«, in dem man, weil es besonders gut passt, beruflich energiegeladen und erfolgreich agieren kann und will.

Erlaubt sind in einem ersten Schritt auch »verrückte« oder »unrealistische« Ideen, eine Sammlung, ohne allzu frühe Zensur und Beschränkung. Das Abwägen von Chancen und Risiken und ein »Realitätscheck« kommen später – zu gegebener Zeit.

Die detaillierte Rückschau auf das im Einstiegsprogramm Erlebte wird in dieser Analysephase also ergänzt durch grundsätzliche Überlegungen dazu, wo die berufliche Reise einmal hinführen soll. In der beruflichen Orientierungsberatung wird hier gerne das Bild eines Reisenden verwendet, der sich aufmacht und sich überlegt, ob sein perspektivisches Ziel eher im »Heimatland« liegt – mit Tätigkeiten sehr nah an den bisher erlebten Funktionen und gemachten Erfahrungen – oder im »Nachbarland« – mit grundsätzlich neuen Aufgabenstellungen und Herausforderungen, bei denen aber gut auf dem Vorherigen aufgebaut werden kann. Die dritte Variante mit dem Blick auf »Neuland« führt dann bewusst auf völlig andere, unbekannte Felder und stellt dabei oft sogar noch einmal die grundsätzliche Berufswahl oder sonstige Lebensziele infrage.

Alle Betrachtungen fokussieren sowohl auf die Aufgabenstellung bzw. Themen als auch auf die sonstigen Rahmenbedingungen. So steht bei Berufseinsteigern sehr oft auch die Frage nach regionaler, überregionaler oder gar internationaler Mobilität im Raum – für viele kein »Selbstläufer« und oft mit inneren Widerständen oder gar Ängsten verknüpft.

Um das individuelle persönliche Berufsziel allgemein – jenseits spezifischer Funktionstitel – und für Dritte nachvollziehbar zu beschreiben, hilft das Analyse-Tool »Zielscheibe«. Entlang der vier W-Fragen wird eine strukturierte Klärung und grafische Darstellung der persönlichen Zielstellung unterstützt:
- Warum? – Was motiviert, was macht Lust, sich zu engagieren?
- Was? – Welche Themen reizen? Mit welchen Zielgruppen besonders gern?
- Wie? – Welche Kompetenzen sollen besonders im Vordergrund stehen?
- Wo? – In welchen beruflichen Situationen, welchem Umfeld passen die eigenen Vorstellungen und die Anforderungen der Aufgabe besonders gut zusammen?

Diese grundsätzlichen Überlegungen führen – bei Bedarf immer wieder unterstützt durch Rückkopplung mit dem Sparringspartner im FitnessCenter Job – zu klaren Präferenzen – im besten Fall zum deutlich konturierten »Traumjob« für den Berufseinstieg. Die Beschäftigung mit den dahinterliegenden Motiven ermöglicht zudem eine sehr bewusste und selbstbewusste Positionierung in den anstehenden Gesprächen, deren Vorbereitung im folgenden letzten Baustein beschrieben wird.

19.3.6 Positionierung – wie überzeuge ich?

> *»Nimm an, was nützlich ist. Lass weg, was unnütz ist.*
> *Und füge das hinzu, was dein Eigenes ist.«*
> (Bruce Lee)

Der letzte Baustein des Begleitprogramms für Berufseinsteiger befasst sich mit der Kunst des optimalen Positionierens – dem bewussten Selbstmarketing.

Bereits während der Ausbildung bzw. dem berufsbegleitenden Studium gibt es viele Gelegenheiten, einen guten Eindruck zu hinterlassen – z. B. im Rahmen von Kundengesprächen oder Netzwerkaktivitäten. Gegen Ende der Ausbildung zählt es dann: In den Orientierungs-, Übernahme- und Bewerbungsgesprächen entscheidet die Fähigkeit, mit dem, was man zu bieten hat und was man will, zu überzeugen über die Platzierungschancen und -optionen.

Sowohl bei einer schriftlichen als auch in einer persönlichen/mündlichen Positionierung geht es letztlich immer um drei Kernfragen, die gut vorgedacht und vorbereitet sein wollen:
- »Warum wollen Sie genau diese Stelle?«
- »Was bringen Sie für diese Position fachlich und persönlich mit?«
- »Welchen Nutzen können Sie in dieser Rolle stiften?«

Es geht um eine »(Be-)Werbung in eigener Sache«, um ein sehr bewusstes und selbstbewusstes Positionieren.

Sowohl für die Erstellung von Unterlagen als auch für die Vor- und Nachbereitung von Gesprächen stehen ausführliche Informationsunterlagen und Checklisten zur Verfügung. Ein besonderes Augenmerk wird gerichtet auf adressatengerechte Formulierungen und die »Nutzenargumentation« mit Blick auf die neue Stelle bzw. das neue Team.

Auch werden als schwierig erlebte Interviewfragen thematisiert, Antwortoptionen können entsprechend vorbereitet und in Gesprächssimulationen mit dem Coach im FitnessCenter Job ausprobiert werden. So entsteht Schritt für Schritt eine individuelle Bewerbungs- und Gesprächsstrategie und größtmögliche »Trittsicherheit« im Umgang mit der Übernahmesituation.

Und die Erfahrung lehrt: Je bewusster und gründlicher die Vorbereitung aus Standortbestimmung und Zieldefinition angepackt und durchdacht wurde, umso leichter fällt es, die gewonnenen Erkenntnisse adressatengerecht umzusetzen und zur Geltung zu bringen.

19.4 Schlussbetrachtung

Das Beratungsprogramm für Berufseinsteiger »Ankommen – Positionieren – Durchstarten« will junge Menschen an einer wichtigen Wegmarke in die Lage versetzen, selbstbewusst und überzeugend zu agieren und eine bewusste Weichenstellung für den Start in die Berufswelt vorzunehmen.

Das Fundament für eine nachhaltige individuelle Employability (Beschäftigungsfähigkeit) ist damit für die Arbeitswelt der Zukunft gelegt. Es bleibt aber – im Sinne der beschriebenen Selbstverantwortung – dauerhafter Anspruch an sich selbst, über die regelmäßige Reflexion der eigenen Fähigkeiten, Werte und Ziele wach und selbstgesteuert den eigenen Berufsweg zu gestalten und sich bietende Optionen zu nutzen. Wer auf dem soliden Fundament eines marktfähigen Profils steht, eine realistische berufliche Vision hat und sich selbstbewusst positionieren kann, wird in der Regel zu jeder Zeit auch Partner in der Arbeitswelt finden, die diese mittragen und unterstützen.

In der heutigen Arbeitswelt wird bekanntlich längst von zwei »Bewerbern« gesprochen: dem, der Arbeit zu vergeben hat und dem, der Arbeitskraft bietet. Das gilt auch für die Übernahme von Berufseinsteigern nach der Erstausbildung. Erfolgversprechend für die Zukunft ist letztlich auch hier nur ein bewusstes »Aufeinander-Einlassen« und beiderseitige Attraktivität.

Investitionen in die erfolgskritischen Schlüsselkompetenzen und bewusstes perspektivisches Denken von Arbeitgebern und Arbeitnehmern werden auch und gerade im Zeitalter der Digitalisierung attraktive, zukunftsfähige Arbeitsplätze und Perspektiven mit wachen, engagierten Berufseinsteigern zusammenbringen.

Digitalisierung
und Qualifizierungsangebote
für Ausbilder, Ausbildungsbeauftragte
und Auszubildende

20 Prüfungs.TV

Sophia Mull und Stephan Hansen

Seit 2013 begleitet Prüfungs.TV als digitaler Lernbegleiter kaufmännische Auszubildende durch ihre gesamte Berufsausbildung. Derzeit lernen über 15.000 Auszubildende mit uns. Anders als bisher lernen diese Auszubildenden nicht mehr ausschließlich in Präsenzseminaren, in der Berufsschule oder zu Hause mit einem Lehrbuch. Stattdessen öffnen sie Prüfungs.TV auf ihrem mobilen Endgerät und sehen sich professionell aufbereitete Lernvideos an. Zusätzlich zu den Videos können die Auszubildenden jeweils Übungsaufgaben absolvieren. Sie haben damit eine direkte Lernstandskontrolle und erleben immer wieder kleine Erfolge im Verlauf des Lernprozesses.

Bereits während der Schulzeit haben Auszubildende Erklärvideos zur Klausurvorbereitung genutzt. Wenn sie dann ihre Ausbildung beginnen, steht ihnen mit Prüfungs.TV ein aktuelles und professionelles Lernkonzept zur Verfügung, das ihren Lerngewohnheiten entspricht und einen hohen Qualitätsstandard gewährleistet. Auch die Ausbilder sind überzeugt, denn Prüfungs.TV lässt sich ganz einfach in den Ausbildungsablauf integrieren und die Prüfungsergebnisse der User fallen im Durchschnitt besser aus als der deutschlandweite IHK-Durchschnitt.

Der folgende Artikel gibt Einblicke in das erfolgreiche Lernkonzept von Prüfungs.TV und zeigt auf, wie Prüfungs.TV oder andere digitale Lernbegleiter in Unternehmen genutzt werden können.

20.1 Lernen auf frei zugänglichen Plattformen

Das Lernverhalten von Jugendlichen hat sich mit dem Aufstieg von YouTube stark verändert. Schon während der Schulzeit sehen sie sich zur Klausurvorbereitung vermehrt Videos an, in denen ihnen der Lerninhalt – mal mehr und mal weniger – anschaulich vermittelt wird. Laut der »JIM-Studie 2018 – Jugend, Information, Medien« des Medienpädagogischen Forschungsverbunds Südwest beschäftigen sich jeweils 97 Prozent der Jungen und Mädchen täglich oder mehrmals pro Woche mit dem Internet und durchschnittlich 90 Prozent sehen mehrmals pro Woche Online-Videos.

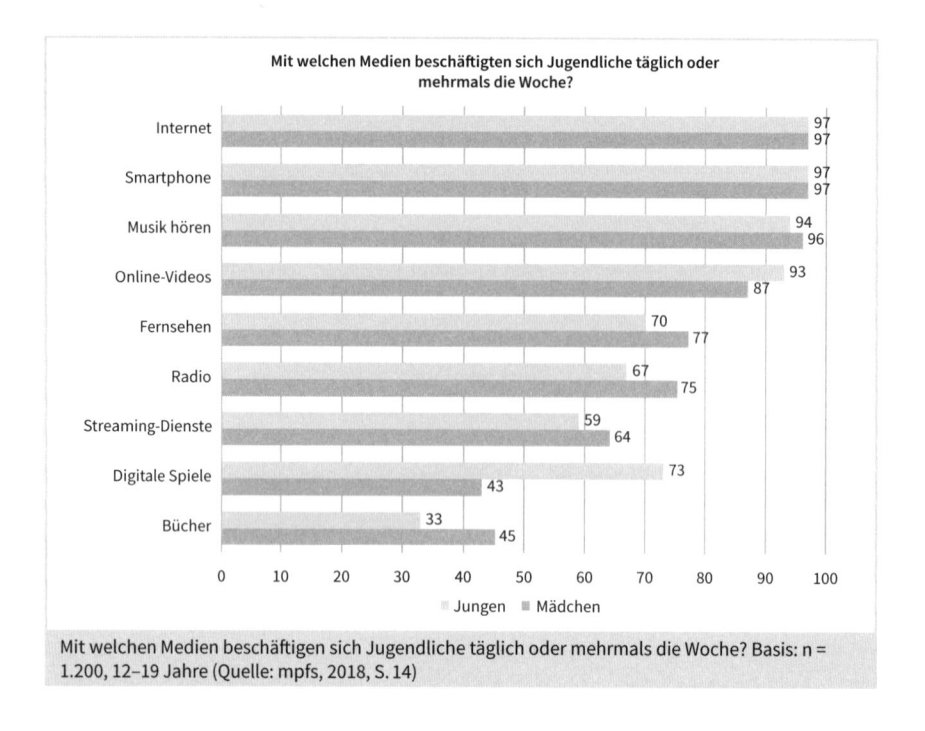

Mit welchen Medien beschäftigten sich Jugendliche täglich oder mehrmals die Woche?

Medium	Jungen	Mädchen
Internet	97	97
Smartphone	97	97
Musik hören	94	96
Online-Videos	93	87
Fernsehen	70	77
Radio	67	75
Streaming-Dienste	59	64
Digitale Spiele	73	43
Bücher	33	45

Mit welchen Medien beschäftigen sich Jugendliche täglich oder mehrmals die Woche? Basis: n = 1.200, 12–19 Jahre (Quelle: mpfs, 2018, S. 14)

Aus der Studie geht ebenfalls hervor, dass YouTube bei 63 Prozent der Befragten das beliebteste Internetangebot ist (mpfs, 2018, S. 35).

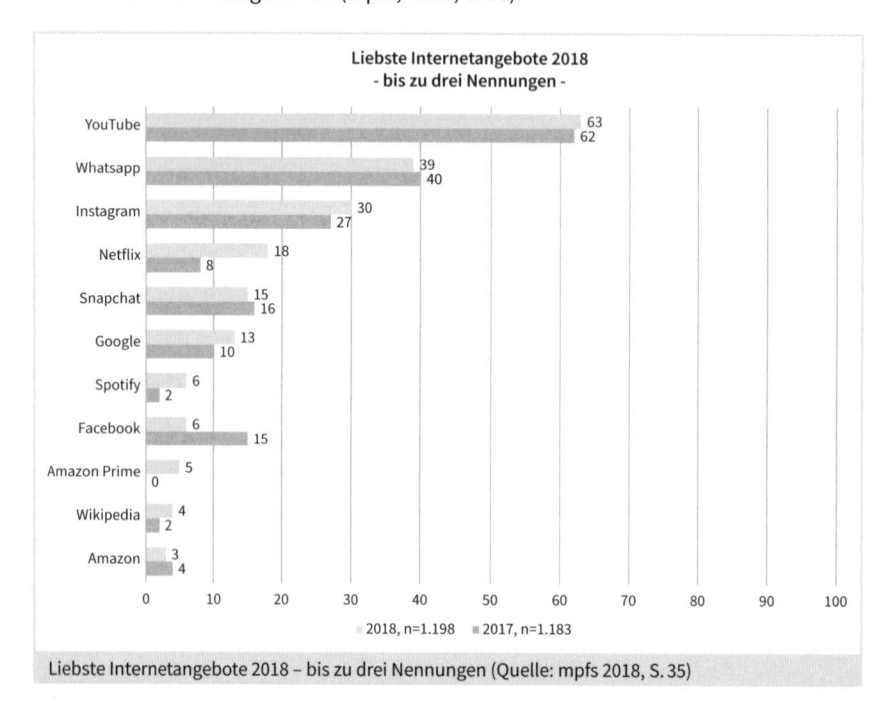

Liebste Internetangebote 2018 – bis zu drei Nennungen

Angebot	2018 (n=1.198)	2017 (n=1.183)
YouTube	63	62
Whatsapp	39	40
Instagram	30	27
Netflix	18	8
Snapchat	15	16
Google	13	10
Spotify	6	2
Facebook	6	15
Amazon Prime	5	0
Wikipedia	4	2
Amazon	3	4

Liebste Internetangebote 2018 – bis zu drei Nennungen (Quelle: mpfs 2018, S. 35)

Sicher gibt es auf Plattformen wie YouTube einige gut aufbereitete Videos. Die Lernenden können jedoch weder sicher sein, dass die Inhalte alle fachlich richtig, noch, dass diese relevant für die eigenen Lernziele sind. Hinzu kommt, dass sehr viel kostbare Zeit mit dem Suchen eines passenden Videos verloren geht, ganz zu schweigen von der Bildqualität, die häufig zu wünschen übrig lässt. Störend ist außerdem die eingebettete Werbung, die den Lernprozess unterbricht. Ablenkend kann zudem der hinterlegte Algorithmus sein: Häufig wird nach einem Video, das dem Lernen dient, ein Video empfohlen, das den privaten Gewohnheiten des Nutzers entspricht. Und so ist es von der Kostenanalyse bis zum Katzenvideo nur ein Klick.

20.2 Wichtige Aspekte für die Akzeptanz von digitalen Lernangeboten

20.2.1 Fachliche Kompetenz

Mit Prüfungs.TV können sich die Auszubildenden bei der Nutzung komplett auf das Lernen konzentrieren und jegliche Hürden, die das Online-Lernen auf einigen gängigen Plattformen mit sich bringt, entstehen gar nicht erst. Am wichtigsten ist sicherlich eine hohe fachliche Kompetenz: Alle Inhalte werden von Experten des jeweiligen Berufsbilds entwickelt und regelmäßig aktualisiert. Unsere produktverantwortlichen Mitarbeiter haben bereits mehrere Jahre Berufserfahrung in der Berufsausbildung, beispielsweise als Ausbilder oder als Trainer. Daher kennen sie nicht nur die relevanten Inhalte ihres jeweiligen Berufsbildes, sondern sind auch in der didaktischen und methodischen Aufbereitung von Lerninhalten für ihre Zielgruppe absolute Profis.

20.2.2 Struktur und roter Faden

Aus unserer Erfahrung benötigen die Jugendlichen eine gewisse Struktur und einen roten Faden, um ihren Lernprozess optimal gestalten zu können. Dieser Erkenntnis werden wir dadurch gerecht, dass die einzelnen Videos nummeriert sind und ihr Aufbau immer der gleichen Struktur folgt, sodass die Auszubildenden optimal durch den aufbereiteten Inhalt geleitet werden. Die Gliederung in Playlists zu den jeweiligen Themenbereichen kennen die Jugendlichen aus anderen Portalen und sind damit vertraut. Alle relevanten Ausbildungsinhalte können auf diese Weise übersichtlich gegliedert in kurzen kompakten Lerneinheiten vermittelt werden. Innerhalb der Videos wird der Inhalt auf anschaulichen Whiteboards mithilfe von Texten, Grafiken und Symbolen dargestellt und gleichzeitig über die Tonspur ausführlich anhand von Beispielen aus der Praxis erläutert.

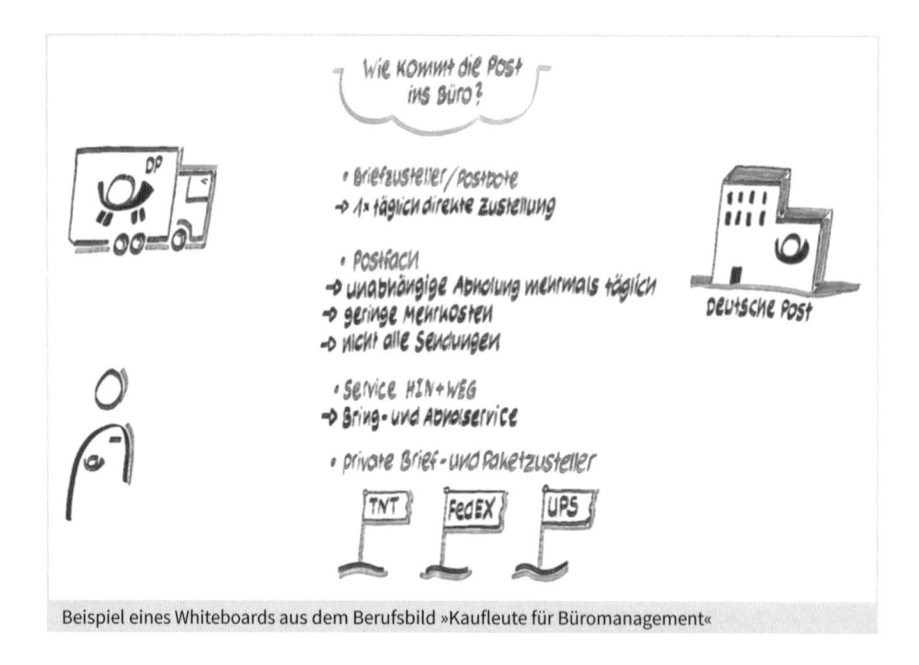

Beispiel eines Whiteboards aus dem Berufsbild »Kaufleute für Büromanagement«

Im Anschluss an jedes Video können die Lernenden den Status des Videos auf »Gesehen« oder »Verstanden« setzen, um ihren individuellen Lernprozess für sich zu strukturieren. In ihrem Profil können sie in der Lernstandsübersicht dann sofort erkennen, welche Videos sie noch einmal ansehen sollten und welche sie bereits verinnerlicht haben.

20.2.3 Lernfunktionen

Im Rheinland gibt es das Sprichwort »Jeder Jeck ist anders« und genauso lernen auch Auszubildende unterschiedlich. Die reine Vermittlung von fachlichen Inhalten in Videoform reicht daher nicht immer aus. Deshalb gibt es zusätzlich zu jedem Video mehrere Übungsaufgaben, durch die die Auszubildenden überprüfen können, ob sie das gerade Gesehene auch verstanden haben.

20.2 Wichtige Aspekte für die Akzeptanz von digitalen Lernangeboten

Übungsaufgaben

Welche Angaben muss eine Postvollmacht enthalten?

- Ausstellungsdatum
- Umfang der Vollmacht
- Unterschrift des Bevollmächtigten
- Bevollmächtigter
- Vollmachtgeber
- Unterschrift des Vollmachtgebers
- Gültigkeitsdauer

[Auswerten]

Beispielaufgaben aus dem Berufsbild »Kaufleute für Büromanagement«

Diese Fragen wurden ebenfalls durch unsere Experten entwickelt, sodass sie einem angemessenen Schwierigkeitsgrad entsprechen. Zu einfache oder zu schwere Antwortmöglichkeiten könnten das Lernen im Flow verhindern und zu Demotivation führen. Dem wirken wir direkt entgegen. Manche Auszubildende, häufig der kinästhetische Lerntyp, bevorzugen es, zuerst die Fragen zu beantworten und im Anschluss das Video zu sehen. Auch dieser Lernansatz sollte auf einer Lernplattform verfolgt werden können.

Die Kombination aus Hören, Sehen und Ausprobieren spricht unterschiedliche Lerntypen an und erleichtert den Transfer des theoretischen Wissens auf die praktische Anwendung. Auszubildende könnten zum Beispiel auch ein Video während der Arbeit laufen lassen und den dargestellten Prozess direkt umsetzen. Einer Kauffrau für Büromanagement wird in einem Video beispielsweise ganz genau gezeigt, wie eine Dokumentenablage funktioniert – und kann das Gesehene sofort praktisch anwenden.

Sollte ein Auszubildender oder eine Auszubildende zu einem Video oder auch anderen Inhalten der Ausbildung Fragen haben, kann er oder sie sich direkt an uns wenden. Unsere Experten beantworten jede inhaltliche Frage, auch über die Inhalte der Videos hinaus. Da wir innerhalb von maximal 48 Stunden antworten, können die Auszubildenden ungehindert weiter lernen, ohne auf den nächsten Berufsschulblock warten zu müssen oder viel Zeit in Suchmaschinen zu vergeuden. Diesen Vorteil sehen auch die Auszubildenden.

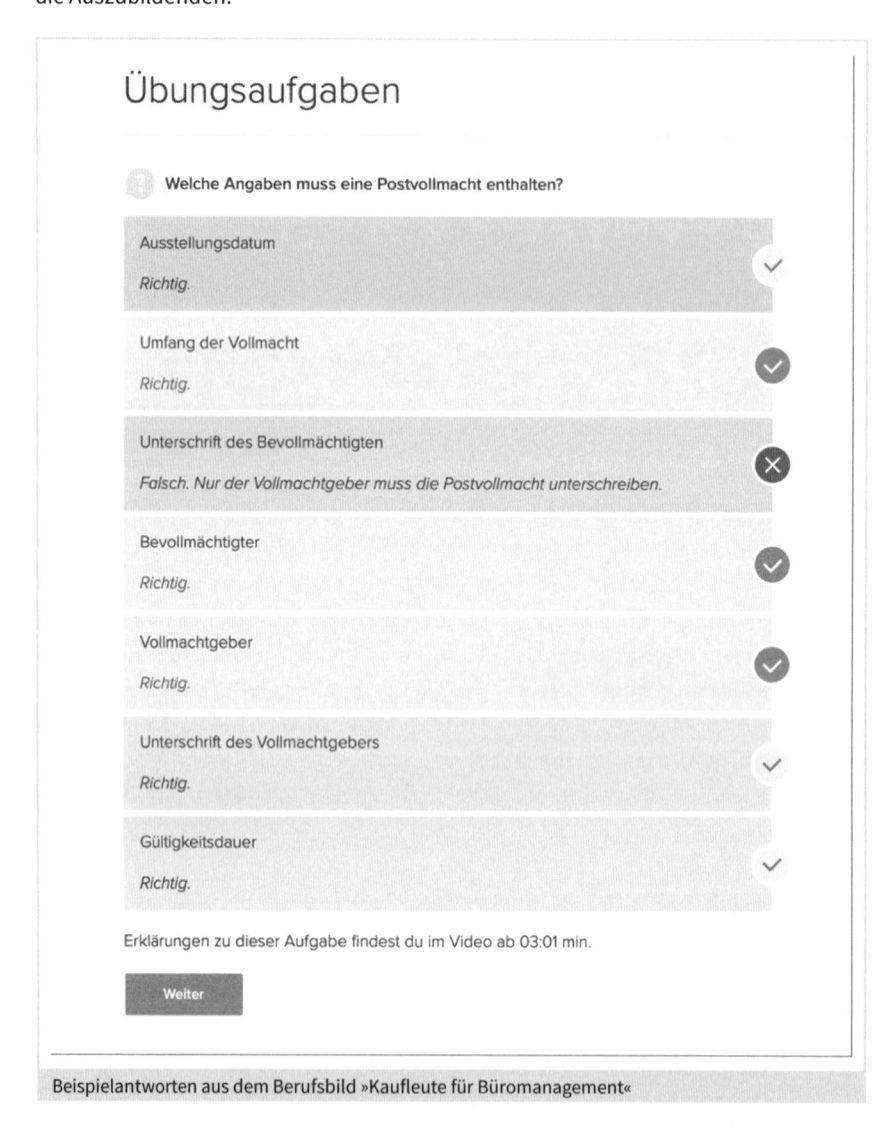

> **Übungsaufgaben**
>
> Welche Angaben muss eine Postvollmacht enthalten?
>
> Ausstellungsdatum
> *Richtig.* ✓
>
> Umfang der Vollmacht
> *Richtig.* ✓
>
> Unterschrift des Bevollmächtigten
> *Falsch. Nur der Vollmachtgeber muss die Postvollmacht unterschreiben.* ✗
>
> Bevollmächtigter
> *Richtig.* ✓
>
> Vollmachtgeber
> *Richtig.* ✓
>
> Unterschrift des Vollmachtgebers
> *Richtig.* ✓
>
> Gültigkeitsdauer
> *Richtig.* ✓
>
> Erklärungen zu dieser Aufgabe findest du im Video ab 03:01 min.
>
> Weiter

Beispielantworten aus dem Berufsbild »Kaufleute für Büromanagement«

> »Ich finde echt super, was für ein Support von eurer Seite aus kommt. Ich werde den unteren Jahrgängen die Investition ans Herz legen.«
> Alan Köhl

Ein weiterer Pluspunkt von Prüfungs.TV sind die Echtzeit-Prüfungssimulationen. In Zusammenarbeit mit IHK-Prüfern konzipieren wir komplette Zwischen- und

Abschlussprüfungen, die die Auszubildenden in Echtzeit bearbeiten können. So können sie sich optimal auf die Prüfungen vorbereiten und mit deutlich mehr Gelassenheit in ihre Prüfung gehen. Sie sind nicht nur inhaltlich sehr gut vorbereitet, sondern sind auch mit dem Ablauf der Prüfung vertraut, sodass ihrem Erfolg nichts mehr im Weg steht.

> »Ich konnte mit insgesamt 94 Prozent abschließen. Die Berufsschule hätten wir uns locker sparen und in der Hälfte der Zeit mit Prüfungs.TV besser lernen können.«
> Charlotte Egerland

20.2.4 Uneingeschränkte Verfügbarkeit

Die Digitalisierung ermöglicht es, dass die Auszubildenden selbst entscheiden können, welches Medium und welches Endgerät sie für das Lernen verwenden. Je nachdem, ob sie lieber am Schreibtisch, im Café oder im Bus lernen – die Lerninhalte sind stets verfügbar. Da das Smartphone oder ein Tablet ohnehin ständige Begleiter der Jugendlichen sind, muss beispielsweise für eine Zugfahrt kein zusätzliches Equipment wie Bücher mitgenommen werden. Auch Wartezeiten beim Zahnarzt, beim Friseur oder in der U-Bahn können spontan zum Lernen genutzt werden. So integriert sich das Lernen spielerisch in den Alltag der Auszubildenden und die Inhalte können in kleinen Päckchen aufgenommen werden. In überschaubaren Lerneinheiten vermittelt lässt sich das Wissen einfacher verarbeiten und die Auszubildenden stehen nicht punktuell vor großen Mengen an Informationen, bei denen es ihnen vielleicht schwerfallen würde, sich zum Lernen zu überwinden.

Dabei sollte darauf geachtet werden, dass Lerninhalte auch offline verfügbar sind – Prüfungs.TV erfüllt dieses Kriterium. Schlechte Netzabdeckung oder ein zu geringes Datenvolumen beim jeweiligen Mobilfunktarif sollten nicht das zielgruppengerechte Lernen verhindern.

20.3 Integration in die Ausbildung

Die meisten unserer Kunden sind Ausbildungsbetriebe, die das Angebot von Prüfungs.TV für all ihre Auszubildenden nutzen. Judith Diekmann, Ausbildungsleiterin der Oldenburgischen Landesbank AG sagt:

> »Prüfungs.TV ist aus unserem Ausbildungskonzept nicht mehr wegzudenken. Unsere Auszubildenden nehmen die Möglichkeit, sich bei Fragen an die beiden Gründer persönlich wenden zu können, rege in Anspruch und zeigen sich immer wieder von der hohen Antwortgeschwindigkeit und der Qualität der Antwort begeistert.«

Unternehmen können Prüfungs.TV jederzeit einführen und auf unterschiedliche Weise in den Ausbildungsablauf integrieren – vom Blended Learning bis hin zum vollständigen Ersetzen der Berufsschule. Es wird keine zusätzliche Software benötigt, die heruntergeladen werden muss, da die Auszubildenden ganz einfach über den Browser auf die Lernplattform zugreifen können. Die Lerninhalte werden kontinuierlich aktualisiert und weiterentwickelt – darauf können sich die Nutzer verlassen. Bei Fragen steht ein fester kompetenter Ansprechpartner zur Verfügung, der jederzeit kontaktiert werden kann. So können Unternehmen Kosten für zahlreiche Bücher sparen, die am Ende vielleicht doch unbenutzt im Regal stehen, und Prüfungs.TV als Aushängeschild für eine attraktive und zukunftsorientierte Berufsausbildung nutzen.

Zur konkreten Integration von Prüfungs.TV im Unternehmen können unserer Erfahrung nach die folgenden acht Schritte hilfreich sein:

1. **Start mit dem ältesten Ausbildungsjahrgang (optional)**
   Dieser kann sich gezielt auf die Abschlussprüfung vorbereiten und gegenüber jüngeren Lehrjahren als positiver Multiplikator fungieren.
2. **Analyse des Ist-Zustands**
   Analysieren Sie, welche Lernmedien bisher zu welchem Budget zur Verfügung gestellt werden, welche Besonderheiten innerhalb des Ausbildungskonzepts vorliegen und welche Besonderheiten sich an den Berufsschulen ergeben.
3. **Definition des Soll-Zustands**
   Dazu können Sie klare Ziele des Ausbildungskonzepts und des innerbetrieblichen Unterrichts festlegen und Fachverantwortliche für die einzelnen Seminare bzw. Bausteine festlegen.
4. **Workshop mit Prüfungs.TV**
   Während des Workshops mit Prüfungs.TV, Ausbildern und Fachverantwortlichen können Sie sich über Seminarziele und -inhalte sowie den Seminarzeitpunkt und die Seminardauer austauschen. Zusätzlich legen Sie fest, welche Videos zu welchem Seminar passen, sodass die Seminarzeit effizienter genutzt werden kann.
5. **Auszubildende erhalten Zugang vor Ausbildungsbeginn**
   Bereits vor dem Ausbildungsbeginn erhalten Ihre Auszubildenden ihren Zugang zu unseren Video-Reihen »Business-Knigge« und »Berufseinstieg«. So können sich Auszubildende perfekt auf den Berufsstart in Ihrem Unternehmen vorbereiten. Etwaige Unsicherheiten können ebenfalls genommen und die Zahl an Ausbildungsabbrüchen verringert werden.
6. **Kick-off-Veranstaltung mit Prüfungs.TV, Trainern und Auszubildenden**
   In diesem Rahmen stellen sich die Gründer von Prüfungs.TV persönlich im Ausbildungsbetrieb vor, zum Beispiel während einer Einführungswoche oder auch während einer Azubifahrt. Durch den persönlichen Bezug zu Prüfungs.TV sinkt die Hemmschwelle der Auszubildenden, sich mit Fragen an unser Team zu wenden.
   Nicole Hamacher, Referentin Ausbildung der Santander Consumer Bank AG:
   »Danke für die gelungene Vorstellung von Prüfungs.TV in unserem Hause. Das war

klasse! Die Auszubildenden sind begeistert und wissen jetzt, wer ihnen ihre Fragen beantwortet. Sie können kaum erwarten, dass es endlich losgeht.«

7. **Ausbildungsbegleitung über den Verlauf der Ausbildung**
Während der Ausbildung steht Prüfungs.TV als Lern- und Ansprechpartner bei technischen Fragen zur Verfügung. Die Fachverantwortlichen tauschen sich mit Prüfungs.TV über geänderte Inhalte und notwendige Anpassungen aus. So werden Auszubildende während der gesamten Dauer ihrer Ausbildung durch den Lernpartner begleitet und können bereits frühzeitig fachlich qualifiziert werden.

8. **Evaluation**
Zum Abschluss kann eine Umfrage unter Auszubildenden, Trainern und Fachverantwortlichen durchgeführt werden, um weitere Erkenntnisse und Weiterentwicklungsmöglichkeiten zu gewinnen. Mithilfe dieser Evaluation kann der Einsatz von Prüfungs.TV noch besser an die spezifischen Anforderungen des Unternehmens angepasst werden.

20.4 Aus der Praxis für die Praxis

Viele unserer Kunden integrieren Prüfungs.TV in ihr Ausbildungskonzept und stellen ihren Auszubildenden die Lernplattform zur Verfügung. Dabei erhalten die Auszubildenden zu Beginn ihrer Ausbildung einen personenbezogenen Account, den sie ganz einfach über einen Browser abrufen können. Die Installation einer Software ist nicht nötig und erleichtert die Einführung von Prüfungs.TV ins Unternehmen. Wichtig jedoch ist, dass die Videos abspielbar sind und eine Tonausgabe möglich ist. Sollte die Tonausgabe an den dienstlichen Computern einmal nicht möglich sein, kann die Lernplattform über jedes Endgerät abgespielt werden. Zum Beispiel erhalten viele Bankauszubildende zu Beginn ihrer Ausbildung ein Tablet, mit dem sie auch während der Arbeitszeit Videos anschauen können, denn: »Mit dem didaktischen und methodischen Konzept überträgt Prüfungs.TV die Vorteile des analogen Lernens in die digitale Welt« (Dr. Franz Inderst, Leiter der Sparkassenakademie Bayern).

Häufig stellen Ausbilder bei der Einführung auch folgende Frage: »Wie kann ich überprüfen, ob meine Auszubildenden es auch wirklich nutzen?« Die Antwort darauf: »Gar nicht!« Prüfungs.TV hat sich aus verschiedenen Gründen bewusst dagegen entschieden.

Zum einen ist es dem Unternehmen besonders wichtig, dass die Eigenverantwortung gestärkt wird. Die Auszubildenden sollen ihren Lernprozess selbst strukturieren und die Inhalte in ihrem eigenen Lerntempo erarbeiten können. Hierbei ist eine vertrauensvolle Atmosphäre von großer Bedeutung. Sobald Ausbilder Einblick in die persönlichen Lernprofile der Auszubildenden erhalten, besteht die Gefahr, dass das Lernprofil verfälscht wird. Des Weiteren wäre ein Einblick der Ausbilder in die Lernprofile aus datenschutz- und arbeitsrechtlicher Sicht kritisch, da die Auszubildenden häufig hauptsächlich mit ihren privaten Endgeräten und in ihrer Freizeit mit Prüfungs.TV lernen – und Ausbilder somit das Freizeitverhalten ihrer Auszubildenden kontrollieren könnten. Der Schutz der Privatsphäre ist zudem in vielen Häusern auch dem Betriebsrat sehr wichtig. Daher empfiehlt Prüfungs.TV den Kunden, frühzeitig den Betriebsrat einzubinden.

Aber auch ohne Kontrolle ist der Erfolg spürbar: »Unsere Azubis sind schlichtweg begeistert von Prüfungs.TV. Es ist toll zu sehen, wie motiviert sie lernen und wie schnell sie Fortschritte erzielen«, sagt Tessa Wallrafen von der Mediengruppe RTL Deutschland GmbH. Auch auf dem Thema Datenschutz liegt in der Praxis ein Fokus. Datenschutzbeauftragte des Unternehmens, in dem Prüfungs.TV eingesetzt wird, sollten sowohl den Rahmenvertrag als auch die Nutzungsbedingungen lesen und genehmigen. Da Prüfungs.TV allgemein sehr sparsam mit personenbezogenen Daten umgeht, ist dies erfahrungsgemäß unproblematisch.

Die Zukunft des Lernens ist digital – davon sind wir überzeugt. In Kombination mit Präsenzphasen führt das digitale Lernen spielerisch und zielgruppengerecht zum optimalen Lernerfolg der Auszubildenden. Probieren Sie es aus und begleiten Sie uns auf dem Weg zur digitalen Berufsschule.

Literatur
Medienpädagogische Forschungsverbund Südwest (mpfs) (2018): JIM-Studie 2018 – Jugend, Information, Medien. Basisuntersuchung zum Medienumgang 12- bis 19-Jähriger. Verfügbar unter https://www.mpfs.de/fileadmin/files/Studien/JIM/2018/Studie/JIM_2018_Gesamt.pdf (29.03.2019).

21 Digitale Qualifizierung von Ausbildungsbeauftragten

Evi Zielinski und Svenja Krämer

21.1 Die Auswirkungen der Digitalisierung

21.1.1 Veränderungen in der Arbeitswelt durch die digitale Transformation

Die Arbeitswelt verändert sich im Rahmen der digitalen Transformation und es entstehen neue Anforderungen. So werden neue Kompetenzen der Akteure erforderlich – insbesondere Medien- und digitale Kompetenz. Auch verändern sich die Aneignungsformen von Wissen und Fertigkeiten. Wesentlich für die Arbeitswelt 4.0 sind zudem personale Kompetenzen und die Bereitschaft zum lebenslangen Lernen. Der Schluss liegt nah, dass sich nicht nur die Arbeitswelt verändert, sondern dass sich auch die Bereiche der Aus- und Weiterbildung entwickeln müssen, um den Anforderungen der Zukunft gerecht werden zu können (vgl. Röhrig/Michailowa, 2018, S. 31 f.).

Die Veränderungen der Arbeitswelt haben selbstverständlich ebenso Auswirkungen auf die betriebliche Ausbildungsarbeit. Veränderungen aufgrund der Digitalisierung wirken sowohl auf die inhaltliche wie auch methodische Ausgestaltung des Ausbildungsverlaufs. Die Kompetenzen und Qualifikationen der Ausbilderinnen und Ausbilder eines Unternehmens stehen hierbei im Mittelpunkt, da sie unmittelbaren Einfluss darauf haben, wie Auszubildenden berufsrelevante Kenntnisse, Fähigkeiten und Kompetenzen vermittelt werden (vgl. u. a. Schulz/Martsch, 2011, S. 7). Nun stehen wir vor der Herausforderung, dass Ausbilderinnen und Ausbilder selbst eher noch nicht mit neuen Medien aufgewachsen sind, sondern das nötige Wissen im beruflichen oder privaten Kontext erlernt haben oder erlernen müssen (vgl. Stang 2000, S. 3). Deutlich wird hier demnach der Bedarf, die Ausbilderinnen und Ausbilder im Einsatz digitaler Medien und digitalen Lernen zu schulen.

21.1.2 Digitalisierung von Lernformaten und Lernprozesssteuerung

Die Debatte um Lernen hat sich neben der Digitalisierung bereits in den vergangenen Jahrzehnten auch um die Dimension des lebenslangen Lernens erweitert. Lernen ist mehr denn je in die gesamte Lebensspanne eingeflochten und löst sich von früher festgelegten (bspw. schulischen) Lernphasen. Die Perspektive auf Lernen wandelt sich demnach auch aus der Sicht von Weiterbildungsanbietern und wendet sich vermehrt den Lernenden zu (vgl. Stang, 2000, S. 4). Neue Lernformen wie selbstbestimmtes/selbstgesteuertes Lernen werden in den Konzepten wie Blended Learning aufgegriffen und integriert. Blended Learning bedient sich dabei einer Kombination aus E-Learning und Präsenzlernphasen.

In der Wissenschaft ist ein langjähriger Streit um selbstgesteuertes/selbstbestimmtes Lernen entbrannt. Zum Konzept des selbstbestimmten Lernens gibt es keine einheitliche Definition. So handelt es sich um eine Form des Lernens, bei der alle wesentlichen Entscheidungen zu den Fragen, »ob, was, wann, wie und woraufhin« (Weinert, 1982, S. 102) gelernt wird, durch die Handelnden selbst getroffen werden. Die notwendigen didaktischen Kompetenzen zur Unterstützung des individuellen Lernprozesses einer Person können mit den Fragen »Wie?« (methodische Fähigkeit), »Wozu?« und »Warum?« (Lernziel), »Was?« (Lerngegenstand) und »Womit?« (Medien und Materialien) hinterfragt werden (vgl. Peters, 2004, S. 88).

In Lernsettings mit einem Anteil an E-Learning oder Fernunterricht sind die Herausforderungen der Lernprozesssteuerung (also was, wann, wie und woraufhin gelernt wird) vonseiten der Weiterbildungseinrichtungen mit zu betrachten. Erste Ansätze zu Beginn des E-Learning haben Lernende häufig dadurch verloren, dass keine Begleitung eben dieses Lernprozesses stattgefunden hat. Wie also lässt sich ein E-Learning oder Blended-Learning-Konzept professionell umsetzen, was sowohl die Flexibilität des E-Learning als auch die notwendige Unterstützung und Begleitung der Lernenden im Blick behält?

21.2 Ausbildung der Ausbilderinnen und Ausbilder im digitalen Konzept am Beispiel von AdA-Online

21.2.1 Anforderungen an Ausbilder (nach AEVO)

Ausbilderinnen und Ausbilder stehen der Herausforderung gegenüber, eine persönliche und fachliche Eignung nachzuweisen. Neben der erhöhten Relevanz der digitalen Kompetenz ist formal gesehen vor allem die Prüfung nach der Ausbildereignungsverordnung (AEVO) vor der IHK zu absolvieren. Die Prüfungsordnung sieht die Anforderungen an Ausbilder und Ausbilderinnen in vier Handlungsfeldern (HF) vor:
- HF 1: Ausbildungsvoraussetzungen prüfen und Ausbildung planen
- HF 2: Ausbildung vorbereiten und bei der Einstellung von Auszubildenden mitwirken
- HF 3: Ausbildung durchführen
- HF 4: Ausbildung abschließen

Konkret geht es in den Handlungsfeldern sowohl um die Planung und Organisation der Ausbildung als auch um die methodische Umsetzung der direkten Ausbildungsarbeit mit den Auszubildenden (wie bspw. Unterweisungen). Eine weitere Anforderung an die Ausbilder besteht darin, auf die unterschiedlichen Lerntypen einzugehen und den richtigen Umgang mit schwierigen Situationen (aufgrund von persönlichen Widerständen) zu lernen. Die Fähigkeiten, welche die Lehrenden vorweisen sollten, sind zum einen theoretisches Wissen (Fachwissen) und zum anderen persönliche/methodische Kompetenzen (personale und soziale Kompetenz). Um Fachwissen und Kompetenzen zu prüfen, führt die IHK neben einer schriftlichen Prüfung, bei der die Theorie geprüft wird, auch eine mündliche Prüfung durch. In der mündlichen Prüfung wird die persönliche und methodische Kompetenz betrachtet, indem die Simulation einer Ausbildungssituation oder eine Präsentation gefordert wird.

Der Kurs AdA-Online (Ausbildung der Ausbilderinnen und Ausbilder) ist auf die unterschiedlichen Lernziele der AEVO abgestimmt. Welches Lernformat (E-Learning oder ein Präsenzformat) am besten geeignet ist, wird durch die Lernziele und durch die Komplexität der Inhalte bestimmt. Unter der Trendwende zum Blended-Learning-Ansatz wird die Kombination aus E-Learning und Präsenzveranstaltungen verstanden (vgl. Kraft, 2003, S. 43 f.). Neben den vielen Vorteilen eines reinen E-Learning-Konzepts, wie räumliche und zeitliche Flexibilität, gibt es auch einige Nachteile. Hier zu nennen ist bspw. die fehlende persönliche Begleitung des Lernprozesses. Ergänzend gibt es Lerninhalte, die sich nicht für die alleinige Vermittlung über Online-Medien eignen. Im Blended-Learning-Konzept wird versucht, die Vorteile aus E-Learning und Präsenzveranstaltungen zu kombinieren. So können die Inhalte entsprechend ihren Anforderungen mit der passenden Lernmethode vermittelt werden.

Um den Herausforderungen der Digitalisierung und der Lernprozesssteuerung gerecht zu werden, wurde der Vorbereitungslehrgang AdA-Online (www.fs.de/ada) in einem Blended-Learning-Konzept neu strukturiert. Die Neustrukturierung wird folgend als Praxisbeispiel für einen Blended-Learning-Ansatz betrachtet.

21.2.2 Nutzung der Vorteile des Formats »E-Learning«

Unter dem Format »E-Learning« sind alle Lerninhalte zu verstehen, die durch elektronische oder digitale Medien vermittelt werden. Neben E-Learning gibt es viele weitere Begriffe bspw. Web-based Training (WBT), E-Slides, Präsentationen mit einer passenden Audiospur, Videos und vieles mehr.

E-Learning bietet Möglichkeiten, die bei einer Weiterbildungsmaßnahme von Vorteil sind. Ein positiver Aspekt ist natürlich die flexible zeitliche und räumliche Gestaltung. Lernende können in einem gewissen Maß eigenständig entscheiden, wann sie die Inhalte bearbeiten und in welchem Tempo sie durch die Themen gehen. Die Lernenden können sich an jedem Ort der Welt mit E-Learning weiterbilden, solange sie ein Endgerät und einen Internetzugang haben. Dies erleichtert bspw. die Vereinbarkeit von Beruf und Familie sowie die Flexibilisierung von Arbeit und entspricht damit dem (digitalen) gesellschaftlichen Zeitgeist (vgl. Kraft, 2003, S. 45).

Ein weiterer Vorteil von E-Learning ist es, durch die Breite an Methoden und Impulsen verschiedene Lerntypen ansprechen zu können. So kann ein Text durch Bilder unterstützt werden oder eine Tonspur eingefügt werden. Damit die Auszubildenden in die Lage versetzt werden, ihr neu erlerntes Wissens sofort zu nutzen, bietet es sich an, die Vermittlung der Theorie mit Übungsaufgaben zu verknüpfen. Durch Kommunikationsforen oder die technische Verbindung von Lernenden in Lerngruppen können sich Lernende untereinander gut vernetzen und miteinander kommunizieren.

Das Praxisbeispiel AdA-Online sieht E-Learning in einer Kombination aus Web-based Trainings (WBTs), Online-Lernkarteikarten und Online-Selbsttests vor. Aus den Anforderungen der AEVO sind alle Inhalte in E-Learning überführt, die sich auf der Ebene der Theorie bewegen. Die Lernziele hierbei sind, Inhalte zu erfahren, diese auswendig zu lernen und wiedergeben zu können. Für die Ebene des Wissens ist das Format des E-Learning deshalb geeignet. Die Inhalte sind selbstverständlich im sogenannten Responsive Design erstellt, was eine Verwendung auf jedem internetfähigen Endgerät ermöglicht (Forderungen hierzu vgl. Schmid/Goertz/Behrens, 2017, S. 25).

Zur Vorbereitung auf die Prüfung bearbeiten die Teilnehmenden die Inhalte mit WBTs. Diese enthalten neben den theoretischen Grundlagen viele Praxisbeispiele und Übungsaufgaben, die das Verständnis fördern und den Lernprozess überprüfen lassen. Durch gesprochene Elemente wird der Lernende ideal durch die einzelnen Bausteine geführt. Um schon an dieser Stelle den Lernprozess (die Bearbeitung der Aufgaben) zu strukturieren, sind die WBTs nach den Handlungsfeldern aufgeteilt. Einen Einblick in das WBT bieten die nachfolgenden Abbildungen.

21.2 Ausbildung der Ausbilderinnen und Ausbilder im digitalen Konzept

Ausbildung vorbereiten und bei der Einstellung von Auszubildenden mitwirken

Auswahl von Auszubildenden

Fachliche Anforderungen des Berufes

Das **Berufsinformationssystem der Bundesagentur für Arbeit** ↗ bietet zahlreiche Informationen über die verschiedenen Ausbildungsberufe. Unter anderem sind dort **Steckbriefe der Berufe** verfügbar. Mit Hilfe dieser kann man sich einen Überblick verschaffen und an die Anforderungen des eigenen Unternehmens anpassen.

> ⓘ **Beispiele**
>
> Hier finden Sie zwei beispielhafte Steckbriefe:
>
> - Bankkauffrau/mann ↗
> - Kauffrau/mann für Büromanagement ↗

Ausbildungsvoraussetzungen prüfen und Ausbildung planen

Ausbildung – weshalb?

❓ Ziele

Die Berufsausbildung zielt darauf ab, **berufliche Handlungsfähigkeit** zu vermitteln, die man zur Ausübung des späteren Berufs benötigt. In diesem Prozess sind **Auszubildende** und **Ausbilder/in** beteiligt. Aber auch das **Unternehmen** verfolgt mit der Ausbildung eigene Ziele, genau wie die **Wirtschaft**. Welche **Ziele** könnten die Beteiligten mit der Ausbildung verfolgen?

Die **Auszubildenden** ...

☐ haben als unmittelbares Ziel, die Abschlussprüfung zu bestehen.

☐ möchten sich selbst verwirklichen und soziale Unabhängigkeit erlangen.

Die **Ausbildenden** haben dafür zu sorgen, ...

☐ den Auszubildenden die berufliche Handlungsfähigkeit zu vermitteln, um das Ausbildungsziel zu erreichen.

☐ dass die Auszubildenden charakterlich gefördert und sittlich und körperlich nicht gefährdet wird.

Screenshot der WBTs

In jedem Handlungsfeld werden die WBTs durch Online-Lernkarteikarten ergänzt. Die Lernkarteikarten helfen dabei, das Wissens zu verfestigen und sich selbst zu kontrollieren. Sie werden den Lernenden je nach Häufigkeit der korrekten Antworten häufiger oder seltener zugespielt. Dabei entscheiden die Teilnehmenden selbst, welche Lernkarteikarten sie inhaltlich bereits beherrschen und in welchen Gebieten sie noch Schwierigkeiten haben.

Zu jedem Handlungsfeld werden außerdem Online-Tests zur Vorbereitung auf die schriftliche Prüfung zur Verfügung gestellt. Die Fragen entsprechen dem Prüfungsniveau und zeigen den Lernenden, wie fit sie für die Abschlussprüfung sind und in welchen Themenfeldern noch Wissenslücken bestehen.

21.2.3 Nutzung der Vorteile des Formats »Präsenzveranstaltung«

Wie bereits erwähnt, besteht ein Blended-Learning-Konzept aus E-Learning und Präsenzteilen. Im Gegensatz zum E-Learning treffen bei einer Präsenzveranstaltung die Lernenden zur gleichen Zeit an einem Ort aufeinander. Es wird dadurch ermöglicht, miteinander zu interagieren und auch auf das Lehr-/Lerngeschehen Einfluss zu nehmen (vgl. Kraft, 2003, S. 45). Lernende können also bspw. durch spezielle Fragestellungen die inhaltliche Bearbeitung des Lernstoffs beeinflussen. Die Lehrenden können auf Feedback oder auch nonverbale Reaktionen der Lernenden reagieren und auf evtl. noch vorhandene Defizite oder noch nicht verstandene Inhalte eingehen (vgl. ebd.).

Ein besonderer Vorteil von Präsenzlernen ist die Möglichkeit der Methodenvielfalt. Diese ist vor allem dann sinnvoll, wenn es darum geht, handlungsorientierte Inhalte zu erlernen. In der Präsenzveranstaltung können die Lernenden durch Rollenspiele oder Übungen ins Tun gebracht werden. Sie können erlernte Inhalte umsetzen und anwenden. Das Format der Präsenzveranstaltung ermöglicht es, diesen Lernprozess durch persönliche Beobachtung zu unterstützen.

Alle theoretischen Inhalte werden bei AdA-Online mit verschiedenen E-Learning-Elementen erarbeitet. Um jedoch die mündliche Prüfung vorzubereiten, wurde bewusst das Format der Präsenzveranstaltung gewählt. Eine Ausbilderin oder ein Ausbilder muss die mündliche Prüfung vor der IHK absolvieren und dort eine Ausbildungssituation simulieren oder eine Präsentation über eine Ausbildungssituation halten. Dieser Prüfungsteil ist demnach auf der handlungsorientierten Ebene angesiedelt. In der Präsenzveranstaltung wird auf dieser Ebene ebenfalls angesetzt und mit den Teilnehmenden die Prüfung vorbereitet und simuliert. Die Anwendung der Ausbildungsmethode, die Wahl der Kommunikationsform, die Art der Fragestellung etc. sind hierbei Elemente, die für die Prüfung wesentlich sind und auf die im Rahmen der Präsenzveranstaltung intensiv eingegangen wird.

21.2.4 Lernprozessbegleitung im Blended-Learning-Konzept

Bewegt sich eine Weiterbildungsmaßnahme in einem Blended-Learning-Konzept (zwischen E-Learning und Präsenzveranstaltung), ergibt sich auch der Bedarf einer neuen Perspektive auf die Rolle der Lehrenden im Sinne einer Lernprozessbegleitung (vgl. Bauer/Brater, 2007).

Durch die erhöhte Selbstbestimmung im Rahmen von E-Learning nehmen die Lernenden eine neue, selbstbestimmtere Rolle ein. Um die Lernenden für diese neue Rolle entsprechend vorzubereiten, muss sich auch die Rolle der Lehrenden ändern. Denn allein durch ein Wegfallen der Steuerung von außen kommt es nicht automatisch zu

21.2 Ausbildung der Ausbilderinnen und Ausbilder im digitalen Konzept

einer Selbststeuerung der Lernenden (vgl. Forneck, 2002, S. 29); vielmehr kann und sollte auch selbstgesteuertes Lernen durch Lehrende unterstützt werden, ohne eine zu starke Fremdbestimmung zu erzielen.

Wie oben bereits genannt, sind bei der Lernplanung u. a. die Fragen zu beantworten, welche Inhalte gelernt werden und wie dies konkret erfolgen soll. Dabei wird deutlich, dass dies nicht ohne Voraussetzungen erfolgen kann, sondern »Kompetenzen im Hinblick auf Planung, Gestaltung und insbesondere Reflexion der Lernprozesse« (Schiersmann/Remmele, 2002, S. 60) notwendig sind. Es bedarf demnach schon einer gewissen Lernkompetenz, um mit der möglichen Freiheit im Sinne von selbstgesteuerten Lernprozessen im E-Learning umzugehen.

Die Umsetzung der Lernprozessbegleitung im Praxisbeispiel AdA-Online ist in den gesamten Ablauf des Vorbereitungskurses eingebunden:

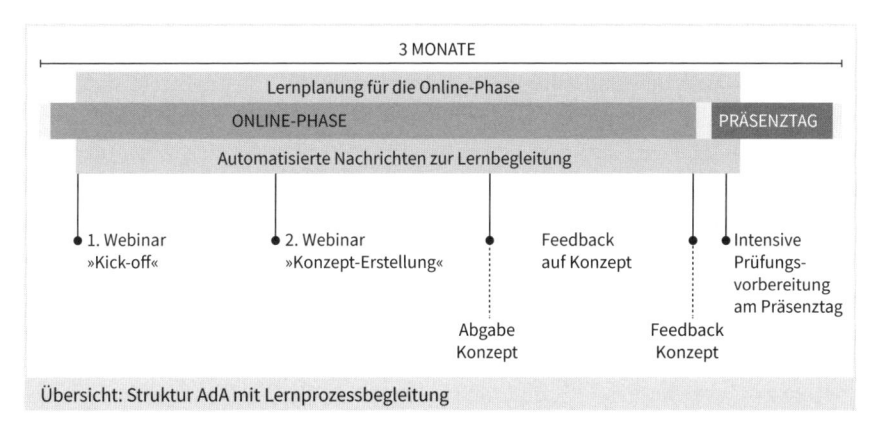

```
                            3 MONATE
        Lernplanung für die Online-Phase
        ONLINE-PHASE                                           PRÄSENZTAG
        Automatisierte Nachrichten zur Lernbegleitung

• 1. Webinar      • 2. Webinar         • Feedback      • Intensive
  »Kick-off«        »Konzept-Erstellung«  auf Konzept    Prüfungs-
                                                          vorbereitung
                                                          am Präsenztag
                                    Abgabe          Feedback
                                    Konzept         Konzept
```
Übersicht: Struktur AdA mit Lernprozessbegleitung

Den Teilnehmenden wird eine Lernplanung inkl. eines roten Fadens zur Verfügung gestellt. Die Lernplanung ist zeitlich auf die Wochen des Kurses aufgeteilt und gibt eine Übersicht, zu welchem Zeitpunkt welche Inhalte mit welchen Medien bearbeitet werden sollten.

Zur Einführung gibt ein Webinar (also ein Seminar, das virtuell durchgeführt wird) einen ersten Überblick über den Verlauf des Kurses und die Lernziele. In dem Webinar wird bei der Orientierung auf dem Online-Lerncampus ebenso eine Unterstützung gegeben, wie bei der Frage der optimalen Kombination aller E-Learning-Elemente. Hierdurch werden die Teilnehmenden beim Start von AdA-Online direkt unterstützt, um sicher in die E-Learning-Phase einzusteigen. Zudem ermöglicht das Format des Webinars, dass die Teilnehmenden flexibel von zu Hause oder am Arbeitsplatz virtuell teilnehmen können.

Während der Wochen des E-Learning erhalten die Teilnehmenden E-Mails, die sie durch die einzelnen Lernphasen begleiten. Diese Nachrichten beinhalten die Zielsetzung der anstehenden Lernphase sowie eine Schwerpunktsetzung mit dem Blick auf die Prüfung. Dies erfüllt zum einen den Zweck, die Teilnehmenden an die Lernplanung und die anstehenden Arbeitspakete zu erinnern und zum anderen die Lernziele zu verdeutlichen.

Ein weiteres Webinar sowie ein individuelles Feedback auf eine Einsendeaufgabe bereitet die Teilnehmenden konkret auf die mündliche Prüfung vor. Im Webinar werden die Prüfungsinhalte und der detaillierte Ablauf besprochen sowie die nötigen Vorbereitungsarbeiten der Teilnehmenden vorgestellt. Teilnehmende erhalten ein individuelles Feedback auf ein eingereichtes Konzept, um sich auf die mündliche Prüfung vorzubereiten. Und hier setzt dann schlussendlich die Präsenzveranstaltung an, in der die Prüfung durch die Teilnehmenden ganz konkret simuliert wird.

Die Rolle der Ausbilder und Ausbilderinnen wird sich hin zu Lernprozessbegleitern und Lerncoaches entwickeln, die einerseits weiterhin fachliches, betriebliches Wissen vermitteln, andererseits aber die Auszubildenden auch möglichst frühzeitig zu einem selbstständigen und problemorientierten Handeln anleiten (vgl. Funk/Weber, 2017, S. 10). Zudem ist es Aufgabe der Ausbilderinnen und Ausbilder, die Auszubildenden für die digitale Transformation des künftigen Berufslebens vorzubereiten (vgl. Gerholz/Dormann, 2017, S. 2).

Bei der Vorbereitung auf den Ausbildereignungsschein in einem Blended-Learning-Konzept geht es sowohl darum, den Teilnehmenden beizubringen, wie sie die Auszubildenden beim digitalen Lernen bestmöglich begleiten und unterstützen können, als auch darum, das digitale Lernen selbst zu erleben.

21.3 Reflexion des Blended-Learning-Konzepts in der Qualifizierung von Ausbildern

Die Arbeitswelt verändert sich nicht nur für junge Menschen in der Erstausbildung, sondern in gleichem Maße auch für die Ausbildungsverantwortlichen. Vor diesem Hintergrund müssen fachliche und pädagogische Qualifikationen angepasst und die digitale Kompetenz weiterentwickelt werden. AdA-Online als Qualifizierungsmaßnahme für Ausbilderinnen und Ausbilder verbindet die fachlichen Anforderungen einer Ausbildungsarbeit mit den Anforderungen an digitale und methodische Kompetenzen. Die professionelle Umsetzung zeigt sich an den bisher über 1.000 qualifizierten Personen, die sich mit AdA-Online auf den Ausbildereignungsschein vorbereitet und die IHK-Prüfung bestanden haben. Im Jahr 2017 wurde AdA-Online im Rahmen des Hermann-Schmidt-Preises als Best-Practice-Beispiel hervorgehoben.

AdA-Online spricht die Bedürfnisse verschiedener Lerntypen an: Inhalte werden je nach Zielsetzung durch unterschiedliche Lernmedien und Lerneinheiten vermittelt. Zudem können die Lernzeiten und -orte an individuelle Bedürfnisse angepasst werden, da die Teilnehmenden immer und überall auf die Inhalte zugreifen können.

Ein Blended-Learning-Konzept ist dann erfolgreich, wenn es eine optimale Verbindung aus E-Learning und Präsenztraining gibt und die Teilnehmenden im Selbststudium durch eine begleitende Lernplanung, Webinare und individuelles Feedback unterstützt werden. Der Unterstützungsbedarf der Teilnehmenden ist unterschiedlich, je nachdem, welche Vorerfahrungen sie haben und welchem Lerntyp sie angehören.

Eine Weiterentwicklung wird sich durch neue Impulse der Digitalisierung, wie künstliche Intelligenz, ergeben. Derzeit ist eine Neuentwicklung digitaler Lernanalysen und Lernalgorithmen zu beobachten, die sich teilweise künstlicher Intelligenz bedienen. Dies könnte eine individuelle Lernbegleitung in der Zukunft noch wertvoller unterstützen. Somit würde es ermöglicht, in einem standardisierten Weiterbildungsprogramm im Format E-Learning eine individuelle Betreuung des Einzelnen zu gewährleisten. Dies würde auch der Forderung folgen, dass Lernende für ihre persönlichen Entwicklungsprozesse eine auf sie ausgerichtete Lernstruktur erhalten, die individualisierte und selbstorganisierte Bildungsprozesse ermöglicht (vgl. Röhrig/Michailowa, 2018, S. 40).

Literatur
Bauer, H. G.; Brater, M. (2007): Lern(prozess)begleitung in der Ausbildung: Wie man Lernende begleiten und Lernprozesse gestalten kann. Ein Handbuch (Beiträge zu Arbeit – Lernen – Persönlichkeitsentwicklung). Bielefeld.
Forneck, H. (2002): Konzept Selbstlernen. Management & Training – Magazin für Human Resources Development, 4/2002, Kriftel, S. 28–31.
Funk, T.; Weber, Ch. (2017): »Digitalisierung in der Ausbildung. Upgrade mit Strategie«, Berlin.
Gerholz, K.-H.; Dormann, M. (2017): Ausbildung 4.0: Didaktische Gestaltung der betrieblich-beruflichen Ausbildung in Zeiten der digitalen Transformation. In: bwp@Berufs- und Wirtschaftspädagogik – online, Ausgabe 32, S. 1–22, online verfügbar unter: http://www.bwpat.de/ausgabe32/gerholz_dormann_bwpat32.pdf (letzter Zugriff am 03.04.2019).
Kraft, S. (2003): Blended Learning – ein Weg zur Integration von E-Learning und Präsenzlernen. In: REPORT Literatur- und Forschungsreport Weiterbildung: Erfahrungen mit Neuen Medien, S. 43–52, online verfügbar unter: https://www.die-bonn.de/id/1812/about/html/ (letzter Zugriff 03.04.2019).

Peters, R. (2004): Zur Bedeutung von Lehren und Lehrenden für expansives Lernen. In: Faulstich, P.; Ludwig, J. (Hrsg.): Expansives Lernen. Baltmannsweiler, S. 81–91.

Röhrig, A.; Michailowa, S. (2018): »Digitalisierung ist mehr, als nur einen Computer vor sich zu haben.« Das Konzept der Zusatzqualifikationen für digitale Kompetenzen in der Aus- und Weiterbildung. In: Schröder, F. (Hrsg.): Auf dem Weg zur digitalen Weiterbildung von morgen, S. 31–48.

Schiersmann, Ch.; Remmele, H. (2002): Neue Lernarrangements in Betrieben. Theoretische Fundierung – Einsatzfelder – Verbreitung, QUEM-Report, Heft 75, Berlin.

Schmid, U.; Goertz, L.; Behrens, J. (2017): Die Weiterbildung im digitalen Zeitalter, Monitor Digitale Bildung #4, Bertelsmann Stiftung (Hrsg.), Gütersloh 2017, online verfügbar unter: https://www.bertelsmann-stiftung.de/de/publikationen/publikation/did/monitor-digitale-bildung-13/ (letzter Zugriff am 03.04.2019).

Schulz, A.; Martsch, M. (2011): Blended Learning – die neue Rolle der Ausbilder, Arbeitsbericht des Instituts für Berufs- und Betriebspädagogik Nr. 79, 2011.

Stang, R. (2000): Neue Medien in der Erwachsenenbildung: Positionspapier des DIE, 2000, online verfügbar unter: http://www.die-frankfurt.de/esprid/dokumente/doc-2001/projektgruppe-neue-medien01_01.pdf (letzter Zugriff am 03.04.2019).

Weinert, F. E. (1982): Selbstgesteuertes Lernen als Voraussetzung, Methode und Ziel des Unterrichts. Unterrichtswissenschaften, 1982, Jg. 20, S. 99–110.

22 AEVO Digital GmbH

Vanessa Keucher und Johannes Schulte

Wer studieren möchte, benötigt Abitur. Wer Auto fahren möchte, einen Führerschein und wer ausbilden möchte? Der benötigt einen Ausbilderschein bzw. muss eine Ausbildereignungsprüfung nach AEVO ablegen. Bisher konnten sich Lernende hauptsächlich in mehrtägigen Präsenzveranstaltungen auf die AEVO-Prüfung vorbereiten. Die Folgen waren Abwesenheit vom Arbeitsplatz und lange Fahrtzeiten sowie daraus resultierende hohe Kosten. AEVO Digital bietet die Online-Lösung zur Vorbereitung auf die AEVO-Prüfung ohne die Hürden, die beim Lernen in Präsenz entstehen können. Im Fokus steht das Workplace Learning, wodurch sich das Lernen ganz einfach und praxisnah in den Arbeitsalltag integrieren lässt – sowohl für Unternehmensmitarbeiter als auch für Privatpersonen.

Ergänzend dazu dient AEVO Digital+ der systematischen und nachhaltigen Qualifizierung der Ausbildungsbeauftragten. Mit verschiedenen Modulen werden Ausbildungsbeauftragte individuell in der täglichen Arbeit mit Auszubildenden unterstützt.

Dieser Artikel gibt exklusive Einblicke in beide Angebote und erläutert die Vorteile für Unternehmen anhand von Best-Practice-Beispielen.

22.1 Vorteile des digitalen Lernens

Anders als bei einem Präsenzangebot müssen Interessierte nicht auf den Kursbeginn warten, um mit dem Lernen zu beginnen. Sie können sich jederzeit anmelden und direkt loslegen. Das Angebot von AEVO Digital steht ganzjährig und rund um die Uhr zur Verfügung. Auch den Lernort können die User selbst wählen, da sie sich ganz einfach über den Browser auf unserer Website einloggen und dann die Videos auf ihrem Wunschgerät abspielen können. So integriert sich das Lernen spielend leicht in den Alltag und geschieht beinah beiläufig, beispielsweise auf dem Weg zur Arbeit, in der Wartehalle am Flughafen oder gemütlich zu Hause auf dem Sofa. Menschen können sich an unterschiedlichen Orten unterschiedlich gut konzentrieren. Manche bevorzugen beispielsweise eine ruhige Umgebung, andere lernen gerne bei Musik oder Gemurmel im Hintergrund. Diesen unterschiedlichen Bedürfnissen kommen wir mit den Angeboten der AEVO Digital GmbH nach. Denn unser Angebot ist zeit- und ortsunabhängig.

22.2 Methodik und didaktisches Konzept

AEVO Digital ist – analog zur Prüfungsstruktur der IHK/HWK – in vier Handlungsfelder gegliedert:
1. Ausbildungsvoraussetzungen prüfen und Ausbildung planen
2. Ausbildung vorbereiten und bei der Einstellung von Auszubildenden mitwirken
3. Ausbildung durchführen
4. Ausbildung abschließen

Für jedes dieser Handlungsfelder stehen dem Lernenden zahlreiche Lernvideos zu Verfügung, die den gesamten Inhalt anschaulich erläutern. Die Videos sind dabei immer gleich aufgebaut, sodass ein hoher Wiedererkennungswert besteht und eine vertraute Lernweise gewährleistet wird. Die Videos beginnen jeweils mit einer kurzen Anmoderation, zeigen mehrere Whiteboards und enden mit einer Abmoderation. Im Verlauf eines Videos gewinnt der Lernende den Eindruck, die Inhalte auf den Whiteboards gemeinsam mit dem Moderator handschriftlich zu erarbeiten – hier entstehen Assoziationen mit Präsenztrainings, in denen der Trainer dem Teilnehmer etwas Stück für Stück erklärt. Da die Hand des Lehrenden während der Erstellung der Inhalte auf den Whiteboards zu sehen ist, entsteht nachweislich ein höherer Bezug des Lernenden zum Lehrenden.

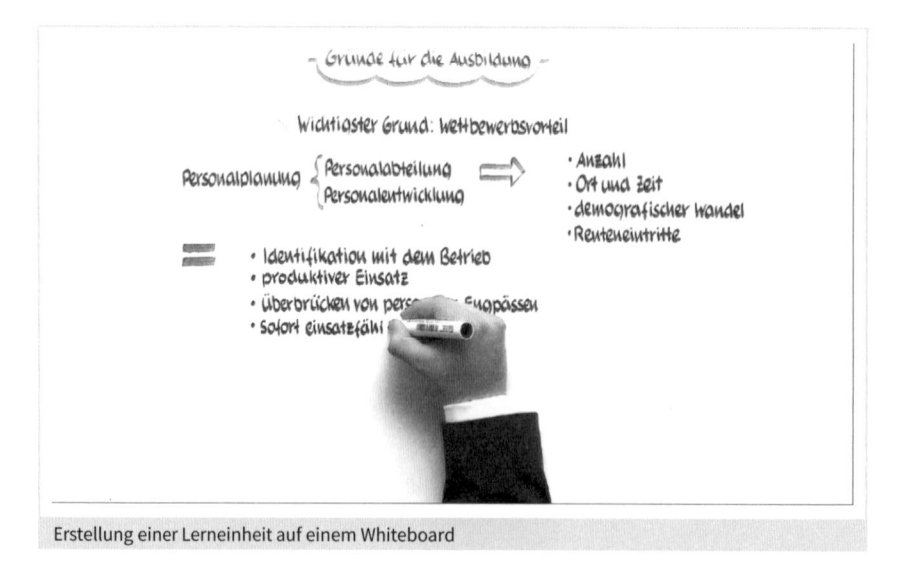

Erstellung einer Lerneinheit auf einem Whiteboard

Ist ein Themenbereich auf dem Whiteboard fertiggestellt, ertönt ein Screenshot-Geräusch, wodurch noch einmal auditiv darauf hingewiesen wird, dass ein Themenbereich finalisiert wurde und die Lernenden das Video unterbrechen können, um sich beispielsweise eigene Notizen zu machen. Inhaltlich bauen die Videos auf einander auf und bilden jeweils in sich geschlossene Lerneinheiten, sodass der Lernprozess jederzeit unterbrochen und zu einem späteren Zeitpunkt fortgesetzt werden kann. So können die Lernenden in ihrem eigenen Tempo vorgehen und einzelne Trainingssequenzen beliebig oft wiederholen.

Zu jedem Video beantworten die Lernenden Quizfragen, die von unseren Experten formuliert werden. Dabei können sie die Inhalte aus dem Video sofort anwenden und haben eine direkte Lernstandkontrolle.

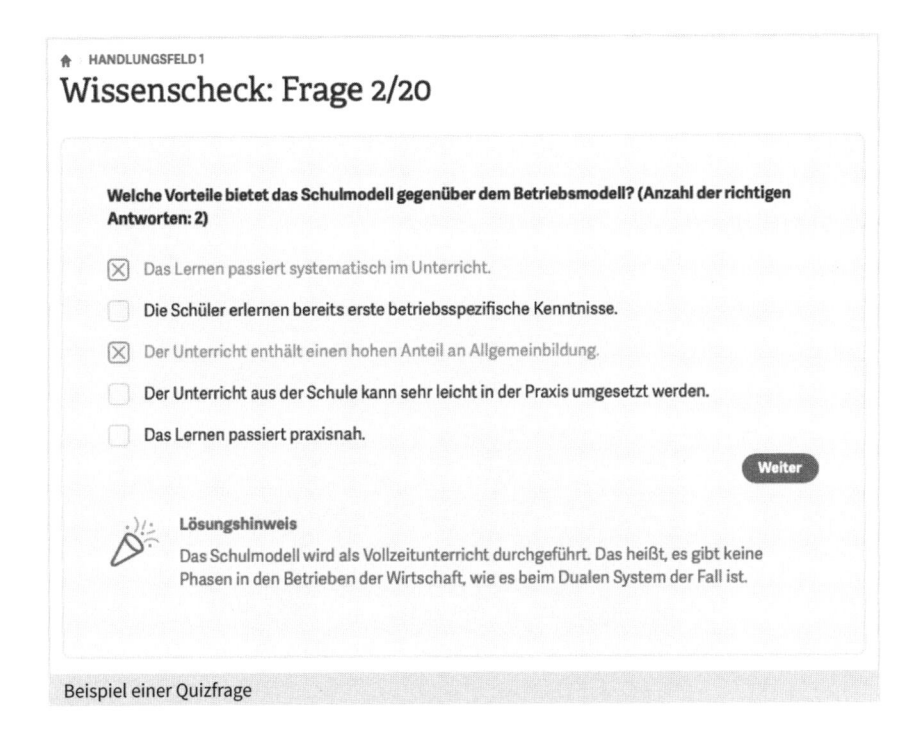

> ♠ HANDLUNGSFELD 1
> ## Wissenscheck: Frage 2/20
>
> **Welche Vorteile bietet das Schulmodell gegenüber dem Betriebsmodell? (Anzahl der richtigen Antworten: 2)**
>
> [X] Das Lernen passiert systematisch im Unterricht.
> [ ] Die Schüler erlernen bereits erste betriebsspezifische Kenntnisse.
> [X] Der Unterricht enthält einen hohen Anteil an Allgemeinbildung.
> [ ] Der Unterricht aus der Schule kann sehr leicht in der Praxis umgesetzt werden.
> [ ] Das Lernen passiert praxisnah.
>
> *Weiter*
>
> 🎉 **Lösungshinweis**
> Das Schulmodell wird als Vollzeitunterricht durchgeführt. Das heißt, es gibt keine Phasen in den Betrieben der Wirtschaft, wie es beim Dualen System der Fall ist.

Beispiel einer Quizfrage

Aufgrund des kurzzyklischen Aufbaus kann Wissen in kleinen Einheiten vermittelt und vom Lernenden aufgenommen werden. User können zudem jedes Video mit »gesehen« oder »verstanden« markieren, um den eigenen Lernprozess sinnvoll zu strukturieren. Denn aus den gesetzten Markierungen ergeben sich visuelle Lernstände, wodurch der eigene Lernprozess übersichtlich gestaltet wird. Vertiefende Artikel beziehungsweise Literatur (Further Reading), bieten die Möglichkeit, sich zusätzlich zu den Videos und Quizfragen mit den Lerninhalten auseinanderzusetzen.

Zum Abschluss eines Handlungsfeldes können die User dann einen Wissenscheck durchführen und ihr theoretisches Wissen überprüfen. Das Ergebnis zeigt ihnen direkt mögliche Schwachstellen auf, sodass die Lernenden zu den jeweiligen Lektionen zurückspringen können.

Das Lernkonzept von AEVO Digital basiert auf über 40 hochwertigen Lernvideos, die von Experten entwickelt werden. Wir bieten keine reinen Erklärvideos an, sondern verstehen uns als kontinuierlicher Lernbegleiter. Dadurch nehmen die Lernenden keine reine Konsumentenrolle ein, sondern arbeiten direkt mit den Videos. Durch unsere tutorielle Begleitung interagieren die Lernenden mit der Plattform und können zusätzlich jederzeit Fragen an unsere Dozenten richten, die zeitnah beantwortet werden. AEVO Digital als permanenter Lernpartner steht den Lernenden nicht wie bei gängigen Veranstaltungen nur punktuell zur Seite, sondern kann kontinuierlich genutzt werden. Insgesamt stehen den Lernenden ca. 80 bis 100 Stunden Lernmaterial zur Verfügung, das auch nach erfolgreichem Bestehen der Prüfung – innerhalb der Laufzeit – als Nachschlagewerk dient. Die Laufzeit beträgt sechs Monate ab dem Start durch den Lernenden. Zu Beginn erhalten die User ein hochwertiges »Welcome Package« inklusive Gesetzestexten, die je nach zuständiger Stelle auch während der Prüfung genutzt werden können. So schaffen wir für die Lernenden zum einen eine Verbindung zwischen der realen und der digitalen Lernwelt, zum anderen generieren wir einen erlebbaren Auftakt des Lernprozesses (Kick-off).

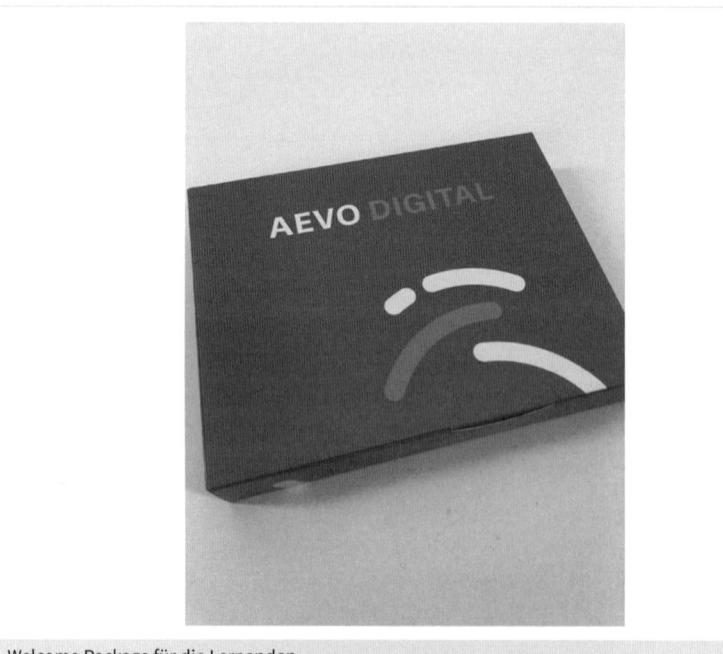

Welcome Package für die Lernenden

Zur Prüfungsvorbereitung bieten wir zudem Prüfungssimulationen in Echtzeit, die dem Aufbau und Ablauf der Prüfung bei der IHK oder HWK entsprechen. Diese Simulationen wurden von IHK-Prüfern konzipiert und bereiten den Lernenden optimal auf die AEVO-Prüfung vor. In diesem Zusammenhang erhalten die Lernenden zusätzliche praktische Tipps für die Vorbereitung auf die Prüfung. Für die Prüfungssimulation stehen den Lernenden

22.2 Methodik und didaktisches Konzept

180 Minuten zur Verfügung. Eine ein- und ausblendbare Zeitangabe dient der zeitlichen Orientierung während der Bearbeitung. Für den praktischen Teil der Prüfung bieten wir ebenfalls eine Lösung in Form von Videos. Die Lernenden können sich so Beispiele ansehen, wie eine Prüfung ablaufen kann, und sich bestmöglich auf ihre eigene vorbereiten.

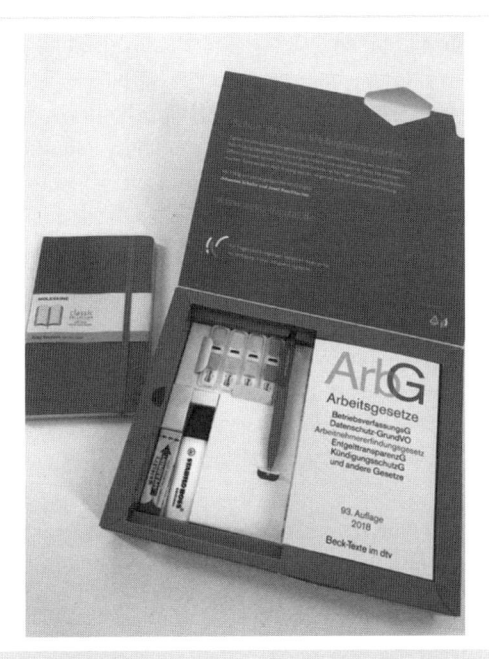

Welcome Package für die Lernenden

Praxis-Prüfungsvorbereitung

22.3 Unterstützung von Ausbildungsbeauftragten/Ausbildern vor Ort

Im Laufe der Ausbildung werden Auszubildende zusätzlich zu ihrem Ausbilder von Ausbildungsbeauftragten betreut. Die Ausbildungsbeauftragten schultern in vielen – gerade großflächig ausbildenden – Unternehmen die Ausbildung der Azubis vor Ort. Sie sind der rechte Arm der Ausbildungsleitung bzw. der Ausbilder und in der Regel fachlich sehr kompetent. Häufig fühlen sie sich jedoch mit der zusätzlichen Aufgabe des Ausbildungsbeauftragten alleingelassen. Für diese Mitarbeiter haben wir mit AEVO Digital+ die perfekte Ergänzung geschaffen. In verschiedenen Modulen werden sie individuell unterstützt und in ausbildungsbezogenen Themen geschult. Inhalt dieser Module sind alltägliche Aufgaben in der Berufsausbildung wie zum Beispiel:

- das Führen von Motivations- oder Einführungsgesprächen
- das Feedbackgeben
- der Umgang mit schwierigen Ausbildungssituationen
- Anwendung der 4-Stufen-Methode
- die Durchführung von Beurteilungsgesprächen
- Informationen zu Toleranz und kultureller Vielfalt

Da die Lerninhalte mit einem hohen Praxisbezug konzipiert wurden, sind die Ausbildungsbeauftragten vor Ort direkt handlungsfähig und die Qualität der Ausbildung steigt flächendeckend.

Aufgrund der Einteilung in kleine Lerneinheiten können die Ausbildungsbeauftragten die einzelnen Module direkt am Arbeitsplatz absolvieren (Workplace Learning).

Zudem erhalten die Ausbildungsbeauftragten Checklisten, die sie für die praktische Anwendung der Lerninhalte nutzen können. Mithilfe dieser Checklisten wird der Transfer von der Theorie auf die praktische Anwendung deutlich erleichtert, sodass die Lernenden Inhalte unmittelbar und richtig anwenden können.

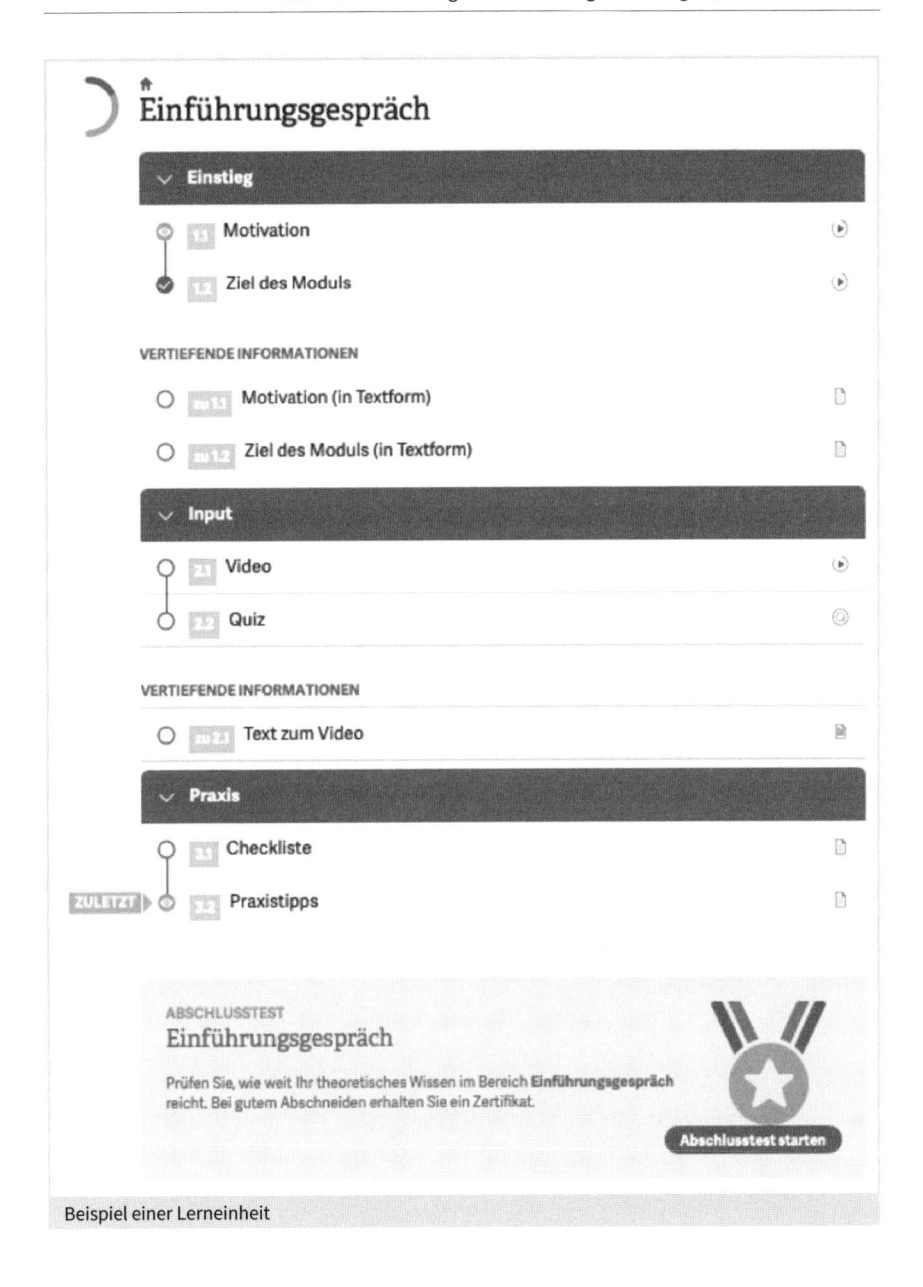

22.3 Unterstützung von Ausbildungsbeauftragten/Ausbildern vor Ort

Einführungsgespräch

Einstieg
- 1.1 Motivation
- 1.2 Ziel des Moduls

VERTIEFENDE INFORMATIONEN
- zu 1.1 Motivation (in Textform)
- zu 1.2 Ziel des Moduls (in Textform)

Input
- 2.1 Video
- 2.2 Quiz

VERTIEFENDE INFORMATIONEN
- zu 2.1 Text zum Video

Praxis
- 3.1 Checkliste
- ZULETZT ▶ 3.2 Praxistipps

ABSCHLUSSTEST
Einführungsgespräch

Prüfen Sie, wie weit Ihr theoretisches Wissen im Bereich **Einführungsgespräch** reicht. Bei gutem Abschneiden erhalten Sie ein Zertifikat.

Abschlusstest starten

Beispiel einer Lerneinheit

> ↑ EINFÜHRUNGSGESPRÄCH › PRAXIS
>
> ## Checkliste
>
> ⬇ Druckbare Version
>
> Checkliste für die Einführung neuer Auszubildender in die Fachabteilung
>
> Vorbereitung der Einführung für Frau/Herrn:
>
> Eintritt am: Fachbereich:
>
> **Vor dem Einführungsgespräch**
>
> ☐ Gesprächsleitfaden erstellen
>
> ☐ Einführungsmappe bereitstellen (optional)
>
> ☐ Arbeitsplatz einrichten, Arbeitsmittel bereitstellen
>
> ☐ Kleine Aufmerksamkeit bereitlegen (Geschenk, Blumenstrauss etc.)
>
> ☐ Ausreichend Zeit für das Einführungsgespräch einplanen
>
> ☐ Räumlichkeit für ein ungestörtes Gespräch buchen oder für eine ungestörte Atmosphäre im eigenen Büro sorgen
>
> ☐ Paten bestimmen/informieren (optional)
>
> ☐ Informationen über den Auszubildenden einholen: z. B. Berufsschulzeiten, vorausgegangene Abteilungen, Hobbys etc.
>
> ☐ Informationsblatt an den zukünftigen Auszubildenden verschicken
>
> ☐ Mitarbeiter in der Fachabteilung informieren
>
> ☐ Den ersten Tagesablauf planen - Mit Kollegen besprechen

Beispiel einer Checkliste

Der Ausbildungsbeauftragte kann sich situationsbezogen Unterstützung holen und ist unmittelbar handlungsfähig.

»AEVO Digital+ hat mich sehr in der Arbeit mit Auszubildenden unterstützt! Die Inhalte der Videos sind leicht zu verstehen und die Anwendung in der Praxis ist aufgrund der Checklisten auch direkt möglich.« (Petra Jakobs, Ausbildungsbeauftragte im Rheinland)

Mit zusätzlich zu den hauptamtlichen Ausbildern geschultem Personal wird die Ausbildungsbetreuung vereinheitlicht und Unterschiede zwischen einzelnen Filialen, Standorten oder Abteilungen werden verkleinert. Das hat den großen Vorteil, dass ein einheitlicher Qualitätsstandard der Ausbildung gewährleistet wird und Nachwuchskräfte fair und konsistent beurteilt und betreut werden.

22.3 Unterstützung von Ausbildungsbeauftragten/Ausbildern vor Ort

In Zeiten des demografischen Wandels und eines immer größer werdenden Anteils von Schulabgängern, die ein Studium aufnehmen, wird gut ausgebildeter Nachwuchs für Unternehmen zu einem immer wichtigeren Wettbewerbsfaktor. Wer zu den besten Ausbildungsbetrieben gehören möchte, benötigt die qualifiziertesten Ausbilder und Ausbildungsbeauftragten. AEVO Digital und AEVO Digital+ bieten dazu eine kostengünstige Variante, um mit minimalem Aufwand Führungspersonal optimal zu schulen und diese für die AEVO-Prüfung zu qualifizieren.

Die Autorinnen und Autoren

Ralf Brümmer, Head of HR Employment Models, Deutsche Bank AG, Zentrale Frankfurt. Ralf Brümmer ist seit über 30 Jahren für die Deutsche Bank in verschiedenen HR-Funktionen tätig. Derzeit leitet er das eigenständige HR-Ressort »Beschäftigungsmodelle« mit den Kernthemen: strategische Beratung und Begleitung von Restrukturierungsmaßnahmen, Flexibilisierung des konzerninternen Arbeitsmarktes sowie nachhaltige Employability-Förderung. Er verantwortet neben diversen innovativen Personalkonzepten (z. B. Bankforce, FitnessCenter Job) auch mehrere betriebliche und überbetriebliche Employability-Initiativen. Darüber hinaus fungiert er als Mitgeschäftsführer der DB Management Support GmbH und ist stellvertretender AR-Vorsitzender der Bankpower Personaldienstleistungen GmbH (Zeitarbeits-JointVenture mit Manpower).

Gerhard Bruns, Diplom-Psychologe, Jahrgang 1960. Gründer und Geschäftsführer des Münchner geva-instituts, das sich seit 1988 mit Personal- und Organisationsdiagnostik beschäftigt.
Das geva-institut entwickelt Testverfahren zur Berufseignungsdiagnostik für Unternehmen und öffentliche Institutionen, unterstützt Bildungseinrichtungen und Bildungsträger mit Verfahren zur Kompetenzfeststellung und beruflichen Orientierung und ist Spezialist für Feedbackverfahren wie Mitarbeiterbefragungen oder 360-Grad-Feedbacks.

Marie Cathrin Bruns, Jahrgang 1997, stud. psych., Mitarbeiterin am geva-institut im Bereich Personal- und Organisationsdiagnostik und empirische Sozialforschung.

Norma Demuro ist Gründerin und Geschäftsführerin der keeunit GmbH. Bereits seit vielen Jahren ist sie in der E-Learning-Branche aktiv. Hierbei stehen die Themen Microlearning, digitale Lernlösungen, Mobile Learning und Gamification im Fokus ihrer Arbeit. Die Medien- und Kommunikationswissenschaftlerin arbeitete zuvor in diversen Medienhäusern. Dabei verknüpfte sie stets die Themenfelder Redaktion, Vertrieb und Digitales.

Stefan Dietl hat nach seiner Ausbildung ein Studium der Betriebswirtschaftslehre und der Betriebs-/Führungspädagogik absolviert. Nach verschiedenen beruflichen Stationen kam er zu Festo und ist hier als Leiter Ausbildung national/international tätig. Im Zuge der Digitalisierung richtet sich Festo als weltweit führender Anbieter von Automatisierungstechnik und technischer Bildung mit seinen Produkten und Services auf die smarte Produktion der Zukunft aus. Diese Themen in die Ausbildung zu implementieren gehört mit zu seiner Aufgabe. Seit über 60 Jahren ist das 1925 gegründete unabhängige Familienunternehmen mit Sitz in Esslingen a. N. Impulsgeber in der Automatisierung und hat sich mit einem einzigartigen Angebot zum Weltmarktführer in der technischen Aus- und Weiterbildung entwickelt.

Katja Hain leitet seit zwei Jahren die Einstiegs- und Nachwuchsprogramme in der Deutschen Bank und blickt auf über 25 Jahre Führungs- und Projektleitungserfahrung sowie vielseitige Vertriebs-, Coaching-, Moderations- und Trainingserfahrung und Begleitung von Veränderungsprozessen insbesondere zu Digitalisierung und Innovation im Hause Deutsche Bank zurück. 1993 startete Katja Hain mit einer Bankausbildung in der Deutschen Bank, studierte berufsbegleitend, absolvierte den regionalen Förderkreis und übernahm frühzeitig Führungsverantwortung. Es folgten Führungsrollen im Vertriebs-, Coaching- und Backoffice-Bereich sowie in der Personalabteilung. Katja Hain ist Vorsitzende des Berufsbildungsausschusses des AGV Banken und in dieser Rolle derzeit auch als eine der Sachverständigen des Bundes mit dem Neuordnungsverfahren der Berufsausbildung Bankkaufmann/-frau betraut. Katja Hain ist außerdem European Business Coach sowie LIFO-lizenzierte Trainerin.

Die Autorinnen und Autoren

Stephan Hansen studierte nach seiner Ausbildung bei einer Genossenschaftsbank Betriebswirtschaftslehre an der Rheinischen Fachhochschule Köln. Er ist zertifizierter Trainer und lehrte viele Jahre erfolgreich an mehreren Hochschulen. Zudem trainierte er mehrere Jahre angehende Bankkaufleute, wobei er nicht nur durch fachliche Fitness und methodische Sicherheit überzeugte, sondern auch jederzeit für eine gute Lern- und Arbeitsatmosphäre sorgen konnte. 2013 gründete er Prüfungs.TV mit dem Ziel, Lösungen für die berufliche Bildung anzubieten, die das Lernen vereinfachen und den Auszubildenden den Spaß am Lernen zurückbringen. Der Fokus liegt dabei auf der Individualisierung des Lernens und somit auf einem Angebot für Auszubildende, das methodisch und didaktisch optimal auf die Zielgruppe abgestimmt ist. Mit der Gründung von AEVO Digital (2017), der Online-Lernplattform zur Qualifizierung von Ausbildungsbeauftragten und Ausbildern, entsteht ein weiterer Erfolgsgarant für die berufliche Bildung.

Nicole Heinrich ist die Abteilungsleiterin für Ausbildung und Personalmarketing bei der Otto GmbH & Co KG. 2005 hat sie bei dem Online-Händler als Projektleiterin für E-Learning und Webprojekte angefangen, nachdem sie zunächst eine Ausbildung absolvierte und anschließend BWL studierte. Ihre Laufbahn ging bei einem Finanzdienstleister im E-Business-Bereich weiter, bei dem sie IT-Projekte geleitet hat. Danach war sie bei einer Internet- und Marketing-Agentur als Senior-Berater tätig war. Seit 2009 ist sie bei OTTO für den Bereich Ausbildung zuständig und 2012 kam das Personalmarketing dazu.

Marcus Hennecke, Jahrgang 1966, wohnhaft in Bonn, ist Wirtschaftspädagoge, Schwerpunkt Personalwesen/Diagnostik. Nach einer zwölfjährigen Offizierslaufbahn mit den Führungs- und Verantwortungsbereichen »Ausbildung«, »Strategie« und »Presse- und Öffentlichkeitsarbeit« war er Abteilungsleiter Ausbildung bei der BHW Bausparkasse AG. Anschließend war er bei der Deutschen Postbank AG als Leiter Personalentwicklung/Bildungscontrolling und später Leiter Nachwuchskräfteentwicklung tätig. Heute verantwortet er für die Postbank das HR-seitige Changemanagement und die interne HR-Kommunikation. Seit 2006 ist er außerdem bei der Haufe-Akademie als freier Referent eingesetzt. Er verfügt über vielfältige Erfahrung als Berater, Referent und Dozent zu Personal-/Ausbildungsthemen, Kompetenzentwicklung und Wissensmanagement. Marcus Hennecke ist zudem Mitglied im Berufsbildungsausschuss der IHK Hannover und Fachautor mit diversen Veröffentlichungen.

Prof. Dr. **Sophie Huck** ist seit 2011 Professorin für Angewandte Mathematik und Simulation und Optimierung an der Hochschule Weserbergland und forscht im »Open IT«-Projekt im Bereich »Didaktik und E-Learning«. Vor ihrer Zeit an der Hochschule Weserbergland arbeitete sie als wissenschaftliche Mitarbeiterin an der TU Braunschweig, in der Geschäftsführung der Elweza GmbH und war danach, seit 2002, als Professorin an der FH Nordhessen tätig.

Dr. **Gregor Kern** beschäftigte sich nach seiner Ausbildung zum Groß- und Außenhandelskaufmann und seit seinem Studium der Pädagogik, Psychologie und Soziologie unter anderem mit der Frage, was Kommunikation im pädagogischen Kontext wirklich wirksam macht. Seit 18 Jahren ist er im Bildungsbereich tätig, unter anderem als pädagogischer Leiter des IHK-Bildungszentrums Karlsruhe. Seit 2014 arbeitet er als freiberuflicher Trainer, zertifizierter Business-Coach (IHK) und Moderator mit verschiedenen fachlichen Schwerpunkten. Er berät vor allem mittelständische Unternehmen erfolgreich bei der Einführung und Entwicklung einer konstruktiven, partnerschaftlichen und vor allem wirksamen Führungs-, Aus- und Weiterbildungskultur. Derzeit beschäftigt er sich mit funktionalen Ansätzen, wie wir Komplexität besser verstehen, aktiv managen und in Aus- und Weiterbildung integrieren können.

Vanessa Keucher, geboren 1992 in Köln, absolvierte ein duales Studium im Studiengang Handelsmanagement an der Europäischen Fachhochschule in Brühl. Während ihres Studiums verbrachte sie ein Auslandssemester an der Fudan University in Shanghai und lernte Asien kennen und lieben. Im Anschluss an ihr Studium zog es sie wieder in die Weltmetropole zurück. Während ihres mehrjährigen Auslandsaufenthalts in China übernahm sie unter anderem die Projektleitung für die Gründung einer neuen Transportgesellschaft eines deutschen Logistikunternehmens. Nach zwei Jahren kehrte sie zurück nach Deutschland, fand ihren Weg in die Bildungsbranche und entdeckte ihre Leidenschaft für den Vertrieb. Seit 2018 ist Vanessa Keucher Senior Sales Executive bei der AEVO Digital GmbH und hauptverantwortlich für die Produkte AEVO Digital sowie AEVO Digital+.

Die Autorinnen und Autoren

Svenja Krämer hat nach ihrer Ausbildung als Bankkauffrau sechs Jahre im Bereich Banking & Finance gearbeitet, bevor sie in der Aus- und Weiterbildung tätig wurde. Sie hat Finance & Management sowie Erwachsenenbildung studiert und ist ausgebildete Coachin und Mediatorin. Seit vielen Jahren ist sie als Dozentin für die Frankfurt School tätig. Seit 2016 arbeitet sie als Referentin und verantwortet neben der Betreuung eines Großkunden Projekte in allen konzeptionellen Belangen der Aus- und Weiterbildung. In ihrer Dissertation beschäftigte sie sich mit dem Lernhabitus von Teilnehmenden einer Weiterbildungsmaßnahme und erstellte ein Modell für didaktisches Handeln.

Marina Kühnpast hat nach ihrer Berufsausbildung in Bielefeld Gesundheitskommunikation (Health Communication) studiert und ist seit 2011 bei der MOOVE GmbH angestellt. Sie verantwortet hier den Bereich Auszubildende. Gemeinsam mit Bastian Schmidtbleicher hat sie unterschiedlichste Projekte für die Zielgruppe Auszubildende konzipiert und erfolgreich bei verschiedenen Kunden etabliert. Diese Programme erreichen derzeit rund 8.500 Auszubildende deutschlandweit. Ihr Fokus liegt auf der individuellen, berufs- und zielgruppenspezifischen Ausgestaltung der Projekte, wobei Auszubildende aller Branchen und verschiedenster Bildungshintergründe immer im Mittelpunkt stehen.

Volker Löbe ist verantwortlich für den VWN Campus Digitalisierung der VW AG in Hannover. Er ist gelernter Energieanlagenelektroniker und Dipl.-Ing. Elektrotechnik/Automatisierungstechnik. Seine beruflichen Stationen sind: Leiter technische Dienste im Automotive-Sektor, Leiter Instandhaltung und Fabrikplanung im Automotive-Sektor, Organisationsberater bei der VW AG Hannover, Ausbildungsleiter bei der VW AG Hannover, Trainingsdirektor bei der ATEC Academia in Portugal. Seine Vision: Lernen – einfach machen, lebenslang und selbstbestimmt in der digitalisierten Gesellschaft.

Stefan Macke ist seit 2007 Ausbilder für Fachinformatiker für Anwendungsentwicklung bei der ALTE OLDENBURGER Krankenversicherung AG (AO) und hilft seit 2015 mit seinem Anwendungsentwickler-Podcast (http://anwendungsentwicklerpodcast.de/) in bereits über 130 Episoden Azubis und Ausbildern bei der Ausbildung im IT-Bereich.

Melanie Marquardt (geb. Berthold) ist Diplom-Kauffrau mit den Schwerpunkten Personal und Marketing. Sie arbeitet seit vielen Jahren erfolgreich als Leiterin Employer Branding, Personalmarketing und Recruiting in einem deutschen Handelskonzern. Ihre Arbeit und ihre Projekte wurden bereits mehrfach nominiert und mit Preisen ausgezeichnet, z. B. mit den HR Excellence Awards. Darüber hinaus bloggt sie mit viel Leidenschaft auf team-hr.de und arbeitet erfolgreich als Autorin. Freiberuflich engagiert sie sich mit Kreativität und Leidenschaft für Employer Branding als Dozentin, Trainerin und Beraterin.

Dr. Katharina Melke-Lingnau ist Schulleiterin der John-F.-Kennedy-Schule in Esslingen. Seit 30 Jahren beschäftigt sie sich mit Fragen des beruflichen Lernens und Lehrens. Auf das Studium der Wirtschaftspädagogik in Köln folgte die Promotion an der LMU in München. Den wissenschaftlichen Blick erwarb sie sich in mehreren Jahren Lehr- und Forschungsarbeit am dortigen Lehrstuhl für Wirtschafts- und Sozialpädagogik und in der Beschäftigung mit Fragen der Lernortkooperation sowie der Förderung komplexen Denkens in lernfeldorientierten Lehr-Lern-Arrangements. Nach dem Einstieg in die schulische Praxis folgten mehrere Jahre in der Schulverwaltung mit Zuständigkeiten für die beruflichen Schulen, insbesondere für die schulische Personal- und Qualitätsentwicklung.

Die Autorinnen und Autoren

Sophia Mull, geboren 1993 in Wiesbaden, studierte in Lüneburg, wo sie ihren Bachelor in Betriebswirtschaftslehre an der Leuphana Universität erfolgreich abschloss. Bereits während des Studiums begeisterte sie sich für Personalthemen und führte unter anderem interne Schulungen in einer Studierendeninitiative auf Bundesebene durch. Im Rahmen ihrer Bachelorarbeit befasste sich Sophia Mull bei einem deutschen Automobilhersteller intensiv mit dem Thema lebenslanges Lernen und Mitarbeiterqualifizierung im Hinblick auf digitale Lernmöglichkeiten. Nach dem Master in »International Human Resource Management« an der IGR IAE Rennes in Frankreich sammelte sie Praxiserfahrung in der Berufsausbildung eines deutschen Automobilherstellers. Derzeit ist Sophia Mull Referentin der Geschäftsführung bei der Firma Prüfungs.TV und zuständig für den Aufbau der betriebsinternen Personalabteilung.

Dr.-Ing. **Dirk Pensky** hat nach Abschluss seines Studiums der Elektrotechnik an der Technischen Universität Braunschweig am Institut für Roboterforschung der Universität Dortmund simulationsbasierte Forschungs- und Lernsysteme für den Bereich der Fabrikautomatisierung entwickelt. Im Anschluss an seine Zeit als Verantwortlicher für CAx-Anwendungen in der Produktion bei der Heidelberger Druckmaschinen AG war Dirk Pensky bei Festo Didactic zunächst als Produktmanager für Lernsysteme der Robotik und Mechatroniksimulation verantwortlich. Gegenwärtig entwickelt Dirk Pensky als Leiter der Softwareentwicklung mit seinem Team von Festo Didactic die nächste Generation digital unterstützter Lernpfade für die technische Aus- und Weiterbildung.

Hubert Romer, Mag. Art., Jahrgang 1967, Studium der Geschichte und Geografie sowie Medienkommunikation an der Universität Trier. Sein seit 2006 bestehendes Involvement bei WorldSkills Germany und WorldSkills International verschaffte ihm einen tief greifenden Einblick in alle Mechanismen dieser globalen Organisation, die mit den Bildungsträgern und Stakeholdern der Bildung weltweit vernetzt ist. Diese Arbeit für WorldSkills Germany verbindet ihn dauerhaft mit den Ausbildungsabteilungen der Industrie, mit Berufsschulen wie auch überbetrieblichen Ausbildungszentren. Neben Projekten wie Digital Youngsters oder ausbildungsbegleitenden Konzepten beschäftigt sich Hubert Romer derzeit mit einer Forschungsarbeit an der Universität Darmstadt. Hubert Romer ist Geschäftsführer von WorldSkills Germany.

Florian Schimanke ist seit 2010 IT-Koordinator und wissenschaftlicher Mitarbeiter der Hochschule Weserbergland im Fachbereich Informatik. Zuvor hat er Wirtschaftsinformatik an der HSW und an der Universität Duisburg-Essen studiert. Derzeit promoviert er berufsbegleitend an der Universität Bamberg zum Thema »Apps in E-Learning«. Im Rahmen dieser Arbeit veröffentlichte er mehrere Beiträge auf Konferenzen und in angesehenen Journalen und ist zudem Co-Chair des jährlich stattfindenden Workshops Multimedia Technologies for E-Learning (MTEL) auf dem IEEE International Symposium on Multimedia (ISM). An der Hochschule Weserbergland lehrt Florian Schimanke in den Modulen «Server-Systeme« und «Vernetzte IT-Systeme« und forscht im Bereich E-Learning.

Vanessa Schmidt, geb. 1988, hat ein duales Studium im Bereich Betriebswirtschaftslehre an der Dualen Hochschule Baden-Württemberg absolviert. Nach ihrem Studium war sie zunächst als Personalsachbearbeiterin im Ausbildungsbereich der MAHLE International GmbH tätig. Seit dem Jahr 2015 ist sie dort als Personalreferentin verantwortlich für die kaufmännische Ausbildung in der Konzernzentrale sowie für verschiedene Projekte im Personal- und Ausbildungsbereich wie zum Beispiel für die Einführung einer Lernplattform.

Bastian Schmidtbleicher (Dipl.-Sportwissenschaftler) ist Geschäftsführer und Gründer der MOOVE GmbH. Mit seinem Fokus auf betriebliches Gesundheitsmanagement und betriebliche Gesundheitsförderung ist das Unternehmen seit 2014 Marktführer in Deutschland. Bastian Schmidtbleicher hat bisher über 180 Unternehmen im betrieblichen Gesundheitsmanagement begleitet, hält verschiedene Beratungsmandate, ist in Beiräten vertreten und ermöglicht mit der MOOVE GmbH Unternehmen die professionelle Begleitung auf ihrem Weg im BGM. Im Jahr 2017 wurde die MOOVE GmbH mit dem Human Resources Excellence Award für BGM ausgezeichnet. 2018 folgten gleich vier Auszeichnungen für Top Corporate Health Projects. Bastian Schmidtbleicher ist außerdem Autor diverser Publikationen und hat mit den Systemen »Ansprechpartner Gesundheit« und »integriertes betriebliches Gesundheitsmanagement« zwei einzigartige Lösungen im BGM etabliert. Die über 70 Gesundheitsmanager und rund 550 Experten im unternehmenseigenen Netzwerk realisieren das Ziel der Etablierung eines Industriestandards für BGM jeden Tag ein Stück mehr.

Johannes Schulte hat Volkswirtschaftslehre und Portugiesisch an der Universität zu Köln studiert. Nach seinem Studium arbeitete er als Hochschuldozent und als Trainer für Auszubildende, duale Studenten und Trainees. Er verfolgt das Ziel, die Vorteile des analogen Lernens in die digitale Welt zu übertragen und dabei die Potenziale des digitalen Lernens voll auszuschöpfen. Im Fokus steht für ihn deshalb das individualisierte Lernen. 2013 hat er Prüfungs.TV gegründet, die führende Lernplattform für Auszubildende in Deutschland. Unter Fachleuten wird Prüfungs.TV als »die digitale Berufsschule 2030« gehandelt. 2017 hat er mit AEVO Digital ein weiteres Unternehmen gegründet, das sich der nachhaltigen Qualifizierung von Ausbildern und Ausbildungsbeauftragten widmet. In beiden Unternehmen werden nur digitale Lernangebote entwickelt, die auch Workplace-learning-kompatibel sind.

Martin Thum, geb. 1959, hat eine Ausbildung zum Industriemechaniker und ein Maschinenbaustudium an der Hochschule Esslingen absolviert. Nach seinem Studium begann er bei der Firma MAHLE in der zentralen Arbeitsvorbereitung. Weitere Verantwortung bekam Martin Thum mit der Übernahme des zentralen Werkzeugbaus und anschließend der Leitung Prototypenbau und Rennsportfertigung. In einem Produktionswerk übernahm er für sechs Jahre die Leitung des Segments Großkolbenfertigung. 2003 kam Martin Thum zurück in die Firmenzentrale und führte ein neues Entgeltsystem für die deutschen Standorte des Unternehmens ein. Seit 2005 leitet er die Ausbildung in Deutschland mit Sitz in Stuttgart. Im Rahmen seiner Tätigkeit unterstützt er verschiedene Gremien im Ausbildungsbereich, u. a. ist er Sprecher des Arbeitskreises Berufliche Bildung beim Verband der Südwestmetall, Mitglied im Ausschuss für berufliche Bildung (LAB) und Vorsitzender des Arbeitskreises Schule-Wirtschaft Stuttgart.

Felicia Ullrich, zertifizierte Trainerin, beschäftigt sich seit 15 Jahren intensiv mit den Themen Azubi-Marketing und -Recruiting und verlegt zusammen mit Prof. Christoph Beck die größte doppelperspektivische Studie zum Thema Ausbildung, die »Azubi-Recruiting Trends«. Nach dem Studium der Betriebswirtschaftslehre arbeitete sie im Marketing der Coca-Cola GmbH und der Deutschen Bank, bevor sie 1998 in die Geschäftsführung des U-Form-Verlags wechselte. 2007 gründete sie die u-form Testsysteme – einen Anbieter für innovative E-Recruiting-Lösungen in der Ausbildung.

Seitdem hat sie Unternehmen aller Größen und Branchen bei der Umsetzung eines modernen Azubi-Recruitings und Ausbildungsmanagements begleitet. Sie hält bundesweit Vorträge und Workshops zum Thema Azubi-Recruiting und Marketing. Die von ihr geführten Unternehmen sind für die hervorragende Ausbildung, Familienfreundlichkeit und mit dem Digital Award des nordrheinwestfälischen Wirtschaftsministeriums ausgezeichnet.

Stefan Wagner-Vandamme wurde 1971 in einer Kleinstadt in Ostwestfalen-Lippe geboren. Nach dem Abitur schlug er über den Zivildienst eine berufliche Laufbahn als staatlich anerkannter Ergotherapeut und geprüfte Fachkraft zur Arbeits- und Berufsförderung in Werkstätten für Menschen mit Behinderungen ein. Seit 1997 arbeitet er in diesem Rahmen in der beruflichen Bildung und hat dort mehrere Gruppen konzipiert, geleitet und Bereiche geführt. Seit 2004 setzt er neben der unterstützten und basalen Kommunikation auch digitale Medien in der beruflichen Bildung ein. Die Vermittlung von beruflicher Handlungskompetenz steht dabei an oberster Stelle. Durch die BMBF-geförderten Projekte kann Stefan Wagner-Vandamme die berufliche Qualifizierung im Berufsbildungsbereich der Werkstatt mit innovativen Methoden mitgestalten. Seine persönliche Affinität zu digitalen Medien im Rahmen von Musik, Video und Grafik bekommt in diesen Projekten besondere Entfaltungsmöglichkeiten.

Evi Zielinski leitet seit zwölf Jahren das Azubimanagement an der Frankfurt School. Seit 2018 ist sie Direktorin für Aus- und Weiterbildung und beschäftigt sich insbesondere mit der Beratung und Weiterentwicklung von Qualifizierungsbausteinen in Zeiten des digitalen Wandels. Nach ihrer Bankausbildung bei der Nassauischen Sparkasse hat sie acht Jahre in verschiedenen Vertriebseinheiten der Bank gearbeitet. Sie studierte berufsbegleitend Finance & Management und erhielt den Förderpreis des Bankenverbandes Rheinland Pfalz im Management-Studium. Weiterhin hat sie eine Trainer- und Coachingausbildung absolviert und ist Profile Dynamics® Beraterin. Seit vielen Jahren begleitet sie junge Menschen als Mentorin an der Schnittstelle Studium und Beruf, ist seit 2002 Mitglied in verschiedenen IHK-Prüfungsausschüssen für Bankfachwirte und seit 21 Jahren Dozentin in der Aus- und Weiterbildung. Im Rahmen des Arbeitskreises Berufsbildungsausschuss des AGV Banken hat sie an dem Neuordnungsverfahren der Berufsausbildung Bankkaufmann/-frau mitgewirkt.

Die Autorinnen und Autoren

André von Zobeltitz, Prof. Dr. rer. pol., ist seit 2016 Professor für Marketing und Methodenkompetenz an der Hochschule Weserbergland. Er ist hier Projektleiter des Open-IT-Forschungsprojekts im Rahmen des BMBF-Programms »Offene Hochschule«. Seine Arbeits- und Forschungsgebiete: Marketing, insb. Stadt- und Regionalmarketing, Methodenkompetenz, Didaktik sowie E-Learning. Zusätzlich ist er als Leiter Marketing im erweiterten Präsidium der Hochschule Weserbergland tätig.

Stichwortverzeichnis

A

AdA-Online 363
– Blended Learning 363
– Lernprozessbegleitung 366
– Lerntypen 369
Adaptive Learning 289
adaptiver Lernpfad 278
AEVO Digital 371
– Ausbildungsbeauftragte 376
– Handlungsfelder 372
– Interaktion 374
– Prüfungssimulation 374
– Quizfragen 373
– Video 372
– Welcome Package 374
– Whiteboard 372
– Wissenscheck 373
Ambiguitätstoleranz 25
Arbeitgeberattraktivität 268
– betriebliches Gesundheitsmanagement 268
Arbeitgebermarke 263
Arbeitswelten
– Visionen 75
Arbeitszeitmodelle 29
Audacity 329
Ausbilder
– Aufgaben 168
– Coach 187
– Eigenschaften 168
– Lernprozessbegleiter 187, 188
– Medienkompetenz 190
– Motivationshelfer 187
Ausbildereignungsverordnung (AEVO) 362
– Anforderungen 362
– Handlungsfelder 362
Ausbilderverhalten 183
– aufgabenorientiert 183
– beziehungsorientiert 183

Ausbildung 4.0
– Ausbildungskultur 150
– AWAKE-Führungsansatz 189
– Bereitschaftsgrade 181
– Beteiligung an Entscheidungen 168
– Beziehungsebene 167
– Corporate Blog 178
– digitale Formate 178
– Eigenverantwortung 170
– Einflussfaktoren 148
– Erklärfilm 178
– Erwartungsmanagement 172
– fordernde Aufgaben 180
– Führungskultur 151
– Führungsverhalten 180
– Funktionslust 171
– geschlossene Facebook-Gruppen 128
– internes Social Media Tool 178
– konstruktive Kritik 172
– Lernkultur 150
– Lernnuggets 279
– Lust auf Anstrengung 171
– Mitarbeiterportal 178
– Online-Lernplattform 199
– Reifegrade 181
– Rolle der Ausbilder 186
– Säulen 160
– Selbstständigkeit 170
– Selbstverwirklichung 172
– Selbstwirksamkeit 172
– Sinnhaftigkeit 174
– Smartphone 176
– Social Media 128, 176
– Spaßfaktor 164
– Stärkenorientierung 170
– transformationaler Führungsstil 183
– Tutorial 178
– Videoclip 178
– Wertschätzung 168
– zeitnahes Feedback 172

Ausbildungsbeauftragte
- AEVO Digital+ 376
- Azubi-Portal der Deutschen Bank 219

Ausbildungskultur 150
- Kooperation 150
- Sharing 150

Ausbildungsmarketing
- Azubi-Blog 126
- Azubi-Engagements 129
- Facebook 120
- geschlossene Facebook-Gruppen 128
- Instagram 122
- Kununu 125
- LinkedIn 127
- OTTO 116
- Snapchat 124
- Twitter 123
- über Social-Media-Kanäle 115
- Xing 127
- YouTube 124

Ausbildungsplanung
- wichtige Aspekte 65

Auszubildende
- Sinnhaftigkeit der Arbeit 270
- Werte 269

autonomes Lernen 229

AWAKE-Führungsansatz 189
- Anerkennung 189
- Aufmerksamkeit 189
- Empathie 190
- Kommunikation 190
- Wertschätzung 189

Azubi-Blog 126, 129

Azubi-Portal der Deutschen Bank 217
- Ausbildungsbeauftragte 219
- db next gen 221
- Durchlaufplanung 220

B

Baby-Boomer 154
Badges 235
Bedarfsplanung
- altersbedingter Ersatzbedarf 31
- Ausbildung 31
- fluktuationsbedingter Ausbildungsbedarf 31
- Wachstumsbedarf 31

Belastbarkeit 343
berufsbegleitendes Studium 239
Berufsschule
- digitale 73

betriebliches Gesundheitsmanagement
- Präsenzworkshop 272

Betriebliches Gesundheitsmanagement 263
- Kommunikationskanäle 273
- Multiplikatoren 274
- Präsenzworkshop 273
- Praxis 271
- Umweltfaktoren 269, 270
- Vorteile 274
- Wertekonstrukt 268

Betriebsrat
- digitale Transformation 45

Bewerbung
- per Video 96
- über Social Media 94
- Videointerview 96

Blended Learning 239, 291, 358, 361
- AdA-Online 363
- Lernplanung 367
- Lernprozessbegleitung 366
- Präsenzveranstaltung 366
- Webinar 367

Businesskompetenz 131

C

Campus-Learning-Managementsystem 211
- Bildungsmanagement 212
- Frankfurt School of Finance and Management 212
- Module 212
- Online-Prüfungen 213
- Raumverwaltung 213
- Rechnungswesen 213
- Reportverwaltung 212
- Responsive Design 212
- Trainer-/Dozentenmanagement 213

Candidate Journey 119
Caring Companies 104
CARMA-Prinzipien 175
- Authenticity 176
- Autonomy 176
- Clarity 175
- Mattering 176
- Respect 176
Community
- Fear of missing out 265
- Gruppenkohärenzgefühl 265
- Moderator 267
- Risikomanagement 267

D
Datenschutz
- Microlearning 296
- Social Media 303
db next gen
- Aufbau 215
- Deutsche Bank 211
- Entwicklung 217
- Fakten 225
- Frankfurt School of Finance and Management 211
- FS-Wallet 221, 222
- für alle Nachwuchskräfte 224
- Informieren 216
- Krankmeldeprozess 224
- Lernen 216
- Online-Lernumgebung 215
- Organisieren 216
- Responsive Design 222
- Rückmeldungen 225
- Systematik 222
demografische Entwicklung 25
Denksysteme
- langsames Denken 57
- schnelles Denken 57
Didaktik der Ausbildung 44
- Gamification 37
- individualisierte Ausbildung 37
Digital Competence Framework 134
digitale Businesskompetenz 133

digitale Disziplin 25
digitale Fertigkeiten 133
digitale Fitness 131
- Verhaltensberichte 133
digitale Kompetenz 131
- Anforderungsprofil für Ausbildungsberufe 135
- Berufseinsteiger 132
- Bewerberauswahl 140
- Eignungsdiagnostik 132
- Eignungskriterium 135
- Eignungsmerkmale im Kontext 136
- Faktoren 141
- kaufmännische Auszubildende 300
- Kompetenzbereiche 134
- Kompetenzstufen 139
- Korrelationen 138
- Messung 132
- Motivationsfaktoren 133
- Persönlichkeitseigenschaften 133
- Persönlichkeitsprofil 139
- Test 136
- Testvalidierung 137
digitales Büro
- digitalisierte Schule 314
- räumliche Gestaltung 314
digitales Mindset 107
digitale Transformation
- Absolventenbindung 39
- Änderung der Anforderungen 22
- Arbeitsformen 30
- Arbeitsorte 29
- Arbeitszeitmodelle 29
- Audits 41
- Ausbildergewinnung 39
- Ausbilderqualifizierung 39
- Ausbildungsbeauftragte 40
- Ausbildungsbedarfsplanung 30
- Ausbildungsmarketing 32
- Ausbildungsprozess 30, 41
- Auswahlverfahren 33
- Bereiche 22
- Berufsschule 43
- Betriebsrat 45

Stichwortverzeichnis

- Beurteilung 38
- Bewerbungsprozess 22
- Budgetplanung 40
- Datenschutz 33
- demografische Entwicklung 25
- Didaktik 24, 36
- Eigenschaften der Auszubildenden 34
- Finanzplanung 40
- Flächenplanung 41
- Förderung der Auszubildenden 35
- Handlungsfelder für Ausbilder 43
- Hardware 23
- Kommunikation 29
- Kompetenzen 24
- Medieneinsatz in der Ausbildung 36
- Online-Bewerbermanagementsysteme 33
- operativer Ausbildungsprozess 35
- Partner der dualen Ausbildung 42
- Prozessänderungen 22
- Qualifikation des Ausbilders 45
- Qualifikationsanforderungen 24
- Smart Devices 24
- Übernahme von Auszubildenden 38

digitale Werkzeuge 302
Digital Immigrants 154
digitalisierte Schule
- Arbeitskreis 301
- eigene Lernplattform 307
- Gründerschule 312
- individuelle Lernprozesse 308
- interkulturelle Kompetenz 313
- kaufmännische Berufe 299
- kollektive Lernprozesse 307
- Schulordnung 306
- Simulation eines Onlineshops 310
- technische Ausstattung 305
- Themen 301
- Übungsfirma 309
- Wissensdatenbank 307

Digitalisierung
- Büro 75
- Grundkenntnisse für kaufmännische Berufe 302
- kaufmännische Ausbildung 299
- Lernformate 361
- Lernprozesssteuerung 361
- Schule 75
- soziale Kompetenz 305
- Themen an einer kaufmännischen Schule 301

Digital Natives 154
Digital Youngsters
- Bewertung 76
- Themen 70
- Visionen der Finalisten 71
- Wettbewerb 69
- Wirkung 76

duales Studium 239
- Aktivseminar 243
- Blended Learning 239
- E-Learning-Modul 246
- Evaluation 244
- Flipped Classroom 241, 247
- Leistungsnachweis 241
- Praktikum im Netzwerklabor 243
- Präsenzzeiten 240, 247
- Video-Nuggets 242

E

Eigenverantwortung 342
Eignungsdiagnostik
- digitale Kompetenz 132

Einfühlungsvermögen 343
E-Learning 362, 363
- Vorteile 364

Emerging Adulthood 161
Employability 337
Employer Branding 80, 115, 263
- betriebliches Gesundheitsmanagement 268

europäischer Referenzrahmen DigComp 134
Eye Tracker
- Erstellung von Lernvideos 253

F

Facebook 87, 120

Fachkräftemangel 115
Fear of missing out (FOMO) 157, 265
– Community 265
FitnessCenter Job 337
– Bausteine 338
– Positionierung 347
– Schlüsselkompetenzen 342
– Standortbestimmung 340
– überfachliche Kompetenzen 340
– Zieldefinition 345
Fleiß 343
Flipped Classroom 241, 247
Flow-Modell 179
formales Lernen 228
forschendes Lernen 233
Führung
– salutogene 179
– transaktionale 183
– transformationale 168, 183
Führungskultur
– individuelle Führung 152
– komplexe Ausbildungsinhalte 152
– Mehrdeutigkeit 152
– Unbeständigkeit in der Ausbildung 151
– Unsicherheiten in der Ausbildung 151
Führungsverhalten
– AWAKE-Führungsansatz 189
– Erlebnisführung 166
– Eventführung 166
– kooperatives 183
– nach Entwicklungsstufe 181
– nach Reifegrad 181
– situatives 183
– Wertschätzung 180
Future Skills 72

G
Generation
– Definition 154
– Rahmenbedingungen 155
Generation Alpha
– Einfluss auf Kaufentscheidungen 108
– künstliche Intelligenz 109

Generation K 156
Generation Millennials 156
Generation X 154
Generation Y 154
– Merkmale 158
Generation Z 154, 156, 263
– Anforderungen 263, 268
– Ausbildungskultur 160
– Bedürfnisse 263, 268
– Defizite 162
– Digitalisierung der Ausbildung 160
– Emerging Adulthood 161
– Merkmale 158
– positives Feedback 161
– Rahmenbedingungen 160
– Rasenmähereltern 161
– Selbstbewusstsein 162
– Selbstüberschätzung 162
– Sinnhaftigkeit der Arbeit 175, 270
– Statusverhalten 169
– Umweltfaktoren 269
– wenig Anstrengungsbereitschaft 165
– Werte 268, 269
Gesundheitsbildung 264
Gesundheitstrojaner 267
Greenroom 244
Groupthink 54
Gruppendenken 55
Gruppenkohärenzgefühl 265

H
Halo-Effekt 99
Helikoptereltern 161

I
iGeneration 157
ILIAS 239
Influencer 86
informelles Lernen 228
– Erfolgsfaktoren 229
– Unterschiede zu formalem Lernen 228
– Voraussetzungen 228
Initiative 342

Instagram 88, 122
interkulturelle Kompetenz 313
– Schüleraustausch 313

J
Jodel 93

K
KAARMA-Index 176
Karriere-Website
– responsive 94
Kohärenzgefühl 180
Kommunikationsfähigkeit 343
Komplexitätsreduktion 56
– Groupthink 54
– mentale Agenten 57
– Mustererkennung 56
Konfliktfähigkeit 343
Kultusministerkonferenz
– Strategiepapier zur Bildung in der digitalen Welt 321
künstliche Intelligenz 72, 73
– Datenschutz 113
– DGSVO 113
– Emotionsanalyse 112
– fachliche Fähigkeiten 112
– kaufmännische Prozesse 299
– Persönlichkeit 112
– Recruiting 99
– schwache KI 100
– Sprachanalyse-Systeme 107
– starke KI 100
– Unterstützung im Bewerbungsgespräch 112
Kununu 125

L
Laplace 49
Learning-App 302
Learning-Content-Management-System 282
Learning Object Repository 282
lebenslanges Lernen 44, 292, 361

Leistungsmotivation
– Dürfen 181
– Faktoren 181
– Können 181
– Reifegrade 181
– Wollen 181
Leistungsverhalten
– Faktoren 181
Lernbereitschaft 343
Lernformate 291
– Microlearning 291
Lernkultur 150
Lernnugget
– adaptiver Lernpfad 279
– Anpassung an Ausbildungsabteilung 281
– Aufbau 284
– Bewertung 288
– didaktischer Ansatz 280
– Info-Nugget 279
– Kompetenzmanagement 286, 288
– Kompetenzstufe 283
– Learning-Content-Management-System 282
– Lernort 283
– Lernzeit 286
– Multiple-Choice-Aufgabe 285
– Nutzung im Unternehmen 288
– Question-Nugget 279
– Schwierigkeitsgrad 283
– Task-Nugget 279
– Teilen 289
Lernpfad
– Austausch 287
– Bewertung 288
Lernplanung
– Blended Learning 367
Lernprozessbegleiter 187
– Aufgaben 188
– AWAKE-Führungsansatz 189
– Beziehungsebene 190
– emotionale Intelligenz 189
– soziale Intelligenz 189

Lernprozesse
- generationenübergreifende 162, 176
- intergenerationale 162

Lernvideos
- Barrierefreiheit 253
- Hauswirtschaft 252
- Inklusion 252
- Lernmethode 252
- VIA4all 251

Lernwelten
- Visionen 75

LinkedIn 127

M

Many-to-many-Kommunikation 80

Mensch-Roboter-Kollaboration
- Kompetenzen 278
- Qualifizierung 277
- Rollen 277

Microlearning 291
- Ausbildung zum Bankkaufmann 293
- Blended Learning 291
- Datenschutz 296
- Deutsch für Mediziner 293
- Formen 292
- Inhalte 296
- Kosten 297
- Nutzer-Zugang 296
- Siedlungswirtschaft 294
- technische Probleme 296
- technische Voraussetzungen 296
- Vorteile 295

Mikroinfluencer 86

Mindset, modernes 48
- Glaubenssätze 49

Mindset, neues
- Beispiele für Training 62

Mixed-Reality-Brille 72

Moodle 252

Motivation
- extrinsische 184
- intrinsische 184

N

Nuggets 242

O

Offenheit 344

Online-Bewerbung 94

Online-Lernkarteikarten 364

Online-Lernplattform 199
- Arbeitszeitregelung 204
- Auswertungsmöglichkeiten 205
- Betriebsvereinbarung 203, 207
- Eigenschaften 202
- Einführung 202
- Evaluation 206
- freiwillige Nutzung 204
- Leistungskontrolle 205
- MAHLE 202
- verpflichtende Nutzung 204

Open Educational Resources (OER) 242

P

persönliche Kompetenzen 340

Podcast 323
- Audacity 329
- Ausbildungsinhalte 328
- Endgerät 326
- Fachinformatikerausbildung 324
- Grundlagenvermittlung 324
- Plattformen 330
- Shownotes 331
- Technik 329
- Vorteile 332
- Wordpress 324, 329
- Zeitaufwand 331

Podcatcher 323
- Abspielgeschwindigkeit 325

Positionierung 347

Präsenzveranstaltungen
- Blended Learning 366
- Vorteile 366

Präsenzworkshop
- betriebliches Gesundheitsmanagement 272

problemorientiertes Lernen 233
projektförmiges Lernen 233
prozedurales Wissen 27
Prüfungssimulation 356, 374
Prüfungs.TV 351
- Datenschutz 359
- Einführung im Unternehmen 358
- Interaktion 355
- Lernfunktionen 354
- Lernstandsübersicht 354
- Lerntypen 355
- Playlists 353
- Prüfungssimulation 356
- Struktur der Videos 353
- Übungsaufgaben 354
- Voraussetzungen im Unternehmen 359

R
Rapid Production 243
Rapid Recording 248
Rasenmähereltern 161
Recruiting
- adaptive Testverfahren 109
- Azubis 99
- Berufsvorschlag 105
- digitales Mindset 107
- digitalisiertes 101
- Gamification 111
- Halo-Effekt 99
- knappes Bewerberangebot 109
- künstliche Intelligenz 99, 112
- Matchingverfahren 110
- menschenbezogenes 104
- Sprachanalyse-Systeme 107
- spracharme Testverfahren 109
- sprachbasierte Testverfahren 109
Reflexionsfähigkeit 344
Responsiveness 94, 256
Roboter 72

S
salutogene Führung 179
Säulenmodell der Ausbildung 4.0 163
- Selbstständigkeit 169

- Selbstverwirklichung 172
- Selbstwirksamkeit 172
- Sicherheit 166
- Sinnhaftigkeit 174
- Smartphone 176
- Social Media 176
- Spaßfaktor 164
- Stärkenorientierung 170
- Status 168
- Stolz 168
- Struktur 166
Schlüsselkompetenzen 342
- Test 342
Schlüsselqualifikationen 342
Sekundärgewinn 44
selbstbestimmtes Lernen 362
Selbstdisziplin 343
selbstgesteuertes Lernen 362
- Ziele 229
Selbstlernkompetenz
- Digitalisierung 305
Selbstoptimierung 110
selbstorganisiertes Lernen
- Erfolgsfaktoren 230
- forschendes Lernen 233
- Lernen durch Erfahrung 234
- problemorientiertes Lernen 233
- projektförmiges Lernen 233
Shadowing 234
situativer Führungsstil 183
Smart Device 22, 24, 71
Smart Display 73
Smartwatch 22
Smart Wrist 72
Snapchat 90, 124
Social Media 79
- Berufsorientierung 79
- Bewerbung 94
- Datenschutz 303
- Facebook 87
- Faktoren der Attraktivität 80
- Guidelines 87
- Instragram 88
- Jodel 93

- kaufmännische Berufe 303
- Many-to-many-Kommunikation 80
- Snapchat 90
- TikTok 91
- Twitch 91
- Unternehmenskommunikation 303
- Werbung 93
- WhatsApp 91
- wichtige Begriffe 94
- YouTube 89

Social-Media-Kanal
- Einsatz im Ausbildungsmarketing 115, 120
- Einsatz in der Candidate Journey 119

Social Media Policy 177

Social-Media-Strategie 81
- Azubis als Influencer 86
- Betriebsrat 87
- Datenschutz 87
- Employer Branding 81
- Markenbotschafter 85
- Mikroinfluencer 86
- passive Strategie 84
- proaktive Strategie 83
- Redaktionsplan 82
- zehn Schritte 81

soziale Kompetenzen 340
- Digitalisierung 305

Standortbestimmung
- Überblick über eigene Ressourcen 344

System, eigendynamisch-rekursives
- Eigenschaften zur Bewältigung 60

System, komplexes
- Denkfallen 54
- eigendynamisch-rekursiv 52
- Eigenschaften 52
- Groupthink 54
- Komplexitätsreduktion 56
- mehrere Denksysteme 57
- mentale Agenten 57
- Mustererkennung 56
- nicht linear 52
- nicht plan- und analysierbar 53

- optische Täuschung 56
- Paradoxien 52
- polylogisch 52
- swimmer's body illusion 54

System, kompliziertes
- Eigenschaften 51
- keine Änderung 51
- monologisch 51
- plan- und analysierbar 51

System, nicht lineares
- Eigenschaften zur Bewältigung 60

System, paradoxes
- Eigenschaften zur Bewältigung 61

System, polylogisches
- Eigenschaften zur Bewältigung 59

System, unplanbares, nicht analysierbares
- Eigenschaften zur Bewältigung 61

T

Teamfähigkeit 343
TikTok 91
transaktionaler Führungsstil
- aufgabenbezogen 184
- extrinsische Motivation 184

transformationaler Führungsstil 183
- beziehungsorientiert 184
- Identifikation 185
- individuell 186
- Inspiration 185
- intellektuell 185
- intrinsische Motivation 184

Transformational Natives 183
triale Ausbildung 72
Twitch 91
Twitter 123

U

überfachliche Kompetenzen 340
Übungsfirma
- digitalisierte Schule 309

unternehmerisches Denken 342
unternehmerisches Handeln 342
User-generated Content 80

Stichwortverzeichnis

V

VIA4all 251
- Barrierefreiheit 253
- Best Practices 260
- Binnendifferenzierung 252
- Einsatzmöglichkeiten 259
- Erstellungsmethode 253
- Evaluation 258
- Eye Tracker 253
- Hauswirtschaft 252
- Implementierung 258
- Inklusion 252
- Lernmethode 252
- Lernszenario 252, 257
- Lernvideos 251, 254
- Login 256
- Navigation 255
- persönliche Startseite 257
- Praxiserfahrungen 260
- Rahmenbedingungen 258
- Responsiveness 256
- Schulungen 258
- Themen 254

Videobewerbung 96
- Checkliste 97

Video-Nuggets 242
Videopodcast 323
Virtual Reality (VR) 72
VR-Brille 72

VR-Technologie
- Lackierarbeiten 73

VUCA 150, 264
- Transformation 183

W

War for Talents 116
Wearable 22
Web-based Training 364
Webinar 367
Werkmodell von Volkswagen 236
WhatsApp 91
Wirtschaftsmodell, neoklassisches 49
Work-Life-Balance 75
Workplace Learning 371, 376
WorldSkills 70
- Digital Youngsters 70
- Germany 70
- International 70
- Weltmeisterschaften 70

X

Xing 127

Y

YouTube 89, 124

Z

Zieldefinition 345

HAUFE.

Ihr Feedback ist uns wichtig!
Bitte nehmen Sie sich eine Minute Zeit

www.haufe.de/feedback-buch